平成の皇室行事と天皇陛下の「おことば」

飯田　耕司

工学博士（大阪大学）
元防衛大学校教授（情報工学科）
元海上自衛官（一等海佐）

はじめに

本書は書名に示すとおり、平成の御代の宮中祭祀等の皇室行事を概説し、その折の天皇陛下の「おことば」を編集したものである。従来、本書のような書物（先帝の事績・伝記）は、陛下の崩御後、宮内省(庁)の企画の下に詳細な記録が遺され、浩瀚な書物として出版されるのが常である。例えば昭和天皇の『昭和天皇実録』、参考文献［1］（61冊）や歴代の天皇記がある。平成の御代の記録も、将来、同様に宮内庁書陵部の専門の歴史家が編纂し出版されるであろう。本書はこれに対して、現代の若者が「日本文化の根源の皇室」を身近な存在として捉え、父祖伝来の恋闕の心を養うために、平成の御代の皇室行事と、二千年の歴史が培った上皇陛下の「絶対的な無私の人格」の「おことば」を纏めたものである。

上皇陛下は昭和8年にお生まれになり、大東亜戦争の真っ只中で少年時代を過ごされ、終戦は小学六年生の夏、疎開先の日光で迎えられた。多感な青年時代は、連合国軍の占領下、父帝　昭和天皇のご苦労を目の当りにして成長され、昭和64年1月7日、昭和天皇の崩御に伴い即位された。その後のご在位三〇年間は、度重なる大震災、毎年の台風・水害の被害に御心を悩まされ、被災者の慰問・激励に被災地を巡幸された。更に昭和天皇の御心を継いで、大東亜戦争の戦歿者慰霊に深く心を配られ、南洋の島々の戦跡を訪ねて弔われた。平成31年4月30日、上皇陛下は今上天皇に譲位され、「平成の時代」を閉じられた。

上述したとおり本書の主題は、「平成の皇室」であるが、平成の前後、昭和天皇及び今上天皇の御代にも若干記述を広げ、更に最後の章では、児孫に伝うべき歴史的な詔勅等十四編を集めた。これらは日本文化の芯と言っても過言ではない詔勅である。

日本文化の興隆には、日本の「国體」を国民が深く理解し、「尊皇・戀闕の心」を共有することが不可欠である。そのためには、皇室の歴史や宮中祭祀について正しい知識をもち、それに対して敬意と素直な尊崇の心を持つことが重要である。今日、死語となった「国體」や「尊皇」は、日本民族の「先祖崇拝」と「郷土と歴史を重んずる心」に発するものであり、それなくして日本文化は存在し得ない。

筆者は三十八年間、海上自衛官として勤務し（制服自衛官停年後の「教育職」の十年を含む）、その間、二十五年を防衛大学校の教官として奉職した。その折、現代の若者達の皇室への無関心と理解の薄さを痛感した。これは我が国の文化の根幹を腐食させる憂慮すべき事態であり、本書執筆の動機となった。しかし筆者の専門は、応用数学のＯＲ＆ＳＡ（Operations Research and Systems Analyses, 邦訳：運用（又は作戦）分析・システム解析）であり、歴史や有職故実には疎い門外漢である。そのような経歴の筆者が、上皇陛下の事績や皇室行事の文章を書くことは、烏滸《おこ》がましく、不敬であると懼れる。しかし筆者が敢えて本書を著したのは、我が国の国家観・価値観が混乱する今日、上皇陛下の「国家の平安と国民の幸福を祈る無私の真心」と「日本文化の芯である歴代天皇の詔勅」を、現代の若者に弘め、日本文化の根幹を固めることが特に重要であると考えるからである。

本書は、第一章で「皇居の施設や皇室行事の概要」を述べ、第二章で「皇室に関する法制」及び「日本国憲法の問題点」等の基礎的な知識を整理する。第三章では「大東亜戦争」について若干詳しく述べ、戦後の昭和天皇の「全国巡幸」と大戦後の世界情勢を概説する。以上の三つの基礎的な章に続いて第四章では「上皇陛下のお誕生から御即位までの主な皇室行事」と、第五章で「昭和天皇と香淳皇太后の御大喪」、第六章で「天皇（明仁）陛下の即位の御

はじめに

大典」を述べる。香淳皇太后の御大喪は平成の御大典の後（平成12年7月）であるが、昭和天皇と香淳皇太后の御大喪をまとめて第五章とした。第七章では憲法に定める「天皇陛下の公務」を述べ、第八章で天皇（明仁）陛下の「災害地激励の行幸」、第九章で「大戦の戦歿者慰霊の行幸及び国際親善の外国訪問」について整理する。第十章は「平成の皇室のご家族」の浩宮徳仁親王（今上天皇）、礼宮文仁親王（皇嗣秋篠宮）及び紀宮清子内親王（平成17年に黒田家に降嫁）の略歴をまとめ、第十一章では天皇(明仁)陛下の「御在位三〇年記念式典」と「平成の譲位」を、また第十二章で「今上天皇の御大典」を述べる。最後の第十三章には、歴史上、特に重要な詔勅等十四編を収録した。これらは「日本文化の芯」と言うべき詔勅であり、筆者はこれを永く後世に伝え遺すべきであると考え、この章を設けた。

我が国は大東亜戦争で三百万余の戦歿者を出し、全国を焼野原と化して敗れた。しかし僅か十数年で復興し、世界で米国に次ぐ経済大国となった。その後、少子高齢化社会で停滞し、新たな持続可能な成長戦略が求められている。その変革の原動力は、「我が国の文化の源流・國體」を堅持し、民族の力を結集することによって生まれると筆者は確信する。

筆者は干支七巡を越えた老骨（昭和12年生れ）であり、上皇陛下よりもやや年下であるが、陛下と同世代と言ってよい。小学生時代の戦争の体験や戦後の混乱期の思い出、大学時代の全学連の日米安保改定反対闘争と学園騒動等々、激動の時代の記憶は鮮明に残っている。これらの体験の記憶は筆者の個人的なものであるが、これらを「追憶の「我が履歴」」として纏め、また筆者の職務の内容を示すために、ＯＲ学会誌や海上自衛隊の研究誌等に掲載された「筆者の研究論文リスト」を整理して、巻末の「付録」とした。

令和４年１月

筆　者

凡例

一　本書の記述は原則として年次順とする。但し関連事項の記述上、前後する場合がある。

二　年次の表記は、国内事象は和暦、国際事案は西暦とする。和暦の年月日及び時刻はアラビア数字で表記し、要所に西暦を括弧書き(半角アラビア数字の横書き)で付記する。また西暦年月日は縦書きの和数字で表す。

三　本書の記述は昭和の後半から令和の初めに亘るが、天皇陛下の呼称は原則として、執筆時の令和の今上陛下を天皇と書き、明仁陛下を上皇と書く。但し平成時代の記述において「上皇」と書くことが不適切な個所では、天皇（明仁）陛下、皇太子（徳仁）殿下と書く。「平成・令和」は年号であると同時に天皇陛下の諡号となるものであるので、平成天皇、令和天皇の表記は避けた。

四　本文中の補足説明は、短いものは（註）として本文中に入れ、長い註記は「集註」として一貫番号を付し、「結言」の後にまとめた。

五　参考文献は一貫番号nを付し、本文中では［n］で示し、集註の後の「参考文献」のリストに「著者名、書名又は論文表題、出版社又は掲載誌、出版年」を記した。

六　付録として「筆者の履歴」（付録第一）、及び「研究論文リスト」（付録第二）を加えた。

七　本文中の天皇陛下の「おことば」や事績及び第十三章の詔勅等は、インターネットの宮内庁ホームページ、『ブリタニカ国際大百科事典』や『ウィキペディア』の記事等を参照した。天皇陛下の「おことば」や「詔勅」以外は、文章を書き替え、写真等の引用は避けた。それらの参考記事の出典の註記は省略するが、ここに深甚の謝意を表する。

目 次

第三章　大東亜戦争の概要と戦後の世界情勢　103

第四章　上皇陛下のお誕生から御即位まで　181

集註　377

参考文献　389

付録　391

第十三章では歴史的に重要な詔勅十四編を収録したが、それ以外に本文中の各章で取り上げた天皇陛下の「おことば」は、次のとおりである（年次順）。

昭和天皇

天皇（明仁）陛下

今上天皇

序 論

○ 皇室と国民の絆

昭和天皇は、昭和62年春から体調を崩され、同年9月22日に宮内庁病院で十二指腸狭窄のバイパス手術を受けられた。このとき患部から採取した検体の病理検査により「膵臓癌」が確認されたが、一般には「慢性膵炎」と発表された。その後、陛下は一時小康を得られたが、翌年9月19日夜、大量に吐血され、宮内庁病院に緊急入院された。翌日、宮内庁は「陛下の重態」を発表した。その報道が伝わるや、日本全国で歌舞・音曲は自粛され、全国民が陛下のご病気の平癒を神仏に祈願する祈りの日々に変わった。宮内庁は9月22日から皇居前や京都御所、葉山御用邸のほか、千葉、名古屋、福岡、大島（東京都）の七ヵ所に、「天皇陛下のご病気の平癒祈願」の記帳所を設け、多くの国民が訪れて記帳した。記帳者の総数は九百万人に上った。また皇居二重橋前には、跪いて合掌し、陛下の御平癒を祈る国民の姿が連日絶えることなく続き、年末・年始の華やぐ季節も街は祈りと憂いに閉ざされた。昭和64年1月7日午前6時33分、陛下は吹上御所で崩御された。病名は十二指腸乳頭周囲腫瘍（腺癌）、宝算八十七歳であった。

大東亜戦争終戦の直後にも、同様に皇居前広場の玉砂利の中にひれ伏して、「ご奉公の至らざるを詫びる」国民の姿が引きも切らずに続いた。日本を占領した連合国軍総司令部（以下、ＧＨＱと略記。General Headquarters, the Supreme Commander for the Allied Powers.）はこれを危険視し、天皇と国民の絆を断つために、天皇自らの「神格否定」の宣言（俗称

「天皇の人間宣言」)、国家神道の禁止(「神道指令」)、万民平等(華族・士族・平民の区別の撤廃)と主権在民(象徴天皇制)を謳う「日本国憲法」の制定等々を指令した。更に官民各界の指導者二十一万人を公職から追放し、日本帝国の旧体制の徹底的な解体を図った。これらの制度改革は、占領軍が去った後も、所謂「戦後レジーム」として続いたが、更に36年余を経た昭和の末に至っても、前述した皇居前の国民の祈りに見たとおり、国民の「恋闕・尊皇の心」は変わらなかった。当時、GHQの先棒を担いで世に時めいた進歩的文化人らは、これを「土人の文化」と嘲笑した論評を加えたが、これこそ我が国の二千年の歴史が育んだ「天皇と国民」の絆である。即ち「純粋に無私の人格」の天皇が、日々、「国家の繁栄と国民の幸福」を神々に祈り、その大御心に感応して「天皇に感謝し、君を慕う」国民の民族的な心の絆が結ばれた。それは国民の素朴な「祖先崇拝」に発する「郷土愛と国史に対する誇り」であり、日本文化の中核をなす特質である。日本国民は、GHQの占領政策やその後の戦後レジームの中でも、天皇の徳に感応するこの心を溶解させることなく今に繋がっている。

○昭和天皇の全国巡幸と明仁陛下の被災者激励・戦歿者慰霊の行幸

昭和天皇は、戦後、全国を隈なく巡幸され、敗戦と戦災に打ちひしがれ、失意と虚脱の中で喘ぐ国民を激励された。即ち昭和21年2月19日、川崎市の昭和電工川崎工場への行幸に始まり、昭和26年11月の奈良県伊賀上野から三重県伊勢・志摩へ渡る七日間の行幸まで、北海道、沖縄を除く全国の焼け跡の町々を巡幸され、堵列する国民にお声をかけて激励された。大戦中、帝国海軍は津軽海峡、対馬海峡に機雷堰を設けて米潜水艦の日本海侵入を防ぎ、戦後その撤去に手間どり、多数の機雷の係維索が切れて浮遊機雷となって、北海道・青森海岸、鳥取・島根海岸に漂着し、また津軽海峡から太平洋に流出し、青函連絡船や近海の船舶の運航を脅かした（青函トンネルの完成は、昭和63年）。このため北海道行幸は昭和29年まで先送りされた。同年8月7日、昭和天皇は青森港から御召船「洞爺丸」で函館港に渡り、日程の都合で稚内地方と根室地方を除き、北海道全域を十七日で巡幸された。

昭和天皇の全国巡幸は全行程三万三千粁《キロメートル》に達し、当時、米軍の施政下の沖縄を除く全国四十六都道府県の町々を計一六五日、一日平均二〇〇粁の強行軍で巡幸された。昭和天皇は沖縄の巡幸も強く望まれたが、病に臥されて果たせず、昭和62年10月24日、皇太子殿下（現上皇陛下）が沖縄国体の開会式に沖縄を訪問され、糸満市摩文仁の国立戦没者墓苑と沖縄平和祈念堂を訪れて慰霊碑を参拝され、沖縄戦の戦歿者の遺族や県内の各界代表者と面会し、昭和天皇からお預りした「おことば」を伝えられた（第九章第一節）。

天皇（明仁）陛下は三〇年余のご在位の間、伝統の宮中祭祀のお祀りを厳粛に執り行われ、また公務に励まれ、度重なる地震・台風等の災害の都度、災害地を訪れて被災者を慰問・激励し、国民の労苦に寄り添われた。更に先帝 昭和天皇の御心を承けて、前の大戦の戦歿者慰霊に深く心を配り、広島・長崎や沖縄を訪れ、また硫黄島を始め、サイパン島、ペリリュー島、ルソン島等、南洋の激戦地の島々を皇后陛下と共に訪れて、慰霊祭を行い、鎮魂の祈りを奉げられた（第九章第一節）。

○ 平成の譲位の経緯

平成31年4月30日、天皇（明仁）陛下は徳仁皇太子に譲位して退位された。翌5月1日に皇太子殿下は「剣璽等承継の儀」と「即位後朝見の儀」を行って第百二十六代天皇に即位され、「令和」と改元された。譲位時の上皇陛下は御齢八十五歳、即位され今上天皇は五十九歳、いずれも歴代天皇の中で、極めてご高齢の「譲位」であった。

我が国の譲位による皇位継承は、皇極天皇4年（645）6月、「大化の改新」の折に、皇極天皇が孝徳天皇に大王位を譲ったのが最初とされる。今上天皇までの百二十五回の皇位継承の内、五十七代の譲位が行われた。近くは江戸時代後期の文化14年（1817）、第百十九代 光格天皇のご譲位があり、平成の譲位は二〇二年ぶりである。このため「譲位」の規定は「大日本帝国憲法」（以下、「帝国憲法」と略記）にも、「日本国憲法」にもなく、旧新いずれの「皇室典範」にもない。そのため政府は急遽「皇室典範特例法」を制定し、国事行為として「御代替《みよかわ》り」の式典を行った。

天皇（明仁）陛下の「譲位」のご意思は、平成22年7月22日の夜、御所で開かれた宮内庁参与（皇室の重要事項に関する天皇陛下の相談役）の会議に、天皇・皇后両陛下が出席され、陛下ご自身がお話しになったのが最初とされる。当時、陛下は七十六歳、一般人ならば「後期高齢者」であり、老体を労わり日々を安息に過す年代である。このとき参与会議の出席者五名（参与三名、宮内庁長官及び侍従長）は全員、「譲位」ではなく「摂政」を置かれることを進言したが、陛下は「天皇の勤めは天皇自身が全身全霊で行うもの」としてこれを退け、「譲位」を主張された。ここに陛下の厳しく揺るぎない「天皇観」が示されている。陛下の「譲位」の発意は、現代の医療の進歩に伴って天皇陛下の高齢化が進んだ場合、天皇の激務のお務めが困難になり、皇室活動の不活発化を避けるためであることは、陛下の「象徴天皇のお務めについて」の「おことば」（平成28年8月8日、NHK及び民放の特別番組で全国にテレビ放送）で述べられ、「皇室典範特例法」の第一条にも明記されている。また皇位継承時の先帝の大喪や殯《もがり》の儀式と、即位の大典の重複による日本社会全体の実務的・心理的悪影響の回避にも配慮された。しかしその「参与会議」の翌年、東日本大震災（平成23年3月11日）が起こり、また首相が毎年交代する民主党三代（鳩山由紀夫・菅直人・野田佳彦）の短命内閣（2009.9～2012.12）や、民主党政権から自民党・第二次安倍晋三内閣への政権交代等、相次ぐ政治の混乱により「譲位」の準備は全く進まなかった。陛下の「譲位の意向表明」から御代替りの実現までに約九年を要した。

また明仁陛下は「譲位」の制度化（「皇室典範」の改定）を望まれたが、「皇室典範特例法」では、「生前退位（譲位）」を今上天皇（明仁陛下）に限定した。陛下は「これでは自分の我儘になる」と不満を漏らされたと伝えられる。陛下はこの間、ご高齢にも拘らず欠かさず宮中祭祀を執り行われ、定例の公務、阪神・淡路大震災や東日本大震災、台風・豪雨による水害・土砂災害等の度重なる災害の被災地の慰問・激励、硫黄島をはじめ南洋の島々への戦歿者慰霊の行幸啓等々の激務を務められた。

○「譲位」の違憲問題

上述した天皇（明仁）陛下の「譲位」の実現が、大幅に遅延したことも問題であるが、憲法学者や政府部内から「譲位の憲法違反論」が起ったことは、陛下には予想外であったと推察される。その「憲法違反論」の論拠は、天皇陛下の御意思による「譲位」は、「象徴天皇の政治的行為」であり、これを禁じた「日本国憲法」に違反し、かつ日本古来の神道の様式に則った「宮中儀式」を政府主宰の「国事行為」とすることは、「政府の宗教的中立性」を規定する憲法二〇条に違反するというものである。これらはいずれも理不尽な言い掛かりである。それは以下に述べる六つの理由による。

理由第一。「譲位」は日本文化の中核の皇室が古代より行ってきた「皇位継承の一形式」である。たかだか七〇年前にGHQが強要して作成した「マッカーサー憲法」の如きものが、その正当性の是非を論ずることではない。逆に「日本国憲法」の皇室の慣習法無視の欠陥が問われるべきであり、事の軽重は自ずから明らかである。この違憲論の背景には「占領軍憲法」の絶対尊重と、「皇室軽視」の風潮があり、本末転倒の議論である。

理由第二。「日本国憲法」や「皇室典範」には「譲位」の規定はない。「規定」がない以上、「違反の事実」は存在しない。

理由第三。前述したとおり「譲位」による皇位継承は、皇室の歴史の中で約半数（四五・六％）を占めており、特異な形態ではない。それに対して法の規定がないことは、たかだか七〇余年の歴史しかない「日本国憲法」の不備であり、この不備を補うために「皇室典範特例法」が作られ対処された。その事は正当な処置である。

理由第四。「譲位」は元来「天皇の自発的意思」による皇位継承として歴史的に行われてきた事実であり、「皇室典範特例法」の第一条にも陛下の「ご意思」が「譲位」の前提であることが明記された。その上で「特例法」では「（国民は）天皇陛下のお気持ちを理解し、これに共感している」ことを挙げ、ここでも「天皇のご意思による譲位」の正当性を再確認している。これに対し違憲論は、天皇のご病気等の特別な理由による「摂政」以外は、「生前の天皇退位」を一切認めないとするものであり、天皇のご意思を無視し、「譲位」の歴史的事実を認めない立場である。それは「日本国憲法」が国法の基本として、論理的一貫性を欠く欠陥憲法の証に他ならない。

理由第五。「政府の宗教的中立性」の憲法違反論については、「神道」は「日本国憲法」が想定する「宗教」ではなく「違憲理由」には当らない。抑々、皇室の宮中祭祀でお祀りする神々は、仏教・キリスト教・イスラム教等々の外国産の宗教のように、教祖が

「観念上に創作した神」ではなく、日本国家創建の祖先神と、日本民族の感性が生んだ森羅万象・天地萬物に宿る八百萬《やおよろず》の神々である。また外来の宗教は「仏の慈悲や神の恩寵による救済を信ずること」である。これに対して日本の神道は「神を崇《うやま》うこと」である。「神に救済を求めない」神道は、その意味でも宗教ではない。「日本国憲法」第二〇条の「宗教活動・信仰の自由」は、外来の宗教を想定したものであり、日本の津々浦々の社に鎮まります神々とは無縁である。神道は、他のすべての宗教を抱容する。また「帝国憲法」は、伊勢神宮を本宗とする国家神道の下に、「日本臣民ハ安寧秩序ヲ妨ケス及臣民タルノ義務ニ背カサル限ニ於テ信教ノ自由ヲ有ス」(第二十八条)とし、他のあらゆる宗教の信仰の自由を保障した。同じ意味で皇室の「宮中祭祀」は、「日本国憲法の信教の自由」を妨げない。即ち神道様式の「宮中祭祀」は、古代から伝承された天皇家のお祀りであり、嘗ては日本全国の津々浦々の家々で祀られた農耕神・祖先神の祭祀である。「宮中祭祀」は皇室と不可分のものであり、しかも「日本国憲法」はその天皇の「在り様」を認め、「国民統合の象徴」として明文化したものである。ゆえに「即位の礼」が宗教(神道)様式であったとしても、「日本国憲法」の第一章「天皇」に「天皇の神道祭祀を禁止する」と規定がない以上、「日本国憲法」は「譲位の違憲糾弾の根拠」とはなり得ない。

理由第六。平成の御代替りの「即位の礼」や「大嘗祭」に参列した県知事や県議会議長に対し、「憲法の政教分離違反」の住民訴訟が三件あり、最高裁まで争われて棄却され敗訴した(平成14年及び16年)。それらの最高裁判決では「目的効果基準」(第二章第四節)によって「即位の礼」の一連の行事を「国事行為」と認めた。

以上、譲位の「違憲論」が不当な理由を述

べたが、それらはいずれも「日本国憲法」が我が国の国柄に悖《もと》る「不適格憲法」であることを示すものである。

○安倍内閣の姑息な対応

「譲位の違憲批判」を懼れた安倍晋三総理大臣は、天皇（明仁）陛下の「譲位」の儀式を「皇室の私的な行事」と政府主宰の「国事行為」に分割し（宮中祭祀を分割する基準は何もない！）、更に念を入れて、日を替えて天皇（明仁）陛下の「退位の礼」と、今上天皇の「即位の礼」を行うという姑息な方策により、「譲位」の「御大典」を行った。即ち父子継承の一連の「譲位の儀式」を、皇室の「私的な宮中祭祀」と政府主催の「国事行為」に分断し、隔日の「天皇の退位礼」と「新天皇の即位礼」を「譲位」とすり替えた。国民は政府のこの不自然な措置を抵抗なく受け入れたが、この政府の決定は、「皇室は私的存在である」と「日本国が決定した」ことを意味する。神代の昔から続く「宮中祭祀」は、皇室の存在そのものであり、歴史的事実である。一内閣が勝手に「私的存在」だの「国家行為」だのと区別して「皇室儀礼」を差配することは許されることではない。「平成の譲位の国事行為」は、安倍首相が「マッカーサー憲法」や野党勢力に忖度した「姑息な措置」であり、最高裁判決（第二章第四節に後述）に違反する「憲法違反」である。「國體」を弁えず、譲位の儀礼を勝手に変造し、最高裁の判例さえも無視して、我が国の二千年の伝統の「皇室儀礼」を毀損し、皇室を「私的存在」として貶《おとし》めた安倍内閣の罪は重大である。これまで「我が国の國體」を正しく宣言する「憲法改正」を実行しなかった歴代保守政権の怠慢が原因であり、早急な「日本国憲法」改正の必要な理由がここにある。

宮中三殿に祀られる神々は、前述したとおり仏教やキリスト教等のように、教祖個人が観念上に創造した外国の諸々の宗教とは異なり、日本建国の祖先神と、日本民族の心象に写った森羅万象・天地萬物に宿る八百萬の神々である。日本国の起源の「天孫降臨」の神話や、祖先を敬うことは世界の多くの民族に見られることであり、宗教・道徳の基本であるが、マッカーサーは神道を禁止し(神道指令)、「日本国憲法」を制定して、外国の宗教に対する「信教の自由」を強要した。この不適格憲法を廃棄し、「神道を国教」と規定した上で、天皇を元首と明記し、その上で外国起源の宗教の「信教の自由も保障する」憲法に改定すべきである。「国教」の定めと、その他の宗教の「信仰の自由」が矛盾しないことは、「帝国憲法」や英国の例で明らかである。

○ ＧＨＱの日本弱体化政策

占領軍のＧＨＱは、「極東国際軍事裁判所条例」(1946. 1. 19. 発効)で、①平和に対する罪、②戦争犯罪、③人道に対する罪の三つの戦争犯罪を規定し、極東国際軍事裁判(東京裁判)を行った。①と③の犯罪規定は事後法であり、「法の不遡及の原則」を無視して日本の指導的政治家・軍人二十八人を起訴し、「大東亜戦争」を日本の侵略行為と断罪した。判決前の病死二人、精神異常による訴追免除一人を除く全員を有罪として、七人を絞首刑、十六人を終身刑、二人を有期禁固刑とした。また「東京裁判史観」による「戦争贖罪宣伝 ＷＧＩＰ (War Guilt Information Program)」を行って、国民の意識を改造し、日本の伝統文化の中心の皇室を「軍国主義の源泉」として糾弾した。更に官民の政・経・財各界・学界・教育界の各分野の指導者二十一万人を解職し(公職追放)、日本の統治機構を解体した。ＧＨＱは「民主・平等」の美名の下に、「華族・士族・平民」の身分制度を撤廃し、「家憲・家訓を堅持する一子相伝の家」を分解して、均等分割相続の核家族の民法改革を強行した。更に「天皇の神格否定」、「教育制度改造」、「人権指令」、「神道指令」、「検閲・言論統制」、「五大改革指令」(①女性解放(婦人参政権)、②労働組合法の制定、③自由主義教育、④圧政的諸制度の撤廃(「治安維持法」や「特別高等警察」の廃止等)、⑤経済の民主化)等々、我が国の社会制度のみならず、国民の精神生活にまで踏み込んで日本文化を破壊した。即ち天皇と国民の絆を断つために、「天皇の人間宣言」、皇室の藩屏の「宮家の廃止」、「国民主権」の「民主憲法の制定」、「教育制度改造」、「言論統制・検閲・焚書のプレスコード」等々を徹底的に行った。そのため我が国の「由緒と格式ある伝統的縦社会」は、ヤンキー文化の「のっぺらぼうで薄っぺらな平等社会」となった。

日本の「ポツダム宣言の受諾」が「無条件降伏か否か」については、従来、多くの議論がある。しかし歴代の日本政府が「無条件降伏」を認め、またマッカーサーが「日本国の無条件降伏」を根拠に上述の日本の固有文化の「壊滅的改変」の占領政策を行ったことは歴史的事実である。日本政府はポツダム宣言の受諾に当り、当初「天皇ノ国家統治ノ大権ヲ変更スルノ要求ヲ包含シ居ラザルコトノ了解ノ下ニ、コノ宣言ヲ受諾ス」と回答した(第三章第三節　参照)。これに対しバーンズ米国務長官は、「降伏の時より、天皇及び日本国政府の国家統治の権限は〈中略〉連合軍最高司令官に従属(subject to)する」とし、「日本の政体は日本国民が自由に表明する意思のもとに決定される」とした(バーンズ回答)。更にGHQは憲法改正に当り、日本政府が作成した改正案を拒否し、GHQ作成の案を強要し、これを拒めば「天皇の軍事裁判や処刑」の可能性を示唆して脅した。日本政府は「天皇陛下や皇室」を危険に曝すことは、如何なる犠牲を払っても避けねばならなかった。

○「占領実施法」の「日本国憲法」

「日本国憲法」の成立過程は、第二章第一節に詳述するが、マッカーサーは日本を永久に米国の脅威とならない国とするために、「日本を米国と同質の国とする」こと、即ち「国民主権の民主主義国とする」ことを占領政策の目標とした。そのためには「天皇大権の抹殺、一切の戦力放棄、封建的制度の打破」が必須の要件と考えた（マッカーサー三原則）。また日本の自発的憲法改正を装うために、幣原喜重郎首相に「帝国憲法の自由主義化」を求め、日本政府は「憲法問題調査委員会」（委員長　松本烝治国務大臣）を設けて「松本試案」を作成した。これが毎日新聞にスクープされ（昭和21年2月1日）、この試案を見たGHQ民生局長C・ホイットニー准将は、これを不十分とし、マッカーサー司令官に「帝国憲法」の抜本的変革を献策した。GHQは「憲法条文起草委員会」を設けて「マッカーサー憲法草案」を作り、日本政府の「松本草案」を拒否し、GHQ作成の「憲法草案」を強要し、「国民主権の平和国家」を謳う「日本国憲法」が成立した。その手際の良さは予め準備された策謀と考えられる。「日本国憲法」は日本文化の伝統的規範を無視し、「天皇大権」を抹殺して「象徴天皇」とし、国家元首の規定もなく、日本文化の基礎をなす身分制度を廃止し、自衛戦力の放棄を明記し、非常事態条項もない欠陥憲法であり、GHQの「占領実施法」に過ぎない。我が国は独立の回復と同時にこれを破棄し、「自主憲法」を制定すべきであったが、GHQの占領政策と米軍の駐留を認めざるを得ない国際情勢の下で、昭和26年9月「サンフランシスコ平和条約」と「日米安全保障条約」を結び、翌年4月末、条約発効に伴い独立し、「日本国憲法」は存続された。

「日本国憲法」の三大特色とされる「国民主権、基本的人権、平和主義」については、昭和天皇は昭和52年8月23日の記者会見で、「我が国の政ごとは、古来、民主主義（民本主義）である」と述べられた。「民の炊煙を観る」仁徳天皇の『日本書紀』の故事や歴代天皇の仁政に見るとおり、日本国憲法の「国民主権、基本的人権」は、「民の生活を重んじ慈しむ政治」として実質的に実現されてきた。更に「日本国憲法」第九条の自衛戦力放棄の「平和主義」は、世界史の冷厳な弱肉強食の史実に反する詭弁である。このように「日本文化に対するGHQの無知」に基づく「日本国憲法」は、国家の基本法の「憲法」ではなく、GHQの「占領実施法」に過ぎない。この憲法により天皇は名義上「王者の権能」を失ったが、国民の「尊皇の心」は変わらなかったことは前述した。

GHQの強制によるとは言え、「日本国憲法」は「帝国憲法」の正規の改正手続きを経て成立した。「悪法と雖も法である」というソクラテスの故事に倣えば、「悪法」にも従うのが「法治国家の掟」である。しかもGHQの上部機関の「極東委員会」は、「天皇の軍事裁判・処刑、皇室抹殺」を主張する国が多く、マッカーサーはこれを避け、天皇を利用して占領政策を円滑に進めるために、「極東委員会」が機能する前に「日本国憲法」の制定を急いだとされ、マッカーサーの「日本国憲法」強要を是認する論者もいる。しかしそうであっても、「サンフランシスコ平和条約」を締結後今日まで、「占領実施法」の「日本国憲法」を一言半句改めず放置したことを正当化する理由にはならない。平成の「譲位」の違憲問題はここに原因があり、日本文化の源点と「日本国憲法」の亀裂の表れである。「日本国憲法の改正」を放置して、平成の譲位の「御代替り」を毀損するに至ったことは、この間、長く政権の座にあった自民党の責任である。

平成29年12月、「自民党憲法改正推進本部」は、「憲法改正の論点取りまとめ」として、「① 自衛隊の根拠規定、② 緊急事態条項、③ 参議院の合区解消・地方公共団体の位置付け、④ 教育充実」の「改憲四項目」を発表した。しかしそこには憲法の最重要規定の「伝統的国體の宣明」はひと言もない。しかも衆参両院の差別化を放置して、③の「選挙法」レベルの問題を憲法問題とする代議士根性の浅間しさには呆れ果てる。嘗て明治の政治家は命を懸けて「国の在り様や国是」を論じたが、今様の代議士は「己の飯のタネ」が最優先の政治課題であり、「國體の闡明化」や「二院制の是非」を棚上げして「合区問題」の「憲法改正」を企《たくら》む有様であり、「国體問題」などは意識の片隅にもない。これが「民主国日本」の政治の実態である。憲法改正を最大の政策課題として発足した安倍政権は、令和元年11月20日に憲政史上の首相在任通算第一位の桂太郎首相の二、八八六日を抜き、翌年8月24日には連続在職日数が佐藤栄作首相の二、七九八日を越えて、我が国の憲政史上の最長命政権となった。しかし「新型コロナ・ウイルスの流行」に翻弄されて、憲法改正は棚上げとしたまま、安倍首相は突然健康上の理由によって退任し、9月16日、菅義偉前官房長官が次の内閣を組閣した。屈辱の「マッカーサー憲法」は斯くして復もや生き延びた。

○「日本国憲法」の改正

「日本国憲法」は、成立過程の正当性を欠き、元首の規定がなく、自衛戦力の放棄、緊急事態条項の欠落等々の重大な欠陥を有し、これまでにも憲法改正の議論があった。しかし従来の憲法改正の論議はほとんど「第九条戦力放棄」問題に終始した。国の基本法である憲法の最重要な課題は、「国體の宣明」にあり、我が国の歴史的伝統文化を無視した「マッカーサー憲法」の国體変更を破棄し、「天皇を元首とする国體」を宣言し、GHQの占領政策を払拭して戦後政治を清算することこそが、憲法改正の最重要な課題であると筆者は考える。（「日本国憲法」の改正は第二章第七節で詳述。）

戦後の我が国の政治や社会の混迷は、日本国の指導者が民族の「国家理念」と「理想」を掲げられず、偏頗な主義・主張が横行して国民の思想や社会道徳の混乱を招いたことに原因がある。嘗ては大日本帝国の元首であり、大元帥であった天皇の詔勅が、このような混迷を正した。古くは「大化の改新」の「十七条ノ憲法」、元寇（集註第一 参照）の危機にあっては亀山上皇の「敵国降伏」の御祈願、明治維新では明治天皇の「五箇条ノ御誓文」や「忠実勤倹自彊ノ詔書」、大東亜戦争の終結の昭和天皇の「終戦ノ詔勅」や戦後の復興を導いた「新日本建設ノ詔勅」である（いずれも第十三章を参照）。日本民族はこれらの詔勅によって国難を克服した。しかし「日本国憲法」は天皇の政治的権能を否定し、詔勅を禁じ、天皇は抽象的な「国民統合の象徴」に過ぎなくなった。天皇は我が国の文化が二千余年をかけて創り出した人類史上に稀有な「無私の人格の統治者」である。その天皇陛下が日々「国の安寧と国民の幸福」を祈り、「世界の平和を祈念される」誠実な「おことば」は、日本民族の「国家理念」と「理想」を宣べる「日本国元首」の宣言である。

終戦前の国の祝祭日は、皇室祭祀の定例日を中心とする民族文化の由緒ある祝祭日であったが、戦後の「国民の祝日」は、「憲法記念日、海の日、山の日、敬老の日、スポーツの日」等、日本文化に無関係な単なる休日が多い。戦前の祝祭日には小・中学校では生徒全員が登校して講堂に集り、校長はじめ教職員、地域の首長・名士等が列席の上、祝典が行われた。御真影（天皇・皇后両陛下のお写真）への敬礼と万歳奉祝、国歌「君が代」の斉唱、校長の「教育勅語」奉読、祝祭日の奉祝歌の斉唱、校長や来賓の講話等が行われた。また「祝祭日の故実」は修身、国史、国語等の教科書で取り上げられた。戦前の学校教育は現代のように読み・書き・算盤や職業の技術教育ではなく、人間としての基本的な五常

（仁義礼智信）、五倫の徳（父子の親、君臣の義、夫婦の別、長幼の序、朋友の信）を教える修身教育や、民族国家の成立と建国の理念を教える国史教育を重視する教育が行われた。これは江戸時代から続く遺産であり、この教育の力が、明治以後、後進国のアジアの中で我が国のみ西欧先進国に伍して国力を発展させ、国際的地位を躍進させる原動力となった。

帝国陸軍では、将兵に「軍人勅諭」と「教育勅語」（本書の「第十三章第六及び第七」を参照）を収めた「軍隊手帳」（海軍では「皇軍手帖」）を配布した。ゆえに戦前に就学した人や、軍隊勤務の経験のある先輩達には、これらは馴染み深い「詔勅」である。しかもそれらは国民の倫理道徳の規範であり、人生の「道しるべ」と言ってよい内容であったので、八〇歳半ば以上の人達は、青少年時代の記憶としてこれらの詔勅を知っているであろう。しかし終戦後、ＧＨＱは「天皇」を日本の軍国主義の源泉と見なして、「詔勅」を禁止し、国民主権の民主主義の美名の下、「天皇大権」を抹殺した「日本国憲法」を強要し、徹底した制度改造、教育改造を行った。また戦後の教育界は、日本教職員組合（共産党が組織を乗っ取り、幹部を「赤」が占有し、「丹頂鶴の日教組」の異名で呼ばれた）が激烈な反権力政治闘争を行い、教室では組合員の教師らが、「天皇制打倒」を公言する教育を行った。故に戦後に育った大多数の国民は「教育勅語」さえも知る者は稀である。しかし上皇陛下の「おことば」や第十三章の詔勅類は「日本文化の骨髄」と言ってよい。

我が国は昭和26年9月、「サンフランシスコ平和条約」により独立を回復し、同時に「日米安保条約」を結んで国の安全保障を米国に委ねた。この条約は独立後も米軍の駐留を認め、米軍が日本国内の内乱や周辺の紛争に対処するとし、我が国の独立国家の主権を冒す内容であり、しかも米国の日本防衛義務を明記せず、条約の期限もない片務的な条約であった。この条約は昭和35年6月、日米両国の共同防衛体制を明確化し、内乱条項を削除し、米軍基地内の警察権や裁判権を認める「日米地位協定」や、在日米軍の配置・装備に関する両国政府の事前協議制度の設置等を含む、「日本国とアメリカ合衆国との間の相互協力及び安全保障条約」（新日米安保条約）に改定された（岸信介内閣）。国内では社会党・共産党の左翼政党を中心に、日本労働組合総評議会（総評）、日本官公庁労働組合協議会（官公労）、国鉄労働組合（国労）、日本教職員組合（日教組）、全日本学生連盟（全学連）等々、一三四団体が、昭和34年（1959）3月、「安保改定阻止国民会議」を結成し、組織を挙げて日米安保条約の改定に反対し、デモ隊が連日国会議事堂を取り囲んだ。

岸内閣はこれらの反対に屈せず、条約は参議院の議決がないまま、日本国憲法第六十一条（衆議院の優越。自然成立の規定）により6月19日に自然成立した。しかし予定されたアイゼンハワー米大統領の来日は、反対闘争の混乱のため中止され、岸内閣は混乱の責任をとって総辞職した。その後、この条約が米軍による極東・東南アジアの安定に果した役割は大きい。昭和53年、日米安全保障体制を円滑かつ効果的にするため、日米協力を取り決めた「日米ガイドライン（日米防衛指針）」が作られたが、ソ連の崩壊や冷戦の終結によって、平成9年、平時・日本有事・周辺事態の各事態における自衛隊と在日米軍の役割分担を規定した「新指針」に改定された。その後、「日米同盟」の強化、陸海空三自衛隊の統合運用の推進、在日米軍と自衛隊の共同訓練の拡大等が図られた。東日本大震災（平成23年3月11日）では、在日米軍は兵員二万人、二〇隻の艦艇、一六〇機の航空機を投入し「トモダチ作戦」を展開し、空母「ドナルド・レーガン」を三陸沖に派遣して人命救助と災害復興に寄与した。更に国際テロや大量破壊兵器の拡散等、安全保障問題のグローバル化により、平成27年に「日米安保条約」は再度改定され、平時から緊急事態まで切れ目のない安全保障体制の確保、宇宙・サイバー空間での日米協力等が盛り込まれた(集註第二 参照)。

一方、左翼の反体制運動は、日米安保反対闘争に続いてベトナム反戦運動や米軍基地反対闘争に発展し、一連の大学紛争（「東大安田講堂事件」(昭和44年1月)や全学連過激派の「あさま山荘事件」（昭和46年2月））が起った。これらの極左の学生運動の過激化に対して、一般学生や国民与論は冷静であった。この時代の流れの中で、筆者は全学連の反安保運動に対抗する民族派学生運動の「日本学生協議会（日学協）」の活動に参加した。卒業後は三年余の造船会社勤めの後、海上自衛隊の技術幹部として入隊し、六十五歳まで勤務した。その間、防衛大学校の教官を二十五年間（制服自衛官停年後の「教育職」の十年を含む)勤め、その折、現代の若者達の皇室に関する無関心と理解の薄さを痛感した。これは日本文化と国家の根幹を腐食させる憂慮すべき事態であり、早急な対処を要する問題である。

第一章　皇室の施設と皇室行事の概要

本書は序論に述べたとおり、日本文化の核である「皇室」について、平成の御代の主な「皇室行事」と、その際の天皇（明仁）陛下の「おことば」をまとめたものである。

天皇陛下が主宰される皇室行事は、㈠皇祖皇宗と八百萬の神々を祀る宮中祭祀、㈡恒例の祝賀行事、㈢伝来の文化的伝統行事（「歌会始め」等）に大別される。以上は毎年、定例日の行事であるが、上記以外に、㈣「日本国憲法」に定められた国家元首としての内政・外交に関わる国事行為、㈤神道に則って行われる皇位継承の「御大喪」と「即位の御大典」や、陛下の人生の節目の記念行事（「立太子礼」等）の行事がある。

本章では、本書の主題の「上皇の事績とおことば」を述べるに先立ち、予備的な知識として、第一節で皇居の主な施設、第二節で皇居以外の皇室関連の施設について述べ、第三節以下で上述の宮中祭祀等の皇室行事のあらましを整理する。上述した㈠の皇祖皇宗と八百萬の神々を祀る宮中祭祀を第三節で述べ、第四節では、㈡の恒例の皇室の祝賀行事、第五節においては、㈢の皇室伝承の文化的伝統行事を概説する。㈣の「日本国憲法」に定める天皇の国事行為は第二章の第二節及び第七章で、また㈤の皇室の皇位継承等の行事については、第五、六、十一、十二章で年次を追って詳述する。

以下、最初に皇居施設の全体を述べる。

第一節　皇　居

一　全体概要

大東亜戦争前は江戸城址一帯を「宮城《きゅうじょう》」と称したが、戦後「皇居」と改称された。

その全体の施設の配置を第一図に示す。「皇居」は宮中三殿や御所のある道灌濠（上・中・下の三濠）の西側の「吹上御苑」、道灌濠と乾濠・蓮池濠・蛤濠・二重橋濠に囲まれた「旧西の丸」（宮殿地区）、及び乾濠と蓮池濠の東側の「皇居東御苑」に分けられる。

江戸時代末期まで徳川将軍家が居城としていた江戸城に、明治維新後、京都から「皇居」が移転した。江戸城の内郭（第一図。内堀内）には、本丸、二の丸、三の丸、西の丸のほか、乾濠・蓮池濠の西側には「吹上」と呼ばれる庭園があった。吹上地区は屋敷地であったが、明暦の大火（明暦3年（1657））以降、火除け地として建物は建てられなかった。皇室関連施設のうち、宮殿、宮内庁庁舎などは「旧西の丸」にあるが、天皇の住居の「御所」は江戸城の「吹上」、現在の「吹上御苑」に建てられている。旧西の丸と吹上御苑は道灌堀で隔てられている。城郭としての江戸城は本丸、二の丸、三の丸及び西の丸部分のみを言い、道灌堀の西側の庭園部分は厳密には江戸城には含まれないので、「御所」は城郭としての江戸址に建っているわけではない。皇居と呼ばれる区域は、吹上御苑、旧西の丸、皇居東御苑からなる宮内庁の管理用地の区域を指す場合と、この区域に皇居外苑を加えた区域（環境省管轄区域）を指す場合がある。現在（本書執筆時の令和3年末）は、天皇ご一家の住居の「御所」は吹上御苑にあり、各種の公的行事や天皇陛下が「国事行為」の政務を執られる「宮殿」、皇室に関する行政事務を取り扱う宮内庁の庁舎などは、旧西の丸にある。

平安時代（延暦13年（794））から明治維新（1868）までは、皇居は京都にあり、御所、禁裏、内裏などと呼ばれた里内裏（内裏が火災で焼失したときの臨時の内裏）であった。慶応3年（1867）1月9日に祐宮睦仁《さちのみやむつひと》親王（明治天皇）が皇位を継承し、江戸幕府第十五代将軍・徳川慶喜は同年10月14日、大政を奉還した。12月9日、明治天皇は「王政復古の大

第一図　皇居全図

号令」を発せられ、江戸幕府が廃止された。同時に摂政・関白も廃止され、総裁・議定・参与の三職の設置、諸事神武創業の肇に基づき、公議を尽くすことが宣言され、新政府が成立した。翌慶應4年9月8日に明治天皇は即位式を挙げ、「明治」と改元された（但し政府は「慶応4年をもって明治元年とする」とし旧暦1月1日に遡って適用された）。この時から新天皇の即位時の改元と、「一世一元の制」が定められた。天皇は明治元年9月20日に京都を出発し、10月13日に江戸城に入られ、江戸城を東京城《とうけいじょう》（後に、皇城、宮城）と改称された。10月17日には、明治天皇は皇国・東西同視の原則の下、内外の政を天皇自ら決裁する「万機親裁の布告」を出されたが、政治制度の確立は更に十数年後である。明治天皇は12月に京都に還幸されたが、明治2年3月に再び東京に行幸され、それ以後、政府機能も京都から東京に移り、東京が首都とされた。首都機能が東京に移った際、正式な遷都の令は発せられず、東京奠都後、京都の内裏は明治天皇のご指示で保存され、「京都御所」（京都市上京区）と称された（第二章二項に後述）。

我が国では明治5年12月2日（1872. 12. 31）まで太陰太陽暦（旧暦、天保暦）を用いており、その翌日にグレゴリオ暦（新暦）に改暦して明治6年（1873）1月1日とされた。

明治6年5月5日、天皇の御座所の江戸城西の丸御殿が火災のため焼失し、一時、赤坂離宮を仮皇居とした。明治12年、西の丸に新宮殿の造営が決まり、明治21年に明治宮殿が落成し、同年10月以後、宮城《きゅうじょう》と称された。明治宮殿は、御車寄、正殿、東溜、西溜、豊明殿、千種の間、鳳凰の間など、儀式・応接・政務が行われる公の場の表宮殿と、皇室の住居の奥宮殿とが接続していた。表宮殿は木造の和風建築であったが、内部は和風の格天井からシャンデリアを下げるなど和洋折衷とし、椅子とテーブルを用いた。この明治宮殿は大東亜戦争末期の昭和20年（1945）5月26日、米軍による東京大空襲で焼失した。

大戦中、皇居には次の三つの地下防空壕が造られた。

① 宮内省第二庁舎地下の金庫室（昭和11年10月竣工）、

② 吹上大宮御所地下二階（御文庫。昭和17年12月末竣工）、

③ 大本営会議室地下壕（御文庫附属庫。第一期工事・昭和16年9月、第二期工事・昭和20年7月末竣工）。

昭和17年4月18日のドーリットル空襲（第三章第二節　参照）以後、天皇・皇后両陛下は空襲警報発令の度に、御剣・玉璽とともに地下金庫室に避難された。しかしこの防空室は狭く、強度も大型爆弾に耐えられなかったため、宮内省工匠寮の設計で吹上御所の地下二階に新たに防空壕（御文庫と呼ばれた）が造られた。昭和16年4月に御文庫が極秘に着工され、翌年12月末に完成した。建て坪一、三二〇平方米《メートル》、地上一階、地下二階の三階建てで、天皇・皇后の寝室、居間、書斎、応接室、皇族御休息所、食堂、洗面所、侍従室、女官室、風呂、便所等のほか、映写ホール、ピアノ室、撞球（ビリヤード）室等が造られた。屋根は一噸《とん》爆弾に耐えるため、コンクリート一米の上に砂一米、更にその上にコンクリート一米の計三米の掩蔽で覆われた。

大戦中、昭和天皇は午前中は表御座所（御政務室）、午後は御文庫で過ごすのが日課であった。昭和20年7月末に戦況の悪化に伴い御文庫は補強され、更に頑丈な五〇噸爆弾に耐えられる御文庫附属庫が、御文庫から九〇米離れた望岳台下の地下一〇米に近衛工兵第一連隊の手で建設された。広さ六〇平方米の会議室、二十四平方米の控室が二つ、通信室、機械室があり、床は板張り、各室とも厚さ約一米の鉄筋コンクリートの壁で仕切られ、御文庫とは地下道で結ばれた。この地下壕では、後に大東亜戦争の終戦決定の二度の御前会議（昭和20年8月10日、14日）が開かれた。戦後、御文庫附属室は昭和天皇のご意向で朽ちるままに放置された。

昭和23年7月に「宮城」の名称を廃止し、「皇居」とした。昭和27年からは宮内庁庁舎の最上階（三階）を仮の宮殿とした。

なお日本を占領したＧＨＱの指令や「日本国憲法」の施行により、戦後、宮内省は宮内府を経て、昭和24年6月に「総理府設置法」により総理府外局の宮内庁となり、平成13年1月には「内閣府設置法」が施行され、宮内庁は内閣府の機関となった。平成31年4月末、天皇（明仁）陛下の譲位に伴い、上皇職及び皇嗣職が新設された。

天皇・皇后両陛下や皇族の護衛、皇居の警備は、明治19年、宮内省の皇宮警察が発足し、その後、警視庁皇宮警察本部に移管された。昭和23年3月に「旧警察法」が施行され、警視庁が東京都の自治体警察になり、国家地方警察本部に移管され皇宮警察府となり、更に改組を経て昭和29年7月、現在の警察庁の機関の皇宮警察本部となった。

昭和20年5月の東京大空襲で明治宮殿が焼失した後は、昭和天皇は防空壕として造られた御文庫にお住まいであったが、「国民が戦災の為に住む家もなく、暮しもままならぬ時に、新しい宮殿を造ることは出来ぬ」と仰せられ、昭和30年代に入り日本の復興が一段落した頃に戦災で焼失した宮殿の再建の動きが始まった。昭和34年、皇居造営審議会の答申に基づき、翌年から新しい宮殿の造営が開始された。

新宮殿は、明治宮殿のように天皇の御所と接続させず、御所と宮殿は別々に造られた。まず昭和36年、天皇・皇后のお住居として、吹上地区の御文庫に隣接した吹上御所が完成した。なお吹上御所は、平成5年12月に、香淳皇太后の住いとして吹上大宮御所と改称され、平成12年に皇太后が崩御された後は、使用されていない。

新宮殿は明治宮殿跡地に昭和39年に着工し、昭和43年10月に竣工し、翌年4月から使われた。

皇居の面積は、宮内庁が管理する部分の敷地が約一一五万平方米で、東京ドーム約二十五個分である。濠も含む東京都千代田区千代田の宮城の面積は、一、四二五、五〇〇平方米であり、皇居外苑も含めた総面積は約二三〇万平方米である。

第一図に示すとおり、皇居は三つの地区に区分される。道灌濠の西側の吹上御苑、道灌濠と乾濠・蓮池濠の間の旧三の丸地区、乾濠・

蓮池濠東側の皇居東御苑の三地区である。皇居の西側の吹上御苑地区には、宮中三殿、吹上大宮御所、吹上仙洞御所、（上皇が御在位中は吹上御所と呼ばれ、譲位後は吹上仙洞御所と改称された）等があり、中央部の旧三の丸地区に天皇陛下が公務を執られる宮殿や宮内庁舎があり、その東側の東御苑地区（旧江戸城祉）には、天守台跡、二の丸庭園、三の丸尚蔵館、桃華楽堂、江戸城の番所、宮内庁書陵部、同楽部庁舎等がある。以下、これらの三地区に分けて皇居内の主要施設を概観する。

二　吹上御苑地区の皇居施設

①　宮中三殿

吹上御苑の南側に皇室の宮中祭祀が行われる宮中三殿がある（第一図参照）。天照大御神を祀る「賢所」、歴代天皇と皇族の霊を祀る「皇霊殿」、天神地祇の八神を祀る「神殿」の三殿である。

天皇陛下は後述するとおり、年間に約二〇件の宮中祭祀を行われ、また掌典職による多くの神事が行われる。それらの祭祀を行う一群の建物が、渡り廊下や回廊で連結されている。第二図は宮中三殿の配置を示した図である。

宮中三殿の祭祀は、明治維新から変遷と漸次的集約を経て、教部省が成立した直後の明治5年（1872）4月に整ったとされる。このとき鎮座された皇居内の拝殿は、翌明治6年に皇居西之丸から出火した際に類焼し、赤坂仮御所に動座された。現在の宮中三殿の建物は、明治21年(1888) 10月から建設され、翌明治22年1月9日に遷座された。大東亜戦争中の昭和19年(1944) には空襲を避けて皇居内の防空壕に動座され、翌昭和20年の終戦で現在地に戻った。平成16年（2004）6月には、建物の耐震劣化調査のために数十米ほど離れた仮殿に一時的に動座された。

i　賢所

賢所には天照大御神の御霊代《みたましろ》（ご神体）の神鏡・八咫鏡《やたのかがみ》（本体は伊勢神宮の内宮に奉安）が

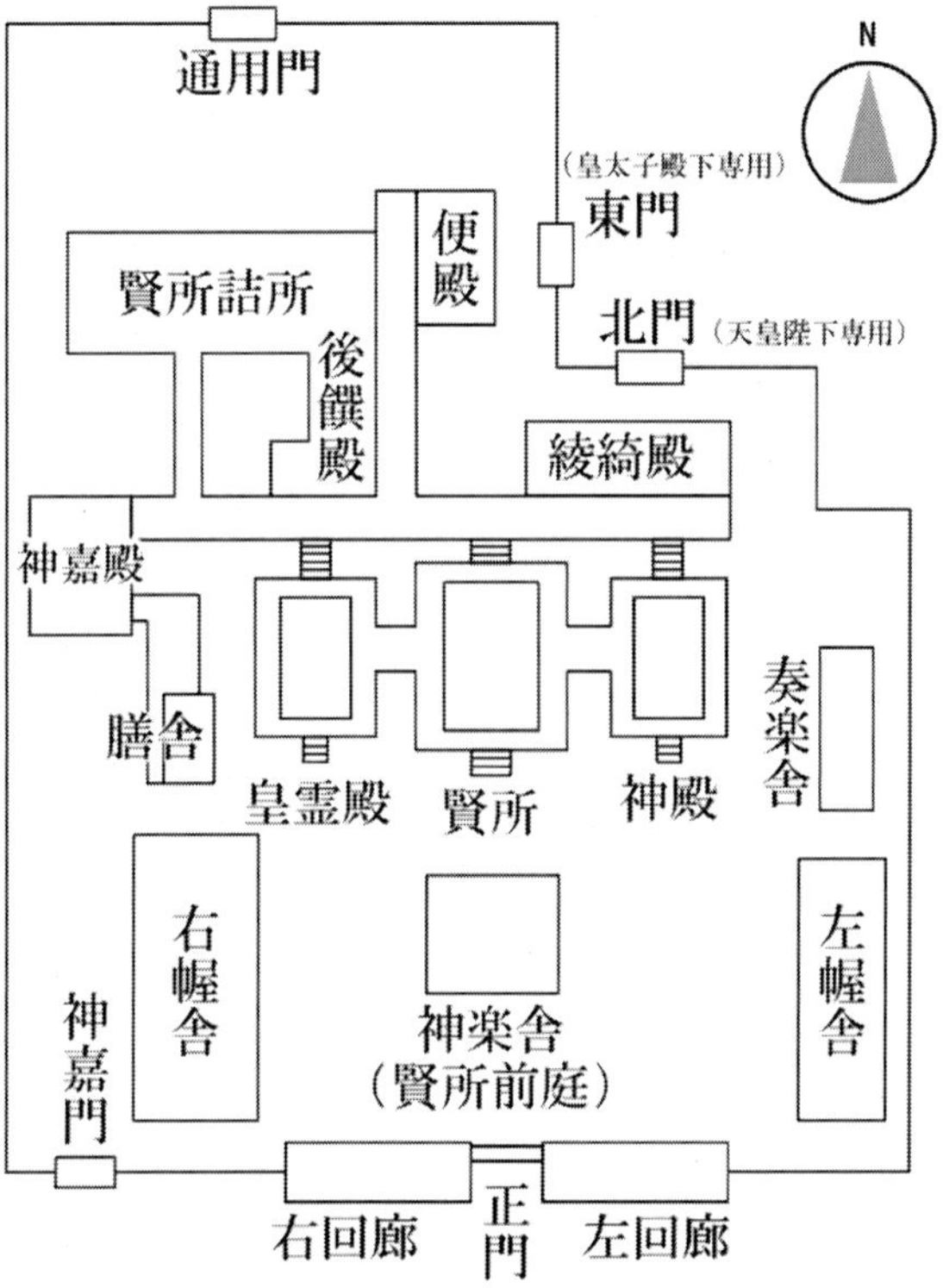

第二図　宮中三殿

奉斎されている。曽ては女官（内侍）が奉仕したことから内侍所とも称され、威所、尊所、畏所などの異名があった。なお「かしこどころ」で神鏡そのものを、「けんしょ」で宮中三殿を指すことがある。

　賢所の内部は、入り口から奥へ向かって、外陣（皇族の部屋）、内陣（天皇・皇后両陛下の部屋）、内内陣（天照大神を祀る部屋）の三部屋からなる。神聖な場所で穢れを嫌み、厳格な規律がある。

　宮中賢所の祭祀は古代から宮中の最も重要な祀りとされ、掌典及び内掌典が奉仕し、「忌火」（「神聖な火」）

を護り続けたとされる。賢所は平安時代は内裏の紫宸殿北東の温明殿に、室町時代以後は春興殿（第五図❺）に置かれ、東京の皇居内に別棟の新殿（宮中三殿の賢所）を造営して奉祀されたのは明治5年である。

皇室の「結婚の儀」は、「皇室婚嫁令」（明治33年5月）により、賢所の神前で行われる（神前結婚式の始り）。これまでに大正天皇・貞明皇后、昭和天皇・香淳皇后、上皇・上皇后（註）、今上天皇・皇后陛下や皇族の「結婚の儀」が行われた。

註：上皇の后《きさき》の称号は、従来、皇太后と称されたが、「天皇の退位等に関する皇室典範特例法」（平成29年）の審議において、皇太后の称号は未亡人の印象が強いため、天皇（明仁）陛下退位後の美智子皇后の称号は、「上皇后」とされた。

ii 皇霊殿

歴代天皇及び皇族の御霊を祀る社である。明治に再興された神祇官が附属の神殿を創建し、併せて歴代天皇の霊を祀った。このとき平安時代より宮中の歴代天皇を仏式で祀っていた「黒戸」は廃止された。その後、神祇官は神祇省となり、明治4年（1871）9月に宮中に遷座し、賢所とともに「皇廟」と呼ばれた。明治11年には皇妃や皇族の霊も合祀された。

崩御された天皇・皇后及び皇族の御霊は、崩御後一年後に皇霊殿に合祀される。毎年春分の日と秋分の日に皇霊殿において祀りが行われる。

iii 神殿

神殿は天神地祇と八神を祀る社である。明治に再興された神祇官（後の神祇省）が神殿を創建し、律令制の神祇官の八神殿の八神を祀った。これらの八神は天皇の守護神であり、「延喜式」と「古語拾遺」では神名の表記は異なるが下記の同じ祭神である（後者を（・）書きとする）。

○神産日神《かみむすびのかみ》（神皇産霊神）：造化三神の一。
○高御産日神《たかみむすびのかみ》（高皇産霊神）：同右。
○玉積産日神《たまつめむすびのかみ》（魂留産霊）：「産霊神《むすびのかみ》（天地万物を産みなす神）」。

○生産日神《いくむすびのかみ》（生産霊）：同右。
○足産日神《たるむすびのかみ》（足産霊）：同右。
以上の五神は、天地・万物を生成・発展・完成させる霊魂の「ムスビの神」である。
次の三柱は物事を司る神である。
○大宮売神《おおみやのめのかみ》（大宮売神）：宮殿の人格化とも内侍（女官）の神格化ともいわれ、君臣の上下を取り持つ神とされる。
○御食津神《みけつかみ》（御膳神《おぜんかみ》）：食物を司る神、
○事代主神《ことしろぬしのかみ》（同上）：言葉を司る神。
明治5年、神祇省が祭祀を行う八神殿は、宮中に遷座し、八神を天神地祇に合祀して神殿と改称された。
宮中三殿は上述した神々をお祀りする社であり、構内にはその祭祀のための附属の次の建物がある。

ⅳ　神嘉殿《しんかでん》

皇霊殿の左奥にある建物であり、四方拝、新嘗祭（祭祀の内容は第二節に詳述する）が行われる。

ⅴ　綾綺殿《りょうきでん》

神殿裏の部屋。鎮魂祭や天皇・皇后の着替えに使われる。

ⅵ　神楽舎《かぐらしゃ》

賢所の正面の神楽を行う建物。

ⅶ　奏楽舎《そうがくしゃ》

楽師が雅楽を演奏する建物。

ⅷ　左幄舎《ひだりあくしゃ》、右幄舎《みぎあくしゃ》

祭祀の列席者が待機する建物。

②　吹上御所

吹上御所は明仁天皇・美智子皇后のお住いとして平成3年に着工され、平成5年12月から使用された。平成の譲位以後は「吹上仙洞御所」と呼ばれたが、令和2年3月末、上皇・上皇后が高輪皇族邸に転居されて改修を行い、令和3年9月に今上天皇が赤坂御所から転居し、「御所」とされた。

③　吹上大宮御所

吹上御苑内に、昭和36年に昭和天皇と香淳皇后の御所として建設された。昭和天皇の崩御後は、香淳皇太后が住われた。平成12年に香淳皇太后が崩御された後は、使われていない。

④ 紅葉山御養蚕所

明治時代、我が国の最大の輸出品は生糸、茶、蚕種であった。明治4年、長く途絶えていた宮中での養蚕を昭憲皇太后（明治天皇皇后）が吹上御苑で復活され、その後火災で中断したが、明治12年に英照皇太后（孝明天皇女御）が青山御所に養蚕所を設け再開した。同皇太后の崩御で再び中断したが、明治41年、貞明皇后（大正天皇皇后）が再開され、大正4年に紅葉山（宮内庁の北側）に養蚕所が建てられた。以後、昭和3年に香淳皇后（昭和天皇皇后）が引き継ぎ、平成元年から美智子皇后が継がれ、令和のご譲位に伴い雅子皇后に引き継がれた。

また現在、眞子内親王（秋篠宮文仁親王第一王女）や皇族の子女が手伝われることもある。養蚕所の蚕から作られる絹製品は、皇室の儀典用の衣裳等に用いられる。

⑤ 生物学研究所

昭和3年、昭和天皇の生物学の研究のために建設され、現在は上皇陛下がハゼ等の魚類学の研究に使われている。昭和天皇時代は「生物学御研究所」と呼ばれたが、平成20年10月に天皇（明仁）陛下のご意向で「御」の字を削り現名称とされた。

周辺には毎年の新嘗祭に神前にお供えする新米を栽培する田がある。米の栽培は昭和天皇以来、職員らの助けを借りつつ、種蒔き、田植え、稲刈り等、天皇陛下が自ら行われ、新嘗祭の新穀を栽培される。

三　旧西の丸地区の皇居施設

① 宮殿

宮殿は、天皇陛下が国事行為や皇室行事などの儀式を行う施設で、明治宮殿跡地の皇居西の丸地区に建設され、昭和44年4月から使われている。焼失した明治宮殿と区別して新宮殿と呼ばれる。鉄骨鉄筋コンクリート造りで、地上二階、地下一階、宮殿の延床面積は、三五、七八九・八九平方米である。表御座所(御車寄や付属室の北棟と、御座所のある南棟からなる)、正殿、連翠、豊明殿、長和殿、千草・千鳥の間、の六棟からなり、これらに面して中庭、東庭、南庭がある(第三図参照)。

i 表御座所(第三図の最西側の建物)

宮殿の最も西側の建物。北棟と南棟があり、天皇陛下が公的な事務を執られる所である。附属して侍従等の控室がある。

ii 千草(❶(黒丸番号は第三図を参照))、**千鳥の間**(❷)

正殿の南側の建物。本来は千草の間、千鳥の間の二部屋であるが仕切りを取り、参殿者の休憩所等に使用される。

iii 正殿(❸、❹、❺)

松の間、竹の間、梅の間の三部屋がある。

○松の間(❹)：宮殿内で最も格式の高い部屋で板張りである。「新年祝賀の儀」、「信任状捧呈式」、「総理大臣の任命式（親任式）」、「認証官任命式」、「勲章親授式」、「講書始の儀」や「歌会始の儀」等の主要な儀式に使用され、「朝見の儀」や「即位礼正殿の儀」等でも使用される。また昭和天皇の「大喪儀」では殯宮が設けられた。左右に報道室がある。

○竹の間(❸)：天皇・皇后両陛下が外国元首や要人と会見し、又は皇居を訪れた日本政府及び民間人を引見する場合や、儀式並びに国事行為事に使用される。

○梅の間(❺)：主に皇后の行事（皇后誕生日の祝賀、皇后引見）等に使用される。

iv 連翠(❻)

少人数の午餐会、晩餐会等に使われる。この部屋は中央に可動式の間仕切りがあり、北側と南側の二室に分けて使用することができる。

v 豊明殿(❽)

宮殿最大のホールで立食では最大六百名の席が可能である。「宮中晩餐会」、「天皇誕生日の宴会の儀」や、「御大典の饗宴の儀」

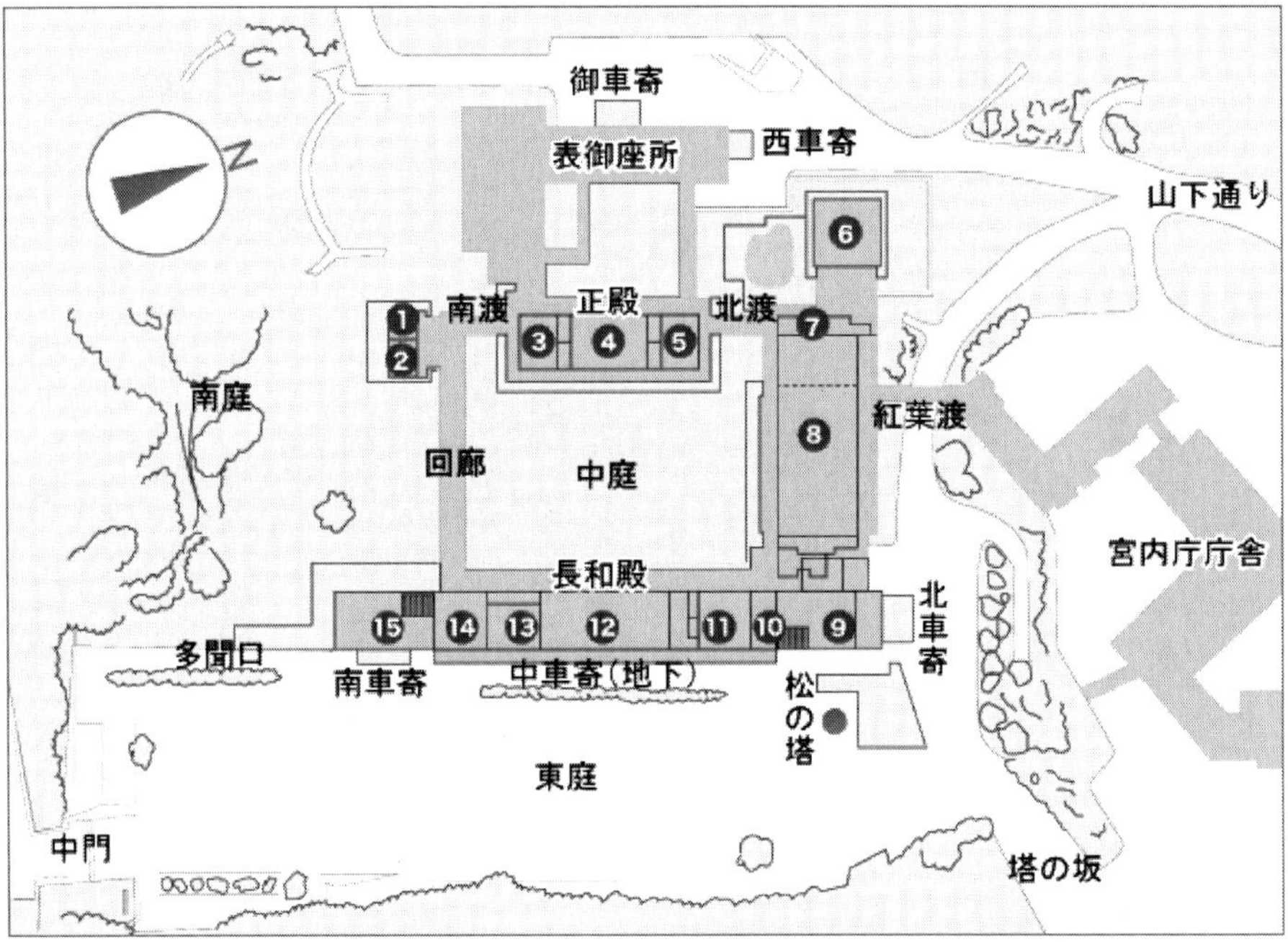

❶ 千草の間　❺ 正殿梅の間　❾ 北溜　⓭ 松風の間
❷ 千鳥の間　❻ 連翠　❿ 北の間　⓮ 波の間
❸ 正殿竹の間　❼ 泉の間　⓫ 石橋の間　⓯ 南溜
❹ 正殿松の間　❽ 豊明殿　⓬ 春秋の間

第三図　皇居宮殿

等、多人数の宴会に使用される。東側廊下は奏楽室に転用でき、宮中晩餐会等で宮内庁楽部の演奏に用いられる。

vi 長和殿（❾〜⓯）

南北一六三米の細長い建物で、参内者の休憩所や、接待、拝謁等に使用される。部屋は北から南へ順に、北溜、北の間、石橋《しゃっきょう》の間、春秋の間、松風の間、波の間、南溜がある。東廊下は一般参賀が行われる東庭に面しており、一般参賀の際には皇族方は長和殿のベランダの中央部に立たれる。昭和44年1月2日、新宮殿完成後初めての新年の皇居一般参賀で、昭和天皇や皇族方が長和殿ベランダに立たれた際に、参賀者からパチンコで撃たれる事件が発生した。このときは皇族方に怪我はなかったが、その後、長和殿のベランダの中央部は、防弾ガラスに替えられた。

○**春秋の間**（⑫）：豊明殿に次いで広い大広間で、各国賓客の歓迎会や拝謁等に用いられる。平成では、各種レセプションに使われることが多かった。

○**石橋の間**（⑪）、**松風の間**（⑬）：春秋の間に隣接した広間で、参殿者の休憩所に当てられる。

○**北の間**（⑩）、**波の間**（⑭）：長和殿の広間を挟んだ北と南の端にあり、参殿者の休憩所等として用いられる。

○**北溜**（⑨）、**南溜**（⑮）：宮殿の東側の建物の南北両端にある車寄につながる玄関ホールであり、北溜は記帳所に用いられることもある。正殿の間と波の間には南渡りの長さ七〇米程の回廊があり、国賓等は長和殿から回廊を経て正殿に向かう。

○**中庭**：正殿、豊明殿、回廊、長和殿に囲まれた庭で、「即位礼正殿の儀」では威儀物奉持者が並び、旛旗が立てられる。

○**東庭**：東庭は新年や天皇誕生日等の一般参賀や、外国元首が栄誉礼を受ける場所に使われる。北東隅の照明塔「松の塔」は緑青で発色した銅板製で十六米の塔の先端の円環は古代婦人の腕輪《うでわ》の釧《くしろ》を模《かたど》っている。地下は駐車場である。

○**南庭**：広い地形と芝生を利用し、大刈り込みの下を小川が流れる庭となっている。高さ六米の二つの刈り込みは「南庭の大刈込み」と呼ばれ、二十二種の樹木を合せたものである。

②**宮内庁庁舎**

宮内庁は皇室関係の事務や天皇の国事行為、外国大使・公使の接遇、皇室の儀式、御璽・国璽の保管等を所管する内閣府の機関である。庁舎は宮殿の北側にあり、豊明殿の回廊から渡り廊下（紅葉渡）で接続されている。昭和

10年に建てられ、三階は昭和27年に改装され、昭和43年の新宮殿落成まで仮宮殿として使用された。

◎ 宮内庁の組織の変遷

明治2年（1869）に、古代の太政官制の「二官八省」に倣った政府が組織され、宮内省は旧制度の名称を受け継ぎ、長官は宮内卿と称された。明治18年に内閣制となり、宮内大臣となったが、「宮中独立」の原則によって、宮内大臣は内閣の一員とされなかった。明治22年に「帝国憲法」が公布され、旧「皇室典範」が勅定され、皇室独立の原則が確立し、更に官制が整備拡充された。明治41年には、皇室令による宮内省官制が施行され、宮内大臣は皇室の全ての事務につき天皇を輔弼する機関とされた。昭和20年の終戦時には、宮内省は、一官房二職八寮二局のほか、内大臣府、掌典職、御歌所、帝室博物館、帝室林野局、学習院など十三の外局と京都事務所を持ち、職員六、二〇〇人余の大組織であった。その後、組織の縮小が図られ、「日本国憲法」の施行（昭和22年5月3日）により、宮内省から宮内府となり、総理大臣の所轄する機関となった。宮内府は、長官以下、大臣官房、三職（侍従職、皇太后宮職、東宮職）、四寮（式部寮、図書寮、内蔵寮、主殿寮）と京都事務所からなる職員一、五〇〇人弱の組織となった。昭和24年には、「総理府設置法」の施行により、宮内府は総理府外局の宮内庁となり、平成13年には中央省庁改革により「内閣府設置法」が施行され、宮内庁は内閣府の機関となった。令和元年、第百二十六代天皇（徳仁）陛下の即位に伴い「皇室典範特例法」の組織改正が行われ、長官官房（秘書課、総務課、宮務課、主計課、用度課、宮内庁病院）、四職（侍従職、上皇職、皇嗣職、式部職）、二部（書陵部、管理部）、施設等機関（正倉院事務所、御料牧場）と京都事務所の体制となった。

宮中祭祀に奉仕する「掌典職」は、戦前は宮内省の公務員であったが、宮内省の廃止に伴い行政機関の宮内庁の「侍従職」とは別に、皇室の内廷の組織(雇員、非公務員)とされ、掌典長・掌典次長・掌典・内掌典(女性、巫女)が置かれた。毎朝8時、賢所と皇霊殿に内掌典が、また神殿には掌典が、清酒、赤飯等を供える「日供の儀」を行う。続いて8時30分に侍従職の当直者が、賢所、皇霊殿、神殿を天皇に代わり拝礼する「毎朝御代拝」を行う。「日供の儀」及び「毎朝御代拝」は、天皇が執務しないときや宮中が喪中の期間にも欠かさず行われる。

四　皇居東御苑地区の皇居施設

皇居を東西に二分する乾濠と蓮池濠の東側の地区は、皇居東御苑と呼ばれ、旧江戸城址であり、当時は本丸御殿や天守閣、二の丸、三の丸があり、城の中枢であった。明治から大東亜戦争までは宮内省や皇室関連の建物があった。戦後の昭和38年に特別史跡となり、昭和43年10月から一般公開された。苑内は自然が豊かで、昭和天皇の発意で武蔵野を再現した二の丸雑木林や、果樹の古品種園、鰭長錦鯉の放流池等がある。このほか日本庭園や皇室関連の施設、江戸城の遺構など歴史的な史跡がある。第四図に皇居東御苑の主な施設を示す。

①　富士見櫓（第四図の❶）

現在の建物は明暦の大火の後、万治2年(1659)に再建されたものである。江戸城の天守は、明暦の大火で焼失した後は再建されず、以後は江戸城のほぼ中央にある富士見櫓を天守の代わりにした。

②　松の廊下跡（❹）

江戸城本丸の表御殿の大広間から白書院に続く「松之大廊下」があった場所であり、江戸城では二番目に長い廊下であった。襖戸に松並木と千鳥が描かれていたので、松の廊下と呼ばれた。元禄14年(1701)に、播州赤穂の藩主 浅野内匠頭長矩が、高家肝煎(幕府の儀式・典礼を司る役職)の吉良上野介義央に刃傷事件を起した場所である。この事件は後に赤穂浪士四十七士の吉良邸討ち入り・仇討となり有名になった。

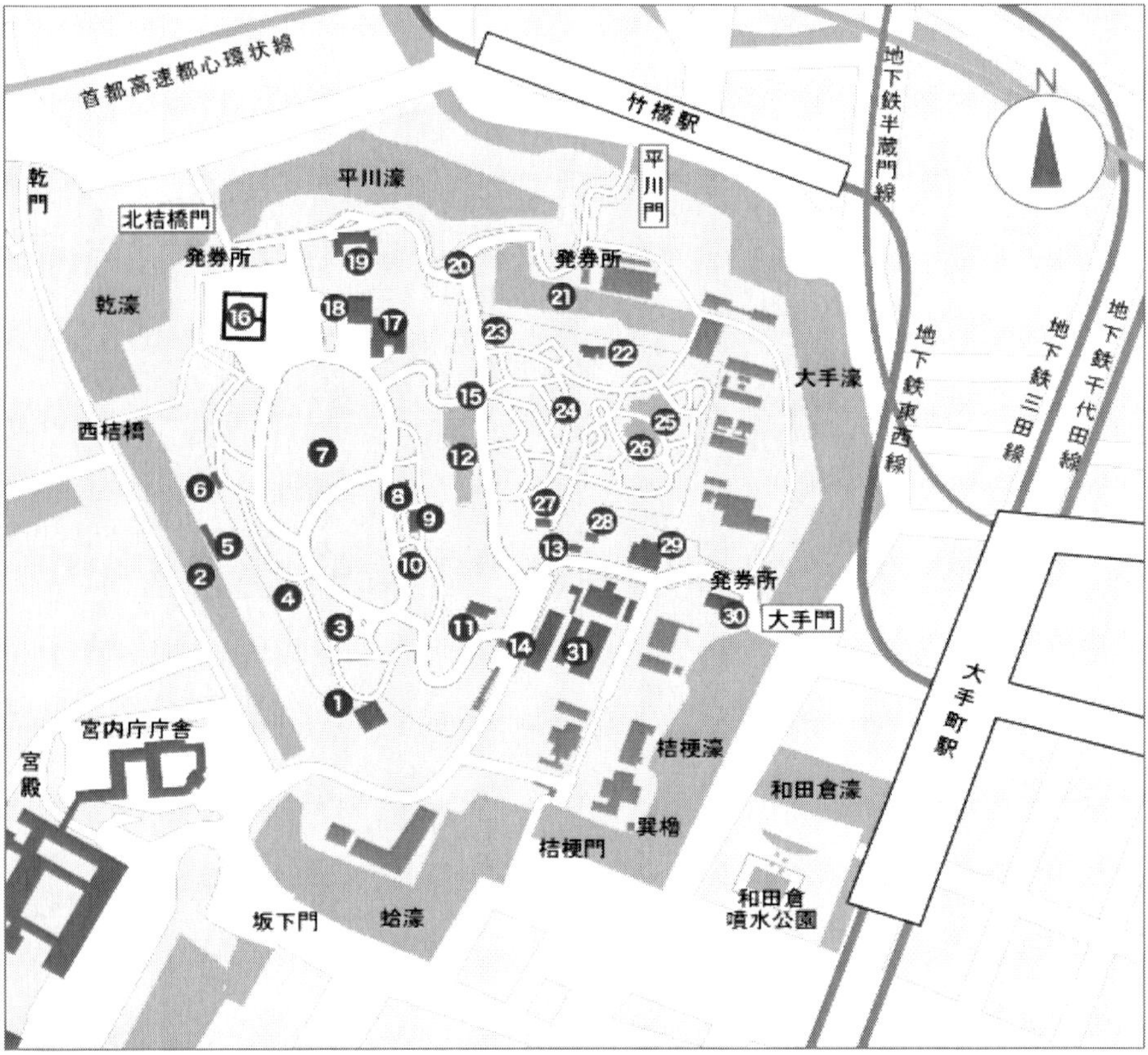

① 富士見櫓
② 蓮池濠
③ 江戸城本丸図
④ 松の廊下跡
⑤ 富士見多聞
⑥ 石室
⑦ 本丸
⑧ 本丸休憩所
⑨ 展望台
⑩ 緑の泉
⑪ 大番所
⑫ 白鳥濠
⑬ 同心番所
⑭ 百人番所
⑮ 汐見坂
⑯ 天守台
⑰ 楽部庁舎
⑱ 桃華楽堂
⑲ 書陵部庁舎
⑳ 梅林坂
㉑ 天神濠
㉒ 諏訪の茶屋
㉓ 都道府県の木
㉔ 二の丸雑木林
㉕ 二の丸庭園
㉖ ハナショウブ
㉗ 二の丸休憩所
㉘ 大手休憩所
㉙ 三の丸尚蔵館
㉚ 皇居東御苑管理事務所
㉛ 皇宮警察本部

第四図　皇居東御苑

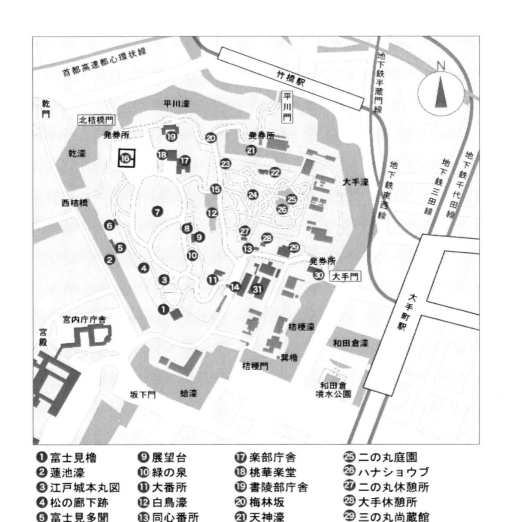

③ 大番所（⑪）
本丸に通じる中之門を警備する最後の番所であり、身分の高い与力・同心が警護した。

④ 同心番所（⑬）
江戸時代には登城する大名行列の供揃えを幕府同心が監視した番所である。当時は番所の前に橋があり、御三家以外の大名や御家人は橋の手前で乗り物を降り、徒歩で本丸へ登るのが規則であった。

⑤ 百人番所（⑭）
江戸城西側の本丸❼や東側の二の丸㉕へ続く大手三之門を警護する番所があった場所で、鉄砲百人組と呼ばれる甲賀組、伊賀組、根来組及び二十五騎組の同心百人が、昼夜交代で警備に当たった。

⑥ 天守台（江戸城天守跡⑯）
本丸の北端に位置する。最初の天守は慶長12年(1607）に完成し、現在地の少し南にあった。三代将軍家光が大改修を行い、最終的に完成したのは寛永15年（1638）で、この時、現在の天守台ができた。天守は、外観五層、内部六階建て、で、天守台を含む高さは五十八米あり、晴天時には房総半島からも見えた。明暦の大火で焼失し、再建案もあったが、家光の弟の保科正之（会津松平家藩主）が反対し再建は延期され、以後、天守は建設されなかった。

⑦ 楽部庁舎（⑰）
宮内庁楽部は宮中の行事で奏される雅楽や舞楽、歌謡を伝承する他、洋楽演奏も行う。大宝元年（701）に雅楽寮が設置され、平安時代中期には楽所となった。明治維新後、雅楽局、雅楽課、雅楽部と改称し、大正10年に楽部と改められた。宮中の儀式において雅楽演奏や舞楽を演じ、昭和30年には重要無形文化財に指定された。

⑧ 桃華楽堂（⑱）
香淳皇后の還暦を祝って昭和41年に建てられた音楽堂である。香淳皇后のお印「桃」や画号「桃苑」に因んで名づけられた。

⑨ 書陵部庁舎（⑲）

明治17年、奈良時代の図書寮《ずしょりょう》を復活し宮内省の一部門としたが、第二次大戦後、諸陵寮と合併して書陵部となった。その他の宮家や旧華族の文庫、紅葉山文庫、海外諸国から献上された書籍等を加え、四十五万点を超える文書と、全国の陵墓を管理する。古文書は皇室に伝わる古典籍（平安～室町時代の文書が多い）を中核に、明治以降の宮内省・宮内府・宮内庁の公文書、及び宮内庁が管理する陵墓等から出土した考古学的遺物の三種類が収蔵されている。

「公文書管理法」（平成21年制定）により、書陵部図書課に図書寮文庫と宮内公文書館が置かれた。図書寮文庫は皇室に伝わる古典籍・古文書を所蔵し、宮内公文書館は明治以降の宮内省・宮内府・宮内庁が作成又は取得した特定公文書等を収蔵している。

⑩ 諏訪の茶屋（㉒）

清朝末期の義和団の乱（1900. 6. 20～1901. 9. 7. 約八千名を出兵）が終結した後、明治天皇の御意により、戦没した陸海軍将兵の勲功を伝えるため、明治45年（1910）に吹上御苑に「懐遠府」が造られた。施設内には戦利品を納め、陣歿将兵の写真と名簿が保管された。昭和43年（1968）、皇居東御苑が整備された際に、建物は吹上御苑から東御苑に移設され、「諏訪の茶屋」（この辺りに諏訪神社が在った）と改名して一般に公開された。

⑪ 三の丸尚蔵館（㉙）

皇室に代々伝わる絵画・書・工芸品などの美術品類の他に、故秩父宮妃、故香淳皇后、故高松宮妃のご遺贈品が加わり、現在は約九、八〇〇点の美術品類が収蔵されている。平成元年6月に国に寄贈され、これらを保管・展示・研究する施設として「三の丸尚蔵館」が建てられ、平成5年11月に開館した。

第二節　皇居外の皇室施設

一　宮家御用地

宮家のお住まいは第一図の皇居内にはなく、都内の次の御用地にある（令和4年1月現在）。

①赤坂御用地（東京都港区元赤坂）

赤坂御用地（「赤坂御苑」とも呼ばれる）では毎年春と秋に天皇・皇后両陛下が園遊会を催され、衆・参両院の議長・副議長・議員、内閣総理大臣、国務大臣、最高裁判所長官・判事、その他の認証官など、立法・行政・司法各機関の要人、都道府県の知事・議会議長、市町村の長・議会議長、各界功績者と配偶者等、約二千余人をお招きになり、親しく懇談される。

赤坂御用地には次の宮邸がある。

ⅰ 赤坂御所（旧東宮御所）

上皇（明仁）・上皇后（美智子）両陛下の御成婚（昭和36年4月10日、当時、上皇は皇太子）の新居として昭和34年1月に着工、翌年4月末に完成し、東宮御所とされた。明仁陛下は即位後も暫く赤坂御所から皇居宮殿に通われて公務を執られたが、皇居内の吹上地区に新たな御所が建設され、平成5年12月に吹上御所に移られた。その後、旧赤坂御所には徳仁皇太子一家が住まわれ、東宮御所とされた。平成31年の譲位に伴い、再び赤坂御所と改称された。徳仁陛下は令和3年9月に皇居の吹上御所に移られた。

ⅱ 秋篠宮邸

秋篠宮文仁親王（明仁上皇の第二皇子、今上天皇の皇弟）ご一家のお住まい。平成の御代替りで文仁親王が皇嗣となられ、秋篠宮邸も手狭なために改修された。

ⅲ 三笠宮邸

大正天皇第四皇子・崇仁親王（平成28年に百歳で薨去）ご一家のお住まい。

ⅳ 三笠宮東邸

三笠宮崇仁親王の第一皇子・寛仁親王（昭和24年に66歳で薨去）ご一家のお住まい。

v　高円宮邸

三笠宮崇仁親王第三皇子・憲仁親王（平成14年に47歳で薨去）ご一家のお住まい。

vi　赤坂東邸

宮邸改築の際に各宮家の共用仮邸として使用される。

② 常盤松御用地（東京都渋谷区東）

常陸宮正仁親王（昭和天皇の第二皇子）の宮邸がある。

③ 高輪皇族邸（東京都港区高輪）

昭和6年から高松宮宣仁親王（大正天皇第三皇子。昭和62年に82歳で薨去）邸として使用され、平成16年に高松宮喜久子妃が薨去するまで住まわれた（「高輪御殿」と称された）。

平成31年4月末、天皇（明仁）陛下の譲位に伴い、新旧天皇のお住いは交換されることになった。吹上御所、赤坂の東宮御所はそれぞれ吹上仙洞御所、赤坂御所と改称され、その後、上皇・上皇后両陛下は港区の高輪皇族邸の仮住いに転居（令和2年3月末）され、吹上仙堂御所を改修し、天皇（徳仁）陛下御一家が転居されて「御所」とされた（令和3年5月）。またご高齢の上皇・上皇后両陛下のお住まいとして赤坂御所（旧東宮御所）は、エレベーターやバリアフリーの改修工事が行われ、令和3年末に上皇・上皇后両陛下が仮住いの高輪皇族邸から転居され、仙洞御所とされる予定であったが、工事が遅れ、令和4年6月にずれ込む見込みである。

以上が東京都内の皇室施設であり、皇族のお住いや公務に用いられる。

二　京都御所（京都市上京区京都御苑）

京都には東京遷都前の皇居が遺されており、天皇陛下が関西に行幸啓の折にはお泊りになることがある（第五図参照）。

京都御所は平安時代～江戸時代の里内裏であり、南北朝時代（14世紀半ば）には北朝の内裏となり、南北朝合一の明徳3年（1392）以後、明治2年（1869）に明治天皇が東京に行幸されるまで、皇居であった。京都御所は平安時代

❶御車奇
❷諸大夫の間
❸新御車寄
❹回廊
❺春興殿
❻紫宸殿
❼南庭
❽清涼殿
❾小御所
❿御学問所
⓫蹴鞠の庭
⓬御常御殿
⓭御内庭
⓮御三間
⓯迎春
⓰御涼所
⓱聴雪
⓲御花御殿
⓳皇后宮常御殿
⓴若宮御殿
㉑姫宮御殿
㉒飛香舎
㉓参内殿
㉔参観者休所

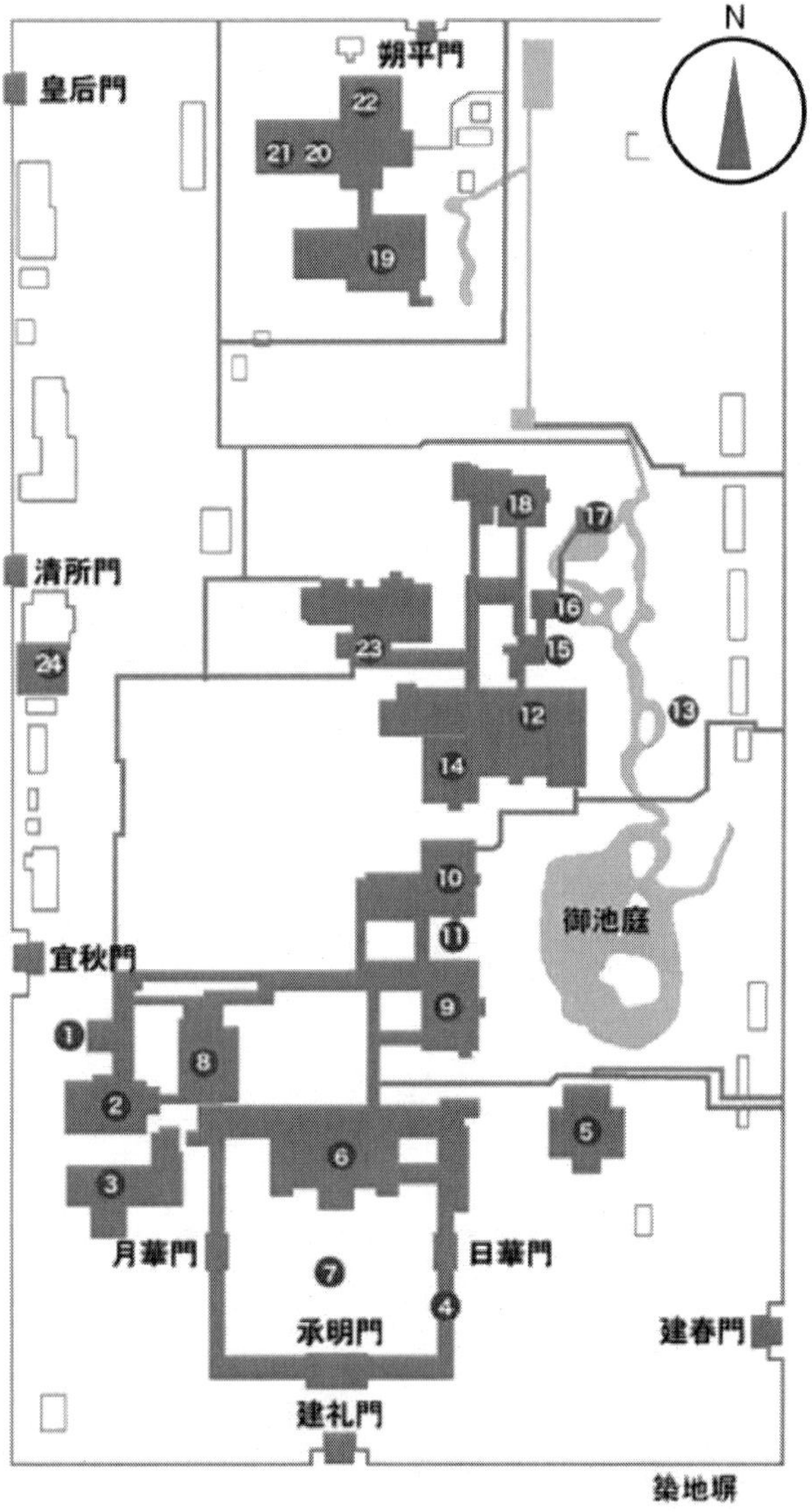

第五図　京都御所

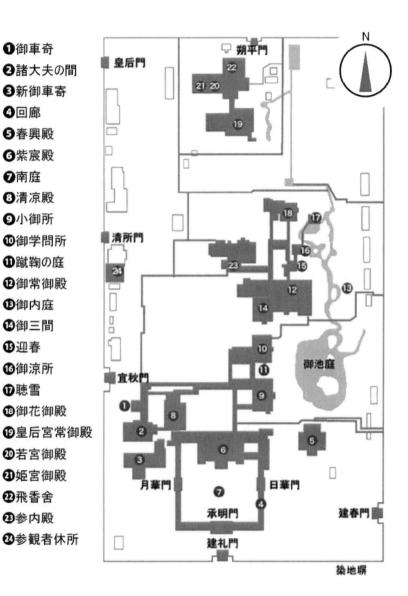

の様式を伝える最高格式の紫宸殿（正殿）や、皇室の日常生活の場の御常御殿等が保存され、国の文化財に指定されている（第五図　参照）。

◎ **京都大宮御所、京都仙洞御所**

京都御所の南東側に隣接して京都大宮御所と京都仙洞御所がある。大宮御所は、第百八代　後水尾天皇（在位：慶長16年（1611）～寛永6年（1629））の中宮の東福門院のために造営され、現在の建物は第百二十一代　孝明天皇（在位：弘化3年（1846）～慶応2年（1867））の女御の英照皇太后のお住まいとして慶応3年に完成した。その後は天皇・皇后の京都への行幸啓や国賓の宿泊に使用された。京都仙洞御所は後水尾上皇の退位後のお住いとして造られたが、現在は庭園と茶室しか遺っていない。

三　離宮、御用邸

皇族のお住いや公務以外に、避暑・避寒、ご休息等に用いられる宮殿を離宮と称し、小規模のものを御用邸という。明治以前には上皇や法皇の離宮を「後院」と呼び、平安時代の天皇の追号は後院の名称が多い。また幕末～明治時代に天皇家の避暑地として、箱根離宮、日光御用邸が建造された。また嘗て離宮が営まれ、その後、自治体等に払い下げられて公園として公開されている施設も多い。

① **霞関離宮**（国会議事堂前庭南地区）

工部省は明治4年（1871）に工学寮を設け、明治10年に工部大学校（七学科：土木・機械・造家・電信・化学・冶金・鉱山の六年制の官費の専門学校。現・東京大学工学部）とし、西欧諸国から教授を招聘した。造家科教授　ジョサイア・コンドル（註。1852.9.28～1920.6.21.）は有栖川宮邸を設計し、明治17年に竣工した。明治29年11月に宮内省が買い上げ、「霞関離宮」とし、外国王族や使臣の旅舎として使用し、大正時代は摂政宮　裕仁親王（昭和天皇）の東宮仮御所とされた。東京大空襲（昭和20・5）で焼亡し、戦後取り壊された。

註：英国人。明治10年～17年に工部大学校

造家学教授として招聘され、鹿鳴館(華族会館)、ニコライ堂、三井・岩崎・島津・古河等の貴族邸を建設した。

② **浜離宮**（東京都中央区浜離宮公園）

承応3年(1654)に甲府藩主の徳川綱重がこの地を拝領して海を埋め立て、別邸を建て、以後、甲府藩の下屋敷とした。綱重の子の徳川綱豊は六代将軍(家宣)となり、将軍家の別邸となり「浜御殿」と呼ばれた。浜御殿は改修を重ね、八代将軍吉宗は、殖産の試験場として、薬草園、製糖所、鍛冶小屋、火術所、大砲場等を設置した。その後、11代将軍家斉の時代に現在の庭園が概ね整い、将軍の鷹狩場とされた。また幕末の慶応2年には幕府海軍の施設が建設され、明治2年に英国のエジンバラ公アルフレートの訪日に際して改修され外国人接待所「延遼館」となった。延遼館はその後も迎賓施設として使用されたが、鹿鳴館の完成により明治22年に取り壊された。その後、浜離宮は関東大震災(大正12年)と東京大空襲(昭和20年)で、大きな被害を受けた。昭和20年11月には東京都に下賜され、翌年4月に都の公園として開園した。昭和23年に国の名勝及び史跡に、昭和27年には特別名勝及び特別史跡に指定された。

③ **赤坂離宮**（東京都港区元赤坂）

明治時代に嘉仁皇太子(大正天皇)の東宮御所として建てられた。終戦後、国立国会図書館、裁判官弾劾裁判所として使われ、その後、迎賓館に改装された。

④ **芝離宮**（東京都港区海岸）

大久保忠朝(江戸時代前期〜中期の肥前国唐津藩二代藩主、老中)の上屋敷の庭園「楽寿園」として造られ、宮内庁管理の離宮を経て、大正13年、東京市に下賜され、旧芝離宮恩賜庭園として公開された。

⑤ **桂離宮**（京都市西京区桂）

桂離宮は元和初年(1615)頃、皇族の八条宮の別邸として造られた建物群と庭園であり、付属地を含む総面積は約六万九千平方米に上る。当初「桂別業」と呼ばれたが、明治16年に宮内省所管となり「桂離宮」と改称された。庭園と建築物は江戸時代初期の朝廷文化の粋を今に伝えている。書院は書院造を基調として数寄屋風を採り入れ、回遊式の庭園には茶屋が配され、ほぼ完全な創建当時の姿が遺されている。昭和39年に景観保持のため周辺の農地七千平方米を買い上げた。

⑥ 修学院離宮（京都市左京区修学院）

後水尾上皇（第百八代天皇）の指示で明暦元年（1655）～万治2年（1659）に江戸幕府が造営した。上御茶屋、中御茶屋、下御茶屋の三庭園からなり、面積は五十四万平方米に及ぶ。各御茶屋の間には田畑が広がり、細い松並木道が各御茶屋を結んでいる。

⑦ 鳥羽離宮（京都市南区～伏見区）

鳥羽離宮（鳥羽殿）は白河天皇（1053～1129）の譲位後の御所として、現在の京都市南区上鳥羽、伏見区竹田・中島・下鳥羽一帯の広大な地域に堂塔が建設された。鳥羽上皇（1103～1056）の御代に完成し、白河・鳥羽・後白河の三代に亘り（14世紀頃まで）院政の拠点として栄えた。鳥羽殿は南殿・泉殿・北殿・東殿・田中殿等の御堂からなり菩提寺とされた（第一表　参照）。離宮

第一表　鳥羽離宮御堂

御所	名称	成立年	発願者
南殿	証金剛院	康和３年（1101）	白河上皇
泉殿	成菩提院	天承元年（1131）	鳥羽上皇
北殿	勝光明院	保延２年（1136）	鳥羽上皇
東殿	安楽寿院	保延３年（1137）	鳥羽上皇
田中殿	金剛心院	久寿元年（1154）	鳥羽上皇

は広大な池のある庭園で、敷地は約一八〇万平方米である。院政時代は政治・経済・宗教・文化の中心であったが、南北朝の内乱期に戦火により多くの殿舎が焼失し、その後急速に荒廃した。現在は鳥羽離宮跡公園として南殿跡の築山が残り、近くに鳥羽伏見戦跡碑がある。

⑧ 二条離宮（京都市中京区二条通堀川）

二条城は徳川家康の命で慶長7年(1602)に着工され、翌年3月落成した（但し天守は慶長11年(1606)に完成)。慶長8年2月12日、家康は伏見城で征夷大将軍補任の宣旨を受け、3月12日に竣工間もない二条城に入城し、同月25日、御所に「拝賀の礼」を行い、27日に二条城で重臣や公家衆を招いて将軍就任の祝賀の儀を行った。この将軍就任の儀礼は三代将軍家光まで行われた。その後は京都守護と将軍の上洛時の宿所とされた。幕末、薩摩藩と長州藩は同盟して討幕運動を進め、土佐藩は15代将軍 慶喜に大政奉還の意見書を提出した。慶喜はそれを受けて慶応3年(1867) 10月13日、二条城二の丸御殿大広間に在京の諸藩の重臣を集めて意見を聞き、大政奉還を決意し、翌日、朝廷に大政奉還を申し出て、10月15日に朝廷が許可し、江戸幕府は幕を閉じた。明治政府は初め二条城に太政官代、府庁を置いたが、明治17年(1884)に二条離宮とした。大正天皇の即位礼の饗宴場に使用され、昭和14年(1939)に京都市に下賜された。現在、本丸には明治26年に移築された旧桂宮邸の御殿があり、二の丸には寛永行幸当時の大広間、白書院、黒書院、遠侍、式台、台所が遺る。二の丸御殿は近世初期の大名居館の唯一の遺構であり、式台・大広間・黒書院・白書院などは国宝に、また二の丸庭園は国特別名勝・国史跡に指定されている。

⑨ 名古屋離宮（名古屋市北区名古屋城）

徳川家康が加藤清正、池田輝政、浅野幸長、福島正則等の豊臣恩顧の大名に築城を命じ、慶長15年(1610)に着工し約四年で完成した。同時に城下町の建設や堀川の開削も進められ、藩都を清州から名古屋に移した。城郭は五層五階の天守閣を持ち、屋根には金鯱が載せられた。本丸には本丸御殿が造営され、元和6年(1620)、将軍の上洛時に専用の上洛殿が増築され、居住や政務は二之丸御殿を改修して使用された。敷地内には日本で最大の二之丸庭園がある。明治以後、名古屋城は陸軍省の所管となり、明治6年(1873)に名古屋鎮台が置かれ、明治21年に第三師団に改編された。明治12年に名古屋城及び姫路城の永久保存が決定され、名古屋城本丸は明治26年に御料地に編入された。昭和5年に宮内庁から名古屋市に下賜され、市庁舎や県庁舎が造られた。昭和20年5月14日に米軍の空襲で名古屋市は焼土と化し、名古屋城天守閣、本丸御殿等も焼失した。戦後、天守閣、本丸御殿が再建された。

⑩ 函根（箱根）離宮（神奈川県箱根町）

明治17年(1884)に塔ヶ島を中心に十六万三千平方米の土地を買収し、明治19年7月に建物・庭園が完成したが、大正12年の関東大震災と昭和5年の北伊豆地震で倒壊し、跡地は終戦後に県の所有となり、昭和21年に県立の恩賜箱根公園として一般に公開された。

⑪ 武庫離宮（神戸市須磨区東須磨）

神戸市須磨区の丘陵に広がる面積八十二万平方米の広大な都市公園であり、西洋式庭園を中心とする本園と植物園からなる。

月見山と呼ばれる景観地にあった浄土真宗本願寺派第二十二世法主大谷光瑞(伯爵)の別邸を明治40年に宮内省が買収し、翌明治41年に旧武庫離宮(須磨離宮)へ改装を起工し、大正3年に完成した。庭園は福羽逸人が設計した。離宮御殿など建造物群は昭和20年の戦災で消失したが、庭園は可能な限り竣工時の状態に復元され、明仁上皇(当時皇太子)御成婚記念として神戸市に下賜され、昭和42年に須磨離宮公園として公開された。

植物園(面積二十四万平方米)は、岡崎財閥の旧岡崎邸の敷地と建物を昭和48年に神戸市が買収したもので、旧岡崎邸の洋館は阪神大震災で倒壊した。本園と植物園は専用の歩道橋で接続されている。

⑫ 吉野離宮（奈良県吉野郡吉野町）

飛鳥時代の斉明天皇が吉野に造られた離宮であり、昭和5年から平成まで断続的に発掘調査が行われた宮滝遺跡は、飛鳥時代から奈良時代にかけて斉明、天武、持統、文武、元正、聖武天皇が度々訪れた吉野宮跡と推定され、縄文後期～弥生時代の中期の吉野地方の大遺跡として多くの掘立柱建物の遺構と礎石を持つ建物遺構（9世紀の遺物も含む）、敷石や溝の遺構及び多数の土器が出土している。

以上は離宮として営まれた皇室施設であるが、次に離宮よりも規模の小さい「御用邸」には次があつる。

⑬ 那須御用邸（栃木県那須郡那須町）

本邸は昭和天皇のご意向で大正15年に建設され、附属邸は昭和10年に建てられた。以来、皇室の方々の夏のご静養の場に利用されている。また東日本大震災（平成23・3・11日）の折には那須町に避難した被災者に御用邸の温泉施設が解放された。

⑭ 日光田母沢御用邸（栃木県日光市本町）

明治32年、赤坂離宮より旧紀州徳川家江戸中屋敷の一部を移築して造営し、皇太子嘉仁親王（後の大正天皇）の夏の静養所とされた。大正天皇崩御後は、昭和天皇、香淳皇后の避暑地とされ、また昭和19年夏、明仁皇太子（学習院初等科5年生）が戦災を避けて疎開された。昭和22年に御用邸は廃止され、平成12年、栃木県が「日光田母沢御用邸記念公園」として整備した。平成15年12月、「旧日光田母澤御用邸10棟」が国の重要文化財に指定された。

⑮ 葉山御用邸（神奈川県三浦郡葉山町）

明治27年に造られた一番古い御用邸で、大正天皇は本邸で御静養されて崩御され、昭和天皇が践祚された「昭和改元の地」である。御用邸の裏の一色海岸は、昭和天皇の海洋生物研究の場であった。昭和46年に精神分裂症（統合失調症）の病歴のある青年（二〇歳）の放火で建物が焼失したが、昭和56年に再建され、昭和62年に付属邸跡地が「葉山しおさい公園」として公開された。公園内の「しおさい博物館」には昭和天皇が採集された海洋生物の標本が展示されている。

⑯須崎御用邸（静岡県下田市須崎）

昭和44年に廃止された沼津御用邸に代わり、昭和46年に旧三井財閥の別荘を買い取り御用邸にした。邸内にはプライベートビーチがある。

以上、本節では皇居外の皇室施設を述べてきたが、上記の他に特殊な施設として、御料牧場及び鴨場がある。

四　その他

①御料牧場（栃木県高根沢町～芳賀町）

県庁所在地宇都宮市から北東約13粁にある農畜産の総合的な牧場である。皇室の儀式に用いられる乗用馬・輓《ばん》用馬の飼育・調教を行うと共に、各種家畜・家禽を飼育し、皇室・内外賓客接伴用の牛乳・肉・卵などを生産し、在日外交団の接遇にも使用されている。

②鴨　場

我が国では鴨猟は古くから網や鷹を使って行われたが、江戸時代に将軍家や大名家で行われていた網による古式猟法が皇室の鴨場で今に伝えられている。元溜《もとだまり》と呼ばれる一万二千平方米（約三千六百坪）の池に集まる野鴨を訓練された家鴨《あひる》を使って直線の引堀に誘導し、絹糸で作った叉手網《さであみ》と呼ばれる手持ちの網で鴨が飛びたつところを捕獲する。次の四カ所に鴨場がある。

○埼玉鴨場（埼玉県越谷市）
○新浜鴨場（千葉県市川市）
○庚申堂鴨場（浜離宮（東京都港区））
○新銭座鴨場（同右）

狩猟期間（11月15日～翌年2月15日）に内外の賓客接遇の鴨猟が催される。捕獲した鴨は、国際鳥類標識調査の規則により種類、性別などを記録し、標識（足環）をつけて放鳥される。

第三節　宮中祭祀

本節で述べる「宮中祭祀」は、現代社会ではほとんど姿を消した「先祖の祭祀」と「農耕の神々への感謝の祀り」である。これらは「日本国憲法」の「男女同権」の理念（第二十四条）により、男系長子相続の「家系」が消滅して「核家族」になったため行われなくなったが、それ以前は日本全国の津々浦々で行われていた「家」の行事であった。そこには一家の全責任を担う「家長」が厳然として存在し、「先祖の祀り」と家族全員の「名誉と生活」、「子弟の教育」を裁量した。更には縁続きの一族の長である「族長」が、親類縁者をまとめた。そのような「家の秩序」が国家の基本的な骨組みであり、日本文化の芯であった。今ではこの「家の行事」を厳重に執り行っているのは、天皇家のみであり、皇室が日本文化の原点とされる所以はここにある。天皇は天皇家の家長であり、日本民族の族長であった。族長の最重要な務めが宮中祭祀の祭主である。

戦後、ＧＨＱの統治下で、宮内省は宮内府、次いで宮内庁と称された。また国政と切り離されていた「旧皇室典範」は「日本国憲法」施行に伴い廃止され、「皇室典範」は全面的に改定され一般法のひとつとなった。同時に「皇室祭祀令」など戦前の「皇室令」も、一旦全て廃止されたが、宮内庁は内部通牒を発し、「新たに明文の規定がなくなった事項については、旧皇室令に準じて実施すること」を指示し、復活された。

恒例の宮中祭祀として、次が行われる。

①　四方拝

元旦の払暁、天皇陛下が神嘉殿の南庭で伊勢神宮、畝傍山陵（神武天皇陵）及び四方の神々を遙拝される行事である。

②　歳旦祭

元旦の早朝に宮中三殿（賢所、皇霊殿、神

殿）で行われる年始の祀りである。

③ 元始祭

1月3日、年始に当り天皇が皇位の大本と由来を祝ぎ、国家・国民の繁栄を宮中三殿で祈られる祭典である。

④ 奏事始

1月4日、掌典長が年始に当り、伊勢神宮及び宮中の祭事を天皇陛下に奏上する。

⑤ 昭和天皇祭

1月7日の昭和天皇の崩御日に皇霊殿で行われるお祀りで、陵所においても祭祀が行われる。夜は御神楽がある。

⑥ 孝明天皇祭

1月30日、孝明天皇の崩御日に皇霊殿で行われる。陵所でも祭祀がある。

⑦ 旧紀元節祭

「皇室祭祀令」（明治31年制定）により国の祝祭日とされていた2月11日の紀元節祭は、昭和22年5月に「国民の祝日に関する法律」で廃止されたが、昭和41年同法の一部改正により建国記念日として復活した。

⑧ 祈年祭

2月17日、宮中三殿で行われる年穀豊穣祈願の祭典である。

⑨ 天長祭

2月23日、天皇（徳仁）陛下のお誕生日を祝して宮中三殿で行われる。

⑩ 春季皇霊祭

春分の日に皇霊殿で行われる先祖祭である。

⑪ 春季神殿祭

神恩に感謝し春分の日に神殿で行われる。

⑫ 神武天皇祭

4月3日、神武天皇の崩御日に皇霊殿で行われる。陵所でも祭祀が行われる。

⑬ 皇霊殿御神楽祭

4月3日、神武天皇祭の夜、皇霊殿で御神楽を奉奏して神霊をなごめる祭である。

⑭ 皇淳皇后例祭

6月16日、香淳皇后の崩御日に皇霊殿で行われる祀りで、陵所でも祭祀がある。

⑮ **大祓**

祓は神道の浄めの儀式で宮中や神社で日常的に行われるが、特に農耕の慣行を破る「天つ罪」と、人間が犯す通常の罪の「国つ罪」の罪穢を祓う万民に対する浄めの儀式を「大祓」という。明治4年（1871）、明治天皇は宮中三殿の賢所の前庭で大祓を四百年ぶりに復活させ、翌年、太政官布告で『大宝律令』以来の旧儀の再興を命じた。毎年6月と12月の晦日に、神前で天孫降臨からの日本神話、罪穢の種類の列挙とその祓い方、祓戸大神による罪穢の浄め方を述べた長文の大祓詞を奏上した。現在の大祓詞は大正3年（1914）に内務省が神話の天つ罪・国つ罪の列挙を大幅に省略して改定した大祓詞が奏上される。

6月30日と12月31日、神嘉殿の前で皇族をはじめ国民の罪穢を祓う大祓詞を唱え、人形《ひとがた》（人の形に切った白紙）を用いて、身についた半年間の穢れを祓い、無病息災を祈る祀りが行われる。6月30日の大祓を「夏越《なごし》の祓《はらい》」と呼び、12月31日のお祓いの行事を「年越《としこし》の祓」と呼ぶ。

⑯ **節折《よおり》祭**

6月30日と12月31日、神嘉殿の前で天皇陛下の罪穢を浄めるお祓いが行われる。

⑰ **明治天皇例祭**

7月30日、明治天皇の崩御日に皇霊殿で行われる祀りで、陵所でも祭祀が行われる。

⑱ **秋季皇霊祭**

秋分の日に、皇霊殿において行われる先祖の祀りである。

⑲ **秋季神殿祭**

秋分の日に神殿で神恩感謝の祭が行われる。

⑳ **神嘗祭**

10月17日の朝、天皇陛下は神嘉殿で伊勢神宮を遥拝された後、賢所に新穀を供え神恩に感謝する祀りを行う。

㉑ **鎮魂祭**

新嘗祭の前日に綾綺殿で天皇の鎮魂を行う儀式である。鎮魂祭は古くは旧暦11月の二度目の寅の日に行われた（太陽暦導入後は11月22日）。この日は太陽の働きが最も弱まる冬至の時期であり、太陽神天照大御神の子孫の天皇の魂の活力を高める儀式とされる。また新嘗祭に臨む天皇の霊を強化する祭でもある。大東亜戦争以後は皇后や皇太子夫妻に対しても行われる。

㉒ 新嘗祭

11月23日、天皇が神嘉殿で皇祖及び八百萬の神々に、今年、陛下が吹上御苑の田で栽培し収穫された新穀を神前にお供えし、神恩を感謝された後、神々と共に陛下も召し上がる祭祀である。天皇の即位後、最初の新嘗祭は大嘗祭と呼ばれ、宮中祭祀の中で最も重要な祀りとされている。

㉓ 賢所御神楽

12月中旬、夕刻から賢所に御神楽を奏して神霊をなごめる祭である。

㉔ 大正天皇例祭

12月25日、大正天皇の崩御日に皇霊殿で行われる。陵所でも祭祀がある。

㉕ 旬祭

毎月朔日、天皇陛下が宮中三殿をご拝礼され、11日、21日には掌典長が参拝する。

㉖ 日供の儀

毎朝の宮中三殿への御代拝が行われる。

右の内、天皇陛下が自ら祭典を斎行し、御告文を奏上する「大祭」と、掌典長（掌典職）らが祭典を行い、天皇が御拝する「小祭」がある。大祭は、元始祭、先帝祭（昭和天皇祭）、春季皇霊祭、春季神殿祭、神武天皇祭、秋季皇霊祭、秋季神殿祭、神嘗祭、新嘗祭であり、他は小祭である。

以上が神式の伝統的な宮中祭祀である。次節では恒例の祝賀行事を述べる。

第四節　恒例の皇室祝賀行事

① 新年祝賀の儀

元旦、皇居において、天皇・皇后両陛下が、皇嗣殿下をはじめ、皇族方、総理大臣・国務大臣、衆参両院議長・副議長・議員、最高裁長官・判事、その他の認証官、各省庁の事務次官など、立法・行政・司法各機関の要人、都道府県知事・同議会議長、各国の外交使節団長達（各配偶者同伴）から、新年の祝賀を受けられる儀式で、国事行為とされる。

②新年一般参賀

毎年1月2日に天皇・皇后両陛下が国民から新年の祝賀を受けられる行事である。天皇・皇后両陛下が皇族方と共に、午前中に3回、午後に2回、宮殿・長和殿のベランダに立たれ、国民から年始の祝賀を受けられる。その際、天皇陛下の「おことば」がある。参賀者は皇居正門から入門し、宮殿東庭で祝賀の上、退出する。この新年一般参賀は昭和23年正月から始められた。

毎年、天皇陛下のお誕生日をお祝いして、次の③～⑥の行事が行われる。

③天皇誕生日祝賀の儀（天長祭）

平成時代は上皇陛下のお誕生日の12月23日に、令和時代は今上天皇陛下のお誕生日の2月23日に、天皇陛下が宮殿で皇太子（又は皇嗣）殿下はじめ皇族方、三権の長、議員、地方首長等からお誕生日の祝賀をお受けになる。

④天皇誕生日祝賀の宴

天皇陛下の誕生日の昼に、陛下が総理大臣・国務大臣、衆・参両院の議長・副議長及び議員の代表、最高裁判所長官及び判事、その他の認証官、各省庁の事務次官など、立法・行政・司法の各機関の要人、都道府県の知事、同議会議長等々、各界代表者を夫人同伴で招いて、午餐会を催され、祝賀をお受けになる行事である。皇太子殿下をはじめ、皇族方も列席される。

⑤天皇誕生日祝賀の茶会の儀

天皇陛下の誕生日の午後に、天皇・皇后両陛下は、各国の外交使節の長及び配偶者を招いて茶会を催され、祝賀をお受けになる。茶会には皇太子殿下、皇族方も列席される。

⑥天皇誕生日祝賀の一般参賀

天皇陛下が国民から御誕生日の祝賀をお受

けになる行事で、午前中に数回、天皇・皇后両陛下が皇族方とともに、長和殿のベランダにお出ましになり、参賀者の祝賀に応えられる。その際、天皇陛下の「おことば」がある。午後は宮殿で祝賀行事があるため、天皇・皇后両陛下や皇族方のベランダへのお出ましはなく、参賀者は坂下門から入り、宮内庁庁舎前で記帳又は名刺を提出して退出する（令和2年は新型コロナ感染症の流行のため中止された）。

⑦ 園遊会

毎年、春と秋に、赤坂御苑で園遊会が催される。総理大臣、国務大臣、衆・参両院議長、副議長、国会議員、最高裁長官及び判事、その他の認証官、立法・行政・司法各機関の要人、都道府県知事、同議会議長、市町村長及び同議会議長の代表、外交使節団の長や外交官、各国の領事館長及びその配偶者も招待される。更に国内の各界の功労者達、即ち各種の産業・文化・芸術・学者・社会事業等の各分野の功労者も招かれ、招待者の総数は毎回約二、〇〇〇人前後となる。天皇・皇后両陛下は御苑の会場内を回られながら招待者に親しくお声を掛け、談笑される。園遊会には皇太子・同妃両殿下をはじめ、皇族方も出席される。

第五節　皇室伝承の文化的行事

皇室伝承の文化行事には次がある。

① 講書始

天皇・皇后両陛下が、年始に学界の第一人者を招き、講義を受ける行事である。皇太子ご夫妻、皇族方も列席される。現在の講書始では、人文科学、社会科学、自然科学の三分野から各一名が招かれ、講義を行う。

② 歌会始

宮中歌会始は、奈良時代に始まり、明治2年から毎年行われている。歌会始の勅題（和歌のテーマ）は、毎年五名の歌会始選者の意見を聞き、「宮内庁歌会始委員会」が候補二題を選び、天皇陛下が最終的に決定される。一般国民の応募（詠進歌という。海外からの応募もある）も許され、特に優れた歌の作者が宮中の歌会始に招かれる。これは明治12年（1879）から始められた。例年、一〇名の詠進歌人が選出され、1月半ばに皇居宮殿の歌会始に招かれ、天皇・皇后両陛下、皇族方の和歌と、選者、召人（天皇が選んだ歌人や各界功労者）の歌及び詠進歌が古式の朗詠法で披露される。

③ 雅楽

我が国には上代から神楽歌・大和歌・久米歌や、簡素な舞が行われていたが、仏教伝来の前後（六世紀頃）に古代アジア大陸諸国の音楽と舞が中国や朝鮮半島から日本に伝わった。雅楽は、これらが融合したものであり、ほぼ一〇世紀頃に現在の形に完成し、皇室の祭祀にも取り入れられ、その保護の下に伝承されてきた。

雅楽には日本固有の神楽《かぐら》・倭舞《やまとまい》・東游《あずまあそび》・久米舞《くめまい》・五節舞《ごせちのまい》などの国風《くにぶり》の歌舞、中国系の唐楽《とうがく》と朝鮮系の高麗楽《こまがく》、及びこれらの合奏曲として平安時代に作られた催馬楽《さいばら》と朗詠の歌物がある。

演奏形式は、器楽を演奏する管絃、舞を主とする舞楽、声楽を主とする歌謡の三つに分かれる。楽器は日本古来の神楽笛《かぐらぶえ》・和琴《わごん》、外来の管楽器の笙《しょう》・篳篥《ひちりき》・笛と、絃楽器の箏《そう》・琵琶《びわ》、打楽器の鞨鼓《かっこ》・太鼓《たいこ》・鉦鼓《しょうこ》・鼓《つづみ》等がある。

雅楽は、宮中の儀式や饗宴、春・秋の園遊会等の行事で演奏されるほか、全国各地で定期的に地方公演が行われる。また外務省の要請により、昭和34年にはニューヨークの国連総会の議場で初めて海外公演を行い、引き続いて米国内で演奏会を行った。その後もたびたび海外公演が行われている。

宮内庁楽部の楽師《がくし》が演奏する雅楽は、昭和30年、国の重要無形文化財となり、平成21年に我が国の伝統文化としてユネスコ無形文化遺産保護条約「人類の無形文化遺産の代表的な一覧表」に記載された。

④ 蹴鞠

蹴鞠は大和朝廷時代（約一、四〇〇年前）に中国から伝わった球技で、平安時代の中頃以降、宮中で盛んに行われた。江戸時代には一般庶民にも普及し、謡曲・狂言・浮世草子など様々な芸事の題材となった。しかし明治以後、蹴鞠は一旦途絶えたが、明治36年（1903）に明治天皇のご下賜金で保存会が結成され、以後、保存・継承されてきた。春と秋に京都御所で行われる「京都御所・宮廷文化の紹介」で蹴鞠が披露され、また全国の古い神社（上賀茂神社、下賀茂神社、談山神社等）でも例年行われる。

⑤ 古式馬術・打毬

宮内庁車馬課主馬班《しゅめはん》は皇室行事（成婚パレード、即位後の伊勢神宮親閲の儀や信任状奉呈式の外国大使の送迎等）で使われる儀装馬車の管理や馬の飼育調教のほか、打球や母衣《ほろ》引きの古式馬術を伝承している。

打毬の起源は「ポロ」と同じく、中央アジアで生まれた馬術競技で、中国で打毬となり、朝鮮半島を経て八～九世紀頃、我が国に伝わった。その後、奈良・平安時代には、端午の節会の宮中行事となった。鎌倉時代以降は衰えたが、江戸時代 八代将軍吉宗が騎馬戦の武技として推奨し、新しい競技も編み出された。明治以降、日本古来の馬術は西洋馬術に圧倒され、打毬も洋鞍を用いる現代式打毬となったが、主馬班は、江戸中期の最盛期の打毬を伝えている。

⑥ 古式馬術・母衣引き

馬上の騎手が背負って靡かせる母衣《ほろ》は、平安時代～室町時代の矢を防ぐ武具又は戦袍《せんぽう》（マント）である。江戸中期に様式美を伝える馬術としての「母衣引き」になった。宮内庁主馬班が伝承する「母衣引き」はこの時代のものである。

⑦ 鴨猟

埼玉県越谷市の「埼玉鴨場」と千葉県市川市の「新浜鴨場」では、それぞれ約一万二千平方米の元溜《もとだまり》の池で、毎年一万羽を超える野鴨等の渡り鳥が越冬する。宮内庁では毎年、鴨の狩猟期間（11月中旬～翌年2月中旬）に、皇室の内外の賓客を招待し鴨猟が行われる。鴨猟では銃や弓矢を用いず、囮の家鴨を使って野鴨を引堀に誘導し、招待者が又手網（さであみ）で掬い捕る猟が行われる。

⑧ **御料鵜飼**

岐阜県の長良川では、千三百年来の古代漁法として皇室の保護下で伝承されてきた御料鵜飼が行われている。皇室の鵜飼の歴史は古く、律令時代に宮廷直属の官吏の鵜飼人（鵜匠）が漁を行っていた。その後、鵜飼は主に諸大名家が行ったが、現在の長良川の鵜飼は尾張・徳川家の保護を受けて行われてきた。明治維新後は保護が無くなり、鵜飼漁法は消滅の危機に瀕したが、明治23年、岐阜県知事の要請により、宮内省が鵜匠を職員として採用し、長良川に三ヵ所の御料場を設けて鵜飼漁の保護・存続を図った。現在、御料鵜飼は長良川筋の古津及び立花地区で、宮内庁式部職の鵜匠が5月中旬から10月中旬にかけて毎年八回行い、そのうち古津地区の二回は、駐日外国大使夫妻等を招待し鵜飼漁の紹介を行っている。

◎ 天皇の国事行為とその他の皇室行事

上述した「皇室行事」は、毎年日を決めて行われる恒例の行事であるが、上記以外に「日本国憲法」に定められた国家元首としての天皇の国事行為や、天皇の生涯の節目で行われる特別な「儀式」（「立太子礼」等）がある。前者については次章第二章第二節で述べ、後者は第四章以下で詳述する。

第二章　皇室に関する法制

本章では「日本国憲法」成立の経緯と、天皇に関する条項、及び「皇室典範」の問題点等を整理し、序論に述べた「日本文化と「日本国憲法」の亀裂」を明らかにし、将来制定すべき「自主憲法」の要目を考察する。

第一節　「日本国憲法」成立の経緯

前章では皇室の施設と宮中祭祀及び定例の皇室行事について述べた。筆者は序論において、天皇（明仁）陛下の「譲位」に当り、安倍晋三内閣は閣議決定により、「伝統的皇位継承の譲位の儀式」を「皇室の私的行為」と「政府の国事行為」に分割し、日を替えて行うという姑息な対応を行い、日本文化の原点を毀損する重大な誤りを犯したことを指摘した。

これは「日本国憲法」がＧＨＱによって強制された「占領実施法」であり、日本古来の文化に根差したものではないという本質的な問題に起因する。これを確認するために、本節では「日本国憲法」成立の経緯を簡単に整理する。

序論に述べたとおり、ＧＨＱは「人権指令」、「神道指令」、「プレスコード（検閲・言論統制）」等、我が国の社会制度のみならず、国民の精神生活にまで踏み込んで日本文化を破壊した。即ち昭和20年10月4日、ＧＨＱは日本社会の人権思想確立のため、「政治的、公民的及び宗教的自由に対する制限の除去に関する司令部覚書」（俗称「人権指令」）　を発し、治安維持法・宗教団体法など十五の法律の廃止又は効力の停止、政治犯・思想犯の釈放、特高警察の解体とその幹部（山崎巌内務大臣を含む）の罷免を日本政府に求めた。これに対し東久邇宮稔彦王（第四十三代内閣総理大臣、昭和20年8月17日〜10月9日）はこれらの実行を拒否して総辞職し、次の幣原喜重郎内閣に替った。

マッカーサーは、昭和20年10月4日に元首相近衛文麿公爵と会談し、「帝国憲法」の民主化を示唆した。近衛公は佐々木惣一京大教授とともに内大臣府御用掛として憲法改正の調査に取り懸った。更に10月11日、首相就任挨拶のためGHQを訪れた幣原首相に対し、マッカーサー元帥はポツダム宣言に基づき、日本国民は今後「思想の自由、言論の自由及び宗教の自由を抑圧せんとするあらゆる形態の統制から解放されねばならない」と述べ、五大改革を指示した。即ち、①女性解放(婦人参政権の確立)、②労働組合法の制定、③自由主義教育の実施、④圧政的諸制度の撤廃(「治安維持法」や「特別高等警察」の廃止等)、⑤経済の民主化の五項目の実施を求めた。

幣原内閣は「「ポツダム」宣言ノ受諾ニ伴ヒ発スル命令ニ基ク治安維持法廃止等ノ件」(勅令第五七五号、昭和20年10月15日)を発し、治安維持法を廃止し、特別高等警察も解体した。また幣原首相は松本烝治国務大臣を長とする「憲法問題調査委員会」(以下、「松本委員会」と書く)を10月25日に設置した。その間、近衛公が主導する憲法調査は、内大臣府の憲法調査の法的権限や近衛公の戦争責任について批判を受けたが、11月22日、近衛公は「帝国憲法ノ改正ニ関シ考査シテ得タル結果ノ要綱」を天皇に奉答し、佐々木教授も「帝国憲法改正ノ必要」を奉告した(11月24日)。しかしその翌日にGHQの指令により内大臣府は廃止された。また近衛公にも戦犯逮捕命令が発せられ、出頭日の未明に近衛公は服毒自殺を遂げ(昭和20年12月16日)、「近衛憲法改正案」は葬られた。

一方、「松本委員会」は、当初、調査研究を主眼として活動したが、間もなく憲法の改正の検討を始めた。昭和20年12月8日の第八十九回帝国議会・衆議院予算委員会で、松本委員長は憲法改正の基本方針として、次の「松本四原則」を答弁した。

㈠　天皇が統治権を総攬する「帝国憲法」の

基本原則を継承する。

㈡　議会の権限を拡大し、天皇大権を制限する。

㈢　国務大臣の責任を国政全般に拡げ、大臣は議会に対し責任を負う。

㈣　人民の自由及び権利の保護を拡大する。

松本委員長はこの「四原則」に基き「松本私案」を書き（昭和21年1月4日）、「松本委員会」の宮沢俊義委員（東大教授）が要綱の形にまとめ「憲法改正要綱」（甲案、「松本試案」）が作られた。甲案は1月7日、天皇に奏上された。更に大幅に改正を拡大した「非武装平和国家の憲法改正案」（乙案）も用意された。

政府が「憲法改正草案」作りを進めていた頃、各政党や民間有識者の間でも、「憲法改正草案」の作成が行われ、昭和20年末から翌春にかけて相次いで発表された。

連合国の日本占領政策機関・「極東委員会」は、昭和21年2月下旬の発足に向け準備を進めていたが、憲法改正に関しては天皇制廃止を主張する国が多く、またGHQの権限は「極東委員会」の下に置かれることとされた。

2月1日、「松本試案」が毎日新聞にスクープされた。GHQ民政局長C・ホイットニー准将はそれを見て、日本政府の不徹底な憲法改正案に不満を持ち、国民主権の下で天皇を占領政策に協力させる憲法とするため、マッカーサー総司令官に、「極東委員会」による憲法改正の政策決定が行われる前に、GHQの主導により徹底した憲法改正を行うべきであると進言した。マッカーサーはこの献策を容れ、二月三日、ホイットニーに「憲法草案」の作成を命じ、憲法改正案の必須の要件として、次の「マッカーサー三原則」を示した。

㈠　象徴天皇制。

㈡　個別的及び集団的自衛権の放棄。

㈢　封建的制度や貴族制の廃止。

ホイットニーは直ちに民政局内に八つの分野の「憲法条文起草委員会」と全体の監督・調整の「運営委員会」を設けて、「マッカーサー憲法草案」の作成に当った。序論にも述べたが、その手際の良さは予め準備されたＧＨＱの策謀と考えられる。

一方、ＧＨＱは日本政府に「憲法改正案」の提出を求め、昭和21年2月8日、「憲法改正要綱」（甲案）がＧＨＱに提出された。2月13日、ホイットニーは松本国務大臣、吉田茂外務大臣らに対して、日本政府案の拒否を伝え、ＧＨＱが作成した「マッカーサー草案」を手渡した。松本委員長は更に改正を強めた「憲法改正案説明補充（乙案）」を提出して抵抗したが、ＧＨＱは認めなかった。

日本政府は2月22日の閣議で「マッカーサー草案」に沿った憲法改正の方針を決め、直ちに内閣法制局を中心に「マッカーサー草案」に基づく憲法条文案の作成に着手した。3月2日、試案ができ、4日にＧＨＱに提出された。同日夕刻から確定案作成の徹夜の協議に入り、翌5日午後、全ての作業を終了した。ＧＨＱ民政局の作業チーム設置から約一ヵ月、法制局での原案作成の開始から六日目の泥縄作業で「日本国憲法」の原案が作られた。政府はこの原案を要綱化し、「憲法改正草案要綱」として3月6日に発表した。その後、条文のひらがな口語体化が進められ、4月17日、「帝国憲法改正草案」が公表された。これに対しマッカーサーは、白々しくも支持声明を発表した。しかしこれは「極東委員会」を中心に日本占領政策を進める米国政府にとっては寝耳に水であり、また日本の憲法改正に権限をもつ「極東委員会」を強く刺激し、ＧＨＱと米国務省、「極東委員会」が対立した。

日本政府は「帝国憲法改正草案」発表と同時に、枢密院（大臣等二十数名の顧問官からなる天皇の最高諮問機関）に諮詢（天皇から枢密院に意見を求める手続）を行った。昭和21年5月22日、幣原内閣の総辞職、吉田茂内閣の成立に伴って、「憲法草案」は一旦撤回され、5月下旬にそれまでの審議結果を反映・修正して再諮詢された。6月8日、「憲法改正草案」は枢密院本会議で賛成多数で可決された。6月

20日に「帝国憲法改正案」は、「帝国憲法」第七十三条の規定により勅書を以って第九〇回帝国議会に提出された。

衆議院での「帝国憲法改正案」の審議開始に当り、マッカーサーは、6月21日、「極東委員会」が5月13日に決定した「新憲法採択の諸原則」である、審議のための充分な時間と機会、「帝国憲法」との法的整合性、及び国民の自由意思の表明が必要と声明した。これはGHQの強制を隠蔽し、日本政府の自主的憲法改正を装うための偽装である。改正案は6月25日、衆議院本会議に上程され、衆議院では帝国憲法改正案委員会に付託された。一方、7月2日、「極東委員会」は新憲法の基準として「基本原則」(主権在民、天皇制の廃止又は民主的改革、文民閣僚)を決定した。それは先に米国政府が作成した「日本の統治体制の改革」に基づくものである。衆議院の委員会は、第九条第二項冒頭の若干の字句の修正を加えて可決し、「憲法案」は8月24日に衆議院本会議で可決され、同日、貴族院に送られた。貴族院では直ちに本会議に上程され、帝国憲法改正案特別委員会に付託された。特別委員会は小委員会を設置し審議に入った。GHQは7月に「極東委員会」で決定された「基本原則」の追加を求め、小委員会の審議段階で、次が追加された。

① 公務員の選定・罷免・選挙の権利(憲法第十五条)。

② 文民条項:内閣総理大臣及び国務大臣は、文民でなければならない規定(第六十六条第二項)。

③ 法律案に関する両院協議会の規定(第五十九条)。

特に①、②項は「極東委員会」の強い要求により、10月3日、特別委員会に報告され修正された。「帝国憲法改正案」は、10月6日に貴族院本会議で可決され、同日衆議院に回付され、翌7日、衆議院本会議で可決された。その後、「帝国憲法改正案」は枢密院に再諮詢され、10月29日に全会一致で可決された。議会の審議を終えた改正案は、天皇の裁可を経て、11月3日に公布され、翌昭和22年5月3日に「日本国憲法」が施行された。

上述のとおり、「日本国憲法」は「帝国憲法」の改正手続に従い改正された。しかし内容はGHQ民政局が泥縄作業で作成した「マッカーサー草案」を強要したものであり、「日本国憲法」は明らかに「ポツダム政令の親玉」である。この憲法成立過程は、独立国の憲法として許容されるものではない。

第二節「日本国憲法」の天皇の条項

「日本国憲法」の基本理念は「個人の尊厳」にあり、そこから三大原則の「基本的人権の尊重・国民主権・平和主義」が敷衍される。

「日本国憲法」はその前文で「国民主権」を宣言し、続く第一章（天皇）は八ヵ条からなる。要約すれば次のとおりである。

第一条　天皇の地位は国民の総意による象徴で、政治的権能を有しない。

第二条　皇位継承は「皇室典範」に基づく世襲とする。

第三条　天皇の国事行為は内閣の助言と承認を要し、責任は内閣にある。

第四条　天皇の権能は第七条の国事行為に限定され、委任できる。

第五条　天皇に事故あるときは、「皇室典範」により摂政を置く。

第六条　天皇の任命権は次のとおり。

㈠国会の指名により内閣総理大臣を任命。

㈡内閣の指名により最高裁判所長を任命。

第七条　内閣の助言と承認に基づく天皇の国事行為は左記のとおり。

㈠憲法改正、法律、政令、条約の公布。

㈡国会の召集。

㈢衆議院の解散。

㈣国会議員の総選挙の施行・公示。

㈤国務大臣・官吏の任免、全権委任状、大使・公使の信任状の認証。

㈥大赦、特赦、減刑、刑の執行の免除及び

復権の認証。
(七) 栄典の授与。
(八) 批准書及び外交文書の認証。
(九) 外国の大使・公使の接受。
(十) 儀式の執行。

第八条　皇室財産の授受は国会の議決による。

その他の皇室に関する条項は次がある。

第八十八条　皇室財産は国に属し、皇室の費用は国の予算に計上し国会の議決を経る。

第八十九条　公の財産・公金を宗教組織・団体、慈善・教育・博愛の事業に支出を禁止する。

ここで注意すべきことは、第七条の天皇の国事行為は、「国家元首の行為そのもの」であるが、「日本国憲法」には元首の規定がないことである。即ち我が国は国際的には「立憲君主国」と認められているが、天皇の「国家元首」の憲法の規定はなく、実体のない第一条の「国民統合の象徴」の規定のみである。天皇（明仁）陛下はこれを平成28年8月8日のビデオ・メッセージで、「国民に寄り添う天皇の行動」と表現され、御在位の間、誠心誠意、これに務められた。

これまでにも国会の委員会等で「譲位」の法改正の議論があったが、宮内庁は、「譲位」が安定的な皇位の継承を妨げるリスクとして次の三項を挙げ、現行の「譲位を認めない法制度」の妥当性を主張してきた。

(一) 「院政」の可能性とその弊害。
(二) 天皇の強制的退位の可能性。
(三) 天皇の恣意的な退位の可能性。

しかし政治的権能のない現憲法下の天皇制の「院政」は無意味であり、強制的な皇位継承や恣意的な退位も、「皇室参与会議」、「有識者会議」が機能する現状では考えにくい。高齢化が進む中、強い体力を要する払暁や徹夜の宮中祭祀や、連日の激務の公務、長期・長距離移動の外国訪問や国内行幸等に鑑み、現行の「譲位を認めない法制」は改めるべきである。横着な宮内庁の扉をこじ開けるのに九年を要した上皇陛下のご苦労を痛ましく思う。

以上を要約すれば、「日本国憲法」の天皇条項は、① 天皇の地位、皇位継承及び摂政に関する条項（第一、二、五条）、② 天皇の国事行為とその委任（第三、四、六、七条）、③ 皇室財産（第八、八十八、八十九条）、の三つである。これらの細部規定の法律として、① は「皇室典範」、② は「国事行為臨時代行法」、③ は「皇室経済法」が制定されている。

本章の第四節では、天皇の「御大典」が憲法違反とされ、最高裁まで争われた訴訟を取り上げるが、それらは憲法第一章の天皇関連の条項ではなく、御大典に参加する総理大臣以下の政治家及び公務員が、次の憲法第二〇条に違反するというものである。

「日本国憲法」第二〇条　信教の自由

㈠ 個人は信教の自由が保障され、国は宗教団体に特権の付与や権力行使を禁止。

㈡ 個人は宗教の行為、祝典、儀式や行事への参加を強制されない。

㈢ 国や機関の宗教教育、宗教活動を禁止。

また「日本国憲法」第七条六項には、天皇の国事行為として恩赦等の規定があり、戦後、恩赦は十一回行われた（註）。平成の御代替りでは「即位礼正殿の儀」に伴い、令和元年10月22日に、政令恩赦「復権令」を公布し、即日施行した。恩赦の対象者は約五十五万人と見込まれる。恩赦の対象者は、罰金刑を受けた後、一定の条件を満たす者が国家資格を取り直せる「復権」が大半であり、罰金の納付から三年が経過し、その後再犯のない者が対象となり、罪の種類は問わないとされた。また恩赦の対象として公職選挙法違反者の公民権回復も含まれるが、直近の衆参両院選挙と統一地方選の違反者は対象外とされた。

註：戦後の恩赦は次のとおり。① 終戦と日本国憲法公布、昭和22年11月。② サンフランシスコ平和条約発効、昭和27年4月。③ 皇太子（明仁）殿下立太子礼、昭和27年11月。④ 国際連合加盟、昭和31年12月。⑤ 皇太子殿下御成婚、昭和34

年4月。⑥ 明治百年記念、昭和43年11月。⑦ 沖縄本土復帰、昭和47年5月。⑧ 昭和天皇御大喪、平成元年2月。⑨ 天皇（明仁）陛下御即位、平成2年11月。⑩ 皇太子（徳仁）殿下御成婚、平成5年6月。⑪ 今上天皇御即位、令和元年10月22日。

「皇室典範」は「帝国憲法」では憲法と同格の独立した皇室の「家憲」とされたが、「日本国憲法」では第二条及び第五条で法律と規定されている。

第三節 「皇室典範」の概要

皇室に関する諸規則を定める「皇室典範」は五章、三十七条、付則二項からなり、昭和24年5月31日に制定、翌日施行された。概要は次のとおり。

第一章 皇位継承

㈠ 皇位継承は皇統の男系男子とする（第一条）。

㈡ 皇位継承順序は、直系優先、長子優先、摘出子、近親優先とする（第二条）。

㈢ 天皇が崩じたとき、皇嗣が直ちに即位する（第四条）。

第二章 皇族

㈠ 皇后、太皇太后、皇太后、親王、親王妃、内親王、王、王妃及び女王を皇族とする（第五条）。

㈡ 皇族女子は天皇・皇族以外と婚姻したとき皇族の身分を離れる（第十二条）。

㈢ 永世皇族制ではあるが、皇太子・皇太孫以外は皇室会議の議により皇族を離れることができる（第十一条）。

㈣ 天皇・皇族は養子を取れない（第九条）。

㈤ 皇族で皇籍を離脱した者は、皇族に復さない。（第十五条）。

第三章 摂政

㈠ 天皇が未成年（十八歳未満）又は天皇が国事行為を行えない状態の時は摂政を置く（第十六条）。

㈡ 摂政は成年皇族が当たり、皇太子、皇太孫、親王、王、皇后、皇太后、太皇太后、内親王、女王、の順に就任するものとする（第十七条）。

第四章　成年、敬称、即位の礼、大喪の礼、皇統譜及び陵墓の規定。

㈠ 天皇、皇太子及び皇太孫の成年は、十八年とする（第二十二条）。

㈡ 天皇、皇后、太皇太后及び皇太后の敬称は、陛下とする。それ以外の皇族の敬称は殿下とする（第二十三条）。

㈢ 皇位の継承には、即位の礼を行う（第二十四条）。

㈣ 天皇の崩御には、大喪の礼を行う（第二十五条）。

㈤ 天皇、皇后、太皇太后、皇太后を葬る所を陵、他の皇族を墓とする（第二十六条）。

第五章　皇室会議

㈠ 皇室会議の議員は一〇人とする。

㈡ 議員は、皇族二人、内閣総理大臣、衆・参両院議長、副議長、宮内庁長官、最高裁判所の長官及び裁判官一人とする。

㈢ 議員となる成年皇族、最高裁判所の裁判官は、各々の互選による（第二十八条）。

㈣ 皇室会議の議長は内閣総理大臣とする（第二十九条）。

「帝国憲法」では、「御大典」は「登極令」に基づき挙行され、宮中神事の違憲性が問題とされることはなかった。しかし「日本国憲法」下で初めて行われた天皇（明仁）陛下の「御大典」は、「皇室典範」に基づいて行われ、国事行為とされたが、参列する総理大臣以下が、「日本国憲法」第二〇条の政教分離原則に抵触する惧れがあるため、今上天皇の令和の御大典では、神事は「皇室の私的祭祀」とされ、神道色の薄い皇室行事のみが国の行事とされた。これらの姑息な対応は「マッカーサー憲法」が「日本文化の芯」である皇室行事を歪めたものであり、政府の「憲法」に阿る行為は歴史を汚すものである。日本文化と乖離する

「マッカーサー憲法」を速やかに改正して疑義を払拭することは、為政者の義務である。歴代の政府はこれを怠ってきた。

以上、「日本国憲法」の天皇条項と「皇室典範」の概要を述べたが、平成の譲位に当り、「皇室典範」に「譲位」の規定がないため、急遽、「譲位」の法的根拠や譲位後の上皇・上皇后の名称・敬称、宮内庁の所管部署等を定めた「皇室典範特例法」が作られた。この件は第十一章第一節で後述する。

第四節　議員等の儀式参列の違憲訴訟

一　津市体育館の地鎮祭違憲訴訟

「日本国憲法」の政教分離原則に関する最初の訴訟は、「津市体育館の地鎮祭違憲訴訟」である。昭和40年1月14日、三重県津市が市体育館の起工式の地鎮祭を神式で行い、それに出席した市会議員（地方公務員）が、「市の地鎮祭」は憲法二〇条の「政教分離原則」に違反するとして訴訟を起こし、最高裁まで争ったものである。最高裁は昭和52年7月13日の判決で、「日本国憲法」の政教分離原則に適合しているか否かを判断する最高裁判例の司法審査基準（「目的効果基準」と呼ばれる）を示し、以後、最高裁及び下級審の関連事案の審査の基準となった。裁判の内容は以下のとおりである。

原告の津市会議員は、津市長に対し、「政教分離」及び「信教の自由」を定めた「日本国憲法」第二〇条、第八十九条に違反するとし、宮司の報償費・供物代七、六六三円と、原告を地鎮祭に招待し出席を強要した精神的苦痛に対する慰謝料五万円の支払を求める訴訟を起こした。この訴訟に対し、最高裁は昭和52年(1977) 7月13日の判決（最高裁大法廷判決）で、「憲法の政教分離規定は、国家が宗教との関わり合いを持つことを全く許さないとするものではなく、相当とされる限度を超えると認められる場合にこれを禁止するものである」

とした。この判決では、「憲法の政教分離規定は、信教の自由を間接的に保障する制度的保障の規定である」とし、しかも国家が宗教との関わり合いを持つことは不可避であり、完全な国家と宗教の分離を貫くことは実際上不可能である上に、政教分離原則を貫こうとすれば、宗教系の私立学校に対する助成を行えず、文化財の神社、寺院、仏像等の維持保存の補助金も支出できない等の不合理な事態を生じる。それゆえに政教分離規定は、「国家が宗教とある程度の関わり合いを持たざるを得ないことを前提として、その行為の目的及び効果に鑑み、その関わり合いが相当とされる限度を超えると認められる場合にのみ許されない」ものと解すべきである。ゆえに原告の訴えを棄却するとした。

政府が「即位の礼」や「大嘗祭」への国費支出を認めるのは、この最高裁判決で示された「目的効果基準」が根拠とされる。

二　平成の御大典に対する違憲訴訟

昭和天皇の崩御に伴う平成の御代替りの「即位の礼」や「大嘗祭」に県知事・県議会議長等が参列した次の三件について、憲法の政教分離原則に違反するとの住民訴訟が起こされ、最高裁判所まで争われた。

㈠　平成の主基斎田・抜穂の儀に大分県知事や副知事、農政部長らが参列し、祭壇に拝礼したのは宗教的活動であり、憲法の政教分離原則に違反し、知事らに支給された日当や旅費、随行した県職員の祭典中の給与等、計二八、五一二円の返還を求める違憲訴訟（平成14年7月9日、第三小法廷）。

㈡　平成の大嘗祭に鹿児島県知事参列の違憲訴訟（平成14年7月11日、第一小法廷）。

㈢　即位礼正殿の儀に神奈川県知事及び県議会議長が参列、並びに大嘗祭に県議会議長が参列した件の違憲訴訟（平成16年6月28日、第二小法廷）。

これらの「憲法違反」の住民訴訟は、最高裁判決では全て斥けられた。その判決を簡単にまとめれば、以下のとおりである。

○憲法の政教分離規定は、制度的保障規定であり、信教の自由を直接保障するものではない。国家と宗教との分離を制度として保障し、間接的に信教の自由を確保する規定である。

○政教分離規定による国家と宗教の分離には限界がある。政教分離原則を現実の国家制度として具現するには、国家は宗教とある程度の関わりを持たざるを得ないが、それが信教の自由を保障する制度の目的との関係でどこまで許されるかが問題となる。

○「日本国憲法」の政教分離原則は、国家に宗教的中立を要求するが、右の観点により国家が宗教と関わることを禁止するものではなく、宗教と関わる行為の目的及び効果に鑑み、その関わり方が相当とされる限度を超えることを許さないと解するのが妥当である。

○憲法二〇条三項は、「国及びその機関は、宗教教育その他いかなる宗教的活動もしてはならない」と規定する。但しここでいう宗教的活動は、国やその機関が宗教との関わりをもつ全ての行為を指すものではなく、その関わり方が右にいう相当とされる限度を超えるものに限られ、当該行為の目的が宗教的意義をもち、その効果が宗教の援助、助長、促進又は圧迫、干渉となる行為を指すと解すべきである。

○ある行為が右の宗教的活動に当るか否かは、当該行為の主宰者が宗教家か否か、その式次第が宗教の定める方式に則っているかなど、当該行為の外形的側面のみに捉われることなく、行為が行われる場所、行為に対する一般人の宗教的評価、行為者の意図、目的及び宗教的意識の有無、程度、行為の一般人に与える効果、影響等、諸般の事情を考慮し、社会通念に従って、客観的に判断すべきである。

最高裁の右の判決は、「御大典」への知事等の参列による公費支出が原告に不利益を与えないという判断や、知事が参列することが政教分離の目的効果基準に照らして政教分離に反しないと判断されたことを示す。政府の「即位の礼」や「大嘗祭」への国費支出の根拠は、この最高裁の判決の「目的効果基準」によるとされる。

なお政府は本節に述べた理不尽な「違憲訴訟」を避けるために、以後、即位の大典の一連の儀式の内、神道色の少ない「剣璽等承継の儀」、「即位後朝見の儀」、「即位礼正殿の儀」、「祝賀御列の儀」及び「饗宴の儀」の五つを政府主催の国事行為とし、その他の儀式を皇室の私的行事とした。しかしこれは日本国家がある「皇室の宮中祭祀を私的行事と貶める」ものであることは前述したとおりである。政府は上述の最高裁判決に従い、この種の「違憲訴訟」は無視すべきであると考える。

第五節　日本文化の特質

我が国は、神話の時代から天皇を元首と仰ぎ、万世一系の皇室が日本文化の核となり、高い文化を育んできた。皇室の祭祀は、「皇祖天照大神、歴代の皇宗、万物生成の八百萬の神々」を祀るものであり、「先祖を敬うことと、万物に神宿り、それを畏れかしこみ敬うこと」は、古来、日本民族の感性が育んだ民族文化の特性である。西行法師が伊勢神宮に参詣した折に詠んだ次の和歌（『異本山家集』）が、それを示している。

何事の　おはしますをば　しらねども
かたじけなさに　なみだこぼるる

これは伊勢神宮に限らず日本の全国各地に祀られている神社の八百萬の神々も同じである。神道はキリスト教・仏教等の外国の教祖個人が観念上に創造した宗教とは異なり、宮中三殿の神々は日本建国の礎となった祖先神と、日本民族の感性によって生まれた森羅万象・天地萬物に宿る八百萬の神々である。天皇はそれら全国の神社の神々の最高祭主である。更に国民の初詣等の正月行事（宮中祭祀の歳旦祭、元始祭）、春・秋の彼岸の先祖の祀り（春・秋季皇霊祭）、収穫を祝う秋祭り（新嘗祭）等々、国民生活で一般に行われる行事は、皇室の宮中祭祀や全国諸社の祭と同じである。また皇室の譲位・即位の儀式、三種の神器・御璽・国璽の承継、更には農耕行事の斎田の点定・抜穂の儀、天皇のお田植え・お稲刈り、豊穣を祈る新嘗祭（即位の年の大嘗祭）、皇后の「小石丸」の養蚕、また国民とともに楽しまれる歌会始や御講書始等の皇室に伝わる文化的な伝統行事も、古式どおりに現代に引き継がれており、皇室が日本の民族文化の中核であることを表している。更に天皇は、新年の祝賀や天皇誕生日の一般参賀、内外の要人や各分野の功労者を招いて行われる園遊会、お茶会、拝謁等の行事を通じて、国民に親しまれた。それらが日本人の正直、勤勉、清廉の気質と相俟って、和の文化、忠孝の道、仁義信の道徳、家の文化等の民族文化が広く国民の間に養われ、「日本文化」の根幹が醸成された。

天皇は太古から「先祖の祀りと、農耕の神々、また森羅万象に宿る八百萬の神々の祀りを主宰し、国家・国民の安寧・繁栄を祈ること」を歴代の天皇の務めとした。それゆえに天皇は生まれながらにして神々に仕える者として、「他者と競うことのない絶対的な無私の人格」となった。これが「天皇の徳」であり、「天皇の権威」の源泉である。この「無私の人格」の権威は、「万世一系の出自」の結果として歴史が創造した奇跡である。これに対して吾々の祖先は、このような日本文化の根幹に根差した皇室を尊び、尊皇・恋闕の心を育み、国民に共通する民族共同体の構成意識を養い、日本の「国體」を造った。この天皇と国民の心の絆が、我が国の「国體」の本質的基盤である。それは次の明治天皇の御製によく表れている。

目に見えぬ 神にむかひて はぢざるは
人の心の まことなりけり

この御製に詠われている「神にも愧じない心のまこと」が、天皇家の伝統であり、「天皇の徳」を形成する「無私の人格」である。この天皇が政権・政党の争や恣意的な政治決定を排除し、「国民のための政治」を総攬する日本の国體となった。それは権力闘争によって生まれた西洋や支那の王家とは全く異なる性格を有する日本独自の君主制であり、「歴史の奇跡」とされる所以である。

我が国の天皇を元首とする中央集権の国家体制は、「大化の改新（大化2年（646）」から「飛鳥浄御原令」を経て、「大宝律令」（大宝元年（701））に至って完成されたとされる。律令制の中央政府は摂関家（藤原氏一族）を中心に執行された。しかし平安時代の末期、院政の時代を経て、源平の争乱以後の鎌倉時代は、武士の源氏・北条氏が政治の実権を握り、鎌倉時代の末期、後醍醐天皇の短い天皇親政の期間があったが、足利高氏の反乱により南北朝の争乱となった。それ以後の室町時代は足利氏、安土・桃山時代は織田・豊臣氏、江戸時代は徳川氏の武家が政治権力を握ったが、これらの政治権力者はいずれも「神に仕える皇室の権威」に替わろうとはせず、むしろこれを尊んだ。即ち天皇家はこれらの政治権力の闘争の枠外にあった。万世一系の天皇は、神道文化の伝統の中心的継承者であり、政治権力とは無縁の権威として権力者の上にあり、元首の地位が保たれてきた。立憲政治の天皇大権が確立されたのは、幕末の王政復古によるものであり、明治維新以後、大東亜戦争の敗北までの百年足らずの間に過ぎない。西欧諸国や支那の各王朝は、「権力闘争を勝ち抜いて生まれた政治権力」であるのに対して、日本の皇室は「古代の宗教的祭主の大王」が、そのまま中世以後、近世（徳川時代）でも尊重されて「元首」の権威を保った。しかしそれは皇室が主体的に動いてその権威を獲得したものではない。幕末、薩摩・長州等の反幕府勢力が、討幕運動の旗印として「尊皇攘夷」を掲げて天皇の権威を利用したものである。慶応4年（1868）1月3日、幕府軍一万五千人 対 薩長軍四千五百人の鳥羽・伏見の戦において、弱勢の薩長軍が錦旗の天皇旗を掲げるや、幕府軍は逆賊の汚名を懼れて士気阻喪し、一日で敗走した史実は著名である。このことは幕府軍も「勤皇」であったことを示す。

明治維新における王政復古と急速な西欧化の中で、天皇は「帝国憲法」により元首の権威と国権を総覧する権力の統治権が明文化された。それは典型的な「立憲君主国」であり、国家の政治体制として世襲の元首が主権者であり、統治の全権能（「天皇の大権」）をもつが、君主の権力は憲法などで制限され、「天皇の大権」は内閣（大臣）及び統帥部（陸軍参謀本部と海軍軍令部）の輔弼の下に執行された。しかし法律事項以外では、天皇は「帝国憲法」第九条で勅令を発することが認められていた。

即ち「天皇ハ法律ヲ執行スル為ニ 又ハ公共ノ安寧秩序ヲ保持シ及臣民ノ幸福ヲ増進スル為ニ 必要ナル命令ヲ発シ 又ハ発セシム」とあり、勅令によって法律の規定がない事項や特例措置等が規定され、執行された。「但シ命令ヲ以テ法律ヲ変更スルコトヲ得ス」とされ、法律を変更することはできず、また軍に関することは軍令で、皇室に関することは皇室令で定めていたので、それ以外が勅令事項とされた。

明治・大正・昭和（大東亜戦争の敗戦まで）の時代は、天皇は「帝国憲法」の下で「立憲君主制」の頂点にあったが、昭和天皇が戦前・戦後を通じて六十四年の長い治世の間、天皇大権を行使されたのは、「二・二六事件（昭和11年2月26日の軍事クーデター未遂事件）の収拾」と、大東亜戦争末期の最高戦争指導会議（集註第三）の御前会議における「終戦の決定」（昭和20年8月9日深夜）の二回のみとされる。昭和56年4月17日、昭和天皇と報道各社の社長との記者会見で、天皇陛下は次のように話された。

「皇太子時代、英国の立憲政治を見て以来、立憲政治を強く守らねばと感じました。しかしそれにこだわりすぎたために、戦争を防止することができませんでした。私が自分で決断したのは二回（二・二六事件と第二次世界大戦の終結）でした。」

これらはいずれも政府が機能を失っていた（少なくとも意思決定不能の）非常事態であった。即ち「帝国憲法」の「天皇の大権」は「専制君主の政治権力」ではなく、「君臨すれども統治せず」の「政治の総覧」であった。

日本が大東亜戦争に敗北し、日本統治の全権を与えられたマッカーサーは、キリスト教の「聖公会」派の熱心な信徒であり、日本は国家神道が天皇制の宗教的基礎であり、「日本人は天皇を「絶対神」として呪縛されてきた」と誤解し、確信していた。ＧＨＱは日本政府に対して「国家神道、神社神道ニ対スル政府ノ保証、支援、保全、監督並ニ弘布ノ廃止」の指令（SCAPIN-448．略称・神道指令、昭和20年12月15日）を発した。神道を国家から分離し、その政治的役割に終止符を打つための指令である。またマッカーサーはその絶対的権力をキリスト教布教に躊躇なく行使した。当時、民間外国人の日本への入国は厳しく制限されいたが、マッカーサーはキリスト教宣教師に対してはこの規則を免除した。そのため昭和26年にマッカーサーが解任されるまでに二千五百名もの宣教師が日本に入国し、占領軍の軍用機や軍用列車で自由に移動し、米軍施設を拠点に布教活動を行った。またポケット聖書連盟に要請して、日本語の聖書約一千万冊を日本国内に無償配布した。

また多くの占領政策がこの滑稽なる無知・誤解から発している。ＧＨＱは「天皇の神格否定の宣言」を求めたが、昭和天皇はこれに対して、昭和21年1月1日、「新日本建設に関する詔書」を下された（第十三章第十二）。この詔書は冒頭に明治天皇の「五箇条の御誓文」

（第十三章第三）を引用して「この詔の御趣旨に則り、新日本建設」を述べられた。「天皇の人間宣言」と呼ばれているが、「人間宣言」の語句はどこにも出てこない。「天皇の神格否定」を述べた数行の記述は、「朕ト爾等國民トノ間ノ紐帯ハ、終止相互ノ信頼ト敬愛ニ依リテ結バレ、單ナル神話ト傳説トニ依リテ生ゼルモノニ非ズ。」とされ、「人間宣言」の呼称はGHQが捏造したレッテルに過ぎない。昭和天皇は昭和52年8月23日、記者会見で、「（この詔書の天皇の）「神格の放棄」はあくまで二の次で、本来の目的は日本の民主主義（民本主義）が外国から持ち込まれた概念ではないことを示すことだった」と話された。

またGHQは「天皇大権」が軍国主義国家を生んだ原動力とし、我が国の歴史・伝統を無視し、国民を主権者とし、天皇を国民の総意に基づく象徴と規定する「日本国憲法」を強要した。「日本国憲法」や「皇室典範」の改正はGHQの関与を隠蔽し合法的手続きを装って行われたが、この憲法は国の容《かたち》（国體）の実体を捩じ曲げ、国際法上普遍的な自衛権さえも否定した「占領実施法」に過ぎない。しかも「日本国憲法」では「国民主権」は明記するが、国家元首の規定はなく、「日本国憲法」第六、七条の「天皇の国事行為」は、「帝国憲法」とほとんど同じであるが、それは天皇の政治権能ではなく、（聊か不敬な文言ではあるが…）「国民統合の象徴（天皇）」に課した「作業」に過ぎない。「帝国憲法」では第一条で天皇を「万世一系の国家元首」と規定し、天皇の大権は内閣・大臣の輔弼による「天皇の決定」であるが、「日本国憲法」では天皇は「内閣の承認により、諸事の交付・認証を行う」とし、ここでも「象徴の作業」を規定しているに過ぎない。これは「日本国憲法」が「国民主権」を規定し、「天皇大権」や「国家元首」を否定したために起こる天皇と政府及び議会の関係の逆転現象である。「日本国憲法」の本質的な欠陥はここにある。

民主政治は、自由選挙による政治権力の選出を基本とするのに対して、天皇は世襲であり、日本から皇室を抹殺すべしと主張する勢力がある。しかし天皇の政治は民主政治と同じく国民の安寧・繁栄を目指し、昭和天皇が「我が国は古代から民主主義であった」と仰せられたことは前述したとおりである。現代では「民主政治」の語は、「主権在民」を前提に用いるが、民主制が君主制を否定するものでないことは、英国をはじめ多くの立憲君主国の存在がこれを物語っている。昭和天皇が仰せられたとおり「民主主義」は、我が国では古代から「民本主義」として行われてきた。

江戸時代の儒学は仁政を説いたが、古代から我が国の政ごとは民を慈しんだことは、仁徳天皇（四世紀）の「民の炊煙を観る」逸話に見るとおりである。また前述したとおり全国の神社の祀り、国民の初詣の正月行事（宮中祭祀の歳旦祭、元始祭）、春・秋の彼岸の先祖の祀り（春・秋季皇霊祭）、収穫を祝う秋祭り（新嘗祭）等、国民生活の諸々の行事は、皇室の宮中祭祀や全国諸社の祭と同じであり、皇室の宮中祭祀が日本の民族文化の中核であると言ってよい。

第六節　「日本国憲法」の問題点

今日、国民の大多数が「民主的平和憲法」として尊重する「日本国憲法」は、前述したとおり第二次世界大戦の戦勝国の米国が、敗戦国日本を将来に亘って長く無力化し、米国に従属させるために、日本古来の国家統治の理念を根底から覆し、米国模倣の民主制と妄想の平和主義を強要して制定したものである。「日本国憲法」の特徴は、「主権在民、基本的人権の尊重、平和主義」の三原則とされる。マッカーサーは占領統治を円滑に実施するために、敢えて「皇室制度」を存続したが、日本の新しい国體を「主権在民」とし、「主権者である国民の総意として象徴天皇制が採られる」とした。これは我が国の伝統的統治の「天皇」を否定し、木に竹を継ぐ米国の制度を強要して、日本の国體を変更したものである。憲法は国家を秩序立てる基本法であり、「実体のない主権在民」や「妄想の平和主義」等の口当りの良い政治標語を羅列する宣伝文書ではない。以下、ＧＨＱが強要した「日本国憲法」の欠陥と改正の方向を考察する。

一 「日本国憲法」成立の正当性の欠如

「日本国憲法」は独立主権国の憲法として「成立経緯の正当性」を欠いている。外国軍に占領され、国家主権が侵害された状態で施行された規則は、「占領実施法」であり、独立回復の時点で無効とすべきである。特に憲法は国家権力の在り方を決める基本法であり、厳密な「成立経緯の正当性」が求められる。ここに聊かでも瑕疵《かし》があれば、法秩序の根底の権威が害われる。特に「国家体制を決める憲法」は、占領の終了と同時に廃棄すべきものであり、新たに「新憲法」を制定すべきであった。しかし前述したとおり「日本国憲法」は「帝国憲法」の改正手続に従い制定された。それはＧＨＱの欺瞞に過ぎず、主権のない占領国にＧＨＱが自主憲法制定の権限を認める理由はない。「改正手続」自体がＧＨＱの強要である。また内容も「占領実施法」に過ぎないことは、次項に詳述する。

二 国民主権と伝統的国體の逆転

今さら言うまでもなく、憲法は国の歴史的な統治理念や伝統文化に基づいて、国家を運営する権力と法体系を規定する基本法である。即ち憲法生成の基盤は、歴史的な存在の国家統治の実体であり、それを「国體」として宣言し、国家の法秩序の体系を規定するのが憲法である。前節に述べたとおり、我が国では天皇が祭祀と統治を総覧するのが伝統的な国體であり、国家運営の国是（政治理念）は「民本徳治」を中心柱とされた。

革命政権や武力占領の軍事政権は、一編の「権力規定」（それを憲法と強弁するのが常であるが…）で「国體（国の容）」を規定する。日本を占領したＧＨＱは、天皇大権の国體を否定し、観念的な「国民主権」を宣言する「日本国憲法」を強要した。即ち我が国の歴史的実体の国體であり、日本文化の根源的存在である皇室を「象徴天皇制」の「似非もの」で偽態し、日本の国體を改変して「国民主権」の看板に掛け替えた。更に国会が定める法律の「皇室典範」によって実体的国體の皇室を管理し、皇室に関する重要事項を審議する皇室会議（議長・総理大臣）も、一時期の選挙で選ばれた政権のメンバーで大部分を占め、皇室財産を国有化し、皇室の財政基盤を尽く規制した。このような伝統的な国家統治の実体と基本法との逆転は、軍事占領下では被占領国の主権を制限するために普通に行われるが、独立国の憲法には、あってはならないことである。

「日本国憲法」は「前文」で「国政は、国民の厳粛な信託によるものであって、その権威は国民に由来し、その権力は国民の代表者がこれを行使し、その福利は国民がこれを享受する」と記す。また第一条で、「天皇は、日本国の象徴であり日本国民統合の象徴であって、この地位は、主権の存する日本国民の総意に基づく」とし、天皇が「象徴」の地位にあり、また今後もそうあり続けるか否かは、主権者である日本国民の総意に基づいて決定されると規定している。これは「ポツダム宣言」の受諾の際に、日本政府の「国體護持」の留保条件に対して出された米国務長官Ｊ・Ｆ・バーンズの回答と同じ文言であり、世界中から寄り集った移民で作った「米国の建国の理念」である。所謂「国民主権の下での象徴天皇制」であるが、これは極東の島国の純血日本民族が、二千年をかけて作り上げた統治者の「天皇」ではない。更に「日本国憲法」は第二条で、「皇位は、世襲のものであって、国会の議決した「皇室典範」の定めるところにより、これを継承する」とし、皇位継承が法律の「皇室典範」によると規定する。また現「皇室典範」では、皇室会議の構成は、皇族は二人に過ぎず、他は政権の首相・宮内庁長官・国会両院正副議長・最高裁長官・同判事の八名である。更に「日本国憲法」第八十八条では「すべて皇室財産は国に属する。すべての皇室の費用は予算に計上して国会の議決を経なければならない」とし、第八条では「皇室に財産を譲り渡し、又は皇室が財産を譲り受け、若しくは賜与することは、国会の議決に基づかなければならない」と規定する。即ち皇室の費用及び財産の移動は全て国会の管理下に置かれている。以上が「日本国憲法」における皇室と憲法の逆転の構造である。

皇室の皇統継承の伝統を成文化した旧「皇室典範」は、皇室の「家憲」であり、「帝国憲法」と独立・同格とされ、相互に干渉しない基本法であった。即ち「帝国憲法」の第二条は「皇位ハ皇室典範ノ定ムル所ニ依リ皇男子孫之ヲ継承ス」と規定しているが、第七十四条で「皇室典範ノ改正ハ帝国議会ノ議ヲ経ルヲ要セス」とし、その第二項で「皇室典範ヲ以テ此ノ憲法ノ条規ヲ変更スルコトヲ得ズ」とした。また「皇室会議」は皇族の成年男子によって構成され、政府首脳は参列者であり、審議には加わらなかった。即ち「帝国憲法」と「皇室典範」は相互に干渉しない独立の基本法であり、政府も皇室の運営には関わらなかった。

ＧＨＱ指令による皇室財産の凍結と皇族の特権停止、及び憲法による皇室財産の管理（第八十八条）と貴族の廃止（第十四条）が、十一宮家（伏見宮、閑院宮、久邇宮、山階宮、北白川宮、梨本宮、賀陽宮、朝香宮、竹田宮、東久邇宮、東伏見宮）の存立を否定し、宮家の「皇籍離脱」を引き起し、今日の皇位継承の長期的安定性を危うくさせる源となった（次節の第五項に後述）。更に将来、国会が「皇室典範」の抜本的改造（例えば宮中祭祀の禁止・縮小）や、皇室予算の縮減をすれば、ＧＨＱ指令と同じ事態に陥る懼れがある。それを防ぐには国體と憲法の逆転を正し、「皇室典範」を憲法とは独立の基本法とし、また皇室会議や皇室財産を旧態に戻し、「皇室制度」に関する時の権力の関与を排除する必要がある。

我が国は「サンフランシスコ平和条約」で主権を回復した後も、ＧＨＱが仕組んだ民主化が進み、「象徴天皇制」は国民の社会通念となった。先ずこれを払拭し、伝統に基づく国體を正しく宣言する憲法とする必要がある。

安倍晋三首相の通算在職日数は、令和元年11月20日で計二、八八七日となり、明治、大正期に首相を三回務めた桂太郎首相を超えて百六年ぶりに憲政史上最長となった。また翌年8月24日には、連続在職日数が佐藤栄作首相の二、七九八日を抜いて最長命政権となり、記録を更新した。しかしその直後の8月28日、突然、健康上の理由（持病の潰瘍性大腸炎の再発）により、辞意を表明した。安倍内閣は政権発足以来、第一に「憲法改正」を掲げ、また国会では「憲法審査会」を設け、憲法改正について議論し、新聞・雑誌等でも論ぜられてきた。しかしいずれも上述の「国體と憲法の逆転法理」の是正については全く触れず、「国民主権」を墨守した枝葉末節の「改正論」に終始し、安倍政権の崩壊と共に「憲法改正」の動きも停止した。

第七節　「日本国憲法」の改正

憲法は、民族の歴史・伝統に則り、国家権力の在り様を宣明し、国家運営の理念と理想を明示して国家を永続的に繁栄させる法体系の基礎を規定する基本法である。そのために、第一に国家の国體と元首を宣言（規定）し、第二に国家の如何なる危機にも対処し得る体制の基盤（国家安全保障の方針）を明示することが重要である。しかし「日本国憲法」は前述したとおり、日本の永続的弱体化を図るためにＧＨＱが強要した「占領実施法」であり、国家元首の規定はなく、自衛の軍備も放棄し、国家の非常事態に関する条項もない。「欠陥日本国憲法」はこの「憲法の機能」を回復する改正を最優先としなければならない。

第一の我が国の国體問題については、「日本国憲法」の前文の「国民主権」や「国民の総意に基づく象徴天皇」などという抽象的かつ曖昧な概念ではなく、日本民族の歴史的実体に基づく規範の宣言でなければならない。それは古代から皇統を継いで今日に至る天皇の伝統的敬神・民本徳治の統治と、それに対する国民の尊皇・愛国の宣言として述べられる。

第二の永続的国家の安定的基盤（「国家安全保障」）は、天皇を輔弼する政治の役割であるが、現代の「国家安全保障」は、古典的な軍事力等による領土・領海・領空の警戒監視と脅威の排除（侵略防衛）に止まらず、グローバルな内政・外交の全機能、即ち宇宙・情報・サイバー空間の防衛、経済・交易・金融の組織的発展、環境・自然保護問題、少子化・高齢化等の社会問題、社会の倫理・道徳の強化と教育の劣化の防止、医療・感染症対処等々、国家社会の市民生活の全てに関わる法治国家の安全と秩序を守るものである。そのための軍備及び情報ネットワークを含む国家の全システムの管理・運用の法的基盤を造るのが「憲法」の国家安全保障機能である。これらは相互関連性の高い社会問題であり、実際に事が起きてからでは対処不可能であり、平生から万全の安全確保の準備を要する。以下、我が国が「立憲君主国」の憲法として規定すべき内容を考察する。

一 国家元首・天皇統治の確立

我が国は古代から祖先の祭祀と農耕神崇拝の神話（天孫降臨や神勅）が一体化した皇室を大王と仰いできたが、それを受け継がれた歴代の天皇が最も重んじられたものが「宮中祭祀」である。即ち皇祖皇宗及び天神地祇の神霊のお祀り、五穀豊穣の祈願、国家・国民の安寧の祈りである。お祀りは宮中三殿（賢所、皇霊殿、神殿）で執り行われ、天皇自ら祭典を執行され御告文（祝詞）を奏上される「大祭」と、掌典長が祭典を行い陛下が拝礼される「小祭」とがある。これらは年に二十四回、その他に「旬祭」

と呼ばれる毎月の朔日、11日、21日に行われる祭儀がある（第一章第二節 参照）。神代から今日まで代々の天皇はそれをお勤めとしてこられた。またそれらは全国各地の神社の祭りとして国民生活の中に定着している。

上述した「宮中祭祀」は、国家・国民の中心にあってその安寧を祈る祭祀者としての天皇のお勤めであるが、一方、国家統治の「政ごと」の統括者として、天皇の施政の指導原理（国是）を天皇が自ら「天地神明に誓い、国民とともに努める」という形で簡潔に述べられたものが、「五箇條ノ御誓文」である（第十三章第三）。原案は由利公正の建白書「議事之体大意五箇条」とされ、明治維新の新政府の発足に当り、日本国の国是として慶応4年（1868）に明治天皇が発せられた。その第一条には「広ク会議ヲ興シ万機公論ニ決スベシ」とあり、デモクラシーの原理にも通じるものである。また同時に明治天皇はこの「五箇条ノ御誓文」を補足して「国威宣布ノ宸翰」（第十三章第四）を下され、その中で「天下億兆一人モ其處ヲ得サル時ハ、皆朕カ罪ナレハ、今日ノ事、朕躬ラ身骨ヲ労シ心志ヲ苦メ、艱難ノ先ニ立チ、…」と述べられ、国民の先頭に立って「民本徳治の政ごと」を進める「君臣一体」の覚悟を示された。

更に昭和天皇は、大東亜戦争終戦の翌年（昭和21年）元旦に「新日本建設ニ関スル詔書」（いわゆる「天皇の人間宣言」）を発せられ、その冒頭に特に「五箇条ノ御誓文」を引用された。陛下は続けて、「朕ハ茲ニ誓ヲ新ニシテ國運ヲ開カント欲ス。須ラク此ノ御趣旨（「五箇条ノ御誓文」を指す）ニ則リ、舊來ノ陋習ヲ去リ、民意ヲ暢達シ、官民擧ゲテ平和主義ニ徹シ、教養豐カニ文化ヲ築キ、以テ民生ノ向上ヲ圖リ、新日本ヲ建設スベシ」と宣べられた（第十三章第十四）。この詔書冒頭の「御誓文の引用」は幣原総理が用意した詔勅の原案にはなく、昭和天皇が自ら追加されたと伝えられる。詔書は更に「夫レ家ヲ愛スル心ト國ヲ愛スル心トハ我國ニ於テ特ニ熱烈ナルヲ見ル。今ヤ實ニ此ノ心ヲ擴充シ、人類愛ノ完成ニ向ヒ、献身的努力ヲ効《いた》スベキノ秋《とき》ナリ」と諭された。

このように国家の非常事態に際し、ひたすら国民の平安を願い、賢慮をめぐらす天皇陛下の純粋・無私の叡慮と、「国威宣布ノ宸翰」（第十三章第四）に述べられた君臣一体の姿こそが、我が国の「政ごと」の形である。これこそが政体の政治権力を超越した我が国独自の天皇の統治力の源泉である。その統治原理は、昨今の政治溶解の原因であるポピュリズム民主主義を超克する「民本徳治主義」と、貪欲な利己増殖の権利主義を克服する「和（調和と謙譲）」の精神に根源がある。これは古代から日々熱誠を籠めた歴代天皇の「祈り」が培った皇室の精神である。それは歴代天皇の御製、昭和天皇の二・二六事件の収拾や大東亜戦争の終結に示された「国民を思う」断固たる大御心、及び戦後の全国巡幸、天皇（明仁）陛下の全国各地の災害被災地への慰問・激励の行幸啓（第八章　参照）、終戦五〇周年（平成7年）の広島、長崎、沖縄、東京の慰霊や、硫黄島、沖縄、サイパン島、ペリリュー島、ルソン島の戦跡慰霊（第九章に詳述）等に示されている。

「憲法」について先ず思い浮かぶのは、聖徳太子が定められた「十七条憲法」（604）である（第十三章第一）。これは今日の立憲的意味の憲法ではなく、為政者の規範として、国の「政ごと」の基本を述べたものである。その後、「大化の改新」（646）を経て、律令が整備され、近江令（668）、飛鳥浄御原令（689）、大宝律令（701）、養老律令（757）、及びその追加法の刪定律令（791）、刪定令格（797）等が施行された。律令の統治機構は、祭祀を所管する神祇官と、政務一般を統べる太政官の二官から成り、太政官には行政担当の八省が置かれた。律令には天皇の規定がなく、天皇の地位は神祇官及び太政官を通じて、祭祀・国政を統括する存在と考えられた。

このように古代より平安時代の中期まで、天皇は「祀ごと」と「政ごと」を総覧されるのが我が国の「国體」の古形であった。十一世紀後期からは上皇が「治天の君」（事実上の君主）として政務を執る院政が始められた。更に源平の戦乱期を経て皇室の式微と武士の勃興に伴い、天皇は「祀ごと」を主宰し、「政ごと」は武家の手に移った。律令の廃止令はなく、律令制は形式上、明治維新まで存続した。

鎌倉時代以後、室町・戦国・織豊の時代を経て、江戸時代三百年は安定した徳川幕府の封建制政治が行われた。しかし江戸末期、西欧の植民地侵略の暴力が日本にも押し寄せた。このとき雄藩の志士達が決起して徳川幕府を倒し、「王政復古」の明治維新（明治元年（1868））を断行して国家の近代化を図り、欧米の植民地化を防いだ。ここで天皇の「祀ごと」と「政ごと」は再び統合された。前述した「五箇条ノ御誓文」（第十三章第三）はこのとき国是として示されたものである。翌明治2年に版籍奉還により中央集権政府が発足し、律令制を模した二官六省が置かれ、明治4年に廃藩置県が行われた。明治8年には「立憲政体の詔書」（第十三章第五）が出されて、元老院、大審院、地方官会議が設置され、段階的に立憲君主制に移行することが示された。明治18年、太政官制は内閣制に改められ、更に明治23年に「帝国憲法」が施行されて、三権分立の「立憲君主制」が確立された。

「帝国憲法」は第一章・「天皇」において、我が国は天皇大権で総覧される「立憲君主国」であると宣言した。次に「天皇大権」について簡単に整理する。

「天皇の大権」は、国務大権、統帥大権、皇室大権（祭祀大権を含む）の三つに大別される。国務大権は、立法大権（法律の裁可、公布）、議会大権（議会の召集、解散）、緊急勅令大権、独立命令大権（勅令の発布）、外交大権、戒厳大権、任官大権、非常大権（戦争や事変時の非常措置の権能）、恩赦大権、栄誉大権、改正大権（憲法改正）、等である。また統帥大権は軍を指揮・統率する統帥権（軍政権、軍令権）であり、皇室大権は天皇が皇室の家長として皇族を統括し、我が国の最高の祭主として宮中祭祀を司る大権である。皇室大権は「帝国憲法」とは独立の「皇室典範」を頂点とする「皇室令」（立儲令、登極令、皇室親族令、皇族会議令等）に基づいて行われた。

前述したとおり「帝国憲法」は立憲君主制を明記し、天皇の国務大権は大臣の輔弼、議会の協賛（決議）の下に執行され、また皇室事項や勅令は、枢密院の諮詢、元老・重臣（首相経験者等）・大臣等の輔弼に基づいて行われた。更に統帥大権は陸・海軍大臣が軍政権（軍の行政事務、軍事費、装備調達、人事管理、教育計画、軍事基地の管理や関連民事など）を輔弼し、参謀総長（陸軍）と軍令部総長（海軍）が軍令権（兵站を含む軍事組織と編制、勤務規則、人事、出兵・撤兵の命令、戦略・作戦の立案や指揮命令）について天皇を輔弼した。因みに大臣等の輔弼のない天皇大権の発動は、二・二六事件（昭和11年2月）の収拾と「ポツダム宣言受諾」（昭和20年8月）の異常事態のみであった。

「日本国憲法」の「天皇の国事行為」は、上述した「帝国憲法」の「国務大権」と、勅令及び統帥大権以外は、実質的に同じである。但し前述したとおり「日本国憲法」の象徴天皇は、「政治的権能を有さず」、「大臣の輔弼、議会の協賛」と「天皇大権」の関係が逆転した。したがって象徴天皇は、国家非常事態でも昭和天皇のような「聖断」は下せず、何の行動もとれない。また「皇室典範」や、「皇室会議」が、国会や政府の支配下に置かれたことにより、皇室の変質を強要される惧れがある。

二　皇室尊崇の国民道徳の確立

前節では我が国の歴史的存在の皇室を述べたが、これに対する国民の皇室尊崇の関係がなければ、天皇を中核とする「國體」は成立しない。この皇室と国民との関係は、我が国の民族的特性を反映した伝統的倫理として歴史の中で育まれた。それは『古事記』、『日本書紀』の神話や『万葉集』に見られる「明く直き誠心と勇武を尚ぶ大和心」を基本として、長い歴史の中で仏教、儒学、国学等の哲学・宗教の鍛錬を経て形成された。これらは平泉澄博士の著書、『傳統』［2］、『國史学の骨髄』［3］、『武士道の復活』［4］等に詳述されている。特に江戸時代の安定した平和な社会環境の中で、支配層の武士階級の倫理規範が近世の儒学と交絡して昇華し、「忠義と勇武」を重んずる武士道として我が国独特の理想的人間観が成熟した。これを簡潔に説明したものが新渡戸稲造博士の『武士道』［6］である。この書物は明治31年、博士が米国滞在中に日本文化紹介のために英文で書かれ、二年後にフィラデルフィアで刊行された。その中で博士は、「武士の究極の目標は主君への忠義（以下、「狭義の忠義」と書く）であり、これを貫き名誉を守ることが武士の理想である」とし、その徳目に「義・勇・仁・礼・誠」を挙げた。但し佐伯真一は著書［7］において、新渡戸は、平安時代～鎌倉・戦国時代～江戸時代～明治時代の武士道の内容の本質的な変遷の知識なしに、「単に西欧文化との対比（武士道と騎士道）で武士道を論じた」と指摘していることに留意する。

武士道の「狭義の忠義」は武士階級の倫理規範に止まらず、庶民の心にも沁み込む我が国の人間観の模範となった。それは三大仇討ち（曽我兄弟の仇討ち（建久4年(1193)）、鍵屋の辻の決闘（寛永11年（1634））、赤穂義士の討入り（元禄15年(1703)）等が、能・歌舞伎・講談・浪曲等で後世まで流布した例に見られる。これらは儒教の「三綱五常」に結びついた。「三綱」は人倫の基本となる君臣・父子・夫婦の間の道徳、「五常」は仁・義・礼・智・信の徳目の道徳理念である。また家系・家禄の父子相伝の中で、親への敬愛と主君への奉公が一体化し、加えて国学（荷田春満、賀茂真淵、本居宣長、平田篤胤達による儒教・仏教渡来以前の日本固有の精神文化を究明する学派）、崎門学（山崎闇斎学派の国粋的儒学）、水戸学（水戸藩の修史事業（『大日本史』の編纂）で培われた歴史哲学）等が「狭義の忠義」を「皇室尊崇」の国體観に昇華させた。更に皇室の「無私の仁慈」の精神と「民本徳治の政ごと」に対し、国民にも「和を尊び、世の為、人の為に尽す」ことを重んずる「忠君愛国」の気風が生れた。幕末の志士吉田松陰先生の「士規七則」（従弟玉木彦助の元服に際して、「武士の心得七ヵ条」を説いて贈った文章）にも、「君臣一体、忠孝一致、唯吾ガ国ノミ然リト為ス」とある。即ち親への敬愛は主君に対する奉公に一致し、親に対する孝が君国への忠義となる。これが我が国伝統の「君臣の紐帯」であり、この「君臣の紐帯」を基にして日本人の道徳規範の「忠・孝・仁・義」及び「忠孝一致」の観念が築かれ、我が国の「国體」が育まれた。そして幕末の西欧列強の開国への圧力と、それに対する志士達の「草莽崛起」の危機感によって、三百諸侯への「狭義の忠義」が日本人の民族主義・国家主義の「広義の忠義」へと一気に昇華した。そのとき社会の理念構築の「国體」の核として、肇国以来二千年、一貫して日本民族の神々にひたすら奉仕してきた天皇家が浮び上ったことは、当然の帰結であった。それが徳川幕府の封建体制から、大政奉還によって明治維新の中央集権の国家体制への権力移動を齎した。この社会的価値観の変革は、権力争奪の革命ではなく、国家の本来の姿を求める復古運動であり、明治維新は「王政復古」を唱えて推進された。但しそこには当然旧体制の抵抗があり、安政の大獄、新選組の殺戮、鳥羽・伏見の戦い、上野の彰義隊や会津戦争、五稜郭戦争等の闘いがあったが、それは新しい社会の理念誕生の産みの苦しみであった。

「狭義の忠義」が「天皇への忠義」に昇華したことは、国歌「君が代」の変遷と同じである。国歌「君が代」は『古今和歌集』（延喜5年（905））巻七 賀歌巻頭歌とされるが、完全には一致せず、『古今和歌集』では初句を「わが君」とし、後に転じて「君が代」となり、またその意味が「貴人の御寿命」から「わが君の御代」に変わり、更に「天皇の御代」に変化したとされる。諸外国の国歌は血の臭いに満ちた陰惨殺伐な歌が多い。例えば中華人民共和国（以下、中国と略記）の「我らが血で築こう新たな長城…」や、フランスの「市民らよ武器を採れ、隊列を組め、進め進め、敵の汚れた血で我らの畑を満たすまで…」等である。これに対し我が国の国歌「君が代」は、平和な御代を寿ぎ祈る民の心が素直に詠われている。楽曲も外国国歌は行進曲が多いが、「君が代」は古代から伝わり（正倉院御物の中に雅楽のいろいろな楽器がある）、日本全国の諸社の祭で奏される雅楽の優美な調べであり、詞・曲とも日本の国柄と文化をよく表している。

斯くして我が国では、「忠君愛国、父母に孝に、兄弟に友に、夫婦相和し、仁慈を尊び、義と理を重んじ、人に交わるに礼節を以てし、徳と智を磨き、誠を尽くす」ことが人の道となった。これを国民道徳として宣言したものが、明治23年の「教育勅語」（第十三章第七）である。戦後、GHQは日本の近代史をアジア侵略史と断罪し、欧米列国のアジア侵略にすり替え、「教育勅語」を「帝国主義・軍国主義の源泉」として抹殺した。「教育勅語」は我が国の道徳と文化を簡潔に述べ、教育の基本とする勅諭であり、「之ヲ古今ニ通シテ謬《あやま》ラス之ヲ中外ニ施シテ悖《もと》ラス」の内容である。

三　立憲君主制と道義立国の国體

前述したとおり「日本国憲法」は選挙で選ばれた国会及び政権が、我が国の実体的国體の「皇室制度」を管理することを規定している。しかし選挙結果は一時の世論動向で右にも左にも大きく変化するので、政権や国会の勢力変動により、「皇室典範」の変更や皇室会議の構成が変わる可能性があり、皇位継承の伝統が乱される懼れがある。変転常ならぬ政権と、二千年の歴史的国體の皇室を、このような関係に置くことは極めて不条理である。特に日教組等の左翼教育に汚染された戦後世代の投票行動を考えれば、「皇室制度」を「国民主権」に委ねることは非常に危険である。二千年の伝統の皇位継承を一時的な選挙結果で乱す危険性を排除することが重要であり、「皇室典範」を「日本国憲法」が定める法律とする規定を削除し、皇位継承を政治権力と切り離す必要がある。

また「日本国」は、現存の国民だけのものではない。日本文化を育んだ数千年の先祖から、更にこれを引き継ぐ子孫に至る生命の連鎖が、日本国を造り、その中心的存在が皇室である。「一時期の国民が国體を勝手に決める」ことは、故国を捨てて世界中から集まった移民と、アフリカから拉致された奴隷の子孫が造った米国や、王朝の興亡を繰り返す易姓革命の支那の文化である。我が国でこれを是認するのは、マルクス主義信奉者のみであり、「先祖伝来の国」という考え方が日本文化の特徴である。

自民党は結党時の「自主憲法」制定から「憲法改正」に党是の軸足を移してきたが、前節及び本節の所論により、「占領実施法」の「日本国憲法」を破棄し、伝統に基づく立憲君主制と、「教育勅語」の訓える道義立国を宣言し、国造りの基本理念を確立する「新憲法」の制定が今日の急務である。更に「皇室典範」の独立を明記し、「皇室会議」を皇族に限定すべきである。

四　主権在民規定の削除

「占領実施法の日本国憲法」の改正に当り重要なことは、「主権在民」の国體の規定を削除することである。「日本国憲法」の「国民主権」が実体のない観念論であることは、毎回の国政選挙の低い投票率や、最高裁及び高裁で相次ぐ「一票の格差の違憲又は違憲状態判決」にも拘らず、各政党の党利党略で「選挙法」の根本的改善ができない現実を見れば明らかである。それは「国民主権」について、国民・政府・国会・政党のいずれも関心がなく、「国民主権」の概念や権威が全くないためである。「日本国憲法」の「前文」や第一条の「国民主権」の文言は、「国民の参政権」と「国会の立法権」で済むことであり、「主権在民」はGHQの米国模倣の「民主主義」の宣伝文句に過ぎない。

ＧＨＱが占領中に米国を摸して作った民主主義国「日本」は、国の主権回復に伴い直ちに伝統に立ち還って正常な形に戻すべきであった。しかしＧＨＱの宣伝と日教組の左翼教育に汚染された国民には、憲法改正に反対する意見が多い。また改憲論者の「憲法改正案」でも、いずれも「主権在民」が謳われている。しかし「日本国憲法」第三章の「国民の権利及び義務」の条文は踏襲しても、「国民主権」の文言は「国民の参政権」とし、一時期の政権が「皇室」を管理する規定は削除すべきである。また「主権在民」に次いで「日本国憲法」の特徴の「基本的人権尊重と平和主義」は、我が国では「民本徳治の政」で具現されてきた。

上述の理由により、憲法は「国民主権」を「国民の参政権」とし、伝統に基づく国體の「立憲君主制」を宣言するのが本来の形である。

五　現「皇室典範」の問題点

「日本国憲法」と伝統的日本文化の国體の逆転、及び「皇室典範」や皇室会議等への政権の関与が、我が国の民族国家の根幹を歪めていることは前述した。現「皇室典範」の更に重大な問題点は、皇位継承の安定性の欠如の原因になっていることである。

ＧＨＱは「皇室財産凍結に関する指令（昭和20年11月）」及び「皇族の財産上その他の特権廃止に関する指令（昭和21年5月）」を発し、皇室財産を国庫に帰属させた。それまで各宮家の経費は皇室財産の御料で賄われてきたが、このＧＨＱ指令によって皇室の財政基盤が消滅し、宮家の存続が事実上不可能となった。更に昭和22年、「日本国憲法」と現「皇室典範」が施行された。「日本国憲法」第十四条二項で華族・貴族制度が廃止され、同年10月、昭和天皇の弟宮の秩父宮、高松宮、三笠宮の三直宮を除く全ての宮家（伏見宮、閑院宮、久邇宮、山階宮、北白川宮、梨本宮、賀陽宮、朝香宮、竹田宮、東久邇宮、東伏見宮）の十一宮家が皇籍を離れられた。その後、秩父宮、高松宮の両家は嗣子がなく断絶し、現「皇室典範」の下で常陸宮(昭和天皇ご次男)、桂宮（三笠宮ご次男)、高円宮（三笠宮ご三男)、秋篠宮(今上陛下皇弟)の四宮家が創設された。

天皇家は古代から累代男系相続であり、今上天皇は第百二十六代に当たる。この間の皇位継承は次の「三原則」が遵守された。

㈠ 男系相続。

㈡ 原則として第一男子相続。

㈢ 臣籍に下った者は皇族に戻らない。

皇位継承は明治以後、旧「皇室典範」の規定によっているが、昭和22年に「日本国憲法」と同時に施行された現「皇室典範」は、皇室の伝統を順守して、第一条で「皇位は皇統に属する男系の男子がこれを継承する」（上述の㈠、㈡項）と規定する。また現「皇室典範」第九条で「天皇及び皇族は養子をとることができない」とし、第十五条では「皇族以外の者及びその子孫は、女子が皇后となる場合及び皇族男子と婚姻する場合を除いては、皇族となることがない」と規定する（㈢項)。更に第十二条で「皇族女子は、天皇及び皇族以外の者と婚姻したときは、皇族の身分を離れる」規定であり、古来の「皇族の仕来り」が守られている。ここで「皇位継承」の深刻な問題は、平成18年に秋篠宮家に悠仁親王が誕生された以外、男性皇族の誕生がないことである。現状では秋篠宮家を除き、いずれの宮家も近い将来に断絶し、皇位継承が途絶える懼れがある。

令和元年5月1日、今上天皇の即位の儀式「剣璽等承継の儀」は、参列者が成人の男性皇族に限られるため、参列されたのは秋篠宮と常陸宮のお二方だけであった。寂しく悲しい現実であり、皇位継承の危機的状況をまざまざと目の当りにして、戦慄する思いである。

現在の皇位継承者の順位は、皇嗣・秋篠宮文仁親王（五十三歳)、第二位 悠仁親王（文人殿下の長男、十二歳)、第三位 常陸宮正仁親王（今上天皇の叔父。八十四歳）のお三方のみである。このうち将来、皇族の増加につながる可能性のある方は、悠仁親王お一人のみである。皇位継承の安定化には、先ず皇族を増やすことが必要であり、一刻の猶予も許されない。皇室の自然消滅は目前に迫っており、あらゆる方策を巡らせて、皇族を増やす「皇室典範」の改正を急がなければならない。

現「皇室典範」は、将来の皇室を危うくする三つの欠陥がある。

㊀ 選挙結果による政治勢力の動向で皇室の存立が左右される。

㊁ 急速な高齢化の進展による天皇と皇嗣の老齢化と、皇室活動の不活発化。

㊂ 宮家の減少による男系相続の困難性。

皇位の安定的継承には、現「皇室典範」の上記の欠陥の是正が必要であるが、㊀項の改善には現「皇室典範」を旧「皇室典範」のように憲法から独立した基本法としなければならない。二千年の皇室の伝統と権威は、憲法と同様に（或いはそれ以上に）尊重されるべきである。それには「日本国憲法」の改正が必要であるが、それには時間が掛かるので、現「皇室典範」の皇室会議の構成の条項を改正して、「皇室会議の過半数を皇族とする」ことにより、実質的に「皇室典範」を皇族にお返しすべきである（現行法の皇室会議の構成は、第二章第三節を参照）。これによって皇室を選挙による政治権力の手に委ねることを止め、「皇室制度」に関して「占領実施法」の「日本国憲法」の作用を弱めることができる。

㊁項は、平成の譲位の原因となった問題であり、その改善策は「譲位」の制度化、及び天皇の公務負担軽減のため、天皇の公務をなるべく多くの宮家で分担する必要がある。内親王・女王の活躍に期待し、更には女性天皇や女性宮家の創設も検討すべきであろう。しかし「象徴天皇は、天皇が全身全霊を以てする務めである」という天皇（明仁）陛下の「おことば」は深くかつ重い。また女性天皇や女性宮家は、皇位継承の伝統の改変に関わる問題であり、㊂項の改善策に依存する。

㊂項の改善は、若い宮家を増やすこと以外に方法はないと思われる。そのためにはあらゆる方策を講ずべきであるが、順不同に列挙すれば次のような方策が考えられる。

① 戦後GHQ指令で臣籍降下を余儀なくされた旧皇族のうち、現存する久邇宮、賀陽宮、東久邇宮、竹田宮の四家を（希望により）皇族に復活する。

② 前項の皇族復帰者が少ない場合は、皇別摂家（江戸時代に五摂家に男子皇族が養子に入り相続した三家（近衛家・一条家・鷹司家）の男系子孫を皇族とする。

③ 現在の宮家の後継者に①又は②の男系子孫からの養子を認める。

④ 内親王が①又は②の男性と結婚した場合、女性天皇又は宮家の創立を認め、その男子子孫の皇位継承を認める。

⑤ 内親王が①又は②以外の一般男性と結婚した場合、宮家を創立し皇室公務を務める。その宮家の相続は、㋑一代限り、㋺代数を限って認める、㋩無制限に認める（女系天皇の容認）、等が考えられる。

⑥ 前項④又は⑤を女王にも適用する。

上記の①、②、③は男系男子相続による皇位継承ができるが、④、⑤、⑥は女性天皇又は女系天皇を認めることになる。また①、②は前述した「皇位継承の三原則の㊂項」を冒すことになるので、いずれも慎重な審議が必要である。これらの制度設計は、現在の内親王や女王が結婚適齢期に達する以前に行われなければならない。小泉純一郎内閣（平成13・2・26～18・9・26）において、宮家の養子相続や女性天皇を容認する現「皇室典範」の改正を検討する有識者会議が作られたが、悠仁殿下のお誕生により棚上げされた。悠仁殿下のお誕生で若干の時間的な余裕はできたにせよ、安定的な皇位継承を確実にするためには、現「皇室典範」を改正する必要があることに変わりはない。しかし何らかの改正を行うにせよ、伝統的な皇位継承の三つの原則（男系、男子相続、養子の排除）を厳密に守ることは困難であり、三原則に軽重をつけて緩和し、長期的に安定した「皇位継承」を確実にする「皇室典範」としなければならないと考える。（菅義偉内閣は令和3年7月、有識者会議の中間報告として、①女性宮家の創設、②旧皇族の皇籍復帰の二案を発表した。）

「日本国憲法」は「占領実施法」に過ぎないとする筆者は、皇室を政権の支配下に置く現「皇室典範」を改正して、「皇室会議」の構成員を皇族に限定し、旧態に復した上で、その皇室会議において皇位継承や宮家の在り方を十分に審議して頂くのが筋であると考える。

いずれにせよ皇位継承は天皇家の決定事項であり、皇室伝統の「皇統に属する皇族の（原則として）男系相続」による皇位継承を長期的に安定化する柔軟かつ不動の「皇室典範」を確立し、政権や国会の皇位継承への干渉を排除することが重要である。

以上を整理すれば現「皇室典範」の具体的な改正点は次のとおりである。

i　皇位継承は天皇の崩御の他、譲位による継承も認める。（「皇室典範特例法」は明仁陛下の譲位に限定したが、これを制度化する）。

ii　譲位は天皇の自由意思で行い、また上皇の院政を認めないことを明記する。

iii　皇位の空位の時間（前帝の退位と新天皇の即位のずれ）を無くす。

iv　現「皇室典範」に対する政権の関与を断ち切るために、旧「皇室典範」のように「皇室典範」を皇室の「家族法」とし、「憲法」と並立した基本法とする。このためには「帝国憲法」のように、「皇室典範」の独立性を憲法に書きこむ必要がある。

v　前項の実現までの間、現「皇室典範」の「皇室会議」の構成員の過半数を皇族とし、他は三権の長と宮内庁長官に限定する。

vi　皇位継承を安定化する方策として、前述した宮家を増やす方策①〜⑥を講ずる。但しこの場合、皇族復帰の適用範囲及び制度を時限的な措置とするか、恒久的な制度するかが問題であり、その適用の対象範囲を慎重に検討することが必要である。

上記の措置によって皇族の人数は増加させることができるであろうが、それらの方々が伝統的な皇室の精神である「無私の人格」の「貴人の責務」と「品位」を担う皇族となれるか、という問題が残る。それは非常に困難な問題であり、「絶えなんとするものを継ぐ」最大の難問である。しかしそれが如何に困難であろうとも、また幾世代かかろうとも、それを成し遂げて、日本文化の中核である皇室を途絶えさせてはならない。

六 「国家元首」の規定

「日本国憲法」は天皇の国事行為として、第六条で「内閣総理大臣と最高裁判所長官の任命」、第七条で天皇の国事行為十項目を規定している。これらは国家元首の国事行為であるが、憲法条文には元首の規定はない。占領中は連合軍総司令官が「日本の元首」に代わる者であり、「マッカーサー憲法」は「主権在民」の建て前から、「天皇元首」を明記しなかったと推察される。しかし主権回復後も占領軍司令官を元首と想定した現憲法を維持することは、独立国家の主権を冒涜するものであり、一日も早く「天皇の国家元首」を明記した憲法とすべきである。

七 国防軍の設置

「日本国憲法」は、前文で「平和を愛する諸国民の公正と信義に信頼して、われらの安全と生存を保持しようと決意した」と記す。また第九条で、「国権の発動たる戦争と、武力による威嚇又は武力の行使は、国際紛争を解決する手段としては、永久にこれを放棄する」とし、①「戦争の放棄」を規定し、同第二項の前段で、②「戦力の不保持」、後段で、③「交戦権の否認」、の三つを規定している。所謂、「平和憲法」と呼ばれる所以である。しかしこの夢想的平和主義の憲法では、狭義の国家安全保障（前述した侵略防衛）さえも対処できない。

　ここで①項の「武力の威嚇による国際紛争解決は行わない」ことは、国防軍運用の原則として妥当であるが、これを「平和を愛する諸国民の公正と信義に信頼して」行うという記述は、甚だしく不見識な世界認識である。現実の世界政治では、憲法前文の「諸国民の公正と信義」は全くの妄想に過ぎず、その認識の下で②、③項を規定することは不条理である。「日本国憲法」の第九条を改正して「国防軍」の設置を明記し、その運用の理念として、「不戦の平和主義」に徹した政治主導の国防軍の運用を謳うべきである。

　歴代政府は第九条について、「個別的自衛権はあるが、集団的自衛権は行使できない」とする解釈を採り、「専守防衛」の自衛隊の戦力造成を進めてきた。しかし現在のイージス・システムは敵の弾道ミサイルを成層圏で迎撃するシステムであり、この防空システムでは中国や北朝鮮が開発を進めている低空の変則軌道をマッハ5以上で飛翔する極超高速ミサイルには対処できない。第二次安倍内閣は中国の海洋強国戦略や北朝鮮の核ミサイルの脅威に対して、憲法解釈を変更して集団的自衛権の行使を可能にし、日米安保体制を強化した。これにより日米韓が協力して（左傾した現在の韓国政府の協力が得られなければ日米で）、東アジアに統合防空ミサイルＩＡＭＤ（Integrated Air and Missile Defense）システムを整備し、「偵察・監視衛星」を大幅に増強して、敵の攻撃準備を察知し「敵基地攻撃」が可能な体制を早急に確立しなければならない。「盾と矛」を備えた防衛戦力でなければ、抑止戦力とはならないからである。ここまでは「日本国憲法」の範囲で実施可能な自衛戦略であり、目前の脅威に対する措置であるが、しかし解釈を捏ね回さなければ、国家安全保障政策が執れないような憲法を七〇年間も放置していたこと自体が、独立主権国家の危機管理上の深刻な問題である。特に国防政策・戦略は周辺国の脅威や世界情勢の変化に対処して、柔軟に対応できる体制が必要であり、現憲法九条の改正を急ぐべきである。

現憲法第九条下の「自衛隊法」は、我が国の安全保障事態を危機の内容・程度により「武力攻撃事態、存立危機事態、重要影響事態、国際平和共同対処事態」の四つに区分して自衛隊の任務を詳細に規定し、その行動や武器使用を細かく限定している（集註第二）。しかし非常事態の政府や軍の対処行動の法規は、捕虜の扱い等の国際条約の順守や市民への危害の禁止のみを規定し、それ以外は原則として無制限とする法律とすべきであり、「自衛隊法」のような実施事項を列挙する規則は、緊急事態に即応性のない役立たずの軍事組織を造る。

その痛恨の事例が平成7年の阪神・淡路大震災での自衛隊の災害救助出動の大幅な遅延である。当時の災害出動は「県知事の出動要請」が必須の条件であり、当時の貝原俊民 兵庫県知事は、左翼・反自衛隊の選挙支持母体に憚って、自衛隊の出動要請を躊躇し、自衛隊の出動は四時間半も遅れた。そのために倒壊家屋の下敷きで焼死する多数の市民を見殺しにする不埒な事態を生じた。

また現在の自民党内閣の憲法改正試案では「自衛隊」の名称を「国防軍」に変更する案があるが、世論では反対が多い。しかし自衛隊の「Self Defense Force」の字義は「己れを守る軍隊」を意味し、ナンセンスである。この名称は「日本国憲法」の第九条を糊塗するために、「軍隊」ではなく「自衛隊」と称したものであり、憲法にこの欺瞞を許すことは甚だしく不名誉であり、これを廃棄して名義を正すことは重要である。「改正憲法」では「自衛隊」の呼称を廃止し、「国防軍」を明記すべきである。

八　非常事態条項の規定

国の安全を脅かす事態には、外国の武力攻撃、内乱、暴動、テロ（サイバー・テロを含む）、大規模自然災害、原発事故、新型ウイルスの爆発感染等、各種の事態がある。これらの対処には軍隊・警察・消防・防疫等の組織的動員、物資の徴発、私権の制限、自治体首長による政令の発布や検問、令状によらない逮捕・捜索、集会の自由やストライキの制限等、多くの非常時の措置が考えられる。しかし「日本国憲法」には非常事態の規定はない。類似の規定は、「警察法」、「災害対策基本法」、「原子力災害対策特別措置法」に、「緊急事態宣言」の定めがあり、いずれも内閣総理大臣が宣言し、所管省庁の長を指揮監督して事態の収拾に当たる規定である。しかしこれらは当該法規の事態に限られ、権限も所管省庁に限定される。有事や全国規模の非常事態に、国の全機能を挙げ、都道府県の境を越えて統合的に組織を運用する対処行動の方針を示す憲法の規定が必要である。

上述した国家元首や国防軍、非常事態対処等は、独立国の憲法に必須の規定であるが、占領下では国家元首の機能は制約され、占領軍司令官がこれを執行し、国防軍や非常事態対処の機能は占領軍の主任務である。「日本国憲法」のこれらの条項の不備や欠落は、この憲法が占領軍の「占領実施法」に過ぎないことの明白な証拠である。しかし占領政策に呑み込まれた国民は、広義の「国家安全保障問題」、即ち宇宙、情報、経済・交易・金融、自然保護・環境問題、少子化・高齢化社会問題、社会の倫理・道徳と教育の劣化の防止等々に関する各種の国家社会の危機的事態の脅威を、全く認識できない状態に陥った。国民のこの脳天気な精神構造は「平和憲法」が齎したものである。

九　自衛隊の行動命令の国会承認

非常事態における自衛隊の行動の「防衛出動」と「治安出動」（集註第二参照）は、現行法では国会承認を必要とする定めである。しかしこれは保守党と革新党の「国家観」が全く異なる我が国では、国の安全を脅かす事態を招く懼れがある。即ち「捩れ国会」又はいずれかの院の「与党の一部の反乱」があり、衆参両院の議決が異なり、両院協議会でも調整できない場合は、出動した自衛隊は撤退しなければならない。このとき緊急の事態において政府は事態収拾の手段を失い、亡国の危機に陥る惧れがある。このような事態を避けるために、非常事態対処の実働部隊は、迅速かつ一元的な指揮命令系統の確立が不可欠である。

十　衆参両院の差別化

「日本国憲法」の重大な欠陥の一つに議会の構成問題がある。現状の衆参二院制は両院の多数党が異なる場合、「決められない政治」に陥り、国の安全を脅かす事態を招く懼れがあることは前述した。

「帝国憲法」では議会は貴族院と衆議院の二院からなり、貴族院は非公選の皇族・華族及び帝国学士院会員の有識者や多額納税者等の勅任議員で構成され、選挙で選ばれる衆議院とは全く異なる国民層から議員が選出された。貴族院議員の多くが終身任期で政党に属さず、貴族院は解散もなかった。これに対して現在の衆参両院は、衆議院の優越の規定(註)や、解散の有無と選挙制度に若干の違いはあるが、政党間の争いがそのまま国会両院に持ち込まれる。本来、参議院は衆議院とは異なる大局的な見地から国益に適う議決を行う良識の府として設けられた。故に衆参両院の議員が同じ政党に属することは議院構成の趣旨に反する。政党間の争から独立し、衆議院とは異なる参議院でなければ存在の意味がない。「日本国憲法」による貴族の廃止は、即ち貴族院の廃止となった（ＧＨＱの「日本国憲法」の原案は一院制であった）が、議員達の「飯の種」として参議院が残された。この甚だしい公私混同は戦後政治の劣化の表れである。

註：憲法では衆参両院の議決が異なる場合、次の事項について衆議院の議決の優越を定めている。①法律案の議決、②予算の議決、③条約の承認、④内閣総理大臣の指名。その他、予算先議権、内閣不信任

（又は信任）決議（衆議院のみ認められる）、臨時国会・特別国会の会期、国会の会期延長、等である。但し議決決定までの調整の仕方は各項目で若干異なる。

十一　憲法改正の規定

「日本国憲法」は第九十六条で憲法改正の手続きを定めているが、憲法改正原案の審査・提出の手続きや国民投票の方法等の規定はない。そのため国会では「日本国憲法」の改正について、これまでに次の調査・審査が行われた。

㈠「憲法調査会法」（昭和31年）に基づき、憲法一般について「広範かつ総合的な調査」を行う機関として「憲法調査会」が内閣に設置された。委員は五〇人（国会議員三〇人、学識経験者二〇人）と定められた。しかし、日本社会党は憲法改正への布石であるとして参加を拒否し、学識経験者委員の大半は改憲論者が任命された。朝鮮戦争を契機として強まった日本国憲法改正の動きを踏まえて、憲法改正問題に関する各種の意見を調査するという方針で、昭和32年から活動を開始した。調査は三段階に分けられ、第一期は憲法の制定経過に関する調査審議、第二期は憲法運用の実際に関する調査審議、第三期は憲法改正の要否に関する審議を行い、欧米諸国の学者の意見や全国各地での公聴会を実施した。調査活動は四委員会に分けて行われ、審議は主に総会で行われた。昭和36年に各委員会は報告を終了し、その後、問題点を審議し、総会の承認を経て最終報告書を纏めた。報告書は五編、本文一、二〇〇頁、十二冊、計四、三〇〇頁に上り、昭和39年7月に内閣と国会に提出し、調査会は任務を終り、翌年廃止された。

㈡平成11年、国会法の改正により、現行憲法の多角的な調査のために、翌年、衆・参両院に「憲法調査会」が設置された（衆議員五〇人、参議院院四十五人）。委員は会派の議員数の比率で選任された。五年以内に両院議長に調査結果を報告の予定とされた。平成17年4月の最終報告書は、衆議院では(新憲法下の国会では初めて)憲法九条や前文等の改憲の必要性を打ち出したが、参議院では議論の進展はなかった。

㈢「憲法調査会」の審議を通じて憲法改正手続きの明確化の必要性が認識され、「日本国憲法の改正手続に関する法律」(略称「国民投票法」、平成19年5月14日に成立、22年5月18日に施行)が制定された。「国民投票法」の骨子は国会への憲法改正原案の発議について、㈠「憲法審査会」を衆参両院に設置し、改正原案について審理する、㈡改正原案は衆議院一〇〇人以上、参議院五〇人以上の賛成で国会に提出できる、㈢原案の発議は関連内容ごとに区分して行う、としたことである。但し公布後三年間は冷却期間として憲法改正原案の発議を禁止した。また国民投票は、①投票権者は十八歳以上の日本国民、②国会発議後六〇~一八〇日間に国民投票を実施、③有効投票の過半数の賛成で改正原案は成立、④公務員や教員の地位を利用した投票運動の禁止、⑤テレビ・ラジオによる広報活動は投票日の二週間前から禁止、等が定められた。「国民投票法」は公布後三年間、憲法改正原案の国会への提出・審議を凍結し、その間、「投票権十八歳以上」に関連する法整備や「公務員の政治的行為の制限」の基準作りなどを審議した。また「憲法審査会」は「国民投票法」採決の際の「与党強行」に野党が反発して委員が選任されず、休眠状態が続き、平成19年9月、第一次安倍内閣の退陣で政界の改憲機運が急速に萎んだ。しかし平成22年の参院選で民主政権が過半数割れし、国会審議で野党(自民党、公明党)の協力を得る必要が生じ、翌23年10月に委員を選任し、「憲法審査会」は活動を始めた。「憲法審査会」は国会の開催を問わず開会できる。しかし野党が非協力であり、審査会が開かれても、議事は「幹事の補欠選任」、「会長代理の指名」、「請願の審査」、「憲法に関する意見交換」等、憲法改正とは無関係な議論に終始した。更に令和2年には新型コロナ感染症流行を理由に審査会は開かれず、衆議院では一回、参議院では零（8月現在）である。少数派の横暴が審査会の運営を妨げ、憲法改正の国会審議を不可能にしていることは許されない野党の横暴である。

㈣　平成30年6月、自民、公明、日本維新の会が「国政選挙や地方選挙の投票環境の向上策（商業施設や駅の「共通投票所」の開設、航海実習中の洋上投票）を認める「国民投票法改正案」を衆議院に提出したが、立憲民主党が反対し、三年間計八回の国会の継続審議を経て令和3年5月に成立した。これにより憲法改正の「手続き」は改善されたが、内容の議論は全くない。

㈤　第二次安倍内閣は、憲法第九十六条の「憲法改正発議要件」の「両院議員の三分の二以上の賛成」の規定（第九十六条）を「過半数」に緩和する改正を主張した。しかし国體と憲法の逆転関係を放置した第九十六条の緩和は、「皇室制度」を更に歪める懼れがある。「皇室典範」を政治権力から分離し、「皇位継承」を確実にすることが、憲法改正の最重要事項であり、第九十六条と同時に改正すべきである。

「日本国憲法」は上記のほか、「国歌、国旗、元号の規定」、「国の行政と地方自治の重複の排除」、「憲法改正の発議条件の緩和」等の改正が必要である。

以上、「日本国憲法」の欠陥を述べた。「占領実施法」の「日本国憲法」は日本独立と同時に破棄すべきであったが、「平和条約」の占領施策継続の制約下でそれはできず、欺瞞の七〇余年が過ぎた。年月の巻き戻しができない以上、「日本国憲法」の改正手続きに従って「新憲法」の制定を急がなければならない。国家理念の曖昧化は日本文化の退廃を齎している。

十二　その他

これまで「占領実施法」の「日本国憲法」に潜在する規範的欠陥について述べた。一方、現代では高速・大容量のコンピューターによるビック・データの情報処理技術が進歩し、ＡＩ（人工知能）や各種のＳＮＳ（Social Networking Service）が発達した。そこではユーザーをＡＩで分析して人物像を推定するプロファイリングを行い、ユーザーに適した広告・宣伝、管理、政策立案への応用等が飛躍的に進歩し、それに伴って新たな問題が提起されている。一例を挙げれば、新疆ウイグル自治区において監視カメラや携帯電話等で個人情報を集め、ＡＩで解析し、中国公安部が少数民族のウイグル族六万人超（2017.6.時点）を逮捕し、法的根拠なしに再教育キャンプに予防拘禁した事件がある。国連人権理事会では、豪・英・仏・独・日・米など四〇ヵ国超が、「ウイグル人の深刻な人権状況の懸念」を表明する共同声明を発表したが、これに対して中国は内政干渉として強く反発した。またＳＮＳではＡＩを応用した匿名のフェイク・ニュースが横行しているが、デジタル社会においては、憲法が保障する個人の「基本的人権」について、内容の再定義と新たな個人データ保護規定が必要であり、個人情報保護の基盤造りのための憲法の規定が重要になっている。

第三章　大東亜戦争の概要と戦後の世界情勢

上皇陛下は大東亜戦争の時代（昭和16年12月8日～20年8月15日）に少年期を過ごされ、青年時代はＧＨＱの占領支配から昭和の御代の後半の戦後復興の時代を具に体験された。本章ではその時代の状況を概観する。第一節で我が国の明治から大東亜戦争までの対外戦争、第二節で大東亜戦争を簡単にまとめ、第三節で大東亜戦争の戦況の時系列を概説する(大東亜戦争史は『戦史叢書』［8］が詳しい)。第四節では「大東亜戦争の終結」、第五節では戦後の「昭和天皇の全国巡幸」を述べ、第六節では第二次大戦後の世界情勢を述べる。

第一節　我が国の近代の外征略史

我が国が開国した明治の初めには、インド以東の全アジアは、西欧列強の植民地として恣《ほしいまま》に搾取されていた。大国の清ですら英国とのアヘン戦争(1842)に敗れて香港は略取され、更にアロー戦争(1860)に敗北して九龍半島も英国に割譲される有様であった。その中で我が国は、薩英戦争(薩摩藩と英国艦隊との合戦。文久3年(1863))や馬関戦争(長州藩と英仏蘭米の四国艦隊との合戦。元治元年(1864))等の敗北を蒙りながらも独立を保ち、明治維新を完遂して中央集権国家を建設した。その後、日清・日露の戦いに勝ち、朝鮮・台湾・樺太・千島に領土を拡げ、支那大陸に進出して米国と衝突し、大東亜戦争を戦い、敗北して明治当初の版図に戻った。以下に、明治維新以後の我が国の対外軍事事案を概説する。

一　台湾征討（1872）

明治4年(1871) 10月、宮古島から首里へ年貢を輸送した琉球御用船が帰路台風に遭って遭難し、台湾南部に漂着した（役人と船頭・水夫六十九名が乗船、内三名は溺死）。漂着した乗員は台湾先住民パイワン族に救助を求めたが、集落へ拉致された。先住民とは意思疎通ができず、12月17日に遭難者は集落から逃走し、先住民は逃走者を敵とみなして殺害し五十四名を斬首した。生存者十二名は漢人移民に救助され、福建省福州経由で宮古島へ送り返された。この事件に対して、清政府は「台湾人は化外の民にして清朝の管轄外」としたため、明治政府は征討軍を派遣した。蕃地事務都督・西郷従道を指揮官として、海軍から孟春艦、雲揚艦、歩兵第一小隊、海軍砲二門と、陸軍から熊本鎮台の歩兵一大隊、砲兵一小隊が出兵した。明治5年5月6日に台湾南部に上陸し、先住民と小競り合いの後、6月3日には牡丹社など事件発生地域を制圧して占領した。戦死者は十二名であったが、現地は劣悪な衛生状態で、亜熱帯地域の風土病のマラリアが猖獗を極め五六一名が病死した。

日清戦争後、台湾は「下関条約」により日本に割譲され、大東亜戦争の敗戦まで世界でも稀に見る理想的な植民地が営まれた。

二　日清戦争（1894〜1895）

明治中期、朝鮮の李王朝は王家の内紛により弱体化し、清と南下政策をとるロシアとの挟間で政情は混乱し、人民の反乱が頻発した。明治27年(1894)に朝鮮では東学(李朝末に崔済愚が民間信仰に儒・仏・道の三教を折衷して創始した新興宗教)の農民による反乱「東学党の乱」が起り、李朝政府は清国に派兵を要請し、我が国も邦人保護のために出兵した。内乱は鎮圧されたが、朝鮮半島の権益を巡って日・清が衝突し、「日清戦争」(明治27年7月25日〜翌年4月17日）が勃発した。両国は主に朝鮮半島と遼東半島及び黄海で交戦し、日本が勝利した。講和条約「下関条約」により、朝鮮の独立、遼東半島・台湾・澎湖列島の日本への割譲、日本への二億両の賠償金、清の一部の港の開港、最恵国待遇等を獲得した。しかし批准交換前に仏・独・露の三国干渉を受け、遼東半島は清国に返還した。

三　日露戦争（1904～1905）

ロシアは極東に不凍港を求めて南下政策を進め、朝鮮半島の権益を巡って「日露戦争」（明治37年(1904) 2月8日～翌年9月5日）が起った。大国ロシアを相手に日本軍はよく健闘し、黄海海戦に勝ち、旅順要塞を攻略し、鴨緑江会戦、金州南山の戦い、遼陽会戦、沙河会戦、黒溝台会戦に勝ち、奉天会戦ではロシアの大軍を破った。また欧州から回航したバルチック艦隊を対馬沖で壊滅させた（日本海海戦）。セオドア・ルーズベルト米大統領の斡旋により米国ニューハンプシャー州ポーツマス海軍工廠で日露講和会議が行われた。本条約の骨子は、① 日本の朝鮮半島での優越権を認める、② 日露両軍は鉄道警備隊を除き満州から撤退、③ ロシアは樺太の北緯五〇度以南の領土を日本へ譲渡、④ 東清鉄道の旅順～長春間の南満洲支線と付属地の炭鉱の租借権を日本へ譲渡、⑤ 関東州（旅順・大連を含む遼東半島南端部）の租借権を日本へ譲渡、⑥ 沿海州沿岸の日本の漁業権を認める、等である。

この結果、戦後、我が国は近代化が急速に進み、西欧列強の仲間入りを果した。日露戦争の戦費は臨時軍事費特別会計の決算額収入十七億円余りの内、外国債で六億九千万円、内国債で四億三千万を調達した（当時の日本政府の一般会計歳出は二億五千万円程度）。この戦費調達には「日英同盟」と米国の協力による。

四　日韓併合（1910）

李氏朝鮮は一三九二年八月に建国し、中国の冊封国となったが、南下政策を執るロシアは李王朝に食い込んでいた。日本にとって一衣帯水の隣国韓国は、国防上の第一線であり、強大国の清やロシアの影響から切り離し、独立国として自立することを望み、後の日清・日露戦争の原因となった。朝鮮は鎖国政策を執っていたが、一八七五年に日本との間に「江華島事件」(註)が起り、「日朝修好条規」により開国した。日本は朝鮮を独立国とし、朝鮮を属国と見なす清朝と対立した。

註：**江華島事件**。明治8年9月20日に朝鮮の首府漢城(現在のソウル)の北西岸、漢江の河口の江華島近傍で測量中の日本の軍艦雲揚号(艦長井上良馨)が、江華島、永宗島砲台から砲撃を受けた。士官・水兵二十二名が上陸し、永宗城砲台等を破壊した。日本軍戦死一名。清兵戦死三十五名、捕虜十六名、大小砲三十六門鹵獲。

当時、朝鮮王朝は、第26代国王・高宗の父で執政の興宣大院君が率いる保守攘夷派、日本に倣って近代化を目指す開化派、清への臣属を守る高宗妃の閔妃派の三派に分かれ争っていた。その後「日清戦争」(1894)が起こり、日本が勝利して清と「下関条約」を結び、朝鮮を独立国として認めさせた。朝鮮国内では開化派が政権を握り、近代化政策・甲午改革を進めたが、一八九七年に皇帝に即位した高宗は、国号を「大韓」と改め、ロシアと結託して開化派を処刑し、改革は頓挫した。一八九八年、日本はロシアと「西・ローゼン協定」(日露両国は朝鮮に干渉しない約定)を結び、以後、高宗の専制が行われた。一九〇四年に「日露戦争」が起こると、高宗はロシア皇帝に使者を送り協力を申し出たが、「日露戦争」でロシアが敗北し後ろ盾を失った。一九〇五年、「第二次日韓協約」を結び、韓国王室の保全と引き換えに、日本の保護国となった。日本は韓国統監府を漢城に置き、伊藤博文が初代統監に就任した。その後、高宗はオランダで開かれた「万国平和会議」に密使を送り外交権の回復を図ったが、拒否された(「ハーグ密使事件」)。この企みが露見し、高宗は退位させられ、純宗が即位した。その後日本は、韓国と「第三次日韓協約」(1907)を結び、これによって韓国は内政権を失い、軍も解体された。日本国内では「韓国併合」の世論が起こり、一九一〇年に寺内正毅統監と李完用韓国首相によって「韓国併合に関する条約」が締結され、韓国は日本に併合された。李朝王家は併合後は日本の王公族となり、皇族に準じる貴族として遇された。このように朝鮮は王族の内紛が激しく、政治家も外交・内政の能力を欠いたために、初め外交権を日本に寄託し、次いで内政権も任せ、遂には条約によって国家併合に至ったものであり、日本が武力によって韓国を侵略し併合したのではない。当時韓国に勤務した英国のジョーダン駐韓公使や在日のマクドナルド駐日公使は、「韓国の政治家には統治能力がなく、このまま独立国として維持することは困難」とし、「韓国は日本に支配されることが、韓国人自身のためになる」と本国に報告した。バルフォア英首相もこれを了承し、「第二次日英同盟」(明治38年(1905))で日本の韓国支配を承認した。また米国も「桂・タフト協定」(1905)によって、日本が米国のフィリピン支配を認め、米国も日本の韓国支配を承認した。更にロシアは日露戦争の講和条約「ポーツマス条約」(1905)で、韓国に対する日本の優越を認め、フランスも「日仏協約」(1907)によってこれを承認した。このように韓国併合は、韓国自身の統治能力の欠如に起因し、国際社会も認めたものであり、合法的なものであった。しかし韓国には「恨の文化」や国民感情を最優先する「国民情緒法」の慣習があり、韓国併合の合法性や、それが国際情勢上韓民族にとって有益であったか否かに関係なく、「外国に支配された」恨みと、それが格下と見なしてきた日本であったことが民族の誇りを傷つけた。

日韓併合後、韓国の王族は日本の皇族に準じる王公族として遇された。日本は朝鮮に朝鮮総督を置き、政務総監、総督官房以下に、総務、内務、度支、農商工、司法の五部を設置し、中枢院、警務総監部、裁判所、鉄道局、専売局、地方行政機構を統括した。このように韓国の政治機構を再編成し、裁判所を設け、法を見直し、経済・財政を改善して交易が増加した。また農業試験場が開設されて農業が奨励され、鉄道・港湾が整備され、韓国は著しく近代化された。更に身分制度を改め、姓を許されなかった奴婢や白丁の身分の人々に名前を与え、戸籍を作り、身分に関わらず国民教育を行い、日本に準じた教育制度を整備し、一九四三年までに約四、二〇〇の小学校を建設した。教育は日本語を用いたが、ハングルを必修科目とし、韓国文化の学習にも配慮した。

韓国はこれまで「日韓併合は朝鮮からの富の収奪」と主張し、「朝鮮は植民地化され搾取された」として、歴史的事実に反する主張をしている。実際には日本は韓国に毎年国家予算の約10％を投じて、道路や鉄道、上下水道、電気、病院、学校、工場などの近代的なインフラや建造物を整備した。日本は韓国を「日本の一部」とし、日本同様の経済水準に引き上げることを目指した。このため韓国経済は発展し、伝染病の予防や出生率の増加、識字率も上昇した。また寒冷地でも育てられる稲の品種改良を行い、食糧生産が増加し、人口は一九〇六年の千六百万人から一九四〇年の二千四百万人に飛躍的に増加し、平均寿命も併合時の二十四歳から一九四二年には四十五歳に伸びている。今日、韓国は我が国に対して、戦時中の従軍慰安婦や徴用工について非難を続け、日韓の国交を損ねている。しかしこれらは当時の日本人の就労者とほぼ同等の報酬を得て行われた韓国民の自発的「稼ぎ」の行動であり、また戦後の「日韓基本条約及びその関連協定」(1965)により日本の「好意的補償」は既に済んでいる。韓国では二〇〇五年に「親日反民族行為者財産の国家帰属に関する特別法」という、親日派の子孫から財産を没収する法律が制定されたが、法の公平性の理念上、「日本の援助」及び慰安婦や徴用工の「稼ぎ」は如何に位置付けるのか、韓国政府や立法府の首脳の見解を聞きたいものである。

五　第一次世界大戦（1914〜1918）

(一) 青島と膠州湾のドイツ要塞攻撃

大正3年から四年余、欧州大陸を主戦場に連合国(ロシア帝国、フランス第三共和政、大英連合王国)と中央同盟国(ドイツ帝国、オーストリア＝ハンガリー帝国、オスマントルコ、ブルガリア)が、第一次世界大戦(1914.7.28〜1918.11.11)を戦った。世界の殆んどの大国が巻き込まれ、我が国は日英同盟に基づき、大正3年8月23日にドイツに宣戦布告し、英軍と共にドイツ東洋艦隊の根拠地の中華民国山東省の青島と膠州湾の要塞を攻略した（日本軍戦死者二七三名、負傷者九七二名)。

またこれらの占領地に関して翌大正4年(1915)年1月18日に日本は中華民国政府に対し、山東省及び満蒙における日本の権益や在華日本人の条約上の法益保護の21ヵ条を要求した（対支21ヵ条要求)。要求の一部は山東条項としてベルサイユ条約に反映されたが、最終的には日本軍の撤退と租借地及び公有財産・青島税関の返還が行われ、外国人の青島市政参与権は拒否され、山東省の主要都市も外国人には解放されなかった。

(二) 南遣支隊の南洋派遣

大正3年9月、第一南遣支隊(鞍馬、筑波、浅間(いづれも装甲巡洋艦)、第十六駆逐隊(山風、海風)、附属給炭船 南海丸、遠江丸))、及び第二南遣支隊(戦艦・薩摩、軽巡矢矧、平戸)によって、南洋諸島の赤道以北の島々（マリアナ諸島、カロリン諸島、マーシャル諸島）を占領した。

(三) 遣米支隊の北米西岸哨戒

ドイツ東洋艦隊が米西海岸地域で活動する可能性があり、英国の要請で大正3年(1914)10月1日、戦艦「肥前」、巡洋艦「浅間」、「出雲」、輸送船や工作船などの「遣米支隊」を編成し、北米南西岸〜メキシコ沖に派遣した。米沿岸到着後、英・豪・加の艦隊とともに行動した。「出雲」はその後第二特務艦隊の増援部隊として地中海のマルタ島に派遣された。

四 特務艦隊の船団護衛

独海軍の無制限潜水艦作戦に対して、帝国海軍はインド洋に第一特務艦隊（巡洋艦「矢矧」、「須磨」、「新高」、「対馬」、第二駆逐隊二隻）をケープタウン、インド洋に派遣し、英仏のアジアやオセアニアの植民地から欧州への輸送船団を護衛した。また大正6年2月、巡洋艦「明石」及び第十駆逐隊（桂、楓、楠、梅）と第十一駆逐隊（松、榊、杉、柏）の第二特務艦隊を地中海に派遣し、更に巡洋艦「出雲」及び第十五駆逐隊（檜、桃、柳、樫）を増派して、地中海で対潜作戦を行った。この艦隊は大正6年後半、アレクサンドリアからマルセイユへの兵員輸送の護衛任務に従事し、連合国軍の兵員七〇万人を輸送し、独海軍のUボートに攻撃された連合国の艦船から七千人以上を救出した。その結果、連合国側の西部戦線での劣勢の挽回に貢献し、インド洋と地中海で連合国側商船七八七隻、計三五〇回の護衛と救助活動を行い、司令官以下二十七人は英国王ジョージ5世から勲章を受けた。一方、三十五回のUボートとの戦闘で多数の犠牲者を出した。また大正6年にはフランスが発注した樺型駆逐艦十二隻を急速建造し、日本側要員がポートサイドまで回航して仏海軍に輸出した。

五 第一次大戦後

一九一八年春にはドイツが西部戦線で春季攻勢に出たが、連合国軍は押し返した。この年十一月四日、オーストリア＝ハンガリーはイタリア王国に攻撃され、ヴィラ・ジュスティ休戦協定を締結して降伏し、イタリア戦線も停戦した。ドイツでも革命が起ったため休戦協定を締結し、戦争は連合国の勝利となった。

戦争終結前後にドイツ、オーストリア＝ハンガリー、オスマン、ロシアの四帝国が崩壊し、ホーエンツォレルン家、ハプスブルク家、オスマン家、ロマノフ家が滅亡して九つの国が建国された。欧州の共和国は、ドイツ、オーストリア、チェコスロバキア、フィンランド、ポーランド、リトアニア、ラトビア、エストニア、アルバニアに増え、更にオスマン帝国が滅びトルコ共和国が建国された。ロシア帝国では、一九一七年二月、革命が起こりロマノフ王朝が滅び、十月革命を経てロシア社会民主労働党ボリシェヴィキ政権が成立した。革命後、諸外国の干渉を受け、国内に多数の勢力が乱立して内戦となり、ポーランド、バルト三国、フィンランドが独立した。一九二二年末、ウラジミール・レーニンが率いるロシア共産党が内戦に勝利し、旧ロシア帝国領の4共和国（その後15ヵ国に増加）のうち、ロシア人が多い広い地域が共産党の一党独裁によるロシア・ソビエト連邦社会主義共和国（ロシア連邦共和国、略称：ソ連）となった。ソ連は北は北極海に面し、西はバルト海から黒海を経てカスピ海に至り、南はイラン、アフガニスタン、中国、モンゴルに接し、東はシベリアを経て、カムチャッカ半島、千島、樺太に至る、15ヵ国の共和国からなるソビエト連邦を形成した。一九一八年七月制定のロシア共和国憲法（憲法はその後屡々改訂される）の第1条は、「ロシアは労働者・兵士・農民代表諸ソビエトの共和国と宣言される。全権力は中央においても地方においてもこれらのソビエトに属する」と記し、国名もこの政治権力機関としてのソビエトの性格を示す。政治組織としてのソビエトは、労働者のストライキの指導機関（都市では労働者・兵士代表ソビエト、農村では農民代表ソビエト、前線では兵士委員会等）として形成され、ところによっては武装蜂起指導機関へと発展した。一九二四年一月、レーニンが病死すると、後継の権力闘争に勝利したヨシフ・ヴィッサリオノヴィチ・スターリン（1878. 12. 21～1953. 3. 5.「スターリン」という名は「鋼鉄の(人)」を意味する筆名であり、本名は「ジュガシヴィリ」である）は、1924. 1～1953. 3 に亘ってソビエト連邦の最高指導者となり、反対派を厳しく弾圧して独裁的恐怖政治を行い、暗黒裁判による刑死者、軍の粛清に伴う銃殺者、シベリア流刑の強制労働による死者等、8百万人〜1千万人が犠牲になったとされる。第二次大戦後、米ソの厳しい冷戦を戦い、世界の社会主義勢力の旗頭となった。

パリ講和会議(1919)では五大国（英、仏、日、米、伊）が会議を主導し、一連の講和条約を敗戦国に押し付け、敗戦国の領土を分割した。この措置でドイツは全ての海外植民地を失い、日本はベルサイユ条約(大正11年(1922))で赤道以北の旧ドイツ領ニューギニア地域の委任統治領を得た（赤道以南のニューギニア地域はオーストラリア及びニュージーランドの委任統治)。大戦後、世界大戦の抑止のために国際連盟が設立されたが、世界恐慌、民族主義の復活、後継国家の弱体化、敗戦国側（特にドイツ）の憤懣等により、国際連盟は機能せず、次の全世界を巻き込んだ第二次世界大戦となった。

第一次大戦は列強の国家総力戦であった。また毒ガス、戦車、飛行機、潜水艦などの新兵器が投入されたため戦死者も多く、犠牲者は独と露は各々約一七〇万人、仏一三六万人、墺一二〇万人、英九〇万人、米は一二万六千人に上った。日本軍は青島・膠州湾の要塞攻撃や海戦で五四三名の戦死者を出した。

六　シベリア出兵（1918〜1922）

第一次大戦の連合国（日・英・仏・伊・米・加・中）は「ロシア革命軍に囚われたチェコ軍団の救出」を名目にロシア革命に干渉し、シベリアに出兵した。我が国は共産主義の封じ込めの他に、帝政時代の外債とロシア銀行等の外資を保全する狙いもあった。

我が国は大正7年(1918)8月のウラジオストク上陸以後も増兵を繰り返し、国際協定による日本の派遣兵力の一万二千名を大きく超える七万三千名を派兵し、ハバロフスクや東シベリア一帯を占領した。しかし日本の反ボルシェヴィキ政権樹立工作は酷寒とパルチザンの抵抗のため不成功に終った。一九一九年秋には白軍のアレクサンドル・コルチャーク政権が崩壊し、英仏の革命政権圧殺計画は失敗し、ヨーロッパ革命情勢への危惧も高まり、両国はシベリア撤兵を決定した。米国もチェコ軍団の引揚げ完了で出兵目的は達成されたとして撤退を決定した（1920.1）。しかし日本の原敬内閣は、列国の撤兵後も、居留民保護とロシア過激派の朝鮮や満州への影響の防止のために駐兵を継続し、ワシントン講和会議（1921.11.12～1922.2.6）の時点で日本だけが出兵を続けていた。そのため米国等の日本への不信感を生じ、日本国内でも批判が高まった。この会議で全権の加藤友三郎海軍大臣は、条件が整い次第、撤兵を約束した。大正11年（1922）6月12日に総理大臣となった加藤は6月23日の閣議で、10月末日までに沿海州からの撤兵を決定し、翌日、政府声明を発表し、予定通り撤兵した。この出兵で日本は三、五〇〇名の死傷者を出し、一〇億円に上る戦費を消費した上に、日米関係の悪化を招き、日ソ国交回復の妨げにもなった。加藤高明（外務大臣（第15・18・25・27代）、貴族院議員、内閣総理大臣（第24代）を歴任）は日本のシベリア出兵は、「なに一つ国家に利益を齎すことのなかった外交上稀にみる失政の歴史」と評した。

㈠ 尼港事件（1920.3～5）

大正9年（1920）3月から5月にかけて、ロシアのトリャピーチン率いるロシア人、朝鮮人、中国人四千名の共産パルチザンが黒竜江（アムール川）の河口のニコライエフスク港（尼港、現在のニコラエフスク・ナ・アムーレ）の日本陸軍守備隊（第十四師団歩兵第二連隊第三大隊）及び日本人居留民約七百名、日本人以外の現地市民の一部を虐殺した上、町の一部に放火した。この事件により日本軍はシベリア出兵後も一九二五年の日ソ国交まで石油産地の北樺太（サガレン州）を占領した。

㈡ 日ソ国境紛争

満州事変（1931）以後、日本とソ連は満州国境で対峙した。当初は紛争の回数も少なく小規模であったが、次第に頻発・大規模化し、張鼓峰事件を経て、ノモンハン事件で、日本軍とソ連軍の大規模な戦闘に発展した。日本軍は航空戦では優勢であったが、地上戦は戦車火砲の差が甚だしく日本軍が劣勢であったため敗退し、ソ連とモンゴル共和国の主張する国境線は維持された。

① 張鼓峰事件（1938. 7. 29～8. 11）

満州国東南端の琿春市張鼓峰での日本軍とソ連軍の衝突。死傷者：日本軍一、四三八名、ソ連軍四、〇七一名。

② ノモンハン事件（1939. 5～9）

フルンボイル平原のノモンハン周辺で満州国とモンゴル人民共和国の国境警備隊の紛争から、日ソ両軍の大規模戦闘となった。死傷者：日本軍一万八千名、ソ連軍二万六千名)。

七　日中戦争

日清・日露戦役後、獲得した権益を確保するために、日本人は中国各地に進出し、起業した。現地では様々な摩擦を生じ、日本人迫害・抗日運動が頻発した。日本は日本人居留地に軍を駐屯させ、邦人保護のために実力で介入し、中国の軍隊（中華民国軍、人民解放軍（以下、中共軍と書く）、地方軍閥）と衝突した。

㈠ シナの情勢

① 清朝の滅亡と国民党政権の成立

清では辛亥革命（1911. 10）が起こり、孫文の革命軍が武昌と漢陽を武力制圧した。清国は革命軍の制圧に失敗し、十五省が独立を宣言し、12月末、上海で孫文が中華民国大総統に選出された。翌年2月に清朝最後の皇帝溥儀が退位して清国は滅亡し、共和制の中華民国が誕生した。中華民国(北京政府)は清朝の継承を主張し、袁世凱が臨時大総統に就任した。しかし袁世凱と孫文が対立して中華民国は分裂し、内戦状態に陥り、満洲では張作霖が台頭し奉天軍閥として満洲を実効支配した。孫文の客死後（1925. 3. 12）、国民党は広東に国民政府を組織し、国民革命軍を健軍した。この中で蔣介石が台頭し、孫文を継承して軍閥・北京政府撲滅の「北伐」(1926. 7. 1)を宣言した。北伐により北京政府が崩壊し、北京政府を率いた張作霖は蔣介石の北伐軍との決戦を断念して満洲へ引き上げる途中、張作霖の特別列車が、奉天近郊で日本軍によって爆破された(1928. 6. 4)。

翌年、日本は国民政府を中華民国の代表政府として正式承認した。中国は「対支21ヶ条要求」の廃棄を求め、日本はこれを拒否した。中国の世論はこれに反発した。また日本は義和団の乱(1900. 6. ～9. 北清事変)以来、北京議定書に基づいて、英・米・露などの列強同様、天津はじめ中国各地に軍を駐留させたが、これに対しても全国規模で排日・侮日運動(反帝国主義運動)や日貨排斥運動等が起こった。中国民衆による暴動事件などが先鋭化し、欧米列強の排外運動も行われた。

② 中国共産党の結党と日中戦争

一九一九年、中国ではパリ講和会議のベルサイユ条約に反対し、抗日・反帝国主義運動が北京から全国に広がった。この学生・大衆運動(五・四運動)の青年達を中心に、ソ連のコミンテルン(「国際共産主義」の略称)の指導を受けて、一九二一年に中国共産党が「コミンテルン中国支部」として誕生した。当時は第一次大戦が終わり、共産主義国家ソビエト連邦が誕生し、世界では反帝国主義・反植民地主義の運動が各地に広がっていた。結党の目的は「封建・植民地の中国」を救い、将来中国で共産主義社会を実現することであり、以後ソ連の強い影響を受けつつ組織を拡大した。結党後間もなく、ソ連は中国共産党に当時最大の革命政党であった中国国民党との合作を求めた。国民党もソ連・コミンテルン指導の下でソ連共産党型の組織に改組した。一九二四年、中国共産党の党員は党籍をもったまま国民党に加入する形で第一次国共合作が実現した。

翌年3月、孫文が死去し、蒋介石は全国制覇を目ざして北伐を開始した。一九二七年四月、上海で共産主義者一掃の上海クーデターを起こし、第一次国共合作は崩壊し、以後国民党と共産党は対立して闘った。国民党の徹底した弾圧により共産党は都市での活動が困難となり、江西省を中心として毛沢東のゲリラ戦術による農村での勢力拡大に努めた。しかし三度に亘る国民党軍の包囲攻撃によって撤退を余儀なくされ、一年余に及ぶ「大長征」を経て西安北方の延安に拠点を移した。ほぼ同時期、東北・華北への日本の侵攻が激しくなり、知識人を中心に抗日救国運動が広がった。一九三六年十二月、張学良らは蒋介石に「一致抗日」を迫り（西安事件）、第二次国共合作が成立した。以後、国民党と共産党が結束して日本軍と戦った。日中戦争は一九四五年八月の日本の無条件降伏まで続いた。

③ 日本の山東省の権益

我が国は第一次大戦でドイツ帝国の租借地青島と山東省、植民地の南洋群島を攻略し、大正4年(1915)に中華民国政府に対しドイツ権益の日本への譲渡を求めた「対支21ヶ条要求」を申し入れ、5月25日、「山東省に関する条約」、「山東省に於ける都市開放に関する交換公文」、「膠州湾租借地に関する交換公文」が承認された。

大正7年(1918)9月、「満蒙四鉄道及び膠済鉄道の延長線の済順鉄道(済南～順徳)、高徐鉄道(高密～徐州)の借款仮契約」が締結され、「山東問題処理に関する取極め」が交わされた。

大正8年のパリ講和会議及びベルサイユ条約で、日本は中華民国が山東問題について「対支21ヶ条要求」を受諾したと主張したが、中華民国はこの要求は強要されたもので、山東は自国の領土と主張した。英仏米の列国は日本の主張を支持したが、中華民国は日本によるドイツの山東省権益の継承に反発し、ベルサイユ条約の調印を拒否した。状況打開のため、日本政府は中国と交渉の末、大正11年(1922)

の「日中山東条約及び日中山東還付条約」によって青島・山東省を中国に還付したが、膠済鉄道は日本が借款し、同鉄道沿線の鉱山は日中合弁会社の経営とするなど、日本は山東省に一定の権益を確保した。

我が国は青島占領以来8年間、毎年国庫より約二千万円を支出し、産業・商工業を奨励し、塩業、漁業、農業や製粉、製糸、精油、燐寸製造等の諸工業を興し、青島と山東地域の繁栄と貿易の振興を図った。山東省の日本人居留民数は、昭和2年末の外務省調査では、総計約一六、九四〇人、その内青島付近に約一三、六四〇人、済南に約二、一六〇人であった。

(二) 山東出兵（1927. 6〜1928. 4）

中国は南京政府、武漢政府、北方軍閥の三つ巴の内乱となり、昭和元年(1926) 7月、蒋介石の南京政府(国民党右派)と汪兆銘の武漢政府(国民党左派及び共産党)は、北方軍閥を倒伐の軍を起した。山東省には多数の日本人が居住しており、済南や青島の日本総領事から邦人保護のための出兵要請が再三行われた。これに応えて昭和2、3年に三度の派兵が行われた。

① 第一次出兵：昭和2年7月、天津から在満歩兵第三十三旅団、第十四師団の一部及び内地より鉄道、電信各一個班が青島に上陸し、9月上旬まで駐留した。

② 第二次出兵。昭和3年4月に蒋介石の十万人の北伐軍が済南市に侵入したため、支那駐屯軍の天津部隊三個中隊と内地から第六師団の先行部隊の混成第十一旅団が、4月26日までに済南に急行し、六千名が山東省に展開した。

③ 第三次出兵。昭和3年5月3日、済南市で北伐軍兵士による日本人の集団的かつ計画的な略奪・暴行・陵辱・殺人事件(済南事件)が発生した。これにより5月9日、第3師団(名古屋)が山東に派遣された。日本軍は市内の邦人保護のために済南城を攻撃し、5月10・11日にシナ軍は城外へ脱出し北伐を

再開し、日本軍は5月11日に済南全域を占領し（済南事変）、昭和4年3月に撤退した。

㈢ 張作霖爆殺事件（1828. 6. 4）

張作霖は一九一六年に奉天省を勢力下に納め、次いで一九一九年までに東北三省の実権を握り、その後、直隷派と結び一九二七年に大元帥として北京政府を支配した。しかし翌年4月、蔣介石の南京国民政府の北伐軍に敗れ、根拠地の奉天へ退去の途中、6月4日、奉天近くの皇姑屯駅近傍で関東軍に列車を爆破され死亡した。後継者の張学良は、奉天軍閥を国民政府（南京政府）に帰順させた（1928. 12）。その後、張学良は楊虎城らと図り、西安で蔣介石を拉致監禁し、国民政府と中共軍の合作を強要した（西安事件。1936. 12. 12）、蔣介石はこれを受け入れ、以後両者は共同して抗日戦を行うこととなった。

㈣ 満州事変（1931.9.18）：柳条湖事件と満州国建国

昭和6年（1931）9月18日午後10時半頃、奉天（現在の遼寧省瀋陽市）の北方約8㎞の柳条湖付近で南満州鉄道が爆破された。関東軍は中国軍の犯行として兵を満州に展開し（満州事変）、翌年2月上旬には満洲全土をほぼ占領し、3月1日、満洲国の建国が宣言された。元首（満洲国執政、後に満洲国皇帝と称す）には清朝最後の皇帝・愛新覚羅溥儀、国務総理には鄭孝胥（清の官僚）が就き、首都は新京（現在の長春）、元号は大同とされた。関東軍は4月に長城線を確保し、万里の長城が満州国と中華民国の境界になった。日本は昭和7年6月、衆議院本会議で満洲国承認決議案を全会一致で可決し、9月中旬、日本（斎藤実内閣）と満洲国の間で日満議定書が締結され、在満日本人の安全確保を基礎とした条約上の権益の承認と、関東軍の駐留が認められた。また国民政府も日本軍の要求を入れて、長城線の南側に非武装地帯を設け、「塘沽停戦協定」（1933. 5. 31）を結んで満州事変の戦火は止んだ。しかし中華民国はこれを不当として国際連盟に訴え、国際連盟はリットン調査団を派遣し、満洲地域が法的には中華民国の主権下にあると認めた。この報告に基づき満洲国の存続を認めない勧告案（「中日紛争に関する国際連盟特別総会報告書」）が国際連盟で採択され（1933. 3. 27）、日本はこの決議を不満として国際連盟の脱退を表明した（発効は2年後の1935. 3. 27）。

㈤ 上海事件

① **第一次上海事変**（1932. 1. 28～3. 3）。一九三二年、国民政府軍の蔡廷鍇の率いる十九路軍は江西省での紅軍（中共軍）との戦闘で損耗し、再編成のために南京、鎮江、蘇州、常州、上海付近に後退した。その一部（第七十八師団）が上海に駐留した。日本政府は日本人租界の防衛のため、上海に十数隻の艦隊を派遣した。上海共同租界周辺で日中両軍が衝突し、日本軍は第一次大戦の青島戦以上の損害（戦死者約七七〇名、負傷者約二、三〇〇名）を出す激戦となった。

② **第二次上海事変**（1937. 8. 13～11. 9）。上海の日本租界で居留民が中国軍の襲撃により殺害される事件が発生し、日本は上海に派兵を決定し、上海共同租界で日中両軍の戦闘が起きた。日本軍戦死傷者四〇、三七二名。以後全面的な日中戦争に拡大した。

㈥ 南京事件

昭和12年（1937）11月、上海戦で中国軍を撃破した日本軍は南京へ進撃した。10月末、蔣介石は重慶に遷都し四川省を中心に抗日戦を戦い、南京衛戍司令には唐生智を任命した。日本軍・上海派遣軍は12月1日に南京攻略命令を下し、8日、南京城外の中国軍防衛陣地を突破して包囲態勢を整えた。12月7日早暁、蔣介石は宋美齢と共に廬山に向けて故宮飛行場から脱出した。蔣は唐に撤退を命じ、唐は市内の主要な建築物を焼き払い、市の北西部の浦口（揚子江北岸）から軍用内火艇で脱出した。残存の兵士や市民は烏合の衆と化し、寒夜揚子江に逃げ入り数万人が凍死した（註）。

註：南京虐殺事件。昭和21年2月、国民政

府は国防部軍事法廷(南京軍事法廷)を設置し、南京地方院検察所の「敵人罪行調査報告」(1947.2)は、「確定せる犠牲者は三〇万に達し、この外なおまだ確証を得ざる者二〇万人を下らない」とし、南京軍事法廷は事件の主犯を第六師団長・谷寿夫中将とし、死刑判決を下し銃殺刑(1947.4.26)に処した。中国は日本軍が中国軍捕虜、敗残兵及び一般市民を殺害したとするが、中国督戦隊による殺害も多く、犠牲者数や、戦時国際法違反の有無は疑問視する意見もある。『南京戦史 増補改訂版』(南京戦史編集委員会編纂、偕行社発行、平成5年)の「公式文書(各連隊の戦闘詳報等)による捕虜・摘出逮捕した敗残兵・便衣兵への対応」では、収容二万七千名、処断一万二千名である。

孫文は一時期日本に亡命し、知友・支援者も多く、後継の蒋介石も当初は親日路線を採ったが、西安事件以後は抗日に転じ、一九三七年七月、盧溝橋事件(集註第四参照)により日中両国は泥沼の全面戦争となった。日本は北京・天津に続いて南京も制圧し、国民党の№.2の汪兆銘を首相とする傀儡政権を南京に樹立した(1940.3)。以後、日本は南京を拠点に中国各地を占領したが、しかし広大なシナ大陸を点と線で結んだ支配に過ぎず、米英の支援を受けた蒋介石は屈服しなかった。

一方、一九三〇年代半ば、世界はベルサイユ体制の存続を巡り、枢軸国(日独伊)・自由主義国(英米仏中蘭)・共産主義国(ソ連)の三陣営が次第に対立を深めた。米国は近衛内閣の「東亜新秩序声明」(1938)を牽制するため、屑鉄と鋼鉄の対日輸出を禁止した。更に当時、日本は蘭印(蘭領東インド)と石油の買い付け交渉を行ったが、米国の圧力で蘭印は日本が求めた量の四分の一に削減し、交渉は行き詰まった。また日本海軍は三井物産などの民間商社を通じ、ブラジルやアフガニスタンなどで油田や鉱山の採掘を進めようとしたが、全て米国の圧力で契約できなかった。更に支那事変勃発以降、蔣介石政権に対する英米の軍事援助は、援蔣ルート(集註第五)を通じて活発に行われ、特に仏印ルートが最大であった。

　日本軍は一九四〇年九月下旬、米英の援蔣ルートを遮断するために北部仏印に進駐した。更に翌年七月下旬には石油資源地帯と南方進出基地の獲得のために、仏印南部にも進駐した。これに対して米国は強く反発し、日本制裁の在米日本資産の凍結と石油輸出、日本産生糸輸入の全面禁止を行い、英国は対日資産の凍結と日英通商航海条約等の廃棄、蘭印は対日資産の凍結と日蘭民間石油協定の停止を決定した。日本は石油の約八割を米国の輸入に依存し、米国の石油輸出の全面禁止は深刻な影響を及ぼし、日本国内の石油貯蓄は平時で三年弱、戦時で一年半しかなく、陸軍を中心に早期開戦の強硬論が起きた。昭和16年9月、日本は御前会議で戦争の準備をしつつ日米交渉の継続を決定し、11月5日の第7回御前会議では、米国の要求に対する甲・乙2案(註)が決定された。

　註：㈠ 甲案。① 日本は、通商の無差別原則が全世界に適用される前提の下に、太平洋全域及び中国での通商の無差別原則の適用を認める、② 日独伊三国同盟は、「自衛権」を濫りに拡大しないことを明確化し、従来の日本政府の解釈とする、③ 撤兵問題は、中国の華北及びモンゴルの一部と海南島は、日中間の平和条約成立後凡そ25年を目処に駐屯するが、それ以外では2年以内の完全撤退を目指し、仏印からは日中戦争の解決又は極東の平和確立後直ちに撤退する。㈡ 乙案。① 日米両国は仏印以外の東南アジア及び南太平洋地域に武力進出をしない、② 両国は蘭印での物資獲得に相互に協力する、③ 両国は通商関係を在米日本資産凍結以前の状態に復帰させる、④ 米国は日中の和平努力に支障を与えないこと、の4点が成立

すれば必要に応じて南部仏印の日本軍は北部仏印に引き揚げる。

(七) 国共内戦

結党のイデオロギーが全く異なる国民党と共産党は、対日戦を挟んで対立・協働を繰り返し、蔣介石の上海クーデターにより国共合作が破綻し、第一次国共内戦(1927〜1937)となった。張学良の西安事件によって第二次合作となり共に日本軍と戦ったが、日本の大東亜戦争の敗北に伴い、一九四五年十月十三日、蔣介石は国民党の各部隊に対し共産軍との内戦を密命し、一方、共産党も翌年十月十日、中国人民解放軍総司令部が「打倒蔣介石、解放全中国」の方針を発表し、全面的に国共内戦(第二次国共内戦(1946〜1950)となった。各地で中共軍が勝利し、一九四九年一月十六日に中央政府が南京から広州への撤退し、十月半ばには重慶へ、十一月末には成都へ退却し、遂には中国大陸から台湾への撤退を決定し、中華民国軍や国家・個人の財産を台湾に運び出し、一九四九年十二月七日に中央政府機構も台湾に移転して台北市を臨時首都とした。これに対し中共軍は台湾への軍事侵攻も検討したが、一九五〇年六月二十五日に勃発した朝鮮戦争に兵力を割かざるを得ず、中共軍の中華民国政府への軍事行動は一時、停止された。更に中共軍は朝鮮戦争に介入する一方、チベットに侵攻し(第一次の東北部・東部併合(1948〜1949)、第二次中央チベット併合(1950〜1951)、またベトナム民主共和国に武器の援助や軍事顧問の派遣(第一次インドシナ戦争(1946〜1954))を行ったため、米国が支援する台湾への侵攻はできず、今日に至っている。

第二節　大東亜戦争略史

大東亜戦争は、米国の東アジアの門戸開放・機会均等原則の主張と、日本のアジアにおける欧米の植民地支配を排除して「大東亜新秩序建設」の理念の激突であったとされる。ここに至るまでの経緯は複雑・多岐に亘るが、両国にとって最大の懸案事項は、「日独伊三国同盟」（昭和15年締結）であった。日本では陸軍（特に参謀本部）首脳は同盟の推進に熱心であり、これに対して海軍は消極的であった。特に昭和12年1月から15年8月に至る三代の内閣（林銑十郎、近衛文麿(第一次)、平沼騏一郎）の海軍大臣　米内光政（次官　山本五十六、軍務局長　井上成美(註)）は「三国同盟を結べば日米開戦になる」と強硬に反対し、彼らが海上指揮官に転出した後、漸く「三国同盟」は成立した。

註：昭和16年1月、軍令部は「第五次海軍軍備補充計画」として、戦艦三隻を含む艦艇一五九隻六十五万噸、航空兵力一六〇隊の膨大な計画を出した。井上成美航空本部長（昭和15年10月就任）はこれを「時代遅れ」として反対し、約一週間後に「新軍備計画論」を書き上げ、直属上司の及川古志郎海軍大臣に提出した。骨子は「日米戦争の場合、太平洋上の島々の航空基地争奪が必ず主作戦となる。ゆえに、①　基地航空兵力を中心とする航空の飛躍的整備充実と基地の要塞化、②　洋上交通路の確保・海上護衛の重視、③　潜水艦部隊の増強、の「新形態の軍備に邁進する要」がある」と主張した。これらの対策が進まぬまま日米開戦に突入し、井上中将の予想どうりの戦況を辿って帝国海軍は全滅した。

フランクリン・D・ルーズベルト米大統領（以下、ルーズベルトと略記）は、欧州戦線でドイツに苦戦する英国を援けるために、米国の第二次大戦参戦の口実を求め、日米開戦を画策し、中国大陸からの日本軍の撤退や日独伊三国軍事同盟の破棄、蒋介石政権以外の否認等、日本が許容できない要求（ハル・ノート）を日本に突き付けた(1941. 11. 26)。日本は前述の甲案・乙案の妥協案を示して日米交渉の妥結を模索していたが、ハル・ノートはこれらを拒否しており、交渉の進展が期待できないと考えた日本政府は開戦も止むなしと判断した。なお米国は日本の外交文書の暗号を解読し、日本側が乙案を最終提案とし、交渉終了の目安を11月末と考えていた事は、ルーズベルトは知っており、日米開戦はルーズベルトの謀略によるものである［9～14］。

大東亜戦争開戦前の日米間には、「日独伊三国同盟」に対する米国の警戒の他にも、盧溝橋事件(昭和12年)に始まる支那事変(集註第四)の米国の蒋介石支援、日本の南進政策への反対、それらを制裁する米国の対日石油禁輸、在米日本資産凍結等々、深刻な懸案事項が山積していた。また欧州戦線ではドイツ軍が欧州・ソ連を席巻し英国も窮地に陥ったが、戦争不参を公約して大統領選に当選したルーズベルトは、世論の賛同が得られず、参戦して英国を支援することができなかった。彼はその口実を作るために、「日独伊三国同盟」を利用して日本を対米戦争に挑発し、米国の第二次大戦への参戦を図った［9～14］。

当時、東南アジア諸国は、タイ王国以外、欧米列強の植民地であり、フィリピン（以下、比島と略記）は米国、ビルマ、マレー、スマトラは英国、インドシナ（現ベトナム、ラオス、カンボジア）は仏国、ボルネオ、ジャワ島、フローレス島、チモール島は和蘭の植民地として搾取されていた。

欧米諸国はこれらの植民地を守るために、米国は比島マニラ湾にコレヒドール島要塞を築き、英国は九龍半島中央部に香港島防備の要塞線ジン・ドリンカーズ・ラインを固め、更にマレー半島の南端のシンガポールに堅固な要塞を築いてマラッカ海峡を抑え、東洋艦隊の根拠地として南シナ海とインド洋を支配した。日本はこれらの脅威を取り除き、東南アジア諸国を西欧の植民地支配から解放して、大東亜共栄圏を建設する旗印を掲げ大東亜戦争を戦った（第十三章第十「米英両国に対する宣戦の詔書」参照）。

昭和16年12月8日、帝国海軍機動部隊(指揮官 南雲忠一中将）は、米太平洋艦隊の根拠地ハワイ・オアフ島の真珠湾を奇襲し、主力の戦艦群を壊滅させ、大東亜戦争の火蓋を切った。但しこの戦争の主戦力の空母部隊は出港しており、無傷で残った。

それまでの帝国海軍の対米海軍戦略は、先ず機動部隊を以て比島の米比軍基地を攻撃し、来攻する米太平洋艦隊を我が潜水艦、水雷戦隊の波状攻撃によって勢力を減殺した後、主力戦艦部隊を以て決戦を挑む迎撃漸減作戦であった。真珠湾作戦は、連合艦隊司令長官　山本五十六大将が発案し、当初、軍令部・艦隊の首脳の反対が多かったが、山本司令官の強い意見で実施された。そのため全機動部隊（空母六隻）を以て真珠湾を奇襲攻撃し、比島の米航空基地攻撃、帝国陸軍の上陸部隊支援は台湾の台南・高雄の基地航空隊が担当した。

同日、帝国陸軍はマレー半島の東岸各地に上陸し、英極東軍マレー駐屯軍（A・E・パーシバル中将麾下の六個師団）と戦いつつ南下し、シンガポール要塞を投降させた。シンガポールは帝国陸海軍が南方地域に展開する作戦基地として必要であり、また米・英の蒋介石援助物資の輸送路（援蒋ルート・集註第五）の遮断にも不可欠であった。更に12月10日には比島に上陸して、翌年5月6日、コレヒドール要塞を陥した。

東南アジアで唯一の独立国のタイ王国は、日本の友好国であり、帝国陸軍がマレー半島東岸に上陸して半島を横断し、英領ビルマに進撃する部隊の領内通過を認めた。タイ政府は12月10日に日本と攻守同盟を結び、翌年1月25日に米英に宣戦布告した。

帝国陸軍の南方軍（総司令官　寺内寿一大将）は、シンガポール、マニラの英・米軍を覆滅し、更にスマトラ、ジャワ、ボルネオ、セレベス、マレー、比島、及び資源地帯の中心のジャワの米英仏蘭の勢力を一掃した。日本軍の初期作戦は順調に進展して南方地帯を占領した。

連合軍（主に米軍）は昭和17年8月には戦力を回復し、ソロモン諸島南部のガダルカナル島に上陸し反攻を開始し、その後、日本本土に向い次の二方面から進撃した。

① ソロモン諸島～島北岸の要地の日本軍を排除して西進し、比島～台湾～沖縄～日本本土上陸を目指す（総指揮官 ダグラス・マッカーサー陸軍大将）。

② 中部太平洋を西進しギルバート諸島（マキン島、タラワ島）～マーシャル群島（クェゼリン島、ルオット島、ナムル島）～マリアナ諸島（グアム島、テニアン島、サイパン島）～パラオ諸島（アンガウル島、ペリリュー島）～フィリピン群島（レイテ島、ルソン島、ミンダナオ島）～硫黄島～沖縄を攻め、日本本土を攻略する（総指揮官 チェスター・ニミッツ海軍大将）。

米軍は右の二方向から「飛び石作戦」を実施し、日本本土に向かって軍を進めた。

昭和17年8月7日、米軍がガダルカナル島に上陸し反攻が始まった（翌年2月8日、帝国陸軍撤退）。以後、西太平洋方面の連合軍の攻勢が強まり、昭和18年9月30日、御前会議で「今後採ルヘキ戦争指導ノ大綱」が議せられ、「帝国ガ戦争遂行上太平洋及印度洋方面ニ於テ絶対確保スヘキ要域ヲ、「千島、小笠原、内南洋（中西部）及び西部ニューギニア、スンダ、ビルマ」ヲ含ム領域（絶対国防圏）」とした。しかし我が国はこれを防衛する戦力も補給船舶もなく、この広大な戦場の防衛はもはや事実上不可能であった。南洋諸島は次々に玉砕し敗戦への急坂を転げ落ちていった。

昭和18年6月、米国は重爆撃機B-29を戦力化し、日本の爆撃を担当する第二〇空軍を編成した。昭和19年6月15日に支那の奥地・成都からB-29による八幡製鐵所の空襲を行い、更に長崎、佐世保、大村、八幡、満州・鞍山の昭和製鋼所、パレンバン（スマトラ島南部）の製油所等を爆撃した。米軍は南洋諸島の日本軍の防衛体制が整う前に、マリアナ諸島（サイパン島、テニアン島、グアム島等）に徹底的な爆撃と艦砲射撃を加え、その後、日本守備隊の倍以上の兵力で上陸した。日本軍は水際撃滅戦法で対抗し、最後の一兵まで死闘を続けて玉砕した。米軍は更にペリリュー島、硫黄島、沖縄を攻略した。また帝国海軍はミッドウェー海戦(昭和17年6月5～7日)、マリアナ沖海戦（昭和19年6月19・20日)、レイテ沖海戦（昭和19年10月23～25日）で大敗し戦力を失った。更にマリアナ諸島の失落により、日本全土がB－29爆撃機の爆撃圏内に入り、全国の都市が焼夷弾の絨毯爆撃で焼き払われた。更に沿岸の各港湾、内海は機雷で封鎖された（飢餓作戦)。

昭和19年夏、米軍はマリアナ諸島、次いでフィリピン諸島を攻略した後、次の作戦について統合参謀本部で陸軍と海軍が対立した。米陸軍は台湾攻略を主張し、海軍は南西諸島を占領し、日本本土上陸を主張した。また陸軍航空軍のヘンリー・アーノルド中将は日本本土への戦略爆撃の基地として硫黄島攻略の有効性を強く主張し、それが採用されて昭和19年10月に硫黄島～沖縄～日本本土上陸の米軍の基本戦略が決定され、逐次実行に移された。

以下、大東亜戦争の経過を簡単に纏める。

第三節　大東亜戦争の戦況の時系列

本節では戦況の時系列を述べる。以下では日本軍の記事は○、連合軍は●で示し、月日はアラビア数字で◇月◆日を◇・◆と書く。なお沖縄、硫黄島、サイパン島、ペリリュー島の戦は、天皇（明仁）陛下の慰霊の行幸の章（第九章第一節）で詳述する。

昭和16年

○　12・8：真珠湾攻撃。帝国海軍第一航空艦隊（司令長官　南雲忠一中将。空母六、戦艦二、重巡二、軽巡一、駆逐艦九、潜水艦八、特殊潜航艇五）は、11・26日朝、択捉島・単冠湾を出撃し、荒天の冬の北太平洋を渡って、12・8日(日曜日)の朝、オアフ島の北方三五〇粁の地点から艦載機を発進して真珠湾の米太平洋艦隊を奇襲した。午前1時30分（日本時間）ハワイ北方に接近した日本海軍機動部隊から、第一波攻撃隊（指揮官淵田美津雄中佐、艦攻八十九機、艦爆五十一機、艦戦四十三機、計一八三機）が発進し、艦攻が湾内の艦艇攻撃、艦爆は飛行場の爆撃、艦戦は空中及び地上の航空機を攻撃した。オアフ島には予備及び訓練用の九カ所の飛行場（ハレイワ、ホイラー、ベローズ（以上、陸軍）、パールハーバー、ヒッカム、バーバーズポイント、カネオヘ、フォード島（海軍）、エヴァ（海兵隊））があった。午前2時45分、第二波攻撃隊（指揮官　嶋崎重和少佐）の艦攻五十四機、艦爆八十一機、艦戦三十六機、計一七一機が発進した。真珠湾には主目標の米空母艦隊は不在であったが、在泊中の戦艦群を壊滅させた（戦艦（沈四、損傷四）、軽巡三、機雷敷設艦一、駆逐艦三、標的艦一、工作艦一、航空機（撃破一八八、損傷一五九、民間航空機三撃破）、米軍戦死二、三三四人、民間人死亡六十八人）。日本軍の被害は、特殊潜航艇五、航空機（撃破二十九、損傷七十四）、戦死六十四人、に止まった。

右の真珠湾攻撃は、一見、大成功のように見えるが、次の二点が大失敗であった。

① 宣戦通告の遅延。当時、ルーズベルト米大統領は欧州戦線の英国の危機を救うために日本を挑発して大戦への参戦を画策した（H・スチムソン米陸軍長官の日記等）。日米は在米日本資産の凍結と対日重油輸出禁止、日本の中国からの撤兵、日独伊三国同盟の破棄と日米の太平洋平和条約の締結等の交渉中であったが、11月26日、米国は日本軍の中国及び仏領インドシナからの全面撤兵、蒋介石の中華民国政府以外の政権の否認など、強硬な通牒（C・ハル国務長官の名をとり「ハル・ノート」と呼ばれる）を突きつけた。日本側はこれを事実上の最後通牒とみなし、開戦を決意し、開戦日を12・8日と決め、外務省は日米交渉の打ち切り通告「対米覚書」を攻撃開始のハワイ時間12月7日朝8時（ワシントン時間13時30分）前にハル国務長官に手渡すようワシン

トンの日本大使館に指示した。しかし「覚書」は長文の十四部に分かれ、最後の第十四部は国務長官への手交時刻の指示電報は7日午前に到着し、しかも秘密保持のためタイピストの使用を禁じていた。暗号電報の解読・清書に手間取り、野村吉三郎大使(海軍大将)と応援の来栖三郎特命全権大使(外交官)がハル長官に面会したのは、午後2時20分(ワシントン時間)であり、真珠湾攻撃開始(午後1時25分(ワシントン時間))の五十五分後であった。

この日本大使館の不手際の他に、当日、新庄健吉陸軍主計大佐(諜報員として米国に派遣。12月4日に急性肺炎で死去、享年四十五歳)の葬儀がワシントン市内のバプテスト教会で行われ、野村・来栖両大使も葬儀に出席した。この葬儀で牧師の「告別の辞」が長時間に亘り、両大使は中座できず、ハル長官との会見に遅れたとされる[15]。

上述の通告遅延に対して、ハル長官は「日本は野村・来栖が私に通告を渡すよりも約一時間も前に、無警告で真珠湾を攻撃したのは初めて恥知らずな外交文書を受け取ったのは初めてだ」と激怒した。「日本軍の騙し討ち」、「リメンバー・パールハーバー」の宣伝文句は米国の世論を沸騰させ、戦意高揚に利用された。但し当時、米陸軍情報部暗号解読班は日本の外交文書の暗号を解読し、大統領とハル長官は日本の通告前にその内容を知っていたとされる[11、12]。(阿川弘之の記録小説[16]では、この件は米国では反証が多く、通説ではないとしている)。

② 攻撃の不徹底。南雲艦隊は、攻撃目標を真珠湾在泊の艦艇及び航空機に限定し、港湾施設、工廠、補給処、弾火薬庫、貯油タンク(四五〇万バレル(六〇万噸))等の重要施設は無傷で残り、以後の米海軍の戦力回復を援けた。攻撃終了後、次席指揮官の第三戦隊司令官 三川軍一中将から「二次攻撃実施」の意見具申があり、第二航空戦隊司令の山口多聞少将も「第二撃準備完了」(第二撃下令の催促)の信

号を発したが、南雲司令長官・草鹿龍之介参謀長(少将)は取り上げず、機動部隊は予定どうりハワイ海域を離脱した。更に連合艦隊司令長官の「情況ノ許ス限リ『ミッドウエー』島ヲ空襲シ、之ガ再度使用ヲ不可能ナラシムル如ク徹底的破壊ニ努ムベシ」の指示も無視して一目散に帰投した。草鹿は「獅子翻擲：手練の一撃を加え、残心することなく退く」は戦捷の極意であり、ミッドウェー攻撃は「横綱を破った関取に、帰りにちょっと大根を買って来いというようなものだ」と名台詞を吐いて憤慨した。しかし「真珠湾を叩く」ことは「基地施設や作戦資材を徹底的に破壊して、敵の根拠地を覆滅し戦力源を断つこと」であり、数隻の戦艦の撃破よりも、米海軍の根拠地をハワイからサンディエゴに後退させる戦略効果の方が遥かに重要であった筈である。機動部隊指揮官や参謀長に、この作戦の戦略意義が了解されていなかったことは驚きである。大正育ちの提督達は「国家の命運を賭けた大戦争を何と悠長に戦ったもの哉」と驚嘆する。大戦は米国の物量に敗れたにせよ、「帝国海軍は戦術あって戦略なし」と酷評される所以である。「お国のためならツベコベ言わずに大根一本でも買って来い！それが軍人の務めである」と戦後の海軍大佐(筆者)は痛嘆する。

○ 12・8：ルソン島米空軍基地クラークフィールドとイバ飛行場を、台湾海軍航空隊の零戦八十四機と一式陸上攻撃機・九六式陸上攻撃機二十二機、合計一〇六機が往復一、六六〇粁を長駆して攻撃し、米比軍の航空戦力を半減させ、13日には米極東空軍は壊滅した。

○ 同日：帝国陸軍第二十五軍(軍司令官　山下奉文中将)の先遣兵団約二万名は、マレー半島の東岸各地に上陸し、半島南端のシンガポールを目指して進撃した。

第二十五軍の佗美支隊(指揮官　佗美浩少将)歩兵第五十六連隊、山砲一個大隊基幹の約五、五〇〇名が、8日払暁、英領マレー

北端のコタバルに上陸した。水際陣地の抵抗に苦戦し、八〇〇名以上の死傷者を出したが、同日夜半コタバル飛行場を占領し、9日午前中にコタバル市街に突入し、英軍を急追して南進した。佗美支隊は、コタバルに上陸後、英軍を撃破しつつ南下し、五十五日間でマレー半島南端のジョホール水道に達し、2・15日にシンガポールを陥落させた。

第二十五軍先遣兵団の主力は8日朝、マレー国境近くのタイ領シンゴラに上陸し、英国領事館を占領し、シンゴラ港に上陸根拠地と水上機基地を設営した。

安藤支隊（指揮官　安藤忠雄大佐）歩兵第四十二連隊の約七、二〇〇名、車両約二三〇両はパタニに上陸した。安藤支隊の歩兵一個大隊に各種部隊を加えた約二、八〇〇名はパタニ河口西岸に、一部はターベ北方に上陸した。タイは中立国であったが、パタニではタイ軍と衝突し、11時半頃タイ軍は降伏し、夕刻までにパタニ、ターベ両飛行場を占領した。更に日本軍はマレー国境を突破し、英軍の抵抗を排除してシンガポールに向け南進し、安藤支隊は2・15日、シンガポール要塞に籠る米・英・和蘭・豪連合軍（八五、〇〇〇名）を降伏させた。

第十五軍（指揮官　飯田祥二郎中将）第三十三師団、第五十五師団基幹の宇野支隊は、12・8日、マレー半島東岸のナコン、バンドン、チュンポン、プラチャップに上陸して飛行場を占領し、第二十五軍のマレー攻略を援護し、マレー半島を横断して西岸のビクトリア・ポイント（現コートーン）を12・15日に占領し、マレー作戦部隊の側背を掩護し、タイ・ビルマ国境に集結した。

○　12・10：マレー沖海戦。マレー半島東岸クワンタン沖で、英東洋艦隊の戦艦二隻(プリンス・オブ・ウェールズ、巡洋戦艦レパルス）及び駆逐艦四隻（うち豪軍一隻）は、帝国海軍第二十二航空戦隊（司令　松永貞市海軍少将）、元山航空隊（サイゴン）、鹿屋航空隊及び美幌航空隊（ツドゥム）により撃沈された。航空機による行動中の戦艦撃沈の初例である。主力艦艇を失った英東洋艦隊はセイロン島へ退却し、南シナ海の日本軍の制海権が確立された。

○ 12・22：帝国陸軍がルソン島に上陸。第十四軍の主力（軍司令官 本間雅晴中将）四三、一一〇名、第四十八師団及び第十六師団歩兵第九連隊は22日にリンガエン湾に、第十六師団主力は24日に東岸のラモン湾に上陸した。米比軍の海岸陣地を突破し、翌年1・2日には無防備都市宣言をした首都マニラを占領した。

● 米極東陸軍（指揮官 D・マッカーサー大将）三一、〇九五名、米海兵隊一、四四〇名、比軍十二万名は、ルソン島のバターン半島とコレヒドール島要塞に立てこもり、比島共和政府大統領M・ケソンは2・20日に米潜水艦でコレヒドールから豪州に脱出した。後にワシントンに渡り亡命政府を樹立したが、一九四四年八月にNYで病死した。バターン半島には米比軍が三段の防衛線：ナチブ山周辺の第一線、バガック～ピラーの第二線、マリベレス山周辺の第三線陣地が築かれた。

● バターン半島沖のコレヒドール島は、スペイン統治時代からマニラ湾の入口を守る要塞が造られた。米国はワシントン海軍軍縮条約の期限が切れた一九三六年から要塞の補強工事を始め、三〇センチカノン砲八門、三〇センチ榴弾砲十二門、隣のフライレ島に三十六センチ砲四門の重砲群を配し、巨大な地下室、発電所を備えた近代的要塞を築いた。守備兵力は米第四海兵連隊、バターン半島から逃げ込んだ部隊など一一、〇〇〇名であった。

昭和17年

○ 1・11：帝国陸軍 第十六軍（軍司令官 今村均陸軍中将）坂口支隊がボルネオに上陸し、海軍空挺部隊がセレベス島メナドに降下して蘭領東インド作戦を開始した。第十六軍はバリクパパン(1・25)、アンボン(1・31)、パレンバン(2・24)を逐次攻略した。連合国軍艦隊はスラバヤ沖海戦(2・27～3・1)とバタビア沖海戦(2・28深夜～翌朝)で潰滅し、帝国陸軍第十六軍は最終目標のジャワ島に上陸し(3・1)、ジャワ島の連合軍は降伏(3・9)して蘭印作戦は終了した。

○1・16日以降、帝国陸軍はバターン半島西海岸に第十六師団木村支隊(歩兵第二〇連隊基幹、兵力五、〇〇〇名)を投入したが、米比軍の頑強な抵抗に遭い、22日夜には恒広大隊が米比軍の背後に舟艇機動で上陸し奇襲したが、逆に米比軍に包囲されて全滅した。第六十五旅団は26日までに米比軍を第二線へ後退させたが、第二線は最も堅固な防衛線であり、攻撃した第六十五旅団は兵力の三分の二を失い、幹部も多数が戦死した。2・8日に本間中将は攻撃停止を命じ、兵力を補充し再攻勢を決定した。中支から第四師団と永野支隊、香港から第一砲兵隊がバターン半島に集結し、航空部隊は飛行第六〇、六十二、十六戦隊が増強された。バターン半島の帝国陸軍兵力は、第十六師団、第六十五旅団(以上、一部欠)、第四師団、永野支隊(第二十一師団の一部、歩兵第六十二連隊基幹)、第一砲兵隊(重砲兵第一連隊他)、飛行第六〇戦隊(重爆三十五機)、第六十二戦隊(重爆二十五機)、第十六戦隊(軽爆三十二機)等である。

●3・11：マッカーサーと家族・使用人と幕僚(陸軍将校十三名、海軍将校二名、技術下士官一名)は魚雷艇四隻でコレヒドール島からミンダナオ島に脱出し、急造のデルモンテ飛行場から16日にB-17×二機で豪州まで十時間飛行し(先に脱出したケソン比大統領が合流)、列車で20日に豪州のアデレード駅に到着した。マッカーサーは集まった報道陣に「私は大統領の命令でここにやってきたが、必ずや戻るだろう(I shall return)と宣言した。

○3・24日以降、帝国陸海軍の攻撃機は連日バターン半島の敵陣の爆撃を行い、地上部隊の総攻撃も4・3日に開始された。第四師団と第六十五旅団は初日から快進撃し、バターン半島の第二線、第三線の防御線を相次いで突破した。4・9日、バターン半島総司令官のE・P・キングJr.少将が降伏し、残余の部隊も11日までに大半が降伏した。捕虜は約七六、〇〇〇名で日本軍が予想した人数の二倍に上り、捕虜を後送する車輛がなく、バターン半島南端のマリベレスから隣県のサンフェルナンドまで八十三粁を三日かけて徒歩で移動させた。途中、衰弱した多数の捕虜が死亡し(米兵二、三三〇名を含む七千~一万名)、戦後、「バターン死の行進」として、指揮官 本間雅晴中将と兵站監河根良賢少将が戦犯として処刑された。

○3・7~昭和18・1・23：帝国陸軍 第十七軍(軍司令官 百武晴吉中将)南海支隊(支隊長堀井富太郎少将)第五十五師団の歩兵第一四四連隊及び山砲兵第五十五連隊第一大隊、歩兵第四十一連隊と独立工兵第十五連隊は、ニューギニアの南西岸の連合軍基地ポートモレスビーに向けオーウェンスタンレー山脈を越えて南進した(17・3・7~18・1・23)。しかし補給が続かず、米豪連合軍の抵抗に敗れ、9・26日、撤退を開始し、ニューギニア島北岸のブナまで後退したが、米豪連合軍に包囲されて全滅した(18・1・23)。

○4・5~4・9：セイロン沖海戦。南雲機動部隊(指揮官 南雲忠一中将)第一航空艦隊空母五隻基幹とマレー部隊(指揮官 小沢治三郎中将)の第一南遣艦隊(巡洋艦六、軽空母一、駆逐艦四)は、4月初旬よりインド洋において機動作戦を行い、南雲部隊は4・5日にセイロン島コロンボを、9日にトリンコマリーを空襲し、多大の戦果をあげ、マレー部隊は4・6日にベンガル湾で商船二〇隻以上を撃沈した。

●英東洋艦隊（司令長官　J・サマヴィル中将）はシンガポールを出撃したが、艦隊主力は交戦機会がなく、本隊と分離行動中の支隊が南雲機動部隊に攻撃され、4・5日に重巡二隻、4・9日に空母ハーミーズと駆逐艦一隻が撃沈された。以後、英東洋艦隊はセイロン島とモルディブ諸島の拠点から、アフリカ東岸のキリンディニ港とマダガスカルに後退した。

○4・14：バターン半島先端に進出した重砲兵第一連隊がコレヒドール島要塞を砲撃し、海峡を挟んで重砲を撃ち合う砲撃戦が暫く続いたが、19日午後、日本軍の二十四センチ徹甲榴弾が要塞の弾薬庫に命中し大爆発を起して砲撃戦は終わった。

●4・18：ドーリットル空襲。ハルゼー提督直卒の第十六任務部隊・空母一（エンタープライズ）、重巡二、駆逐艦四、及び第十八任務部隊・空母一（ホーネット）、重巡・軽巡各一、駆逐艦四の機動部隊が、日本東方海域に接近し日本の監視艇に発見されたため、東方六〇〇海里でJ・H・ドーリットル陸軍中佐指揮の米陸軍航空軍の爆撃機B-25×十六機をホーネットから発進し、東京、横須賀、横浜、名古屋、神戸を空襲した。横須賀海軍工廠で空母に改装中の潜水艦母艦「大鯨」が小破され、各地で死者八十七人、重軽傷者四六二人の被害を出した。米軍機は爆撃後、支那大陸東部の中国軍の飛行場に不時着し、破棄された。またエンタープライズ搭載機の攻撃により監視艇五隻が沈没、七隻が被害を受けた。

○帝国陸軍は5・5日の夜、コレヒドール島上陸作戦を実施し、歩兵第六十一連隊の二個大隊と戦車第七連隊の一部が島の北東端に取り付いた。米比軍は激しく砲撃し、逆襲したが、帝国陸軍は橋頭堡を確保した。6日正午、マッカーサーの後任の司令官ウエインライト中将が降伏を申し入れた。本間中将は比島全土の米比軍の降伏を求め、ウェインライト中将もこれを受け入れ翌日までに全軍が降伏した。

○ 6・5～6・7：ミッドウェー海戦。軍令部は真珠湾攻撃後の第二段階作戦として、ミッドウェーとアリューシャン列島西部を攻略し、米航空兵力の西進を抑えるとともに、両地に哨戒兵力を進出させ、米空母の日本近接を阻止する作戦（AL作戦）を行った。ドーリットル空襲を受けてこの作戦の必要性が強くなった。5・5日、軍令部総長は連合艦隊司令長官に対し、「陸軍と協力し「AF」（ミッドウェー）及び「AO」（アリューシャン）西部要地を攻略すべし」（大海令第十八号）と発令した。これに基づき6・6日、アッツ島に北海支隊一、一五〇名が上陸し、翌7日、キスカ島に第三特別陸戦隊五五〇名、設営隊七五〇名が上陸した。両島には米軍守備隊は存在せず無血占領した。しかし同時進行中のミッドウェー作戦では、帝国海軍の暗号が解読され、米空母の待ち伏せ攻撃を受けた（ミッドウェー海戦（6・5～7日））。この海戦で帝国海軍は主力空母四隻を失い、以後の戦争遂行の帰趨を分ける損害を受けた。

● 8・7～翌年・2・8：ガダルカナル島戦。米第一海兵師団一〇、九〇〇名（師団長 A・ヴァンデグリフト少将）がガダルカナル島に上陸、同時にツラギ島にも一、五〇〇名が上陸し、同島の日本軍は玉砕した。日本軍はガダルカナル島に度々増援部隊を送り、9月と10月に二度の総攻撃を行ったが、連合軍のヘンダーソン飛行場を奪回できず、翌年2・1～7日に撤退した。同島には帝国陸軍約三一、〇〇〇名が上陸し、戦死・戦病死・餓死者は約二〇、八〇〇名、撤退者は一〇、六五〇名であった。一方、米軍は約六万名が上陸し、戦死・行方不明者約七、一〇〇名、戦傷七、七八九名の損害を出した。

昭和18年

● 4・18：海軍甲事件。前線視察中の連合艦

隊司令長官 山本五十六大将の一行(一式陸攻二機、零戦六機が護衛）がブーゲンビル島上空で米軍戦闘機に待ち伏せされ、撃墜された(一行の行動電報が傍受され、暗号が解読された)。山本長官搭乗の一番機はモイラ岬の密林に墜落（山本長官は機上戦死)、宇垣纏参謀長の二番機も被弾炎上し海上に墜落したが、参謀長は救出された。

○ 5・27〜7・29：キスカ島撤退作戦。米軍の完全な制海・制空権下のキスカ島には、帝国陸軍北海守備隊（司令官　峯木十一郎陸軍少将）二、五〇〇名、帝国海軍・陸戦隊五十一根拠地隊（司令官　秋山勝三海軍少将）三、二一〇名（うち軍属一、一六〇名、軍属は飛行場建設要員))、合計五、六三九名が駐屯していた。アッツ島に米軍が上陸した時点で増援を送ることは、地理的にも兵力的にも困難であり、アッツ島守備隊が戦闘中の5・21日、大本営はアリューシャン方面の放棄を決定し、米軍が上陸していないキスカ島は、守備隊を撤退させることになった。北方部隊指揮官　河瀬四郎第五艦隊司令長官の総指揮の下、第一期撤収作戦はアッツ島玉砕二日前の5・27〜6・23日に潜水艦による撤収作戦を実施した。しかし損害が多く(潜水艦三隻沈没)、また効率も悪い(撤収人員八七二名、揚陸物件：兵器弾薬一二五頓、糧食一〇六頓）ために打ち切られ、水上艦艇による撤退作戦に切り替えられた。これにより第一水雷戦隊（司令官　木村昌福少将）の収容部隊（巡洋艦二隻、駆逐艦六隻）が、7・29日正午に濃霧のキスカ湾に突入し、守備隊五、一八三名全員を救出した。米艦隊（司令長官　T・C・キンケイド中将）は戦艦二隻、重巡四隻、軽巡一隻、駆逐艦九隻でキスカ島を包囲して海上封鎖し、艦砲射撃を行っていたが、7・28、29両日は弾薬補給のため包囲を解き、たまたまガラ空きのキスカ湾に日本艦隊が侵入し、守備隊全員の撤収に成功した。米艦隊は7・30日から島の封鎖を再開した。

●5・29：アッツ島玉砕。5・12日に米第七師団（指揮官　A・E・ブラウン米陸軍少将）の一一、〇〇〇名が、米海軍第五十一任務部隊（戦艦三、空母一、重巡三、軽巡三、駆逐艦十九）の支援の下にアッツ島に上陸。帝国陸軍の守備隊（陸軍・北方軍北海守備隊第二地区隊（隊長　山崎保代陸軍大佐）歩兵一個大隊半、山砲一個中隊(六門、高射砲八～十二門)、計二、五〇〇名、及び海軍(指揮官　江本弘海軍少佐・第五艦隊参謀)第五十一根拠地隊派遣隊(基地通信隊、電波探信儀設定班)計約一〇〇名）は、弾薬尽き、増援補給もなく、5・29日、山崎隊長以下残兵一五〇名が切り込み、玉砕した。

●8・15：米軍のキスカ島占領。米軍は艦艇一〇〇隻余りを動員し、陸兵約三四、〇〇〇名をキスカ島に上陸させた。十分な艦砲射撃の後、無人の島に上陸した米軍は、極度に緊張して濃霧の中を進軍し、各所で同士討ちを生じ、死者約一〇〇名、負傷者数十名を出した。

○中部太平洋方面の米軍の急速な侵攻に対し、日本の大本営は9・30日、絶対国防圏をマリアナ諸島～中西部カロリン諸島の線と決定し発令した。

○11・1日深夜～2日未明：ブーゲンビル島沖海戦。連合軍のブーゲンビル島上陸に伴い、南東方面艦隊（司令長官 草鹿任一中将）は第八方面軍（司令官　今村均陸軍中将）と協同し、連合軍の橋頭堡ブーゲンビル島タロキナへの日本陸軍部隊の逆上陸を企図し、襲撃部隊（指揮官　大森仙太郎少将）重巡二隻と水雷戦隊（第二水雷戦隊、第三水雷戦隊、第十戦隊）がラバウルを出撃した。逆上陸作戦は途中で中止され輸送船は引き返したが、襲撃部隊はブーゲンビル島オーガスタ湾の連合軍輸送船団撃滅を目指して進撃し、連合軍艦隊が迎撃してブーゲンビル島沖海戦が起った。双方とも誤射や衝突事故が多発し、日本側は軽巡一と駆逐艦一を喪失し、損傷艦多数を出して敗退した。連合軍側は駆逐艦数隻が損傷した。

○ 11・5、6：アジア諸国（中華民国、満州国、比国、ビルマ、タイ王国、インド（オブザーバー））の首脳会議・大東亜会議が東京で開催された（集註第六）。

● 11・20：米第二海兵師団がギルバート諸島のマキン、タラワ、アベママ三島に上陸し、アベママ守備隊は同日玉砕した。11・23：マキン、タラワ守備隊が玉砕。

○ 11・21～29：ギルバート諸島沖航空戦。タラワ・マキン島攻撃支援の米第五〇任務部隊（C・A・パウナル少将）に対し、日本海軍の基地航空隊が四次の攻撃を実施。

● 12・5：マーシャル諸島沖航空戦。ギルバート諸島西方沖に展開中の米第五〇任務部隊は、次に予定されるマーシャル諸島の事前攻撃として、日本軍基地に麾下の空母六隻から計三八六機の攻撃隊を発進させ、ルオット、クェゼリン、エビジェの日本軍航空基地と艦船を攻撃した。

一方、帝国海軍は米第五〇任務部隊を、第五三一航空隊の天山×六機、第七五二航空隊の一式陸攻×九機が攻撃し、空母と巡洋艦各一隻撃沈、空母一隻撃破の戦果を報じた。また第七五三航空隊の一式陸攻×八機も空母一隻と巡洋艦二隻の撃沈を報じた。但し米軍には空母一が魚雷一本を艦尾に受け中破、軽巡、駆逐艦各一隻の損傷の記録しかない。

昭和19年

● 2・2：マーシャル諸島のクェゼリン島に米軍第五十二任務部隊（指揮官 R・K・ターナー少将）の第七歩兵師団（指揮官 C・H・コーレット陸軍少将）、約二一、〇〇〇名、ルオット島に第五十三任務部隊（指揮官 R・L・コノリー少将）の第四海兵師団（指揮官 H・シュミット陸軍少将）、約二一、〇〇〇名が上陸した。ルオット島の日本軍守備隊は同日玉砕し、2・5

日、クェゼリンの守備隊も玉砕した。日本軍戦死七、三四〇名（クェゼリン四、一三〇名、ルオット二、五四〇名、その他島嶼六七〇名）、捕虜一〇五名（うちルオット十一名）。米軍戦死三七二名（クェゼリン一七七名、ルオット一九五名）。

●2・17、18：米海軍第五十八任務部隊（司令官 M・A・ミッチャー中将）は、日本軍の絶対国防圏の中心的根拠地トラック諸島を空襲し壊滅させた。輸送船二〇万総頓が失われ、輸送中の第五十二師団第二陣も海没した。米軍はトラック島には上陸せず、島は敵中に孤立した。

●2・18：エニウェトク環礁へ米軍が上陸し、22日同島の日本軍守備隊は玉砕した。

●2・23：マリアナ諸島空襲。トラック島の空襲に成功した米軍は、更に第五八・二任務群（空母二、軽空母一基幹）と第五八・三任務群（空母一、軽空母二基幹）を割いて、23日早朝から正午過ぎまで、サイパン島、テニアン島を中心にマリアナ諸島一帯を三次に亘って空襲し、輸送船・小型艦艇十三隻を撃沈、航空機一二三機を撃破した。米軍の損害は航空機六機。

○3・3～6月上旬：松輸送。2・18日、南洋諸島の防備強化のため、第十四師団、第二十九師団、第四十三師団の総兵力約八万名を満洲の関東軍から抽出し、第三十一軍（軍司令官 小畑英良中将。司令部サイパン島）を新編した。これらの作戦輸送（松輸送・十一船団）が6月上旬までに行われ、百隻以上の輸送船のうち沈没は三隻に過ぎず、特に陸軍の兵員輸送船の沈没は皆無、護衛艦の損失も二隻という成功であった。

○3・31：海軍乙事件。パラオの連合艦隊司令部が米軍の脅威を避けてミンダナオ島のダバオへ飛行艇（二式大艇）二機で移動中低気圧に会い、古賀峯一長官の一番機が行方不明になり、全搭乗員が「殉職」した（「殉職」とされたのは嶋田繁太郎海軍大臣が、古賀長官の行動を前線からの逃走と批判したためとされる)。一方、参謀長 福留繁中将の二番機はセブ島沖に不時着し、九人は泳いで上陸したが、米軍ゲリラの捕虜となり、「あ号作戦(マリアナ沖海戦)」計画書、司令部用信号書、暗号書等の機密文書を奪われた。ゲリラとセブ島守備隊との交渉で福留参謀長らは解放されたが、機密文書はブリスベーンの連合国軍翻訳通訳部に送られ、米陸軍情報班により翻訳された(福留中将は否定したが、米軍が暗号書を無視することはあり得ない)。

● 5・27～8・20：ビアク島の戦い。米軍はマリアナ諸島の進攻に先立ち、飛行場確保のためニューギニア北西部のビアク島に上陸した。日本軍守備隊は「北のアッツ島、南のビアク島」と称される善戦を続け、一ヵ月以上も飛行場の使用を許さなかった。この善戦もマリアナ沖海戦の敗戦で水泡に帰した。

● 6・15～7・9：サイパン島の戦い（戦闘状況は第九章第一節三項に後述)。H・M・スミス海兵中将指揮の第二海兵師団、第四海兵師団、第二十七歩兵師団がサイパン島に上陸し、帝国陸軍の第四十三師団(師団長 斎藤義次中将)は全滅した。これに伴いマリアナ沖海戦が起きた(6・19、20)。サイパン島には第三十一軍司令部があったが、小畑英良軍司令官はパラオ方面に出張中で、一行は司令部に戻れず、現地は井桁敬治参謀長に任せ、小畑軍司令官はグアム島で指揮を執った。サイパン島の守備隊は7・7日、玉砕した。第三十一軍司令部はグアムで再編された。

● 6・16：未明、八幡製鉄所空襲。米陸軍航空軍第五十八爆撃団(中国の成都基地）の戦略爆撃機B‐29による初めての日本本土空襲。九州北部の官営八幡製鐵所を第一目標とし、計七十五機のB‐29が出撃し、うち四十七機が八幡を爆撃した。製鐵所の被害は軽微だったが、爆撃は北九州五都市（八幡、小倉、戸畑、門司、若松）に及んだ（二七〇名死亡）。

○ 6・19、20：マリアナ沖海戦。5月末の米軍のビアク島侵攻を受け、6・15日、帝国海軍はマリアナ・豪北・比島方面の要撃決戦の「あ号作戦」を発動した。前衛部隊として第二艦隊（指揮官 栗田健男中将）の軽空母三隻、戦艦四隻、重巡八隻、軽巡一隻、駆逐艦七隻と、その百浬後方に主力の本隊甲部隊（指揮官 小沢治三郎中将）第一航空戦隊空母三隻、重巡二隻、軽巡一隻、駆逐艦三隻と、乙部隊第二航空戦隊（指揮官 城島高次少将）小中型空母三隻、戦艦一隻、重巡一隻、駆逐艦五隻を置き、主力本隊は攻撃機の航続距離の大きさを利して、敵空母機の行動範囲外からアウトレンジで攻撃する作戦であった。米軍は第五艦隊（司令長官 R・A・スプルーアンス大将）指揮下の第五十八任務部隊(正規空母七、軽空母八)、第一機動群(空母二、軽空母二、重巡三、防空巡二、駆逐艦十四)、第二機動群（空母二、軽空母二、軽巡三、駆逐艦十二）、第三機動群(空母二、軽空母二、重巡一、軽巡二、防空巡一、駆逐艦十三)、第四機動群(空母一、軽空母二、軽巡二、防空巡一、駆逐艦十四)、第七機動群(戦艦七、重巡四、駆逐艦十四)、マリアナ諸島上陸部隊の第五十一任務部隊(司令官 R・K・ターナー海軍中将)、重巡一、海兵隊(司令官 H・M・スミス海兵中将)第三、四、五海兵師団の大兵力であった。

迎撃した帝国海軍は航空機搭乗員の錬度未熟のため、米軍から「マリアナの七面鳥撃ち(Great Marianas Turkey Shoot)」と揶揄される壊滅的敗北を喫した。帝国海軍：空母三隻、潜水艦十八隻沈没、艦載機・水上機・基地航空機四七六機喪失。米軍損害は航空機一三〇機。帝国海軍は空母部隊戦力を喪失し、マリアナ諸島の大半は米軍が占領し、西太平洋の制海権と制空権は完全に米軍が掌握した。

○7・18日、東條英機内閣はマリアナ諸島失落の責任を取り総辞職した。東條内閣は最後の閣議で、皇居・大本営・政府機関の長野県埴科郡松代町への疎開を閣議決定した。工事は昼夜兼行で行われ、終戦時には約七十五～八〇%が完了したが、昭和天皇は「神器を奉じて帝都を動かず」と仰せられ、再三の疎開の勧めを拒否された。皇太子明仁殿下(現上皇)と義宮（常陸宮正仁親王）は日光に疎開された。

●7・21：グアム島に米軍が上陸。日本軍約二二、〇〇〇名は水際撃退戦を戦ったが、米軍の激しい砲爆撃で戦力を消耗して後退し、7・25日夜に総攻撃を行ったが失敗に終わった。その後、日本軍は島の北部に後退し抵抗を続けたが、8・11日に小畑第三十一軍司令官は最後の総攻撃を下令し、天皇及び大本営に対し、「己れ身を以て、太平洋の防波堤たらん」との決別電報を打電し、戦闘司令部壕内で田村義冨参謀長ほか六〇余名の将兵と自決した。残存帝国陸軍は遊撃戦を戦ったが米軍の掃討と飢餓で漸減し、終戦後約一、六〇〇名が米軍に収容された。

●7・24：米軍がテニアン島に上陸。日本軍守備隊は陸・海軍合計約一〇、〇〇〇名であった。米軍は海空からの準備攻撃の他、既に占領したサイパン島からも砲撃を行った後、上陸した。日本軍の水際での上陸阻止戦は失敗し、圧倒的な米軍の火力に次第に追い詰められ、8・1日、米軍はテニアン島の占領を宣言した。終戦後約八〇〇名の日本兵が収容された。

●9・15：ペリリュー島、モロタイ島に米軍上陸(第九章第一節に後述)。

●9・17：米軍がアンガウル島に上陸。日本軍守備隊（陸海軍計約一、二〇〇名）は次第に戦力を減耗し、10・21日に玉砕（終戦後に残存兵約五〇名を収容)。米軍は10・15日から飛行場を再開した。

●10・10：十・十空襲。米海軍は比島侵攻の予備作戦として、沖縄を中心に南西諸島を空襲した。第三艦隊の第三十八高速空母機動隊（指揮官 M・A・ミッチャー中将）の空母十七隻の艦上戦闘機・爆撃機延べ約一、四〇〇機が、奄美諸島、沖縄、先島諸島の南西諸島一帯を五波、九時間に亘り空襲した。死者六六八人、負傷者七六八人、潜水母艦、駆逐艦、敷設艇各一隻、魚雷艇等二十九、輸送船十一、機帆船・漁船等一〇七隻が沈没した。

●サイパン島を占領した米軍は、三ヵ月後にはマリアナ諸島に五ヵ所の飛行場を造った。前述の6・16日の八幡製鉄所空襲は成都からの爆撃で、B‐29の航続距離の制約のため九州北部しか爆撃できず、成都へのB‐29用燃料輸送も困難で出撃回数も限られた。このために米軍はマリアナ諸島を攻略して航空基地を建設し、日本本土の全域を攻撃可能とし、日本の都市攻撃の戦略爆撃基地とした。

8月にK・B・ウルフ准将の「特別プロジェクト」で養成されたB‐29部隊を基幹にB‐29の第二十一爆撃集団（註）を新編し、マリアナ基地から日本全域の焼夷弾爆撃を本格化した（10月中旬。昭和20年の「日本本土の焼夷弾爆撃」の項参照）。

註：当初の司令官はH・ハンセル准将で、翌年1月、C・E・ルメイ少将に交代した。第七十三爆撃団、第三一三爆撃団、第三一四爆撃団、第三一五爆撃団、翌年4月以降は第五十八爆撃団等のB‐29が、夜間低空で日本本土に侵入し、都市の焼夷弾絨毯爆撃、港湾・水路の機雷敷設を行った。司令部はサイパンに置かれ、後にグァムに移った。

○10・12～16：台湾沖航空戦。帝国海軍の過大な戦果評価（米空母十九隻撃破）が以後の作戦に悪影響を与えた。

○10・18：米軍のレイテ島上陸予備攻撃を受けて、日本軍は捷一号作戦（比島方面の基地航空部隊による要撃作戦）を発動した。

●10・20：米軍のレイテ島上陸。D・マッカーサー率いる米軍がレイテ島タクロバンに上陸、戦闘は8・15日まで続いた。

○10・20～25：レイテ沖海戦。比島周辺の広大な海域で、比島奪回を目指す米・豪連合軍を帝国海軍が総力（栗田・西村・志摩・小沢の四艦隊）を挙げて迎撃して戦った一連の海戦である。両軍で二〇万人以上の海上兵力を総動員して戦い、史上最大の海戦と称される。この六日間の海戦は、①シブヤン海海戦（10・24：栗田艦隊に対する米機動部隊の四次の空襲。戦艦武蔵沈没。米空母プリンストン沈没）。②スリガオ海峡海戦（10・25：西村艦隊はスリガオ海峡で米戦艦・重巡艦隊の迎撃を受け、戦艦扶桑、山城沈没。続航した志摩艦隊は反転・退却）。③エンガノ岬沖海戦（小沢艦隊(空母部隊)が囮となり米機動部隊（ハルゼー艦隊）を北方に誘導。空母瑞鶴、千代田、千歳、瑞鳳沈没）。④サマール沖海戦(10・25：栗田艦隊がレイテ湾近くで米第七十七任務部隊の護衛空母群を発見し、反転・攻撃。米護衛空母ガンビア・ベイ沈没。同日、神風特攻機(註)の攻撃で護衛空母セント・ロー沈没)。その他に帝国海軍の基地航空部隊の攻撃が広汎に行われた。この海戦で米空母に爆装した零戦が体当りする神風特別攻撃隊が組織的に運用された。連合艦隊の全力の海上作戦(「捷一号作戦」)であったが、帝国海軍はこのレイテ沖海戦で消耗して事実上壊滅した。

註：神風特別攻撃隊。昭和19・10・19日編成。レイテ湾の米上陸軍を攻撃する栗田艦隊の突入援護のために、米空母に爆装零戦を体当りさせ、飛行甲板を使用不能にするため、第一航空艦隊司令長官　大西瀧治郎中将の発案で、二〇一空（司令　山本栄中佐。ルソン島）の零戦二十六機（二五〇瓩爆弾爆装十三機。残り十三機は直援機）で四隊（敷

島隊、大和隊、朝日隊、山桜隊）を編成したのが体当り特攻隊の始りとされる。大和隊はセブ島、他はルソン島のクラーク基地群に所在。指揮官・関行男大尉。10・25日、敷島隊、山桜隊が米空母二隻に突入。体当り特攻は最初は緊急の作戦であったが、大戦末期には日本の陸海軍航空部隊の恒常的作戦となった。

レイテ沖海戦における両軍の損耗は次のとおりである。

○ **帝国海軍の損失：**

沈没：戦艦三（武蔵、扶桑、山城）、空母四（瑞鶴、瑞鳳、千歳、千代田）、重巡六（愛宕、摩耶、鳥海、最上、鈴谷、筑摩）、軽巡四、駆逐艦十一、潜水艦三。

損傷（作戦途中に後退）：重巡五（高雄、妙高、熊野、青葉、那智）、駆逐艦二。

・作戦後内地帰還時に戦艦金剛、重巡熊野、駆逐艦一が米軍の攻撃により沈没。

・内地帰還前にレイテ島への増援輸送（多号作戦）などに投入され重巡那智、駆逐艦十隻がレイテ島を巡る攻防で沈没。

○ **連合軍の損失：**

沈没：軽空母一（プリンストン）、護衛空母二（ガンビア・ベイ、セント・ロー）、駆逐艦三、潜水艦一。

損傷：護衛空母七（サンガモン、ファンショウ・ベイ、カリニン・ベイ、キトカン・ベイ、ホワイト・プレインズ、サンティー、スワニー）、軽巡二（ホノルル）、バーミングハム）、駆逐艦五、魚雷艇一。

○ レイテ沖海戦以後、帝国海軍は全軍を挙げて特攻隊となった。各種の爆装航空機（大戦末期には練習機も特攻機に使用）、滑空ロケット「櫻花」、九三式魚雷を改造した人間魚雷「回天」及び爆装魚雷艇「震洋」等による体当り特攻が行われた。残存艦艇（戦艦大和、軽巡矢矧、駆逐艦八隻）による沖縄特攻が出撃し（「天一号作戦」）、「坊ノ岬沖海戦」

(20・4・7)で米軍機の攻撃を受け壊滅した。

○ 10・20：帝国陸軍の航空部隊（鉾田教導飛行師団）も特攻隊「万朶隊」（岩本益臣大尉以下十六名）を編成し、九九式双発軽爆撃機五機に八百瓩爆弾を爆装し、11・12日、レイテに突入した。

○ 10・24：陸軍浜松教導飛行師団が特攻隊「富岳隊」（西尾常三郎少佐以下二十六名、四式重爆撃機九機）を編成し、11・7日〜翌年1・12日に、ラモン湾、クラーク東方海域、ミンドロ島南方海域、リンガエン湾等に突入した。

○ 11・16：大本営が特攻隊「第一〜第六　八紘隊」の編成を下命。

● 12・15：ミンドロ島(ルソン島南)に、米第十九歩兵連隊、第五〇三空挺歩兵連隊、基地設営要員など総兵力は約二七、〇〇〇名が上陸し占領した。

○ 12・26：ミンドロ島沖海戦。第二水雷戦隊（司令官 木村昌福少将）の重巡一隻、軽巡一隻、駆逐艦六隻が、ミンドロ島のサンホセ泊地を夜間奇襲し、輸送船攻撃と対地砲撃を行った。

昭和20年

○ 1・6：昭和天皇は米軍がフィリピン・ルソン島に上陸する惧れがあるとの情報を受けて、木戸幸一内大臣に戦争継続の見通しについて重臣の意見を聞くことを求めた。木戸は陛下に陸海軍両総長と閣僚の招集を勧めた。木戸は更に松平恒雄宮内大臣と協議した結果、重臣らが個々に拝謁することになった。準備は木戸が行い、拝謁は秘密裏に行われた。重臣らは以下の順で昭和天皇に意見を述べた。2・7：平沼騏一郎、2・9：広田弘毅、2・14：近衛文麿（註）、2・19：若槻禮次郎、牧野伸顕、2・23：岡田啓介、2・26：東條英機。重臣の内、米内光政海軍大臣、阿部信行朝鮮総督は現職のため召集されず。

註：昭和20年2月14日、近衛文麿元総理

大臣は昭和天皇に拝謁し、「敗戦は遺憾ながら最早必至なりと存候。以下此の前提の下に申述候。」として、その後の国内の混乱による「共産革命」を深く憂慮し、特に共産党と共働する軍部の策動を抑える「粛軍」の断行を陛下に奏上した。昭和天皇は非常に驚かれ、更に詳しくご下問され、近衛公は奉答した[17]。

●1・9：米軍がルソン島に上陸。2・23日、米軍がマニラを占領。

●2・18：米軍が硫黄島に上陸。3・26日硫黄島の日本軍が玉砕した（硫黄島の戦は、第九章第一節二項に詳述）。

●3月下旬〜8・15：飢餓作戦(集註第七)。テニアンを基地とする第二十一爆撃集団第三一二爆撃団のB-29重爆撃機による日本沿岸の機雷封鎖作戦が終戦まで行われた(B-29の延べ出撃数一、五二九機、投下機雷総数一二、一三五個〜一二、二三九個、大多数がMk-25、Mk-36等の磁気・音響感応・沈底機雷)。このため日本の主な港や内海航路は小型木造船以外、通航不能になった。作戦期間中の触雷船舶は沈没約三〇万総頓、損傷約四〇万総頓に達した。米軍の損害は十五機喪失に止まり、延べ出撃機数は、日本本土空襲の第二十一爆撃集団のB-29全体の約五・七%に過ぎず、効率的な作戦であった。特に日本五大港中の大阪港と神戸港の封鎖は、荷役能力に加えて造船能力も低下させ、損傷船の修繕を遅らせた。機雷では大型船は損傷しても沈没は免れたが、港湾が機雷で封鎖されて修理ができず、可動船腹が減少した。また日本海航路の遮断は満州・朝鮮半島からの雑穀や塩の輸送を妨げ、本土の国民を飢餓に陥らせた。日本軍の掃海は遅々として進まず、内海・沿岸・港湾の航路を脅かし、残存機雷の掃海業務は終戦後海上自衛隊に引き継がれ、昭和の末に終了した(集註第七)。

●日本本土の焼夷弾爆撃。主な空襲は次のとおりである。
①ドーリットル空襲（17・4・18）参照。
②八幡製鉄所空襲（19・6・16）参照。
③十・十空襲（19・10・10）参照。
④第二十一爆撃集団による日本本土空襲（19・10月中旬以降）。
⑤20・2・4：神戸市兵庫区、林田区、湊東区の無差別爆撃を実施。それ以前の空襲は軍事施設や軍需工場への精密爆撃であったが、この日の焼夷弾の無差別絨毯爆撃は、以後全国各都市に対する米軍の爆撃の方針転換の実験的焼夷弾攻撃であった。軍需工場を支える下請け工場、工員住宅地を一挙に焼き払った。その後、3・10日には東京大空襲が行われ、3・17日未明には神戸市中西部が壊滅的被害を受け、5・11日には神戸市灘区や武庫郡(戦後の東灘区）が爆撃された(同郡本庄村の川西航空機甲南製作所が精密爆撃)。更に6・5日に西部の須磨区垂水町から東は西宮市までの広い地域が爆撃され、それまで被害の少なかった神戸市東部や武庫郡も焦土と化し、三度の大空襲でほぼ神戸市全域が壊滅した。
⑥20・2・16、17日。ジャンボリー作戦。硫黄島攻略の予備作戦として第五十八任務部隊(指揮官M・ミッチャー中将）の大型空母十一隻・軽空母五隻を基幹とする機動部隊が関東地方の日本軍航空基地及び航空機工場(中島飛行機太田製作所や武蔵製作所、多摩・立川市方面の航空機工場）を空襲した。
　米陸軍航空軍司令官H・アーノルド大将は成都のB-29の第二十一爆撃集団をマリアナに移動し、1・20日、司令官のH・ハンセル准将の後任にC・E・ルメイ少将を任命した。アーノルドはルメイが支那で行った高精度の精密爆撃の実績と、昭和19年12月、漢口大空襲でB-29の焼夷弾による大規模な都市空襲で大損害を与えた戦果を評価した。ルメイは従来の爆撃高度八、五〇〇～九、五〇

〇米を、高度一、五〇〇～三、〇〇〇米に変更した。理由はジェット気流の影響を受けず、エンジン負荷が軽減し燃料を節約して多くの爆弾を積めること、爆撃精度が格段に向上すること、高高度爆撃では好天時しかできないが、低高度爆撃では雲の下を飛行すればよく、出撃日を増加できた。また高密度の爆撃で火災が合流し大火災にできる等の利点があった。しかし低空では日本軍の迎撃機、対空砲火が激しいため夜間爆撃に変更した。更にB-29の後部機銃のみを残して、弾薬、機銃手を降し、爆弾搭載量を二〇〇瓩増加させ、編隊爆撃を縦列爆撃に変更した。搭乗員はこれを危険視したが、B-29の損害は軽微であった。

⑦ 3・10：東京大空襲。3・9日夜半からの東京下町に対する焼夷弾爆撃は、B-29×三二五機がマリアナを発進し二七九機が爆撃を実施、投下弾量は三八一、三〇〇発、一、七八三噸に上った。焼夷弾は日本の木造家屋攻撃用に開発され、M69子爆弾十九発を二段に束ね、安定フィンを持つE46クラスター弾に納めた。クラスター弾は投下後、高度約二、〇〇〇フィートで開裂し子爆弾を散開する。B-29は爆弾倉に四〇発のクラスター弾（合計一、五二〇発の子爆弾）を搭載できた。3・10日の東京大空襲から焼夷弾の無差別爆撃が本格的に行われ、日本の木造家屋に対し威力を発揮した。

総務省のホーム・ページの「国内各都市の戦災の状況」には全国の九十五都市の被害状況が纏められているが、特に東京都の総括記事は、次のとおりである。

「昭和17年4月18日、アメリカの空母から発進したB-25爆撃機十三機が東京を初空襲した（ドーリットル空襲）。更に昭和19年11月24日にはサイパン島発進のB-29爆撃機が東京を空襲し、以後B-29による各都市への空襲が本格化した。東京に対する空襲は、終戦までに一二二回に及び、多くの被害を出した。特に、昭和20年3月9日深夜から10日にかけての大空襲は、全焼家屋約二六七、〇〇〇戸、死者約八四、〇〇〇人に及んだとされる(昭和37年警視庁史昭和前編)。「この空襲では、周囲に焼夷弾を投下して都民の退路をふさぎ、その内側を無差別爆撃したため多数の死者が出た。」(更に各区の記述がある)。

警視庁の当時の調査では東京空襲の被害は次のとおりである。

- 死者：八三、七九三人、
- 負傷者：四〇、九一八人、
- 被災者：一、〇〇八、〇〇五人、
- 被災家屋：二六八、三五八戸。

上記の調査は、早期に引き取られた遺体を含まず、更に行方不明者が数万人あり、民間団体や新聞社の調査では死亡・行方不明者は十万人以上とされる。単独の空襲の犠牲者数は史上最大である。

⑧　全国各都市への空襲。東京空襲以後、米軍は日本全国の各都市に対する焼夷弾爆撃を本格化し、五大都市の名古屋、大阪、神戸、横浜を焼き払い、大勢の市民を殺傷した。B-29爆撃機による都市爆撃は以後日本全土に拡大された。ルメイは3・11日、B-29×三一〇機で名古屋、3・13日、二九五機で大阪、3・16日、三三一機で神戸、3・18日、三一〇機で再度名古屋を夜間低空で無差別爆撃を行った。5・25日、四七〇機のB-29が東京山の手地区を空襲し、国会議事堂、東京駅、皇居明治宮殿等が被災し、死者三、六五一人、焼失十六万六千戸の被害を出した。5・29日、横浜大空襲、B-29×四七五機、P-51×約一〇〇機。死者三、七八七人、負傷者一、三九一人、罹災者三一三、〇〇〇人、焼失約三万戸に上った。

⑨　インターネットのフリー百科事典『ウィキペディア』：「日本本土空襲」の項には、都道府県別被害の表があり、総計の欄には次が示されている（広島、長崎の原爆被害を含

む、沖縄戦を含まず)。
○爆撃を受けた市町村数：四三〇、
○死者：五六二、七一八人、
○行方不明：二五、八五三人、
○負傷者：二九九、七三三人、
○損壊家屋：二、三四二、四四七戸。

●4・7日以降は硫黄島配備の米陸軍のP‐51やP‐47、英海軍空母艦載機のスピットファイア等の戦闘機も空襲に参加し、B‐29爆撃隊の護衛や地上施設の攻撃を行った。硫黄島は日本爆撃で損傷したB‐29の不時着や給油基地に使用された。

●次の製鉄所や軍需工場のある都市に米英艦船による艦砲射撃が行われた。
釜石(7・14)、室蘭(7・15)、日立(7・17)、野島埼(7・18)、串本(7・25)、浜松(7・29)、清水(7・31)。

●米軍の戦時情報局は、B‐29で日本国民に伝単(宣伝ビラ)を撒く「リーフレット作戦」を行った。昭和20年2月から終戦まで計四六〇万枚のビラを投下し、「大本営発表の虚偽」、「軍閥が諸悪の根源」、「空襲の日時、場所の予告」が主な内容であった。空襲の場所と日時を事前に予告し、実際に空襲が行われ、ビラの信用性を高めた。特に7・28、29日の中小都市空襲で、青森、大垣、一宮、宇和島、津、宇治山田に空襲予告ビラが投下され、二十四時間後に大空襲が行われた。大規模ビラ投下は8・1日、8・5日、原爆投下のビラも撒かれた。

●米軍は日本本土上陸の準備として、硫黄島、次いで沖縄を襲った(第九章第一節)。

○昭和20年に入ると帝国陸軍は本土決戦の準備を急ぎ、2月末~5月下旬の間に三回、約一五〇万人を動員し(「根こそぎ動員」と呼ばれた)、四〇個師団・十六個独立混成旅団・六個戦車旅団が新設された。昭和20年には僅か八ヵ月の間に師団数は七〇も増え、南九州と関東の沿岸に防備陣地構築の沿岸配備師団と、機動打撃師団が配備された。

しかし装備の生産が間に合わずほとんど丸腰の部隊であった。また満州の関東軍から三師団・一戦車師団が本土防衛に転用され、計三一五万名の兵力が本土決戦に備えた。日中戦争開戦時（昭和12年7月）に十七個師団の帝国陸軍の歩兵師団は、大東亜戦争開戦時（昭和16年12月）には五十一個師団に増え、敗戦時（昭和20年8月）には一六四個師団に達した（他に飛行師団、戦車（機甲）師団、高射師団がある）。

○　海軍は「ミッドウェー海戦」、「マリアナ沖海戦」及び「レイテ沖海戦」で米海軍に敗れ、殆どの空母・戦艦・重巡を失い、沖縄及び本土沿岸での特攻作戦しか実施できなくなった。昭和20・3・26日、「天一号作戦」が発令され、沖縄に向け戦艦大和、軽巡矢矧、駆逐艦八隻、計十隻が4・6日に徳山沖を出撃したが、翌日、薩摩半島西方海域（南さつま市沖の「坊ノ岬沖海戦」）で、12時半から約二時間、米海軍第五十八任務部隊の航空機（戦闘機一八〇機、爆撃機七十五機、雷撃機一三一機、計三八六機（又は三六七機）の波状攻撃（但し艦隊上空に到達して攻撃に参加したのは三〇九機）の八波延べ約一、〇〇〇機の攻撃を受け、14時23分、大和は横転して大爆発を起こし沈没した（沈没地点：北緯三〇度四十三分　東経一二八度四分。長崎県の男女群島女島南方一七六粁、鹿児島県の宇治群島宇治向島西方一四四粁、水深三四五米）。矢矧、駆逐艦四隻も撃沈され、大型艦艇の最後の戦闘となった（連合艦隊司令長官布告の戦死者総数は四、〇四四名）。また「マリアナ沖海戦」以後、帝国海軍は体当り航空攻撃「神風特別攻撃隊」を行い、沖縄戦では陸海軍の約一、九〇〇機が出撃した（「天一号作戦」）。以後、特攻機、特殊潜航艇「回天」や爆装舟艇「震洋」の体当り特攻作戦が行われた。

●　3・26：米軍が沖縄県慶良間諸島の座間味島に上陸（沖縄戦の開始）。4・1日、米軍が沖縄本島に上陸。

● 4・5：ソ連は「日ソ中立条約」(有効期限・昭和21・4・24)を延長しない旨通告。

○ 4・6：帝国陸海軍は沖縄特攻「菊水一号作戦」を発動し、6・21日、「菊水十号」を以って終了。海軍機九四〇機体当り突入(戦死二、〇四五名)、陸軍機八八七機突入(戦死一、〇二二名)。戦果は命中一三三機、至近弾一二二機で米軍艦艇三十六隻を沈没させ多数に損傷を与えた。米海軍の戦死四、九〇七名、戦傷四、八二四名である。

● 4・28：イタリアのムッソリーニはパルチザンに処刑され、ドイツのヒットラーはベルリンの総統地下壕で自殺した。5・7日、ドイツの新総統デーニッツ提督がドイツ全軍に米英ソ三国への無条件降伏命令を発し、第二次世界大戦の欧州の戦争は終結した。

○ 5・24：帝国陸軍・義烈空挺隊（指揮官奥山道郎大尉）の九七式重爆撃機十二機が、米軍に占領された沖縄嘉手納飛行場と読谷飛行場に夜間強行着陸し、所在の航空機と施設の爆破作戦を実施した。当隊はサイパン島の米軍飛行場の挺身攻撃を企図して昭和19年11月末に陸軍教導航空軍隷下の挺身第一連隊第四中隊を中核に編成され、「神兵皇《すめら》隊」と称した。飛行場攻撃後は海岸で揚陸物資を攻撃し（第一期攻撃）、残存隊員はゲリラ戦（第二期攻撃）を行う計画であった。翌昭和20年1月末には第六航空軍（軍司令官 菅原道太中将）に編成替えされ、米軍の硫黄島上陸により義烈空挺隊のサイパン攻撃は中止され、3月19・20日に硫黄島の飛行場への突入が命じられた。しかし硫黄島の戦況悪化に伴いこの出撃も中止された。その後、大本営は5月下旬、義烈空挺隊による沖縄本島の飛行場への空挺特攻作戦（義号作戦）を決定した。参謀本部は、義烈空挺隊の輸送機・九七式重爆撃機十二機、四式重爆撃機十二機と九九式双発軽爆撃機十機による飛行場夜間爆撃を命じ、海軍の第五航空艦隊（司令長官　宇垣纏中将）も策応した。この義号作戦は沖縄の米軍飛行場に対する最大規模の爆撃となった。5・24日夕刻、義烈空挺隊搭乗の十二機の九七式重爆撃機が熊本健軍飛行場を出撃し、途中米軍機に迎撃され、七機が撃墜、四機は突入を断念して帰投、一機が読谷飛行場に突入した（一六八名中九十九名戦死）。米軍の損害はC-47輸送機四、F四U戦闘機三、PB四Y-二爆撃機二、ほか二十九機損傷。高射砲陣地や管制塔、燃料集積所破壊、戦死約一〇〇名、負傷数十名とされる。

● 6・21：米軍が沖縄占領を宣言。6・23日、沖縄守備軍司令官　牛島満中将が摩文仁司令部で自決（沖縄戦の組織的戦闘終結。沖縄戦は第九章第一節一項参照）。

● 7・26：米英支三国がポツダム宣言を発表、日本に降伏を要求（ソ連は後日、参加。日本政府の対応は次節に詳述する）。

● 8・6：8時15分、米陸軍航空軍第五〇九混成部隊第三九三爆撃戦隊のB-29「エノラ・ゲイ号」が原爆（リトルボーイ）を広島に投下し（照準点：広島市猿楽町（現中区大手町一丁目）の相生橋）、原爆ドーム（広島県産業奨励館）の上空五六七米で炸裂した。当時、広島市の三十五万人の住人中死者は十四万人とされ、その後、原爆症等による死亡者は昭和27年から原爆死没者名簿に登記し、広島平和都市記念碑（原爆死没者慰霊碑）に奉納されている。令和2年8月6日の名簿登記者数は、三二四、一二九名（名簿冊数一一九冊）である。

● 8・8：ソ連が「対日宣戦」を布告し、翌日、満州国・南樺太・千島列島へソ連軍が侵攻した。「日ソ中立条約」は翌年4・24日まで有効であり、日本政府はソ連を仲介して終戦を工作中であった。弱肉強食は国際社会の普通の行動であり、日本政府の甘さこそ自省すべきである。ソ連軍は8・9日未明、総兵力一四七万人、戦車・自走砲五、二五〇両、航空機五、一七〇機を以って、満洲への侵攻作戦を開始した。更に11日に樺太へ侵攻し、千島では18日に占守島へ上陸した。当時、「日ソ中立条約」（昭和16・4・13日締結）は有効であったが、ソ連はこれを無視した。ソ連は日本の「関東軍特種演習」（独ソ戦の勃発に便乗し、昭和16・7・7日に関東軍特別演習の動員を下令し、対ソ開戦を準備したとされる）の段階で、同条約が事実上破棄された主張している。

満蒙国境警備の関東軍は、曽ては精強を誇ったが、大戦の進行に伴い南方戦線や本土決戦に備えて転戦し、関東軍は満州の四分の三の放棄を決定し(昭和20年6月)、ソ連の参戦時には既にソ満国境付近の兵力の多くが撤退しており、留守部隊はソ連軍の侵攻に対して無力であった。敗戦時に満州に在住した日本人は、満州国官吏、南満州鉄道等の職員、国策として進められた満蒙開拓団（註）等、約一五五万人とされ、これらの住民は、戦闘の被害、移民用地を強制的に安価で買い上げられた現地住民の報復の略奪・襲撃、逃避行や収容所における伝染病感染の病死、前途を悲観した集団自決などで約二四五、〇〇〇人が犠牲となった。その内、開拓団員の死者は四割を占め約十万人に上る。満州での民間人犠牲者の数は、東京大空襲や広島への原爆投下、沖縄戦を凌ぐ。酷寒と飢えの中で中国人に買われた孤児や婦人が約一万人に上り、戦後、「中国残留日本人問題」となった(平成13年末、NPO法人「中国帰国者の会」の三名が、国の責任を問い、保障を求める国家賠償請求訴訟を起した)。

註：日本は満州事変（昭和6年9月）の翌年3月、傀儡国家「満州国」を建国し、実質的な植民地とした。日本の人口増加、特に農村余剰人口問題の解決とソ満国境の防衛のため、昭和7年（1932）秋の武装

移民団を皮切りに、関東軍の支援のもとに満蒙開拓団が北満各地に送り込まれた。昭和11年に日本政府が二〇ヵ年に一〇〇万戸移住計画を決定して以後、開拓団の移住は本格化し、終戦までに二十七万人が満洲に渡った。

終戦後、ソ連に抑留された日本軍兵士は、シベリア、中央アジア、モンゴル等の約二、〇〇〇の収容所・監獄に送られ、鉄道建設、炭坑・鉱山労働、土木建築、農作業等に使役された。抑留者は日本政府の調べでは約五七八、〇〇〇人、そのうち約四七三、〇〇〇人が帰国した。引き揚げは翌年12月から始まり、「日ソ共同宣言」(昭和31・10・19)調印後は有罪判決を受けた者も釈放された。全生存者の帰国は昭和33・9・7日に終了した。ソ連崩壊後の平成4年6月、来日したエリツィン露大統領は六、一八〇五名の死亡者名簿を手渡し、公式に謝罪した。

○8・9：昭和天皇は9時37分、ソ連軍の満州侵攻の報告を受け、直後の9時55分、木戸幸一内大臣を呼び、戦争終結に向けて鈴木貫太郎首相と「十分に懇談」するよう指示した。木戸内大臣から天皇のご意向を聞いた鈴木首相は、10時30分開催の最高戦争指導会議で「ポツダム宣言」の対処を決定したいと答えた[1]。

10時30分から宮中吹上御苑の大本営地下壕(御文庫附属室)において、天皇ご臨席の上、ポツダム宣言の受諾の可否について、最高戦争指導会議が開かれた。この日の会議では結論は出ず、会議は翌9日に持ち越された。会議中に長崎に二発目の原子爆弾が落とされた。8・9日の会議も深更に及び、昭和天皇の御聖断により、ポツダム宣言の受諾が決定された(次節に詳述)。

●8・9：11時02分、B-29「ボックスカー号」(所属部隊は前記と同じ)が長崎市北部の浦上 松山町一七一番地テニスコートの上空に原爆(ファットマン)を投下(長崎市制65年史後編では松山町一七〇番地。その後の調査で松山町一七一番地と判明)。当時の市の人口は約二十一万人と推定され、原爆資料保存委員会の報告(昭和25年7月発表)の死者数は七三、八八四人である。

○ 8・10：午前零時3分、ポツダム宣言の受諾の御前会議が開かれ、未明、「国体の護持」を条件にポツダム宣言の受諾を決定し、連合国側へ打電された。

● 8・12：連合国側は國體護持には触れず、降伏後の日本統治の形態は、「国民の総意による」と回答した(「バーンズ回答」)。

○ 8・13：バーンズ回答の國體護持の再確認を巡り最高戦争指導会議が紛糾した。翌14日11時、天皇が再度、御前会議でポツダム宣言受諾を決定。午後9時、ラジオで「15日正午重大発表」と放送し、午後11時、ポツダム宣言受諾を連合国側に通知した。

● 8・14：マッカーサー米太平洋陸軍司令官が連合国軍最高司令官SCAP(Supreme Commander of the Allied Powers)に就任。

○ 8・14深夜～15未明：降伏に反対の陸軍省軍事課、軍務課の将校及び近衛第一師団参謀らが、近衛第一師団長 森赳中将を殺害し師団長命令を偽造して、近衛歩兵第二連隊が皇居を占拠し、戦争継続を訴えた。しかし陸軍首脳及び東部軍管区首脳の説得により首謀者は自決(椎崎二郎中佐、畑中健二少佐)又は逮捕(井田正孝中佐)され、クーデターは未遂に終わった。また第三〇二海軍航空隊(厚木海軍飛行場)司令の小園安名大佐は、停戦命令を拒否し、戦争の継続を各部隊に呼びかけたが同調する部隊はなく、6日後に鎮圧された。

○ 8・15：正午に昭和天皇の終戦詔書(第十三章詔勅第十三参照)の玉音放送が放送され、同日、鈴木貫太郎内閣は総辞職した。17日、陸軍大将東久邇稔彦王を首班とする内閣が成立した。

○ 8・16：大本営は大陸令第一三八二号により陸軍全部隊に対し「即時戦闘行動ヲ停止

スヘシ」と命じたが「止ムヲ得サル自衛ノ為ノ戦闘行動ハ之ヲ妨ケス」とし、自衛戦闘は除外した。その後、大本営は停戦命令を段階的に強化し、25日に自衛戦闘を含む一切の戦闘行動を禁止した。

●8・16：ソ連軍は樺太西岸に上陸し、日本軍と戦闘が行われた。18日には千島占守島に上陸し、日本守備隊と交戦した。この日、極東ソ連軍の最高指揮官ワレンスキー元帥(Aleksandr Mikhaylo-vich Vasilevsky. 1895. 9. 30～1977. 12. 5. スターリン時代に軍事人民委員、陸軍大臣を務めた）は、指揮下の部隊に樺太の日本領と、新知島以北の千島列島の諸島を25日までに占領することを命じた。更に太平洋艦隊に9・1日までに新知島までの千島列島の南側の占領と、北海道の釧路と留萌を結ぶ線の北側の道北地方の占領を命じ、第一、第二極東方面軍や太平洋艦隊を北海道上陸に備えて樺太に集結させ、北海道侵攻の準備に当たらせた。しかしワレンスキーは23日、連合軍との紛争を避けるために、北海道方面での部隊行動を禁じた。この作戦方針の突然の変更は、スターリンとトルーマン米大統領の交渉によるとされる。即ちトルーマンは8・14日、日本の降伏を受け、連合国軍最高司令官にマッカーサーを任命し、日本の占領の基本事項を命じ、チャーチル、蒋介石、スターリンにその命令書のコピーを送った。その第十三条の北方領土について、スターリンは①「ソ連の領有に帰すべき千島列島」と、②釧路から留萌に至り両市を含む線の北側の北海道北部を包含すること求めた。これに対しトルーマンは、18日に回答し、①は了解、但し千島列島の中央部に米軍及び民間共用の航空基地を造ること、②は日本本土は「マッカーサー指揮の米軍が占領するので認められない」とした。これにより日本は戦後の東西ドイツや南北朝鮮の分裂国家は避けられた。スターリンは、22日、①の米軍基地の建設を拒否し、②の北海道領有が認められないのは心外であると強く非難した。一方、ワレンスキーに対して北海道進駐の留保を命じた。しかし翌日、スターリンの命令を受けた国家保安省政治部はワレンスキーに対して「日本軍の捕虜を千人単位でシベリアに送れ」と命じ、関東軍の将兵約六〇万人をシベリアに抑留し、以後数年間、過酷な強制労働に使役した。

樺太、千島方面のソ連軍は、8・25日には樺太南端の大泊に達し、樺太全土を制圧した。28日にはカムチャッカから南下した部隊が得撫島に、樺太からの部隊が国後、色丹島に上陸し、更に9月4・5日には歯舞が制圧された。これらは日本軍の武装解除後であり、樺太では23日、千島では25日までに戦闘が停止した。しかし満洲では命令伝達の困難のために8月末まで戦闘が続いた。ソ連軍は連合国の降伏文書調印（9・2日）後も作戦を続け、9・5日、戦闘行動を漸く停止した。

○ マニラのマッカーサー司令部からスイス政府を通じて「米軍の日本進駐の打ち合せのため、天皇の信任状を持った使節を派遣せよ」の指示があり、8・19日、参謀本部次長河辺虎四郎陸軍中将（使節団長）、軍令部 横山一郎海軍少将（副使）ら使節団十七名が木更津から一式陸攻二機で出発した。反乱軍の厚木の哨戒区域を避けて大回りして沖縄・伊江島に到着し、米軍のC 54大型輸送機に乗り換え、夕刻マニラのニコラスフィールド基地に着いた。8・20日に降伏文書草案・一般命令第一号を受領した。米軍の先遣部隊の厚木進駐は8・26日、マッカーサー司令官は8・28日とされた。

● 8・22：留萌沖で樺太からの疎開船 小笠原丸、第二号新興丸、泰東丸の三隻が、ソ連海軍の潜水艦 L-12号、L-19号の攻撃を受け、小笠原丸と泰東丸が沈没し、一、七〇八名以上が死亡した（『戦史叢書』［8］では死者・行方不明者は一、六五八名。終戦時の混乱のために乗船者名簿等はなく、正確な乗船人員は不明である)。千島方面のソ連軍は8・25日に松輪島、31日に得撫島の順に、日本軍守備隊の降伏を受け入れて各島を占領した。南千島の諸島の占領も別の部隊によって進められ、8・29日に択捉島、9・1～5日に国後島、色丹島を占領した。

●米軍の厚木進駐は台風が襲来したため2日遅れとなり、先遣隊（指揮官テンチ大佐）は8・28日に到着、米第8軍司令官アイケルバーガー中将も同日厚木に着いた。第8軍は横浜に進駐し、横浜税関ビルを臨時の連合国総司令部とし、後に東京・宮城前の第一生命ビルに移った。

●8・30：マッカーサー連合国軍司令官が乗機バターン号で厚木に到着し、横浜のホテル・ニューグランドを宿泊地とした。

●9・2：東京湾内の戦艦ミズーリ号上で降伏文書の調印式が行われた(連合軍側代表：マッカーサー司令官、日本政府：重光葵外相、統帥本部首脳)。

第四節　大東亜戦争の終結

前節に述べたとおり連合国首脳は、昭和20年7月26日、米・英・支・三国共同で「日本への降伏要求の最終宣言」、十三ヵ条、所謂「ポツダム宣言」を発表した。更に8・6日、広島に原爆投下、8日にソ連の対日宣戦布告、9日には満洲・朝鮮・樺太・千島への侵攻、同日長崎への原爆投下が行われ、我が国は戦争継続が不可能な状況に立ち至った。日本政府は8日午前、最高戦争指導会議を開き、ポツダム宣言の扱いを協議した。会議はポツダム宣言の受諾に如何なる条件を付けるかで紛糾し、陸相・陸軍参謀総長・海軍軍令部長は、「国體護持」、「占領軍進駐は最小限の地域・兵力かつ短期間」、「戦争犯罪人の処罰は日本側も参加」、「前線での即時の武装解除は困難」、の四条件の付加を求め、首相・外相・海相は「国體護持の条件付き受諾」を主張したが、結論は翌日に持ち越された。

8・9日午前の最高戦争指導会議で昨日の議論が続けられ、一時中断後、午後も開かれたが結論は出ず、9日深夜、平沼騏一郎枢密院議長を加え御前会議が開かれた。しかし外相と陸相の主張が対立し論議は深夜に至り、10日午前2時頃、鈴木首相が昭和天皇の聖断(第一次)を仰ぎ、国體護持の条件のみを付けてポツダム宣言の受諾が決定された。即ち「天皇ノ国家統治ノ大権ヲ変更スルノ要求ヲ包含シ居ラザルコトノ了解ノ下ニ、コノ宣言ヲ受諾ス」として、中立国のスイスとスウェーデン経由で連合国に回答した。

これに対し12日にバーンズ米国務長官は、「①天皇と日本政府の統治権は連合国軍最高司令部の従属下に置かれる。②日本国政府の最終的形態はポツダム宣言に従い日本国民の自由な意思に基づき決定される」と回答した(バーンズ回答と呼ばれる)。この回答の取り扱いについて、13日の最高戦争指導会議では、阿南陸軍大臣は①の「統治権の従属」を問題としたが、外務省は「subject to」を「制限下に置かれる」と意訳し問題なしとした。②も「天皇に行政権・立法権があるにも拘わらず、政府の形態を国民の自由意思で決定する」という点が、国體護持に反するとし問題とされた。これらのバーンズ回答の曖昧な点について、「国體護持」を再照会する意見と、再照会不要の意見が対立し、翌14日午前再び御前会議が開かれた。出席者の意見を聞かれた天皇は、「この上戦争を続けては結局我が邦がまったく焦土となり、万民にこれ以上の苦悩を嘗めさせることは私としては実に忍び難い。…日本がまったく無くなるという結果にくらべて、少しでも種子が残りさえすればさらにまた復興と云う光明も考えられる」と述べられ(下村海南[18])、「再照会せずに受諾」と決定した(第二次聖断)。

昭和天皇のご聖断は詳細な全般戦況の報告

を受け、「根こそぎ動員」の決戦師団の装備状況も知悉された上のご決断であった。即ち5月9日、梅津美治郎参謀総長の上奏に対し、本土決戦の準備を下問したが要領を得た説明がなく、天皇は6月3、4日、侍従武官を九十九里浜に派遣し、現状を視察させた［8］。また特命の戦力査閲使として長谷川清海軍大将を各地に派遣し、6月12日に報告がなされた。内容は「貧弱な兵器、資材不足、不十分な訓練等、本土決戦を戦える状況ではない」としていた。これらの一連の報告により、天皇は「一撃講和論」を捨て、早期和平を決心されたと考えられる。6月20日、天皇は拝謁した東郷外務大臣に対して、「戦争の早期終結を希望する」旨の御沙汰を下された［1］。このとき天皇は、「戦争に就きては最近参謀総長、軍令部総長それから長谷川大将の報告に依ると支那及び日本内地の作戦準備が不充分であることが明かになったから、…成るべく速かに戦争を終結することに取運ぶやう希望する」と述べたと伝えられる。更に6月22日の最高戦争指導会議において、天皇は「戦争の指導に就ては曩に御前会議に於て決定を見たるところ、他面戦争の終結に就きても此際従来の観念に囚はるることなく、速に具体的研究を遂げ、之が実現に努力せむことを望む」と早期講和を求めた。

「ポツダム宣言」は第十三項で、「我々は日本政府が全日本軍の無条件降伏を宣言し、またその行動について日本政府が十分に保証」することを求めた。これは「日本軍の無条件降伏」であり、「国家の無条件降伏」ではない。また昭和天皇は「ポツダム宣言」は「国體護持」を妨げないと判断しておられた。それは終戦の詔勅（第十三章第十三）の次の文言で明らかである。

「(前略)朕ハ時運ノ趨ク所 堪ヘ難キヲ堪ヘ忍ヒ難キヲ忍ヒ 以テ萬世ノ爲ニ太平ヲ開カムト欲ス 朕ハ茲ニ国體ヲ護持シ得テ 忠良ナル爾臣民ノ赤誠ニ信倚シ 常ニ爾臣民ト共ニ在

リ（後略）」。

これにより14日に連合国にポツダム宣言受諾を通知し、大東亜戦争は終結した。

ここで、もしも昭和天皇が「日本国憲法」下の天皇（明仁）陛下の如く「国政に関与できない」天皇であったならば、勿論、「ポツダム宣言」の受諾は実現せず、戦争は継続された。そのとき連合軍は当時計画していた日本本土上陸作戦（作戦名「ダウンフォール作戦」）を実行したことは確実である。この作戦は二段階からなり、第一段階は昭和20年11月1日に「オリンピック作戦」を発動し、陸軍二十五万二千名、海兵隊八万七千名を、宮崎海岸・志布志湾・吹上浜に上陸させ、九州南部を制圧して前進基地を造り、昭和21年2月1日に第二段階の「コロネット作戦」を発動して、湘南海岸に約三〇万名、九十九里浜に二十四万名を上陸させ、関東全域を占領して日本に降伏を迫る計画であった。トルーマン米大統領は、日本本土上陸作戦の実施と人的損害の検討のために、ホワイトハウスに米陸海空軍の首脳会議を招集した（1945.6.18）。会議は上陸作戦の死傷者の見積りを巡って見解が分かれ、W・D・リーヒ陸海軍最高司令官付参謀長は沖縄戦と同様の死傷率約三十五％と推定し、本土上陸作戦には積極的ではなく、犠牲を回避するために無条件降伏の条件緩和を主張した。一方、G・C・マーシャル陸軍参謀総長は、楽観的な見通しを示した。結局会議は、「オリンピック作戦」（九州上陸）を承認し、「コロネット作戦」（関東平野上陸）は当面保留となった。米軍が本土に上陸すれば、全国各地で凄惨な特攻攻撃・切込み攻撃が展開され、日米両軍の人的犠牲は激増し、国土が荒廃し、終戦後は直接占領を受け、ドイツのように国土分断の可能性があった。戦後の復興も更に困難になったであろう。しかし日本は、ドイツに比べ戦争を早期に、即ち本土決戦以前に終結させ、こういった悲劇を回避することができた。昭和天皇の大所高所を見る「絶対的無私の人格」が日本を救った。

天皇の統治は二千年の歴史が創り出した「日本文化の権力」である。「日本国憲法」では「元首」の規定はないが、この貴重な歴史の体験を生かし、「日本国憲法」の「象徴天皇制」を改め、この「文化の権力」の天皇を元首とし、「天皇が国政の全般を総覧」する「国體」を明記する憲法とすべきである。それは日本文化の源泉であり、最高の権威である天皇を、国家の内政・外交・安全保障の中心に据え、「永き将来に亘る日本民族の国家形成の基盤」を実現するものである。「日本国憲法」は、成立の疑義に加えて、上述した国家の拠って立つ基盤を示していないことが最大の欠陥である。「選挙で決まる一時期の政権」では、未来の永続的民族の目標を示すことはできず、それはもはや国家の基本法の「憲法」ではない。

一方、終戦の詔勅の一節にあるように「非常の措置を以って時局を収拾」できるのであれば、「昭和天皇はなぜ大東亜戦争の開戦を止められなかったのか」という議論がある。これについて昭和天皇は、昭和16年9月6日の対米英開戦決定の御前会議において、求められない限り発言をしない慣例を破り、天皇は敢えて発言を求められ、明治天皇が日露戦争開戦(明治37年)の際に詠まれた御製を詠み上げられた。

四方の海 みなはらからと 思ふ世に
　など波風の 立ちさわぐらむ

それ以外の御発言はなかったとされるが、明らかに「開戦反対」の意思表明である。これは天皇が、政府の「戦争発動」の権力行使に対して「元首」として反対の意思を表明したものである。昭和天皇は大東亜戦争の開戦を傍観しておられたのではない。「立憲君主制」の枠内で意思表示をされたにも拘らず、政治権力者の政府首脳が元首の意思を無視したものである。

また大東亜戦争開戦の詔勅「米国及ビ英国ニ対スル宣戦ノ布告」(第十三章第十二)の一

節に、「（開戦ハ）洵ニ已ムヲ得ザルモノアリ豈朕カ志ナラムヤ」と昭和天皇が自ら書き入れたとされる。更に昭和56年4月の記者会見の天皇陛下の御発言は前述したが、陛下は別の機会に側近に対して、次のように述べられた［19］。

「陸海軍の兵力の極度に弱った終戦の時においてすら、無条件降伏に対し「クーデター」様のものが起こった位だから（陸軍省将校の宮城占拠事件）、若し開戦の閣議決定に対し私がベトー（開戦の拒否権）を行ったとしたならば、一体どうなったであろう。〈中略〉国内は必ず大内乱となり、私の信頼する周囲の者は殺され、私の生命も保証出来ない、それは良いとしても結局狂暴な戦争が展開され、今次の戦争に数倍する悲惨事が行われ、果ては終戦も出来兼ねる始末となり、日本は亡びる事になったであろうと思う。」

第五節　昭和天皇の全国巡幸と訪米

一　昭和天皇の全国巡幸と戦後の世情

昭和天皇は大戦の終戦後、責任を取り退位されることを決心し、マッカーサー元帥に伝えたが、マッカーサーは国民の動揺、皇太子が幼少であることを理由に不適当として退位を慰留した。昭和天皇は昭和20年10月、宮内府次長に次のように話された。

「この戦争によって先祖からの領土を失い、国民の多くの生命を失い、たいへん災厄を受けた。この際、私としては、どうすればいいのかと考え、また退位も考えた。しかしよくよく考えた末、この際は全国を隈なく歩いて国民を慰め、励まし、また復興のために立ち上がらせる為の勇気を与えることが自分の責任と思う。」

昭和天皇の全国巡幸はこのようにして始められた。即ち昭和21年2月19日に川崎市の昭和電工川崎工場から、昭和26年11月の三重県への行幸まで、四十六都府県（北海道と米軍が占領中の沖縄を除く）の都市を巡幸され、堵列する国民にお声をかけて激励された。但し昭和23年は極東国際軍事裁判の判決に備えて巡幸は行われず、また北海道の巡幸は津軽海峡に浮流機雷が多く、危険回避のため昭和29年まで先送りされた。全行程は三三、〇〇〇粁、総日数一六五日、一日平均二〇〇粁の強行軍であった。

序論及び第二章の冒頭に述べたとおり、戦後GHQは「人権指令」、「神道指令」、「検閲・言論統制の禁止」及び五大改革指令等を発し、「治安維持法」や「特別高等警察」を廃止して、所謂「社会の民主化」を進めた。共産党はこれに便乗して労働組合を組織し、革命勢力の拡大に努めた。昭和21年、戦後初の中央メーデーでは五〇万人が皇居前広場に集まり、以後、昭和25年まで毎年盛大なメーデー集会が皇居前広場で行われた。また皇居前広場は、生活擁護、平和と民主主義の国民的な闘いの舞台として、各種の集会が約四年間で四〇回も開かれ、「人民広場」と呼ばれた。しかしGHQは日本の急速な左傾化を警戒し、昭和25年6月2日、警視庁に指示して東京都内の一切の集会・デモを禁止し、昭和26年の第二十二回中央メーデーは、占領軍命令で皇居前広場の使用が禁止された。昭和27年4月28日、「サンフランシスコ平和条約」により日本は独立した。第二十三回中央メーデーの主催者は、皇居前広場の集会を企てたが政府は許可しなかった。主催者は不許可処分の取り消しの行政訴訟を起こし、東京地方裁判所は、政府は「集会の自由を保障した憲法第二十一条」違反として、不許可処分を取り消した。しかし政府が控訴したため、第二十三回メーデー（昭和27年5月1日）は明治神宮外苑・絵画館前広場で行われた。デモの解散地点の日比谷公園に着いた参加者が、政府の不当な使用禁止に抗議し、「人民広場」の広場に侵入し、これを規制する警官隊と衝突し、死者二人、重軽傷者一、五〇〇人を出した(「血のメーデー事件」)。このとき一、二三二人が逮捕され、二六一人が「騒擾罪」で起訴されたが、昭和47年11月、東京高裁で全員無罪が確定した。

二　昭和天皇の訪米

昭和天皇は昭和50年9月30日~10月14日、フォード米大統領の招きでワシントン、ニューヨーク、シカゴ、ロスアンジェルス、サンフランシスコ、ホノルルを訪ねられた。10月2日、ホワイトハウスの公式晩餐会で、昭和天皇は次のように挨拶された。

◎ホワイトハウス晩餐会における昭和天皇のご挨拶

「私は多年、貴国訪問を念願にしておりましたが、もしそのことがかなえられた時には、次のことをぜひ貴国民にお伝えしたいと思っておりました。と申しますのは、私が深く悲しみとする、あの不幸な戦争の直後、貴国が我が国の再建のために、温かい好意と援助の手をさしのべられたことに対し、貴国民に直接感謝の言葉を申し述べることでありました。当時を知らない新しい世代が、今日、日米それぞれの社会において過半数を占めようとしております。しかし、たとえ今後時代は移り変わろうとも、この貴国民の寛容と善意とは、日本国民の間に永く語り継がれていくものと信じます。」

(昭和50年10月2日)

当時、米国のマスコミは昭和天皇の訪米に無関心であったが、天皇の上述の率直な挨拶が歓迎されて、大々的に報道された。

日本では終戦の年の夏は異常な冷夏となり、枕崎台風(9月17日)と阿久根台風(10月9日)が日本列島を縦断し、大きな被害を生じ、米の収穫量は明治38年以来の大凶作(平年作の約六割)となった。更に復員兵や引揚者の帰国で人口が急増し、大勢の餓死者(一千万人)が予想された。この時、昭和天皇は皇室伝来の御物の目録を作らせ、昭和20年12月、「これらを米国に渡して一日でも国民の飢えを救いたい」と村松健三農林大臣に命じられた[20]。この目録は幣原首相がマッカーサーに届けたが、彼は「皇室の御物を取り上げて、その代償に食糧を提供することは、米国の面目にかけてもできない。この目録は陛下にお返しされたい。しかし国民を思う天皇の気持ちは十分に了解される。自分が現在の任務についている以上は、断じて日本国民の中に餓死者を出すようなことはさせぬ。必ず食糧を本国から移入する方法を講ずる。陛下に御安心なさるように申し上げてもらいたい」と述べ、米国政府に対日経済制裁の緩和と緊急食糧援助を要請した（註）。前述の昭和天皇の晩餐会のお言葉は、この食糧援助への感謝の言葉である。その率直な態度が歓迎され米国民の親日感が広がった。

註：昭和20年9月の「降伏後ニ於ケル米国ノ初期ノ対日方針」では、「日本国民の経済上の困難と苦悩は日本の自らの行為の結果であり、連合国は復旧の負担を負わない」とし、食料輸入も禁止した。しかしマッカーサーは昭和天皇との約束を守り、昭和21年2月、「輸入食糧により日本の食糧配給制度を持続しなければ、占領政策が困難」と米政府に日本への食糧輸出を求めた。3月に食糧使節団や飢餓緊急対策委員会委員長のH・C・フーヴァー（第三十一代米大統領）が来日して調査し、GHQの「日本の食料輸入」を支持した。

来日したフーヴァーはマッカーサーと会談し、「太平洋戦争は日本が始めた戦争ではない。「対独戦に参戦する口実を欲しがっていた「狂気の男・ルーズベルト」の願望だった」と指摘し、在米日本資産の凍結など一九四一年七月の対日経済制裁は「対独戦に参戦するため、日本を破滅的な戦争に引きずり込もうとしたものだ」と語り、マッカーサーも同意した[9]。昭和21年5月6日、フーヴァーはマッカーサーとの会談後、直に大統領に「日本は最低でも八十七万噸の食糧輸入が必要」と勧告した。これにより翌年5月に対日経済封鎖が解かれ、米国の食料輸出が行われた。

日米開戦に至るルーズベルトの陰謀は、米国では既に大戦中に暴露されていた。真珠湾の被害の責任が問われ、太平洋艦隊司令長官H・E・キンメル海軍大将とハワイ軍管区司令官W・C・ショート陸軍中将が、防備責任の怠慢を理由に退役させられた。大統領は真珠湾攻撃直後の12月16日に、大統領特命による調査委員会(ロバーツ委員会)を発足させたが、政府の責任回避に偏ったその報告書は調査の信頼性の疑惑を深め、米国議会で問題とされた。参考文献［9］～［14］は米国で「ルーズベルトの策謀」を暴いた書物である。これらは占領中はGHQが日本での公開を禁止し、翻訳書は平成の半ば過ぎの出版が多い。その間我が国では、GHQの宣伝による「日本軍閥のアジア侵略の「東京裁判史観」」が国民にすり込まれ、「自虐史観」が定着した。

昭和50年9月の昭和天皇の訪米の折、マッカーサー夫人は天皇に「ノーフォークのマッカーサー記念館」の夫の柩(昭和39年、八十四歳で死去)への墓参を要請したが、昭和天皇はこれを断った。怒った夫人は大統領主催の天皇歓迎晩餐会を欠席した。夫人のこの無礼は「将軍が日本解放の功労者であり、日本国民が感謝している」とでも勘違いしているようであり、憤りを通り越して憐憫を覚える。

昭和天皇は戦後の「全国行脚の巡幸の締めくくり」として、第四十二回国民体育大会(昭和62年10月)の沖縄国体の開会式にご臨席の予定であった。しかしその直前病に伏され、同年9月に十二指腸の手術を受けられた。沖縄国体には皇太子(現上皇)・同妃殿下が天皇の代理でご臨席され、同年10月24・25日に沖縄を訪問された。両殿下は那覇空港に到着後、直ちに摩文仁の戦没者墓苑と沖縄平和祈念堂を訪れ、戦歿者遺族や各界代表者らと面会され、昭和天皇のお言葉を伝えられた（詳細は第九章第一節に後述）。

第六節　第二次大戦後の世界情勢

本節では第二次大戦終結以後の世界情勢を、極く簡単に整理する。

一　東西の冷戦

第二次世界大戦では、米ソは連合軍として共同して日独伊の枢軸国と戦い勝利したが、戦後、米国を中心とする自由主義陣営（西側と略称）と、ソ連を盟主とする社会主義陣営（東側）とに分かれて対立した。この対立は「冷戦」と」呼ばれ、一九四七年、欧州で始まり、一九八九年まで続いたが、その色分けは、大戦中の勢力圏を引き継ぎ、大まかには、ドイツを挟む東西に分かれた。

㈠　北大西洋条約機構とワルシャワ条約機構の対立

米国は一九四七年、欧州復興計画（マーシャル・プラン）で欧州諸国を援助してソ連の影響力の東欧浸透を防ごうとし、西側陣営は一九四九年に北大西洋条約機構・NATO（North Atlantic Treaty Organizaion. 創設時は米国、カナダを含む欧州の西側12ヵ国。現在は30ヵ国）を結成した。この米国の封じ込め政策に対抗し、ソ連は東欧諸国との軍事的・経済的結合を強化し、一九五五年、ソ連を盟主とする軍事同盟・ワルシャワ条約機構・WPO（Warsaw Pact Organization. 北朝鮮及び東欧9カ国。ワルシャワで設立されたため「ワルシャワ」の名を冠するが、本部はソ連のモスクワに置かれた）を結んだ。WPOは一九九一年解散されたが、翌年ロシア主導で東欧6カ国からなるCSTO（Collective Security Treaty Organization）が再編された。米ソ両国は大量の核兵器を保有し軍拡競争を展開した。以下、対立の主な事案を述べる。

(二) ベルリンの壁

ドイツは戦後、連合国に分割占領され、一九四九年に西側占領地域でドイツ連邦共和国（西ドイツ）が誕生し、ソ連地域ではドイツ民主共和国（東ドイツ）が建国した。ベルリン市は東ドイツの中にあり、東西に分断され、西ドイツの首都・西ベルリンは東側の飛び地となった。東ドイツは一九六一年に西ベルリンを囲む壁を建設し、東ドイツ市民の西側への脱出を防ぎ、ベルリンは東西冷戦の象徴となった。

(三) ハンガリー動乱（1956. 10. 23 ～ 11. 10）

一九五三年三月にスターリンが死去すると、共産圏全土で非スターリン化の気風が高まった。ジャーナリストや言論者のみならず学生や市民の間にも共産党反対の運動が起きた。ソ連共産党のニキータ・フルシチョフのスターリン批判演説が、党内や周辺国の動揺を呼び起こし、一九五六年十月下旬、ハンガリーの首都ブタペストで大規模な反政府運動が起こり、多くの政府施設や地域がデモ隊に占拠された。ソ連軍は一九五六年十月と十一月に介入し、翌年の一月にはソ連は新たなハンガリー政府を組織し、ハンガリー人の改革を弾圧した。ソ連軍は数千人の市民を殺害し、約二十五万人が難民として国外へ亡命し、ハンガリー国民の蜂起は鎮圧された。

(四) キューバ危機

キューバは一五一一年にスペインに征服され、スペインの植民地となったが、一八九八年の米西戦争で米国が勝利し米国の軍政となり、一九〇二年に独立した。しかし一九三四年までは米国の保護国であり、その後も親米政権が続いたが、一九五九年、親米独裁のバティスタ政権は、フィデル・カストロらによる革命で打倒され、共産党の一党独裁が二〇〇八年まで続いた。経済・政治・人権状況は深刻に悪化した。外交面ではカストロは革命直後は米国に接近したが、米国はカストロの国内政策を社会主義的と断定し、冷淡に扱った。カストロは一九六〇年六月に米国資本企業を国有化し、これに対し米国は、一九六一年一月に国交を断絶し、情報機関・ＣＩＡの指導の下にカストロ政権の転覆を図り、亡命キューバ人部隊一、四〇〇名を組織してピッグズ湾に上陸させた。しかしこの部隊はキューバ政府軍の反撃あって敗北し、大半が捕虜となった。この事件の直後、キューバ政府はソ連への接近を強め、その翌年秘密裡に軍事協定を結び、一九六二年十月にはソ連の中距離ミサイル基地の建設を試みた。米国はそれを阻止するため、キューバを海上封鎖し、米ソは鍔競り合いの「キューバ危機」に陥った。米国は一九八二年、キューバをテロ支援国家に指定した。二〇一五年にはバラク・オバマ米政権はキューバとの国交を回復したが、次のトランプ政権は再びテロ支援国家に指定した。

(五) チェコスロバキアのプラハの春の弾圧

一九六八年一月、チェコスロバキアでは改革派のアレクサンデル・ドゥプチェクが共産党第一書記に就任した。彼は独自の社会主義路線を宣言し、事前検閲の廃止、市場経済方式の導入による企業の独立化等の政策を打ち出した。ソ連のブレジネフ政権は、社会主義体制の崩壊を懸念して、同年８月ワルシャワ条約機構軍二十万人を投入し、民主化の動きを圧殺し、ドプチェクは解任された。

キューバ危機を収拾した米ソ両国は、核兵器の抑止機能に依存しつつ軍事力の均衡をとり、段階的に軍備を縮小する方向に向かった。しかし一九七九年、ソ連がアフガニスタンに侵攻すると、西側諸国は強く反発し、再び東西緊張が高まった。

東西両陣営の対立は、双方に大きな経済的負担を強い、特に産業構造の転換に立ち遅れたソ連では、経済の停滞は深刻であった。一九八五年にソ連共産党書記長に就任したゴルバチョフは、体制の根本的改革を目指し、ワルシャワ条約機構の対外関係の改善を進めた。一九八九年の東欧革命とベルリンの壁開放の後、ブッシュ米大統領とゴルバチョフ・ソ連首相は、同年末、マルタ島で会談し、冷戦の終結を宣言した。一方、ペレストロイカの進展と冷戦の終結はソ連の統合力を急速に弱め、一九八九年の冷戦終結に伴い東欧革命が始まり、一九九一年三月にワルシャワ条約機構の軍事機構は廃止され、七月一日に正式に解散し、一九九一年十二月にはソ連同盟が崩壊した。

二　中東戦争

東西冷戦は国家体制のイデオロギーの対立であるが、中東ではユダヤ人とアラブ人の民族間の対立、宗派間の対立、油田の利権の争い等が絡んで抗争が続いた。一九四八年五月、イスラエルが建国すると、パレスチナの内戦はアラブ諸国とイスラエルとの間の武力衝突になった。これまでに大規模な戦闘は、第一次中東戦争（1948～49, パレスチナ戦争）、第二次中東戦争（1956, スエズ戦争）、第三次中東戦争（1967, 六日戦争）、第四次中東戦争（1973, ラマダーン戦争）、第五次中東戦争（1975～1990, レバノン内戦）、第六次中東戦争（1980～1988, イラン・イラク戦争）４回を数えるが、それ以外にも戦闘もさまざまな形で行われた。

三　アフガニスタン紛争

アフガニスタンでは一九七八年以来、断続的に紛争が続いた。この戦闘を時期によって大別すれば、以下の四つに分けられる。

㈠　一九七八～一九八九年の紛争

一九七八年、アフガニスタンでは、共産主義のアフガニスタン人民民主党が政権に就いた。しかしこれに対抗する武装勢力の蜂起が始まり、ほぼ全土が反政府勢力の支配下に落ちたため、人民民主党政権はソ連邦に軍事介入を要請した。ソ連軍は一九七九年十二月に軍事介入し、政府軍・ソ連軍とそれに対するムジャーヒディーンのグループが戦った。

㈡ 一九八九～二〇〇一年の紛争

一九八九年のソ連軍撤退後もムジャーヒディーンや軍閥による内戦が続いた。一九九二年、人民民主党が壊滅し、一九九六年九月、ターリバーンが首都カブールを占領し、アフガニスタン・イスラム首長国を樹立した。

㈢ 二〇〇一年～二〇二一年の紛争

二〇〇一年の米国及び有志連合諸国と北部同盟によるターリバーン政府打倒の攻撃と、北部同盟が樹立したアフガニスタン・イスラム共和国政府、国際治安支援部隊及び有志連合諸国とターリバーン及びヘクマティヤール派などの武装組織等が抗争した。ターリバーン勢力はパキスタン連邦直轄部族地域に浸透し、パキスタン国内でも戦闘を行った（ワジリスタン紛争）。二〇一四年十二月末に有志連合及びＮＡＴＯ主導の対テロ戦争の不朽の自由作戦が終了し、自由の番人作戦となった。

二〇二〇年にターリバーンのアフガニスタン・イスラム首長国と米国の間で和平合意が成立し、翌年五月に米軍が撤退を開始すると、他の外国軍も撤退を開始した。ターリバーンは合意内容に従ってアフガニスタン・イスラム共和国政府と和平交渉を行いつつ、共和国政府の支配下にある都市を次々と奪還し、８月15日に首都カブールを占領した。これによりアフガニスタン・イスラム共和国は事実上崩壊し、ターリバーン政権が再度樹立された（二〇二一年タリバーン攻勢）。

㈣ 二〇二一年以後

アフガニスタン・イスラム首長国（通称ターリバーン政権という）の再建と戦闘終結に伴い、民族レジスタンス戦線（略称ＮＲ

F）等の反ターリバーン武装勢力は、嘗てソ連軍の侵攻に対して難攻不落を誇ったパンジシール渓谷に集結し反抗した。しかし攻撃を再開したターリバーン政権は僅か一週間でパンジシール渓谷の主要村落を攻略し、NRFの高官らは国外に逃亡した。しかし十二月までNRFの残党は山岳地帯に拠点を構え、時折、ターリバーン政権の治安部隊に対してゲリラ攻撃を行った。またイスラム正統派と称し、ターリバーン政権を背教集団とみなすイスラム国ホラサン州（略称ISKP）は、ターリバーン政権に対して自爆攻撃や要人の殺人を活発に行った。ISKPはターリバーンが政権をとる前から、治安部隊や民間人、ターリバーンに対して頻繁に自爆攻撃や標的殺人を加えており、NRFが弱体化した現在ではターリバーンの統治に最も損害を与える武装勢力となっている。

四　ウクライナ問題

二〇一四年三月、ロシアはウクライナ南部のクリミア半島に侵攻し、プーチン露大統領がロシア領編入を宣言し、また親露派武装集団が東部のドネツク、ルガンスク州の独立を宣言した。二〇二二年二月、プーチン大統領はこれを承認し、更にロシアはウクライナのNATO加入に反対し、ウクライナ東部のロシア系住民の大量虐殺を救うとの虚構の口実を掲げてウクライナに武力侵攻し、東部ドンバス地方からクリミア半島に至る東部及び南部ウクライナ一帯を占領し、マウリポリ市の住民数万人をロシアに強制連行した。これに対して米国及びNATO軍は、ウクライナのNATO未加入を理由に直接ロシア軍との戦闘を避け、ウクライナ軍に武器援助を行った。これによりウクライナ軍は善戦し、ロシア併合に反対するゼレンスキー大統領の政権を維持した。我が国は米欧の国連諸国と共同してウクライナを支援した。

五　アジアにおける東西戦争

東西冷戦は世界規模に広がり、アジアでは、中国での国府軍と共産党軍の戦、朝鮮戦争、ベトナム戦争、等が行われた。

㈠ 中国の国共内戦

中国共産党の公式見解では、中国での革命戦争は、一九二一年の中国共産党結党から一九二四年の第一次国共合作を経て一九二七年の国共分裂の間の第一次国内革命戦争、一九二七年～一九三七年の第二次国共合作による抗日民族統一戦線の時期の第二次革命戦争、一九四六年の国共再分裂から一九四九年の中華人民共和国成立までの第三次国内革命戦争に分類している（国共内戦は主に第三次国内革命戦争の時期をいう）。中国の国共内戦は蒋介石総統の国府軍が敗れて台湾に逃れた（1949. 12）。

国民党と共産党は、対日戦を挟んで対立・協働を繰り返し、蒋介石の上海クーデターにより国共合作が破綻し、第一次国共内戦（1927～1937）となった。張学良の西安事件により第二次合作となり、共に日本軍と戦ったが、日本の大東亜戦争の敗北に伴い、一九四五年十月十三日、蒋介石は国民党の各部隊に対し共産党軍との内戦を密命し、一方、共産党も翌年十月十日、中国人民解放軍総司令部が「打倒蒋介石、解放全中国」の方針を発表し、全面的に国共内戦となった。各地で中共軍が勝利し、一九四九年一月十六日に中央政府が南京から広州への撤退し、十月半ばには重慶へ、十一月末には成都へ退却し、遂には台湾への撤退を決定し、中華民国軍や国家・個人の財産を台湾に運び出し、一九四九年十二月七日に中央政府機構も台湾に移転して台北市を臨時首都とした。

国民党政府は一九四七年元日に公布の「中華民国憲法」により、三民主義（民族独立、民権尊重、民生安定）に基づく民主共和制を採ったが、国共内戦中の初代総統・蒋介石（1887.10.31～1975.4.5）、二代（長男）蔣経国（1910.4.27～1988.1.13.）の時代は、国民党の一党独裁の寡頭共和制であり、蔣経国政権末期に急速に政治の自由化・民主化が進み、今日では国家元首の総統以下、市町村議員レベルまで自由選挙の民主共和制が行われている。

毛沢東中国共産党主席は、一九九一年十月一日、北京の天安門広場で「中華人民共和国」の建国を宣言した。その後、中共軍は台湾への軍事侵攻も検討したが、一九五〇年六月二十五日に勃発した朝鮮戦争に兵力を割かざるを得ず、中共軍の国府軍への軍事行動は停止された。更に中共軍は朝鮮戦争に介入する一方、チベットに侵攻し(第一次の東北部・東部併合(1948～1949)、第二次中央チベット併合を行い（1950～1951)、またベトナム民主共和国に武器の援助や軍事顧問の派遣(第一次インドシナ戦争(1946～1954))を行ったため、米国が支援する台湾への侵攻はできず、今日に至った。

(二) 朝鮮戦争

朝鮮は第二次大戦後、米ソ両国に分割占領され、南に大韓民国、北に朝鮮民主主義人民共和国が成立して対立した。一九五〇年六月には北朝鮮軍が大韓民国に侵攻し、東西両陣営の代理戦争の朝鮮戦争が勃発した（1955.7終結)。

(三) ベトナム戦争

第二次大戦後、朝鮮と同様に分断された南・北ベトナムも統一を巡って戦った。第二次大戦中、ベトナムは日本軍が占領したが、敗戦後日本軍は引き揚げインドシナに権力の空白状況が生まれた。コミンテルンの指示を受けたインドシナ共産党ベトミンが総蜂起してベトナム帝国（阮朝）を倒した（八月革命)。この革命の結果、ベトナム民主共和国（北ベトナム）が成立したが、戦後進駐したフランス軍のインドシナ再植民地化に対抗して血みどろの独立戦争の第一次インドシナ戦争となった。

一九五五年、ゴ・ディン・ジエムがベトナム南部にベトナム共和国（南ベトナム）を建国した。以後、ベトナムは南北に分かれて抗争した。一九六〇年、北ベトナムは南ベトナムの解放を表明し、「南ベトナム解放民族戦線」を結成した。一九六一年にはケネディ米大統領が南ベトナムに援軍の派遣を決定した。当初、米軍の援助は消極的であったが、一九六四年、トンキン湾で北ベトナムが米軍艦艇に魚雷攻撃を行い、米軍の介入は本格化した。当時の南部には南ベトナム解放民族戦線のゲリラ軍が潜伏し、米軍と熾烈に戦った。米軍は密林のゲリラ兵の活動を抑えるために、枯葉剤を散布した。枯葉剤の散布は一九六一年から約十年に亘り、ゲリラ兵だけではなく、米兵やベトナム住民にも害を与えた。一九六四年、ソ連は北ベトナムの軍事支援を表明し、北側の軍事力は増強された。更に一九六五年に米軍は北ベトナムへの空爆を開始した。このように米ソの支援の下に戦争は激化していった。しかし米国内をはじめ世界の各地で反戦の声が次第に高まり、一九七三年のパリ協定により、米軍はベトナムから撤退を決めた。南ベトナム軍の勢いは弱まり、一九七五年には遂にサイゴンが陥落し、ラオス内戦、カンボジア内戦を経て、一九七五年に三ヵ国とも社会主義化して終結した。この戦争の死者は四百万～五百万人とされる（因みに大東亜戦争の日本人戦歿者は軍人二百三十万人、市民八十万人）。

六　東西冷戦の終結とその後

一九八〇年代末、東欧革命によりソ連や東欧の旧社会主義国は、資本主義体制に転換し、人々の生活は大きく変化した。またインターネットの急速な発展により国境を越えて情報共有が進み、資金や技術、労働力の移動が地球規模に展開されグローバル化された。社会主義体制の中国やベトナムも、開放政策を採って経済成長を遂げた。世界経済では市場原理による自由競争が追求され、一九九五年には世界貿易機関WTO（World Trade Organization）が発足し自由化された。他方、市場経済もグローバル化され、一国の経済が世界規模の影響を持つようになった。グローバル化の進展は、世界経済を活性化させる一方で、貧困や債務を抱える国々が直面する課題を深刻化させた。貧困問題の深刻化や経済的格差の拡大は、新たな地域紛争や国際テロ組織の影響力を拡大させている。

第四章　上皇陛下のお誕生から御即位まで

本章では上皇（明仁）陛下のお誕生から御即位までの昭和期の上皇陛下に関わる皇室行事を、年次に従って整理する。

第一節　お誕生 及び 幼児期

上皇陛下は、第百二十四代昭和天皇と香淳皇后ご夫妻が儲けられた二男五女の第一皇男子（第五子）として、昭和8年（1933）12月23日にお生れになった。皇儲の宮のご降誕に国中が喜びに沸き返り、東京・銀座では大勢の旗行列が行われ、花電車が走った。

① 御帯進献の儀

民間では妊娠五ヵ月目の「戌の日」に安産を祈願して妊婦に岩田帯の腹帯を付ける「帯祝い」を行うが、宮中でも同様の一連の行事が行われる。女性皇族が懐妊された場合、妊娠九ヵ月目の戌の日に安産を祈念して**「御着帯の儀」**が行われる。昭和天皇の皇后 良子陛下が懐妊された際、帯親の昭和天皇から良子皇后に紅白の生平絹の腹帯が贈られ、**「御帯進献の儀」**が行われた。

② 宮中三殿に着帯奉告の儀

次にその帯を掌典が預かって両親に代わって宮中三殿に帯を供え参拝する**「賢所、皇霊殿、神殿に着帯奉告の儀」**が行われる。賢所、皇霊殿、神殿の順に、神前に神楽歌を奉納して神饌を供え、掌典長が祝詞を奏上した後、潔斎した代拝者が帯を供えて拝礼した。

③ 御着帯の儀

その後、掌典が帯を両陛下に届け、天皇が女官の介添えで袿《うちき》と袴《はかま》姿の皇后に腹帯を結ぶ**「御着帯の儀」**が行われた。なお妊娠五ヵ月目の「戌の日」にも**「内御着帯」**が行われたが、これは皇室の正式な儀式ではない。

④ 賜剣の儀

皇室にお子が生まれた際には、天皇から子の健やかな成長を願い、「守り刀」と御服一式が贈られる。「守り刀」は白木の鞘に赤地の錦で包まれ、菊の御紋付の桐箱に納め、御服と共に勅使によってお子に届けられる。

⑤ 浴湯の儀、読書鳴弦の儀

里方の寝殿に湯殿を設け、誕生七日目に**「浴湯の儀」**が朝夕二回行われる。部屋を二つに仕切り、一方で女官がお子を湯浴みさせ、隣室では衣冠単《ひとえ》姿の読書役が前途奉祝の古典(通常は『日本書紀』の一節)を朗読し、鳴弦役が掛け声と共に弓の弦を引く**「読書鳴弦の儀」**を行う。

またお子の父陛下と宮内庁書陵部及び漢学者が相談し、名、称号、お印を決める。

⑥ 命名の儀(昭和8年12月29日)

一般の「お七夜」に当たる儀式である。複数の名前の案の中から、最終的には父陛下が決定し、命名の儀式が行われる。

上皇陛下の御名は「明仁」、称号は「継宮《つぐのみや》」、お印は「榮」である。御名及び称号は、昭和天皇が明治天皇御即位の明治3年1月3日(註)の詔勅『大教宣布』より採って命名された。

註:我が国では明治5年12月2日(1872. 12. 31.)まで太陰暦を使用し、詔勅発布はグレゴリオ暦では一八七〇年二月三日に当たる。

出典の明治天皇の詔勅を書き下せば次のとおりである。

「極(皇位)」ヲ立テ「統(皇統)」ヲ垂レ、列皇(歴代天皇)ハ相承シ、之ヲ**継ギ**之ヲ述ベ〈中略〉宜シク治教ヲ**明**ラカニシ以テ惟神《かんながら》ノ大道ヲ宣揚スベキ也」。

お子の名を大高檀紙《おおたかだんし》(大判の楮《こうぞ》和紙)に墨書し、身の回りで使う品に記入する「お印」を記した和紙と共に桐箱に入れ、両親が確認した後、宮務官が子の枕元に置く。

御名は「命名の儀」の翌日12月30日に、皇統譜に記載された。

⑦ 宮中三殿奉告の儀

命名の儀と同時刻に、代拝者が宮中三殿に子の誕生と命名を奉告する。

⑧ 賢所、皇霊殿、神殿に謁するの儀

誕生後五〇日目に賢所、皇霊殿、神殿の宮中三殿を、子が初めて参拝する儀式が行われた。一般の「お宮参り」に当たる。

⑨ お箸初めの儀

誕生後百日〜百二十日の間に、子の健やかな成長を願い、新しい椀・箸の膳に小豆粥を用意し、子に食べさせる（食べる真似をさせる）儀式である。一般の「お食い初め」に当たる。

⑩ 着袴の儀

数え齢五歳の時に、「賜剣の儀」の折に贈られた御服を着用する儀式。男子は滝をあしらった和服「落滝津の御服」の上に白絹の袴、女子は濃色《こきいろ》（濃い赤紫色）の小袖と同色の袴を着用する。女子は更に袿を着て祖扇《あこめおうぎ》（檜扇とほぼ同じ）をもち儀式を行う。

⑪ 深曽木の儀

「着袴の儀」に引き続き、儀式で着用した和服と袴に加え、更に童形服を別室で着用し、子は松と山橘の小枝を持って碁盤の上に乗り、子の髪を少し切った後、掛け声とともに飛び降りる。「着袴の儀」とは独立の儀式であったが、近世、同時に行うようになった。昭和45年の礼宮文仁親王の後、平成23年の悠仁親王に対し、四十一年ぶりに行われた。この間女子皇族（内親王四名、女王五名）には「深曽木の儀」は行われず、現代では男子皇族にのみ行われる。

明仁親王は、「着袴の儀」、「深曽木の儀」の終了後、宮中三殿に参拝された。

第二節　少年・青年時代

明仁親王は昭和15年（1940）4月8日に学習院初等科に入学され、山梨勝之進院長（帝国海軍大将）の教導を受けた。昭和16年12月8日、殿下が学習院初等科二年次に、日米は大東亜戦争に突入した。初等科五年の昭和19年、戦争の激化に伴い、初めは栃木県日光市の田母澤御用邸に疎開され、後に奥日光の湯元・南間ホテルに学習院のご学友と共に集団疎開された。翌昭和20年8月15日に、父帝 昭和天皇の「大東亜戦争終戦の玉音放送」(第十三章詔勅第十三)を南間ホテルで聴かれ、間もなく帰京された。

明仁親王は、昭和21年4月、学習院中等科(旧制の中学校、五年制)に進まれた。戦後、教育制度改革(昭和22年)により小学六年・中学三年・高校三年・大学四年の新学制となり、昭和24年4月に高等科(新制・高等学校)に進学され、昭和27年4月に学習院大学政治経済学部に進まれた。

教育改革に当り明治23年(1890)に発布された「教育勅語」を廃止し、「日本国憲法」に準拠した教育を確立し、その振興を図るために、「教育基本法」と「学校教育法」が制定された。大戦後の教育改革の新しい教育理念を明示し、教育関係法令の基本とされた。その後の科学技術の進歩、情報化、国際化、少子高齢化、教員の左傾化などに対応するため、平成18年に改正法が公布された。

昭和21年10月から昭和25年12月まで、昭和天皇のご意向で、「西洋の思想と習慣を学ばせる」という皇太子への新しい教育方針に従い、米国人のクエーカー教徒の児童文学者として著名なエリザベス・ヴァイニング夫人が家庭教師として招かれた。

明仁殿下は活発な性格で、少年時代から水泳、テニス、卓球、スキー等のスポーツを熱心に行われた。特に乗馬を好まれ高校時代の「学習院対早大対抗馬術大会」(昭和26年11月)では主将として出場して優勝し、更に翌年11月の「全日本馬術選手権大会」では白馬「嶺雪」を駆って乙種馬場馬術競技で二位の成績を収められた。

学生時代の殿下は「銀ブラ事件」で世間を驚かせた。昭和27年2月、学習院高等科三年の試験終了の日、殿下は学友の橋本明、千家崇彦と三人で、目白の学習院を抜け出し、満員の山手線内回りで目白から新橋に出て、四時間程銀座ブラを楽しんだ。高級喫茶店の「花馬車」で橋本の女友達と合流し、所持金を出し合い一杯九十九円のコーヒーを飲み、洋菓子店「コロンバン」でアップルパイと紅茶を注文した。一方、皇太子が行方不明となった学習院では侍従や皇宮警察は大騒動であった。間もなく皇太子一行は発見され、学友の二人は厳しく油を搾られた。

昭和27年4月、明仁殿下は学習院大学政治経済学部に進学された。同年11月、**「立太子宣明の儀」**（次節に詳述。「立太子の礼」と略記）を挙げられ、皇太子となられた。

明仁皇太子は、昭和28年6月2日、エリザベス二世英国女王の戴冠式に、父帝　昭和天皇のご名代として出席した。このとき昭和28年3月30日から同年10月12日の間、皇太子は欧州十二ヵ国、米国、カナダを歴訪された。

エリザベス二世戴冠式から帰国後、この外遊のために学習院大学の取得単位が不足して進級できず、学習院大学を中途退学された。しかし長年の学友達との交友を続けるため、聴講生として学業を続けられた。

明仁殿下は、欧米外遊から帰国直後の昭和28年12月、結核感染が判明したが、ストレプトマイシン等の投薬治療で昭和32年頃には治癒した。（このことは平成21年3月18日、都内のホテルで開かれた「財団法人・結核予防会創立七〇周年記念・第六〇回結核予防全国大会」における陛下のご挨拶で、御自身が話された）。

第三節　成年式 及び 立太子の礼

一　成年式

継宮明仁親王は、昭和27年11月10日、「皇室典範」の規定（註）により成年式を挙げられ、「立太子の礼」が行われた。

註：「皇室典範」では、天皇・皇太子・皇太孫の成年は十八歳（第二十二条）、その他

の皇族は成年の年齢の規定はない。一般社会では民法の規定で二〇歳が成年であるが、平成28年（2016）に「公職選挙法」が「選挙権年齢を二〇歳から十八歳に引き下げる」改正を行い、平成30年には民法も成年十八歳に改正された（令和4年4月1日施行）。

成年式では次の儀式が行われた。

① 冠を賜うの儀

天皇陛下が勅使を遣わし、成年となった皇族男子に、冠を贈る儀式である。

② 成年式・加冠の儀

昭和27年11月10日10時、仮宮殿「表北の間」において、皇族方に加え、吉田茂首相ら三権の長、都道府県知事、各国大使ら三百名が列席する中、10時に、「君が代」の演奏とともに、「黄櫨染御袍《こうろぜんのごほう》」の天皇、「十二単《じゅうにひとえ》」の皇后が入場され、続いて明仁親王が未成年の正装の「闕腋袍《けってきのほう》」に白絹の袴で笏を持ち、頭には未成年の被り物の「空頂黒幘《くうちょうこくさく》」を被った姿で、侍従に先導されて天皇・皇后両陛下、及び参列者の待つ広間に入る。次いで加冠役の侍従が「空頂黒幘」を外し、「燕尾纓《えんびえい》」の付いた成人の冠を被せ、冠に掛緒を付けた後、顎で結び、緒の両端を切り落とす。続いて明仁親王が、天皇・皇后両陛下の前へ進み、感謝と成人皇族の覚悟を奏上し、吉田首相が「寿詞」を述べ、10時16分に儀式は終了した。その後、成年男子の装束である黄丹色の「縫腋袍《ほうえきほう》」、「垂纓《すいえい》」の冠に着替えて、宮中三殿に参拝された。

二　立太子の礼

成年式に続き「立太子の礼」が行われた。

「立太子」は、奈良時代以前は天皇の詔によって皇太子が指名されたが、平安時代前期の『貞観儀式』（貞観年間（859〜877）に編纂された儀式書）で「立皇太子儀」が定められた。また十世紀の醍醐天皇の時代から、皇太子の証《しるし》として天皇が「壷切御剣」を伝えるようになった。中世は天皇が複数の候補者の中から皇太子を決めたため、「立太子の礼」を行って皇太子を正式に宣言する「立太子の礼」は重要な儀式であったが、南北朝時代の崇光天皇（北朝）の時代に途絶え、三百年余年後の後西天皇（江戸時代）の御代に復活された。しかし既に立太子に先立ち「儲君治定《ちょくんじじょう》」（後継者指名）が行われたため、「立太子の礼」は形式化した。更に明治以降は「皇室典範」で定められた皇位継承順位に従って皇太子が決定され、「立太子の礼」は儀礼化された。

明治42年（1909）2月11日に立太子礼を定めた「立儲令」が施行されたが、昭和22年5月2日、旧「皇室典範」の廃止に伴い「立儲令」も廃止された。「立太子」の規定は、現「皇室典範」にはない。そのため政教分離の「日本国憲法」下では、その都度、天皇の国事行為として閣議決定され、付随するその他の神道の儀式は、皇室の私的行事とされた。

上述のとおり、継宮明仁親王の「成年式」と「立太子の礼」は、昭和27年11月10日に行われた。我が国は同年4月に占領軍から主権を回復したばかりであり、日本国民の希望の星であった明仁親王の立太子は、国民的な慶祝事となった。当日、明仁親王は馬車で東宮仮御所から皇居までパレードされ、沿道には多数の国民が詰めかけ、自治体・民間で様々な祝賀行事が催された。

「立太子の礼」は以下の儀式からなる。

① 親告の儀

昭和27年11月10日、昭和天皇・皇后両陛下は宮中三殿に親拝され、立太子を奉告された。立太子奉告は、側近の代参が通例であるが、この度は両陛下が親拝された。

② 立太子の礼

仮宮殿「表北の間」で10時45分、明仁親王が「加冠の儀」と同じ装いで入室し、11時5分、田島道治宮内庁長官が「宣明」を読み上げ、明仁親王が皇太子であることを宣言した。明仁親王は昭和天皇・香淳皇后の御前に進んで拝礼し、次いで吉田茂首相が「寿詞」を述べて立太子の礼は終了した。式典の最中、大野伴睦衆議院議長が感激して号泣し、吉田首相の「寿詞」も涙で途切れがちであったという。

③ **壺切御剣伝進の儀**

仮宮殿「表拝謁の間」で昭和天皇が「壺切御剣」を侍従長を通じて、別室の皇太子明仁親王に伝進された。明仁親王は宮中三殿を拝礼し、「成年と立太子」を奉告した。

④ **朝見の儀**

天皇・皇后両陛下及び明仁皇太子は洋装に着替えられ、仮宮殿「表西の間」で明仁皇太子が天皇陛下に感謝の言葉を述べ、九年酒を順番に口にし、料理に箸を立て式は終了した。

⑤ **勲章親授の儀**

仮宮殿「表拝謁の間」で昭和天皇は皇太子に大勲位菊花大綬章を親授された。

⑥ **一般参賀**

翌11月11日、皇居で一般参賀が行われた。午前・午後に合計五回、二〇万人以上の国民が参賀に訪れ、明仁親王の立太子礼を祝った。特に第一回目の会場では自然発生的に君が代の合唱が起きた。

⑦ **神宮及び御陵参拝の儀**

皇太子は11月18日に伊勢神宮、翌19日に神武天皇陵、20日に大正天皇陵を参拝され、立太子礼の終了を奉告された。

第四節　ご成婚

昭和32年8月19日、明仁皇太子は、避暑で訪れた軽井沢のテニス競技会で、日清製粉グループ会長 正田英三郎の長女 美智子様と出会い、テニスを通して交際を深めた。しかし「皇太子の結婚相手が正田美智子様」と知れると、皇族の一部に「皇太子の平民子女との結婚」に反対の声が起きた。(旧「皇室典範」では親王・内親王は、皇族又は天皇が許された華族との婚姻しか認められなかった。)しかしその反対を乗り越えて皇太子殿下と正田美智子様の恋は実り、昭和4年4月10日、ご成婚の運びとなった。

①納采の儀

「納采」は一般の婚儀の「結納」に相当する。「納采の儀」の歴史は古く仁徳天皇の時代に皇太子（履忠天皇）の妃を迎える際に、贈物をされたのが始りとされ、民間の「結納」としても広まった。明仁皇太子の「納采の儀」は、昭和33年1月14日に行われた。

○男子皇族の納采の儀

ⅰ　両親の天皇・皇后両陛下（宮家の場合は、皇族の両親）が、使者を結婚相手の実家へ供物を持たせて派遣する。納采のお供物は、雌雄の鯛と白木の箱に納められた酒一荷（瓶六本）及び緞子が贈られる。緞子は新婦の結婚衣装に用いられる。

ⅱ　使者は結婚相手の両親に、納采の旨を伝え、供物を進呈する。

ⅲ　両親は供物を受けとる。

ⅳ　使者は供物が受け取られたことを天皇・皇后両陛下に報告する。

○女子皇族の納采の儀

女子皇族が一般男子と結婚する場合の納采は、次のようになる。

ⅰ　結婚相手の男性側の両親の使者が供物を持って皇居に参上する。

ⅱ　侍従長が使者をもてなす。

ⅲ　使者は結婚を希望する旨を侍従長に伝え、供物を進呈する。

ⅳ　侍従長が天皇・皇后に供物を奉呈し、納采の旨を伝える。

ⅴ　天皇・皇后が供物を受け取る。

ⅵ　侍従長は天皇・皇后によって供物が嘉納されたことを使者に伝える、

ⅶ　使者は両陛下が嘉納された旨を相手の男子の両親に報告する。

昭和・平成の納采では、供物は緞子、酒、鯛であり、緞子は絹のドレス用生地が贈られ、女性が婚儀で着るローブ・デコルテなどに仕立てられた。男子皇族が相手の場合、皇太子妃は緞子五巻、親王妃は三巻、女子皇族の場合は二巻が、相手側から贈られる。酒は宮内庁御用達の蔵元から清酒を直送し、鯛は日本近海で獲れた大物の真鯛の雌雄一対を、台の上に八の字に並べ、熨斗をかけて届ける。鯛は「鮮鯛料《せんたいりょう》」という代料が贈られる場合もある。

②告期の儀

「納采の儀」に続き、男性側が結婚の日程を決め、相手方に使者を送って伝える**「告期の儀」**を行い、以下の一連の**「結婚の儀」**が進められる。

③入第・結婚の儀

昭和34年4月10日、皇室から正田家に迎えの使者が遣わされ、10時から「結婚の儀」が賢所で行われた。内陣で皇太子殿下が告文を読み、美智子妃と固めの杯を交わした。皇族、正田家、バイニング夫人、政府首脳等、九百人が参列した。

④朝見の儀

14時から仮宮殿「西の間」で昭和天皇・皇后両陛下と「朝見の儀」が行われ、皇太子夫妻が両陛下に結婚のご報告と御礼を申し上げ、両陛下はお祝いの言葉を返され、杯を賜り親子の固めとされた。

14時半、皇太子・同妃両殿下は皇居から渋谷常磐松の東宮仮御所まで、約九粁を馬車でパレードされ、沿道には約五十三万人の市民が祝賀の旗を振った。明治以降、初の皇族・華族以外の皇太子妃であり、成婚の過程が全国に報道され、「ミッチー・ブーム」が起った。成婚の日のパレードも全国にテレビ放送され、国民の盛大な祝福を受けた。

⑤供膳の儀

東宮仮御所に帰宅された両殿下は、儀式料理を前に、妃殿下、皇太子の順に酒を口にし、夫婦の固めの杯を交わし、その後、儀式料理に箸を立てて、儀式を終了した。

⑥三箇夜餅の儀

ご結婚当夜から三日間、御殿の寝室に祝いの餅を供え、子孫繁栄を祈念する儀式。銀の皿四枚（天皇・皇太子以外は三枚）に碁石程度の大きさの餅を妃の年齢の数だけ盛り、夫婦がそれぞれの皿からひとつずつ取って食べる。餅と皿は燕《つばめ》の螺鈿模様の紫檀の箱に納められ、寝室に三日間飾られ、四日目に縁起の良い方角に埋める。

⑦ 宮中饗宴の儀

4月13日から三日間、皇居仮宮殿「北の間」で、皇太子殿下のご結婚を披露し、祝福を受けられる祝宴が行われた。

⑧ 伊勢神宮等、結婚奉告の儀

皇太子・同妃両殿下は、4月18日、伊勢神宮内宮・外宮、同19日に神武天皇畝傍山東北陵、21日に昭和天皇武蔵野陵に参拝され、結婚を奉告された。

第五節　沖縄ご訪問

沖縄県の施政権が米国から返還されて三年後の昭和50年7月17日、皇太子殿下ご夫妻は、沖縄国際海洋博覧会にご臨席のため、立太子後、初めて沖縄に行啓された。

○「ひめゆりの塔」事件

このとき新左翼の沖縄解放同盟準備会は、「沖縄人自身による沖縄解放」のスローガンを掲げ、同年初めには「流血も辞さない闘いにより皇太子の沖縄上陸を阻止する」と宣言し、一ヵ月間の「皇太子上陸阻止闘争」を行い、7月10日に「ひめゆりの塔」に二名が潜伏して皇太子を待ち受け、火炎瓶と爆竹を投擲する計画を決定した。皇太子ご夫妻の沖縄訪問の当日は、各種政治団体が「皇太子の訪沖阻止」の集会を開き、全日本学生自治会総連合（全学連）・沖縄県学連が、千人規模のデモを行った。また皇太子ご一行が沖縄に到着された当日正午頃、糸満市の白銀病院に病気を偽装して入院中の患者と、見舞い客に扮した沖縄解放同盟準備会の活動家二人（川野純治、他）が、病院の下を通過する皇太子殿下一行の車列に対し、三階のベランダから、「皇太子帰れ、天皇制反対」と叫びながらガラス瓶やスパナ、石を投擲し、警備車両を破損させ、二人は公務執行妨害の現行犯で逮捕された。

一方、同派・知念功と共産主義者同盟・西田戦旗派の二人は、「ひめゆりの塔」に11日に潜入した。17日当日、二人はラジオで白銀病院事件の情報を聴き、実況中継で午後1時5分頃に、皇太子・同妃殿下一行が「ひめゆりの塔」に到着したことを知り、地上に這い出し、皇太子の足元に火炎瓶を投げつけた。火炎瓶は献花台に当り炎上したが、皇太子妃が警察官に庇われて地面に倒れた際に、軽い打撲傷を負われたほかは、両殿下に大きな怪我はなかった。知念ら二人は「礼拝所不敬罪」並びに「火炎瓶処罰法」違反の現行犯で逮捕された。事件直後に、皇太子殿下は案内役の「ひめゆり会」会長の身を案じて声をかけ、事件の発生に動揺する警備担当者を処分しないように関係者に依頼した。その後、両殿下は予定どおり糸満市の「国立沖縄戦没者墓苑」、次いで「沖縄平和祈念堂」を参拝し、慰霊の行啓を続けられた。同日夜には、皇太子殿下は「沖縄戦における県民の傷跡《きずあと》を深く省み、平和への願いを未来へつなぐ」と県民の心情を思う異例の談話を発表された。皇太子殿下の細やかな配慮に、関係者一同、感激した。

両殿下を襲った犯人は、福岡高裁で、「白銀病院」テロの二人には懲役一年六ヶ月、「ひめゆりの塔」テロの二人には懲役二年六ヶ月の実刑が確定した。上皇陛下は十七年後の平成4年の山形市の国体開会式でも、過激派による発煙筒投入に巻き込まれた。

これらの事件の若者らには、激烈な沖縄戦を戦った戦士の「祖国防衛の志」に対する敬意や犠牲者への哀悼の心は欠片《かけら》もない。現在の教育環境では、日本全国がこのような「異国人」で充満するのに時間は掛からないであろう。

皇太子殿下は沖縄に関心をよせ、琉歌を研究し、琉歌八首を発表された［21］。皇太子・同妃両殿下は昭和51年1月18日の沖縄国際海洋博覧会の閉会式にも出席された。

昭和62年に沖縄で第四十二回国民体育大会・夏季・秋季大会（海邦国体）が開催された。「きらめく太陽　ひろがる友情」をスローガンとし、昭和天皇は在位中の天皇として史上初めて沖縄を訪問される予定であった。しかしその前に陛下は病に臥されたため、同年10月24日、名代として明仁皇太子が沖縄を訪れ、南部戦跡の平和祈念堂で、昭和天皇の次の「おことば」を代読された。

「さきの大戦で戦場となった沖縄が、島々の姿をも変える甚大な被害を蒙り、一般住民を含むあまたの尊い犠牲者を出したことに加え、戦後も長らく多大の苦労を余儀なくされてきたことを思う時、深い悲しみと痛みを覚えます（以下省略。全文は第九章第一節　参照）」。

当時の西銘順治　沖縄県知事は、談話を発表し、「お言葉に接し、感動胸に迫るものがあります。これで漸く沖縄の戦後は終わりを告げたと思う」　と述べた。

第五章　昭和天皇の御大喪と香淳皇后の御大喪

昭和天皇は昭和64年（1989）1月7日早朝、崩御された。本章では第一節で昭和天皇の御崩御までの経過について述べ、第二節において御大喪の儀式を述べる。天皇崩御の当日、皇太子殿下（現上皇陛下）が践祚され、一連の一年間喪に服され、諒闇が明けた後、一連の「即位の御大典」が行われたが、これについては章を改めて第六章で述べる。

昭和天皇の御后の香淳皇后は、平成12年6月16日夕刻薨ぜられたが、本章の第三節では香淳皇太后の御大喪について述べる。

第一節　昭和天皇の崩御

昭和62年（1987）4月29日、昭和天皇は皇居・宮殿で催された八十六歳のお誕生日の午餐会の席で嘔吐され、倒れられた。数時間後には吹上御所で落ち着きを取り戻され、宮内庁は「軽い風邪で体調がすぐれず」と発表した。7月下旬から二ヵ月間、陛下は那須御用邸で静養されたが、那須でも頻繁に嘔吐された。嘔吐は9月に入っても止まず、那須から皇居に戻られた直後の9月13日、宮内庁病院でレントゲン検査が行われた。その結果、十二指腸に数センチの狭窄が認められ、これが嘔吐の原因と診断され、同時にこの狭窄の原因は癌である可能性が非常に高いとされた。検査の翌日には高木顯侍医長以下、全侍医、元侍医長や前侍医長らも出席して「侍医会議」が開かれ、史上初めて天皇陛下の手術が行われることとなった。手術の目的は小腸の通過障害を除去するバイパス手術であり、東大医学部第一外科・森岡恭彦教授を長とする「東大医療チーム」が編成された。9

月22日の正午に始まった手術は、二時間半に及んだ。患部の検体の病理検査では「癌」であることが確認されたが、富田朝彦宮内庁長官、徳川義寛侍従長、高木侍医長及び執刀医の森岡教授の四人で様々な角度から検討した結果、陛下への癌の告知は行われず、皇太子殿下（現上皇）には告げられ、マスコミには「慢性膵炎」と発表された。翌年も陛下の体調は回復せず、昭和63年9月19日の午後10時頃に大量の吐血をされ、宮内庁病院に緊急入院された。この時マスコミは、「天皇陛下ご重体」と報じ、テレビには昭和天皇の病状が毎日詳細に報道された。陛下の闘病中、歌舞音曲を伴う派手な行事やイベントが自粛された。自粛の動きは大規模イベントに止まらず、個人生活（結婚式等の祝宴）にも及んだ。また宮内庁は皇居前や京都御所、葉山御用邸、千葉、名古屋、福岡、東京都大島等、各地に昭和天皇の病気平癒のお見舞いの記帳所を設け、いずれの記帳所でも多数の国民が記帳を行った。「陛下御重態」の発表から一週間で、記帳者は二三五万人に上り、最終的な総数は九〇〇万人に達した。

昭和天皇は昭和64年（1989）1月7日6時33分、十二指腸部の腺癌のため吹上御所において崩御された（宝算八十七歳）。崩御後、自治体では六日間、民間では二日間、弔意を表し喪に服することが閣議決定され、また各地で弔旗掲揚などの服喪以外に、スポーツ大会や歌舞音曲を伴う行事などが自粛された。また昭和天皇の崩御後、確認されているだけで、和歌山県、茨城県、福岡県、東京都大島町の男性 計四名が殉死した（遺書等で殉死と判定。その他、未確認の後追い自殺者が六名あった）。

昭和天皇崩御の日、皇太子明仁親王が第百二十五代天皇に即位された。時間的な経過は、昭和天皇の御崩御、天皇（明仁）陛下の御即位、昭和天皇の御大喪、明仁陛下の御大典の順であるが、次節では昭和天皇の「御大喪」の儀式について述べ、章を改めて第六章で天皇（明仁）陛下の即位の御大典を述べる。

第二節　昭和天皇の御大喪

一　御大喪の儀式

皇室の葬儀は時代により変遷してきた。

飛鳥時代までは殯宮《もがりみや》（葬儀と埋葬までの間、御霊柩を奉安する御殿）を設けて一年間遺体を安置した後に埋葬されたが、持統天皇（大宝3年（703）崩御）の時に火葬が行われ、以後は殯宮の殯《もがり》は三〇日に簡略化された。更に聖武天皇（奈良時代、天平勝宝8年（756））の時に仏教の礼式に変更され、以後、村上天皇（平安時代、康保4年（967））までは、天皇の葬儀が国家行事として行われた。次の後一条天皇（長元9年（1036）、在位中に崩御）以後は、「死の穢」を忌み、天皇の崩御を秘して譲位の儀式を行った後に、天皇家の私的行事として太上天皇の葬儀が内々に行われ、外戚や近臣などを除き公卿は参列しなくなった。以後、鎌倉時代・室町時代・安土桃山時代は、仏教に則り寺院で葬儀を行う方式が採られ、天皇のご葬儀はほとんど僧侶による一種の秘儀となった。しかし江戸時代に徳川幕府は国家行事として天皇の葬儀を行うようになり、現職の摂関家以外のほとんどの公卿が参列した。また後光明天皇（承応3年（1654））以後は、火葬の様式のまま実際には土葬の制が復活した。江戸時代最後の孝明天皇の葬儀（慶応2年（1867））は、従来の仏式で行われたが、明治維新と東京奠都に伴い神道形式に変更され、孝明天皇の三年祭は東京の宮中で神道方式で行われた。以後、英照皇太后（孝明天皇の皇后）のご葬儀（明治30年（1897））と明治天皇の大喪（明治45年（1912））は国事行為として神道形式で行われた。明治23年（1890）11月に施行された「帝国憲法」では、皇室に関することは憲法とは同格の「皇室典範」で規定され、「皇室服喪令」（明治42年(1909)）が制定され、更に大正天皇崩御の際の「大喪儀」の規定として「皇室喪儀令」が大正15年（1926）に制定された。これにより天皇（上皇を含む）及び三后（皇后、太皇太后、皇太后）の逝去を「崩御」、葬儀を「大喪」と呼ぶことが定められた。戦後の「日本国憲法」下の現「皇室典範」により、「皇室喪儀令」は廃止されたが、以後もこれに準じた葬儀の礼が行われている。戦後、「日本国憲法」施行後の昭和64年(1989)の昭和天皇の大喪では、「日本国憲法」の政教分離の原則に従い、政府が主催する無宗教の国事行為の「大喪の礼」と、天皇家の葬送の「大喪儀」に則った神道儀式に分離された。「皇室喪儀令」の「大喪儀」では、天皇、上皇、三后に対して、皇族のみで行う天皇家の次の一連の儀式が定められており、昭和天皇及び香淳皇太后の大喪は、これに則って行われた。

① 櫬殿祗候《しんでんしこう》（平成元年(昭和64年)1月7日)）

一般葬儀の仮通夜に当たる。ご遺体を櫬殿（棺を安置する部屋 吹上御所一階の居間）に遷し、別れを告げる。

② 拝訣の儀（1月7日）

ご遺体の納棺の前に、皇族が最期の別れを告げる。

③ 御舟入の儀（1月8日）

一般の葬儀の納棺に当たる。棺は内棺と外棺の二重に作られ、この儀式でご遺体を木製の内棺に納める。

④ 斂棺の儀（1月9日）

内棺を銅製の外棺に納める儀式。斂棺後、霊柩（遺体を納めた棺）は完全に密封され、引き続き櫬殿に安置される。

⑤ 櫬殿一〇日祭の儀（1月16日）

崩御後一〇日後に行われる儀式。

⑥ 陵所地鎮祭の儀（1月17日）

御陵の造営予定地を祓う儀式。

⑦ 殯宮《ひんきゅう》移御《いぎょ》の儀（1月19日）

霊柩を槻殿から殯宮に遷す儀式。殯宮は斂葬《れんそう》（一般の本葬に当る）までの間、霊柩を安置する仮御殿で、一つだけ灯りが灯される。昭和天皇では正殿「松の間」が殯宮とされた。

⑧ 槻殿祓除の儀（1月19日）

霊柩移御後の槻殿を祓う儀式。以後「斂葬」までの四〇日間（1月19日～2月24日）、殯宮で行われる一連の儀式は、「殯宮祗候」と呼ばれ一般の通夜に当たる。

⑨ 殯宮移御後一日祭の儀（1月20日）

霊柩を殯宮に遷した翌日のお祀り。

⑩ 殯宮日供《ひんきゅうにっく》の儀（1月20日～2月20日）

毎日、柩に供物を供える儀式。

⑪ 殯宮拝礼の儀（1月21日）

殯宮で皇族が礼拝する儀式。

⑫ 殯宮一般拝礼（1月22日）

宮殿東庭で葬儀参列者の拝礼が行われた。

⑬ 外交団殯宮拝礼（1月25日）

大喪儀に参列した外国王族や大統領・首相、日本駐在の外交官代表の殯宮礼拝が行われた。

⑭ 殯宮二〇日の儀（1月26日）

崩御後二〇日後の祀り。

⑮ 追号奉告の儀（1月31日）

勅定された追号を霊前に奉告する儀式。

⑯ 殯宮三〇日の儀（2月5日）

崩御後三〇日後の祀り。

⑰ 殯宮四〇日の儀（2月15日）

崩御後四〇日後の祀り。

⑱ 天皇と外国王族・大統領との会見

（2月21～23、25～27日）

昭和天皇の「大喪の礼」には、外国の王室二〇国、国家元首七〇国、副大統領十五国、首相二〇国、閣僚・大使等三十九国、計一六四国、その他国際機関二十七機関の七〇〇人が参列した。天皇（明仁）陛下はそれらの王族・大統領等に面会され、弔意を受け、「おことば」を返された。また昭和天皇の崩御に対して、インドとキューバの二ヵ国が、国を挙げて喪に服した。

⑲ 陵所祓除の儀（2月23日）
造営した陵を祓う儀式。陵は上円下方墳で、下部の方墳のみ造営され、霊柩を納める石槨が設けられる。その上に御須屋と呼ばれる仮小屋が建てられる。

⑳ 霊代奉安の儀（2月23日）
遺体から魂を霊代《みたましろ》に遷し、権殿《ごんでん》（霊代を安置する仮の御殿、宮殿表御座所「芳菊の間」）に奉安する儀式。

㉑ 斂葬当日殯宮祭の儀（2月24日）
斂葬当日の朝、出棺前に殯宮で行う儀式。大正天皇までは夜に行われたが、昭和天皇の斂葬の儀は2月24日朝から行われた。

㉒ 轜車発引《じしゃはついん》の儀及び大喪の礼御葬列（2月24日）
一般の葬儀の出棺に当たる。轜車《じしゃ》と呼ばれる霊柩車に霊柩を納め、殯宮から新宿御苑の葬場殿に向かう。（ここまでが皇室の私的行事の「大喪儀」とされた。）

2月24日9時35分、昭和天皇の霊柩を乗せた轜車を中心に、約八〇〇米の葬列（車三〇台、サイドカー三〇台）が、陸上自衛隊の二十一発の弔砲と、宮内庁楽部による雅楽「宗明楽」に送られ、雨降る「皇居正門」を出発した（これより国事行為の「大喪」の礼）。葬列は葬送曲「哀の極《きわみ》」が奏される中、桜田門、国会議事堂前、憲政記念館前、三宅坂、赤坂見附、青山一丁目、外苑前、青山三丁目を経て、新宿御苑の葬場総門に到着した。途中、青山通りで過激派の青年二人が「天皇制反対」と叫んで車列に突入したが、警備員に排除された。沿道には約二〇万人が葬列を見送った。

㉓ 葬場殿の儀及び大喪の礼（2月24日）
一般の葬儀・告別式に当たる。

車列が新宿御苑の葬場総門に到着後、霊柩を轜車から惣華輦《そうかれん》（屋形の頂に金色の葱《ねぎ》の花形の吉飾りを着けた輿。天皇のみ用いる）に遷し、これを担ぐ「鈍色の衣冠単」の古式の装束を着けた皇宮護衛官の徒歩列「輿丁」が組まれる。また昭和天皇の「大喪儀」では、徒歩列には八瀬童子《やせどうじ》（山城国愛宕郡小野郷八瀬庄（京都府京都市左京区八瀬）に住み、比叡山延暦寺の雑役や駕輿丁を務めた村落の人々で、室町時代以降は天皇の臨時の駕輿丁も務めた）の代表六名も随従した。徒歩列は雅楽が奏される中、白木造りの葬場殿に入り、霊輦（霊柩を納めた葱華輦）を安置した。ここで幔門《まんもん》（門に見立てた黒の幔幕）が閉じられ、鳥居等が設置された。次いで大御葬歌《おおみはふりのうた》が奏でられる中、奠饌幣《てんせんぺい》（神前に幣帛（供物）を供える神道の儀式）、御誄《おんるい》（天皇の送別のおことば）、皇后及び皇族の拝礼が行われ、再び大御葬歌が演奏されて撤饌幣《てっせんぺい》（供物の撤去）が行われた。その後、鳥居、大真榊が撤去された。ここまでの儀式が皇室が主催する神式行事の「大喪儀」の「葬場殿の儀」とされ、以下が政府主催の国事行為の国葬・「大喪の礼」となる。

次いで小渕恵三官房長官が、「大喪の礼御式を挙行致します」と開式を告げ、国事行為の「大喪の礼」が再開された。天皇・皇后両陛下が葬場殿前に進まれ、正午から参列者全員の黙祷が一分間行われた。黙祷の後、竹下登総理大臣、原健三郎衆議院議長及び土屋義彦参議院議長、矢口洪一最高裁判所長官ら三権の長が拝礼して弔辞を述べ、諸外国元首・弔問使節が拝礼し、最後に参列者の一斉拝礼が行われ、葬場殿における政府主催の「大喪の礼」は終了した。国内では、皇族、三権の長夫妻、国会議員夫妻、幹部公務員、都道府県知事、各界の代表者等が参列した（参列者の範囲は平成元年内閣告示第四号「昭和天皇の大喪の礼の細目に関する件」による）。

㉔ **大喪の礼・御葬列**（2月24日）

午後1時40分から、再び葬列が組まれ、新宿御苑の葬場総門を出て、四谷四丁目、新宿三丁目、新宿四丁目から、首都高速道路四号新宿線の初台出入口、中央自動車道の八王子ＩＣを経て、午後3時15分に、陵所の武蔵陵墓地に到着した。陵所では再び徒歩列が組まれて、皇室の儀式として次の「陵所の儀」が行われ、昭和天皇の霊柩が陵（武蔵陵、東京都八王子市長房町）に納められた。

㉕ 陵所の儀（2月24日）

霊柩を陵の御須屋直下の石槨に納め、皇族が砂をかけられる。石槨を塞ぎ御須屋を撤去した後、上部に円墳が築かれて陵が完成する。

以下、次の祭祀が行われた。

㉖ 権殿日供の儀（2月24日〜平成2年1月6日）

毎日、権殿の霊代に供物を供え拝礼する。

㉗ 山陵日供の儀（2月25日〜平成2年1月6日）

毎日、陵所で供物を供え拝礼する。

㉘ 斂葬後一日権殿祭の儀（2月25日、権殿）

㉙ 権殿五〇日祭の儀（同、同）

㉚ 斂葬後一日山陵祭の儀（2月25日、山陵）

㉛ 山陵五〇日祭の儀（同、同）

なお2月27日〜3月28日の間、山陵への一般人の参拝が許された。

㉜ 倚廬殿の儀（3月2日、宮殿）

倚廬殿は天皇が父母の服喪の期間にこもる仮屋をいう。上皇は宮殿で喪に服された。

㉝ 権殿ご参拝（3月〜12月の毎月7日、平成2年1月4日、宮殿）

㉞ 権殿百日祭の儀（4月16日、権殿）

㉟ 山陵百日祭の儀（同、陵所）

㊱ 山陵起工奉告の儀（4月17日、陵所）

㊲ 山陵竣工奉告の儀（平成2年1月6日、陵所）

㊳ 権殿一周年祭の儀（同年1月7日、権殿）

㊴ 山陵一周年祭の儀（同年1月7日、陵所）

㊵ 御禊の儀（平成2年1月8日、御禊所）

㊶ 大祓の儀（同、祓所）

㊷ 霊代奉遷の儀（同年1月9日、皇霊殿）

皇居・宮殿の権殿に祀られていた昭和天皇の御霊代を宮中三殿の皇霊殿に合祀する儀式。

9日午前7時50分、天皇・皇后・皇太后の代

拝の侍従らの拝礼の後、権殿の御霊代を御輿に乗せ、宮殿南車寄せから宮内庁職員十六人が担ぐ御羽車に移し、職員ら約百人が従って雅楽の道楽が奏される中、皇霊殿まで七八〇米をゆっくりと進み、皇霊殿に御霊代を安置する。午前11時から、黄櫨染御袍姿の天皇陛下をはじめ皇族方が順に拝礼をされた。

以上が昭和天皇の「大喪儀」と、政府主催の国葬「大喪の礼」の全般である。

上述したとおり、昭和天皇の「大喪」は、「日本国憲法」第二〇条三項の政教分離の規定により国家の宗教的中立性が定められたため、神道による皇室行事の「大喪儀」の儀式と、無宗教の国葬の儀式に区分され、後者は内閣の主催（大喪の礼委員会委員長：竹下登総理大臣）により執行された。即ち平成元年2月24日に行われた昭和天皇の大喪では、皇居から葬場の新宿御苑ま[illegible]葬列、葬場における儀式の一部（神道[illegible]外）、新宿御苑から墓所の武蔵陵墓[illegible]列が、国事行為の「大喪の礼」とされた（平成元年内閣告示「昭和天皇の大喪の礼の細目に関する件」）。そのため政府は首相・政府首脳の服装について、皇室の儀式「大喪儀」と国事行為の国葬「大喪の礼」を区別するために、皇族は衣冠・束帯、政府要人は燕尾服礼装とした。

前述したとおり、昭和の激動の時代を国民に寄り添って導き、全国民が敬慕してやまない昭和天皇の御大喪を、「占領実施法」の「日本国憲法」のために、このように皇室の「大喪儀」と、政府主催の「大喪の礼」に分割せざるを得ない事態に陥し入れ、昭和天皇を整正たる日本民族の葬儀として葬送できなかったことは、独立国家として屈辱的事態であり、痛恨の極みである。このように一国の元首の葬送の全般を「国葬」と呼べない異様な状況を作り出しているのは、「日本国憲法」の欠陥である。戦後四〇数年を経て、マッカーサーの占領政策の残渣を清算できず、陛下をこのような無惨な形で御送りしたことは、占領軍のプロパガンダに惑わされて、未だに「占領実施法」を崇め奉っている日本国民の精神的怠惰さと脆弱性に根源がある。マッカーサーによって「日本人は十二歳の幼児だ」と罵倒された後も覚醒せず、これを甘受して惰眠を貪って今日に至っている。

昭和天皇のご陵は「武蔵野陵」と称された。「大喪の礼」の日は、「大喪の礼の日を休日とする法律」により休日とされ、全国で弔旗が掲揚され、テレビ・ラジオ放送も特別番組となった。公共施設も休館とされ、民営の多くの百貨店や映画館も休業した。

因みに天皇・皇后・皇太后の大喪以外の他の皇族の葬儀の次第は、次のとおりである。

①正寝移柩の儀（大喪の「御舟入の儀」及び「斂棺の儀」に当たる儀式）
②正寝日供の儀
③正寝移柩後一日祭の儀
④正寝一〇日、二〇日、三〇日、四〇日及び五〇日祭の儀
⑤墓所地鎮祭の儀
⑥墓所祓除の儀
⑦霊代安置の儀
⑧斂葬当日柩前祭の儀
⑨霊輿発引の儀
⑩斂葬の儀
⑪葬場の儀
⑫墓所の儀
⑬正寝祓除の儀
⑭斂葬後一日権舎祭の儀
⑮斂葬後一日墓所祭の儀
⑯権舎日供の儀
⑰墓所日供の儀
⑱権殿一〇日、二〇日、三〇日、四〇日及び五〇日祭の儀
⑲山陵一〇日、二〇日、三〇日、四〇日及び五〇日祭の儀
⑳御禊の儀
㉑権舎百日祭の儀
㉒山陵百日祭の儀

㉓　権舎一周年祭の儀
㉔　墓所一周年祭の儀

二　天皇（明仁）陛下の御誄

天皇の「御誄」（弔辞）は次のとおりである。

◎「殯宮移御後一日祭の儀」の天皇（明仁）陛下の御誄

明仁謹んで御父大行天皇(註)の御霊に申し上げます。

崩御あそばされた後も、優しく厳かなお姿はまなかいに甦り、慈しみ深いお声は心耳に響いて、ひとときも忘れることができません。

幽明を隔てて、哀慕の情はいよいよ切なるものがあります。

ここに、正殿を以って殯宮に充て、霊柩をお遷しして、心からお祭り申し上げます。

平成元年1月20日

註：大行天皇：追号が贈呈されるまでの間の先帝の呼称。

◎「追号奉告の儀」の御誄

明仁謹んで御父大行天皇の御霊に申し上げます。

大行天皇には、御即位にあたり、国民の安寧と世界の平和を祈念されて、昭和と改元され、爾来、皇位におわしますこと六十有余年、ひたすらその実現に御心をお尽くしになりました。

ここに追号して昭和天皇と申し上げます。

平成元年1月31日

◎「斂葬の儀　葬場殿の儀」の御誄

明仁謹んで御父昭和天皇の御霊に申し上げげます。

崩御あそばされてより、哀痛は尽きることなく、温容はまのあたりに在ってひとときも忘れることができません。

櫬殿に、また殯宮におまつり申し上げ、霊

前にぬかずいて涙すること四十余日、無常の時は流れて、はや斂葬の日を迎え、轜車にしたがって、今ここにまいりました。

顧みれば、さきに御病あつくなられるや、御平癒を祈るあまたの人々の真心が国の内外から寄せられました。今また葬儀にあたり、国内各界の代表はもとより、世界各国、国際機関を代表する人々が集い、おわかれのかなしみを共にいたしております。

皇位に在られること六十有余年、ひたすら国民の幸福と平和を祈念され、未曾有の昭和激動の時代を国民と苦楽を共にしつつ歩まれた御姿は、永く人々の胸に生き続けることと存じます。

こよなく慈しまれた山川に、草木に、春の色はようやくかえろうとするこのとき、空しく幽明を隔てて、今を思い、昔をしのび、追慕の情はいよいよ切なるものがあります。

誠にかなしみの極みであります。

平成元年2月24日

上述した「昭和天皇の大喪」について、伝統の皇室行事を、政府主催の国事行為と皇室の私的行事に分けて行ったことは、「日本国憲法」第二〇条三項の政教分離の規定により、政府の宗教的中立性を保つための苦肉の措置とされる。このような区別は、「大喪の儀」のみならず、「即位の御大典」の慶祝の儀式でも行われた。これらは「マッカーサー憲法」が、二千年の伝統の日本文化の根幹である皇室儀礼を毀損したものであり、日本文化の破壊を目的としたGHQの占領政策を鵜呑みにした政府の不見識極まる措置である。日本文化に反する「日本国憲法」の早急な改正を要する最大の理由は、ここにある。

昭和天皇の御后《おきさき》の香淳皇太后は、九十七歳の天寿を全うされ、平成12年に薨ぜられた。時期的には天皇（明仁）陛下の即位よりも12年後のことであり、記述は前後が逆になるが、次節では昭和天皇のご大喪に併せて、香淳皇太后の大喪儀について述べる。

第三節　香淳皇太后の御大喪

昭和天皇の御后の香淳皇后は、明治36年3月6日、久邇宮邦彦王の長女として東京・麻布で生まれられ、御名を良子《ながこ》と称された。大正13年1月26日、当時の皇太子裕仁《ひろひと》殿下(昭和天皇)と結婚され、二男五女(東久邇成子、久宮祐子内親王(二歳で夭折)、鷹司和子、池田厚子、上皇(第百二十五代天皇)、常陸宮正仁親王、島津貴子)を儲けられた。大正15年12月25日、大正天皇が崩御され、昭和天皇が即位されて皇后となられた。皇后は、日本画・書道・歌道など多彩な趣味を持たれ、画集(『桃苑画集』、『錦芳集』)を刊行し、作品展を開かれ、活発に活動された。

昭和64年1月7日、昭和天皇の崩御により皇太后となられ、皇居吹上御苑内の吹上大宮御所に住まわれた。天皇・皇后両陛下をはじめ、皇族方、親族方が度々訪ねられる中、昭和天皇をお偲びになりながら穏やかな日々を過ごされた。平成12年6月14日夜半から呼吸不全となり、6月16日に容体が急変し、老衰のため同日午後4時46分、御歳九十七歳で、吹上大宮御所において崩御され、香淳皇后と追号された(勅定)。「香淳」の諡号は「お印」の「桃」や日本画の画号「桃苑」に因み、漢詩集『懐風藻』(註)より、「花舒桃苑**香**、草秀蘭筵新」(花は開いて桃の苑は香しく、草は伸び蘭の筵は新しい(安倍広庭「春日侍宴」)、及び「四海既無為、九域正清**淳**」(四海はよく治まり、天下は清らかである(山前王「侍宴」)に拠る(和書による諡号は、初めてである)。

註:『懐風藻』は天平勝宝3年(751)に著された我が国最古の漢詩集である(撰者未詳)。七世紀後半~八世紀中頃(白鳳時代~奈良時代中期)の天皇(弘文天皇・文武天皇)・皇族・諸臣・僧侶の漢詩が収録されている。

香淳皇太后の大喪儀は、皇室の行事として、平成12年7月25日、「斂葬の儀」、豊島岡墓地における「葬場殿の儀」、武蔵陵墓地での「陵所の儀」等の一連の儀式が行われ、昭和天皇陵の隣に葬られた（陵名は「武蔵野東陵」）。

葬儀の一連の儀式における天皇（明仁）陛下の御誄は、次のとおりである。

◎「殯宮移御後一日祭の儀」の

天皇（明仁）陛下の御誄

明仁　謹んで御母皇太后の御霊に申し上げます。

在りし日のお姿や明るいお声は今もよみがえって日夜心を離れず、思い出は尽きることがありません。哀慕の情はいよいよ胸にせまるものがあります。

ここに、霊柩を殯宮にお遷しして、心からお祭り申し上げます。

（平成12年6月29日）

平成12年7月10日には香淳皇太后の「追号奉告の儀」が行われた。

◎「追号奉告の儀」の御誄

御母皇太后の御霊に申し上げます。

長き歳月、昭和天皇をお助けになり、温かく、香しくましました在りし日のお姿は今も深く心に残っております。

ここに追号して香淳皇后と申し上げます。

（平成12年7月10日）

7月25日には「葬場殿の儀」が行われ、天皇（明仁）陛下は次の御誄を奉げられた。

◎「斂葬の儀　葬場殿の儀」の御誄

明仁謹んで御母香淳皇太后の御霊に申し上げます。

昭和天皇の崩御あそばされてより十一年、吹上大宮御所にお過ごしの日々が穏やかにして一日も長からんことを願い、お側近く過ごしてまいりましたが、この夏の初め、むなしく幽明界を異にするにいたりました。

在りし日のお姿を偲びつつ、櫬殿に、また殯宮におまつり申し上げること四〇日、ここに斂葬の日を迎え、葬列をととのえ、昭和天皇のお側にお送り申し上げます。

お慈しみの下にあった去りし日々を思い、寂寥は深く、追慕の念は止まるところを知りません。誠に悲しみの極みであります。

（平成12年7月25日）


これらの御誄に、明仁陛下の御母への深いお気持ちと悲しみが籠められている。

なお上皇陛下は、ご自身の大喪儀については、火葬による簡素化を希望されておられると伝えられる。その場合には、「葬場殿の儀」より以前に、比較的簡素かつ丁重な葬送儀礼を行った後に火葬が行われ、遺骨を納めた霊櫃を「葬場殿の儀」の日まで、皇居宮殿に設えた「奉安宮」に安置し、その後、前述の㉑〜㊷の儀式が行われる。

第六章　平成の御大典

天皇の崩御又は譲位に伴って、皇位継承者（皇太子又は皇嗣の宮）が「皇位の象徴」の「三種の神器」を受け継ぐ「剣璽等承継の儀」を行い、皇位を継承する。これを「践祚」と言い、次いで新天皇の皇位継承を国の内外に示す一連の儀式を「即位の礼」と言う。本章では、第一節で「即位の礼」の変遷の歴史を概説し、第二節で先帝昭和天皇の崩御直後に行われた平成の「践祚の儀式」、第三節で先帝の「諒闇明け」後、国事行為として行われた新帝明仁陛下の「即位の儀式」と「大嘗祭」の儀式を述べる。これは諸外国の王国の戴冠式・即位式又は大統領の就任式に相当する儀式である。「即位の礼」の後、新天皇の最初の「新嘗祭」は、継承した御代の五穀豊穣を願い、その継続を祈る一代一度の重要な大祭であり、「大嘗祭」と呼ばれる。また「即位の礼」と「大嘗祭」の一連の儀式を合わせて、「御大典」又は「御大礼」と称される。

第一節　「即位の儀式」の変遷

一　形態の変遷

古代の「即位の儀式」は神々に「寿詞」を奏上し、神璽（勾玉）を献納する簡素な儀式であったとされる。その時代の即位礼は大嘗祭と一体化しており、大嘗祭が冬至の日（太陽太陰暦の11月頃）に行われ、その翌日、大嘗祭で天照大神の霊威を得た新帝が、群臣の前に姿を現す形式であった。この時代には、神祇伯が「天神寿詞」を奏上し、神器を献ずることにより皇位継承を内外に宣明した。その後、即位礼の時期が正月に繰り上げられ、大嘗祭の前に執り行われるようになった。

『古事記』や『日本書紀』(以下、『記紀』と略記する)によれば、即位礼は元日に行われたが、それは推古天皇の時代に隋から暦法が伝来し、大陸の例に倣って正月の即位が取り入れられ、それ以前の天皇の即位礼の『記紀』の日付も、正月とされたと考えられている。『記紀』には儀式の式次第の記述はないが、初めに神器が授受され、当日又は後日、改めて天皇が「高御座」に上る儀式が行われた。

即位礼の細部についての『日本書紀』の最初の記録は、朱鳥4年正月1日(690.2.14)の持統天皇の即位礼であり、以下の儀式が行われた。

○ 石上麻呂が大盾を樹てる。
○ 神祇伯の中臣大島が天神寿詞を詠む。
○ 忌部色夫知が天叢雲剣と八咫鏡を新帝に奉る。
○ 公卿百寮が整列して八開手を打ち、拝礼する。

このとき天神寿詞は大嘗祭と併せて二度詠まれた。『養老律令』(720)にも「凡そ践祚の日、中臣天神寿詞を奏し、忌部神璽の鏡剣を上《たてまつ》る。」とあり、寿詞に続いて神器の授受が行われた。

神器の授受は「剣璽渡御の儀」として即位式前(皇位継承直後)に行われることがあったが、第五〇代桓武天皇(在位:天応元年(781)~延暦25年(806))の時代に、皇位継承の「践祚」と内外への宣明の「即位の礼」は別の儀式に分けられた。天応元年(781)の桓武天皇の皇位継承に際し、「即位」とは別の日に「大極殿に御して詔し…」とあり、践祚と即位礼が分離して行われたことが記されている。更に延長8年(930)の朱雀天皇の皇位継承でも、「践祚」と「即位」が分離して行われたことが記録されている。『貞観儀式』(平安時代前期(870年代)に編纂された儀式書。全十巻)や『江家次第』(平安後期(十一世紀)の有職故実の書。著者は大江匡房。全二十一巻)には、即位礼の式次第が以下のとおり記されている。

○天皇は高御座で杓を把って南面する。

○命婦《みょうぶ》（註）が御帳をかかげ、香を焚く。

○王公百官の拝舞、舞踏、及び武官による万歳三唱が行われる。

註：律令制では五位以上の女官、又は五位以上の官人の妻を「内命婦」と称す。平安中期以降は中級の女官をいう。

ここでは「養老律令」に定められていた「剣璽渡御」及び「天神寿詞」が廃止され、「天子南面」、「礼服の着用」など、大陸様式の儀式が行われたことが記されている。しかし平安時代中期にはこの形式が崩れ、簡易化されて明治に至った。明治12年（1889）に旧「皇室典範」が制定されたが、この法は「明治憲法」とは同格の独立した基本法であり、皇室の「家族法」とされた。即ち「明治憲法」の第一条に「大日本帝国ハ万世一系ノ天皇之ヲ統治ス」、第二条に「皇位ハ皇室典範ノ定ムル所ニ依リ皇男子孫之ヲ継承ス」、第七十四条に「皇室典範ノ改正ハ帝国議会ノ議ヲ経ルヲ要セス。二　皇室典範ヲ以テ此ノ憲法ノ条規ヲ変更スルコトヲ得ス」とした。また旧「皇室典範」は、第一条で「大日本國皇位ハ祖宗ノ皇統ニシテ男系ノ男子之ヲ繼承ス」、第十条で「天皇崩スルトキハ皇嗣卽チ踐祚シ祖宗ノ神器ヲ承ク」とし、生前譲位の規定はなく、大正天皇のご不例では譲位されることなく、崩御されるまで五年間（大正10年11月25日～15年12月25日）、皇太子（昭和天皇）が摂政となられた。しかしこれは明治以後のことであり、それまでの百二十四代の皇位継承には五十八回（四十七％）の譲位が行われており、決して珍しいことではない。このように譲位が多かったのは、次の天皇の皇位継承を確実にし、しかも若年の天皇を上皇が指導することができ（但しそれが院政に繫がった）、また中世以降は死を穢れとして在位の天皇の崩御を避けたためとされる（死を忌む風習は厳島の島内に墓を造らない風習として遺っている)。最近の譲位による皇位承継は第百十九代　光格天皇（在位：1780~1817）が仁孝天皇へ譲位された例がある。

明治12年に制定された旧「皇室典範」に基づく「登極令」によって、「即位の儀式」の細部が規定され、大正天皇、昭和天皇の「即位の儀式」が行われた。明治天皇以前は「即位礼正殿の儀」には成人男性皇族のみが参列され、成人女性皇族が参加されるようになったのは大正天皇の御大典からである。大東亜戦争の敗北に伴い、GHQは十日間で速成した「マッカーサー憲法草案」を日本政府に強要した。「明治憲法」は第七十三条の改正手続きにより全面的に改正され、「日本国憲法」が昭和21年11月3日に公布、翌年5月3日に施行された。これに伴い旧「皇室典範」及び「登極令」は昭和22年5月2日に廃止され、翌日、新たに法律として、現行の「皇室典範」が、「日本国憲法」と同時に施行された。そこでは「即位の礼」を行う定めはあるが、「登極令」にあった儀式の具体的な規定はない。そのため「御大典」をどのように行うかについて、昭和天皇の崩御の前後（昭和50年代後半）に、様々な政治的・思想的な立場（左翼の皇室廃止の主張等を含む）の論議が起きた。「明治憲法」下で即位の礼を行った大正天皇及び昭和天皇は勅令により、また「日本国憲法」下の上皇と今上天皇の即位は、法律により祝日とされた。しかし戦後は、前述の「日本国憲法」第二〇条の国の宗教的中立性を保つために、神道による皇室祭祀は天皇家の行う「私的行事」とされ、国事行為の「即位礼」と区別された。

二　場所と時期の変化

即位礼を行う場所は、平安時代は原則として大極殿であったが、大極殿が焼損した時期は、豊楽殿や太政官庁、内裏の紫宸殿で行われた。大極殿は安元2年（1176）の安元の大火以降、再建されず、鎌倉時代から室町時代

中期の第百三代　後土御門天皇（在位：寛正5年（1464）～明応9年（1500））までは太政官庁で行われた（但し南朝の後村上天皇・長慶天皇・後亀山天皇は例外）。第百四代　後柏原天皇（在位：明応9年（1500）～大永6年（1526））以降は、太政官庁が応仁の乱で焼失し、以後再建されず、明治天皇まで里内裏の紫宸殿で行われた。

中世以降、「即位の儀式」は「即位灌頂」と呼ばれる仏教様式の儀式が行われ、初例は第七十一代　後三条天皇（在位：治暦4年（1068）～延久4年（1073））とされ、第八十九代　後深草天皇（在位：宏元4年（1246）～正元元年（1260））以後は恒例となり、江戸時代後期まで続いた。

前述したとおり明治以降、天皇の「御大典」（即位の一連の儀式）は旧「皇室典範」及び「登極令」で定められた。「御大典」は先帝の「諒闇」が明けた後、京都で行われることとされ、大正天皇及び昭和天皇の「御大典」は京都御所で行われた。昭和22年（1947）制定の現「皇室典範」では「即位の大典」の場所の規定はなく、平成、令和の御大典は東京の皇居で行われた。式次第は旧例に倣ったが、従来の「紫宸殿の儀」の呼称は実状に即して「正殿の儀」に改められた。

お代替りの「御大典」の儀式の中で最も重要な儀式は「即位正殿の儀」であり、「即位の礼」は皇室の祖神の天照大神と歴代天皇へ期日を奉告する儀式に始まり、宮中三殿における奉告と、伊勢神宮へ勅使が遣わされる。時期は「登極令」では春～秋とされ、先帝の崩御から一年間は服喪期間（旧「皇室服喪令」による。「諒闇」という）であり、「即位の礼及び大嘗祭」を避け、明治・大正・昭和各天皇の「御大典」は、それぞれ慶応4年、大正4年、昭和3年に行われた。現「皇室典範」ではこの「諒闇」の規定はないが先例に倣い、天皇（明仁）陛下の「御大典」は平成2年に行われた。

第二節　先帝崩御直後の「明仁天皇の践祚」の儀式

天皇（明仁）陛下は昭和天皇が崩御された当日（昭和64年1月7日）の10時より、皇居「松の間」で「剣璽等承継の儀」を行い、「日本国憲法」及び現「皇室典範」下で初めて皇位を継承され、第百二十五代天皇に即位された。同日午後、臨時閣議で年号が決定され、14時半、小渕恵三官房長官よりこれが発表されて、翌日から「平成」と改元された。主な「即位の儀式」は「剣璽等承継の儀」、「即位後朝見の儀」、「即位礼正殿の儀」、「祝賀御列の儀」、「饗宴の儀」の五つの儀式からなり、これらは全て国事行為とされた。

　前述したとおり、「即位の儀式」は「剣璽等承継の儀」から始まる。

① 剣璽等承継の儀

昭和天皇が崩御された三時間後、昭和64年1月7日10時から皇居「松の間」において、「剣璽等承継の儀」が行われ、皇太子明仁殿下が皇位を継承された。天皇の御印である「三種の神器」は、神鏡「八咫鏡《やたのかがみ》」は皇大神宮（伊勢市）に、「天叢雲剣《あめのむらくものつるぎ》（別称「草薙《くさなぎの》剣《つるぎ》」）は熱田神宮（名古屋市）に祀られており、玉璽「八尺瓊勾玉《やさかにのまがたま》」と御剣の形代《かたしろ》（写し）が天皇のお手許にある。神鏡の形代は賢所に奉安されており、「天叢雲剣と八尺瓊勾玉（璽）」の二つが、皇位継承の式場・宮殿正殿の「松の間」に渡御する。即ち便殿（休憩所）に男性皇族、総理大臣、衆・参両議院議長、最高裁判所長官、及び各国務大臣が参列し、天皇は通常の服装で、式部長官と宮内庁長官が先導し、「松の間」に入り、次いで新帝の前に置かれた案（机）に三種の神器のうちの二品　剣・玉璽と、御璽（天皇の印）及び国璽（日本国の印）が安置され、新帝が承け継がれる。その後、天皇は剣璽に挟まれて退出され、儀式は終了する。剣璽は天皇の寝室の隣の土壁で囲まれた塗り籠めの「剣璽の間」に安置される。また御璽・国璽は宮内庁で保管する。

②賢所、皇霊殿、神殿に奉告の儀

「剣璽等承継の儀」が行われた同時刻、掌典長が宮中三殿に代拝し、即位を奉告し御告文を奏する。なお前例により、8日、9日にも同様の儀式が行われた（但し御告文は省略）。第一日の儀式は即位直後に行われ、宮中三殿・賢所に掌典長が祝詞を奏した後、天皇の代拝をし、御鈴の儀の後に御告文を奏して践祚の旨を奉告し、次いで掌典が皇后の代拝をして「奉告の儀」を終了する。第二日、第三日の儀式も同様であるが、御鈴の儀、御告文の奏上は行われない。

③即位後朝見の儀

平成元年1月9日11時10分より、正殿「松の間」で天皇陛下が即位後初めて三権の長及び各界の代表者と会う「即位後朝見の儀」が行われた（旧「皇室典範」では「践祚後朝見の儀」と称す）。天皇は燕尾服に大勲位菊花章頸飾をつけ、皇后はローブ・デコルテを召して皇太后から受け継いだティアラや勲章をつけた御正装で出御された。天皇の「おことば」があり、続いて竹下登　総理大臣が奉答した。

「即位後朝見の儀」で天皇（明仁）陛下が述べられた「おことば」は次のとおりである。

◎「即位後朝見の儀」の天皇（明仁）陛下の「おことば」

大行天皇の崩御は、誠に哀痛の極みでありますが、日本国憲法及び皇室典範の定めるところにより、ここに、皇位を継承しました。深い悲しみのうちにあって、身に負った大任を思い、心自ら粛然たるを覚えます。

顧みれば、大行天皇には、御在位六十有余年、ひたすら世界の平和と国民の幸福を祈念され、激動の時代にあって、常に国民とともに幾多の苦難を乗り越えられ、今日、我が国は国民生活の安定と繁栄を実現し、平和国家として国際社会に名誉ある地位を占めるに至りました。

ここに、皇位を継承するに当り、大行天皇の御遺徳に深く思いをいたし、いかなるときも国民とともにあることを念願された御心を心としつつ、皆さんとともに日本国憲法を守り、これに従って責務を果たすことを誓い、国運の一層の進展と世界の平和、人類福祉の増進を切に希望してやみません。

平成元年1月9日

右の上皇の短い「おことば」の中にも、「世界の平和」及び「国民の幸福」が強調されている。ここに上皇の「象徴天皇」の実践のお覚悟を示されたものと拝察する。

第三節　昭和天皇の諒闇明け後の「明仁天皇即位の儀式」と「大嘗祭」

昭和64年1月7日早朝、昭和天皇が崩御され、即日、前述の「剣璽等承継の儀」を行い、天皇（明仁）陛下が践祚された。次いで前章に述べた昭和天皇の御大喪が行われ、一年後「諒闇」が明けた平成2年1月9日、「霊代奉遷の儀」を以って「御大喪」の全ての儀式が終了した。その後、引き続いて新天皇の即位を世界に宣明する一連の「即位礼正殿の儀」や「大嘗祭」等の「御大典」の残りの儀式が行われた。

「大喪」後の新天皇の御大典の儀式は、次の四つに大別される。「大嘗祭」の準備の儀式（以下に述べる①～⑨）、「即位礼」に関する儀式（⑩～⑯、⑱、㉗）、「大嘗祭」（⑰、⑲～㉖）、「即位礼及び大嘗祭終了の神宮、山稜への奉告」（㉘～㉜）である。以下、時系列に従ってこれらの儀式を述べる。

「即位礼」の斉行に先立ち、新帝の一世一代の大祭の「大嘗祭」の準備が始められる。大嘗祭には斎田（悠紀田と主基田）で栽培された新穀が供えられるが、その栽培に時間が掛かるためにこれらが先行して行われる。

①賢所、皇霊殿、神殿に「大嘗祭」の期日奉告の儀

平成２年（1990）１月23日11時、天皇自ら御告文で大嘗祭の期日を宮中三殿に奉告された。

②神宮、神武天皇山陵及び前四代（孝明天皇、明治天皇、大正天皇、昭和天皇）の山陵に勅使発遣の儀

１月23日14時、皇居正殿「竹の間」において行われた。

③神宮に奉幣の儀

１月25日７時より神宮外宮、14時より内宮で勅使による奉幣と大嘗祭の期日の奉告が行われた。

④神武天皇及び前四代の山稜に奉幣の儀

表記の五つの山陵で１月25日に勅使による奉幣と、大嘗祭の期日の奉告が行われた。

⑤斎田点定の儀

２月８日10時より神殿の前庭で悠紀田と主基田を決める儀式が行われた。前回までは京都で行われた大嘗祭が東京に移されたため、東日本と西日本の境界線を変更し、新潟、長野、静岡の三県を含む東側十八都道県を東日本とし、以西二十九府県が西日本に変更された。亀卜（直径約一米の「あおうみがめ」の甲羅を、住馬大社（橿原市南浦町）の神木の上溝桜の火で焼き、生じた割れ目によって占う）の結果、悠紀国は秋田県、主基国は大分県となった。

⑥大嘗宮地鎮祭

大嘗祭を東京で行うに当り、大嘗宮造営地を皇居東御苑（江戸城本丸御殿跡地）に決定し、造営に先立ち、８月２日10時より樹木数本を移植して整地し、地鎮祭を行った。造営される「大嘗宮」は第六図のとおりである。

⑦斎田抜穂前一日大祓

９月27日15時より悠紀田、10月９日15時より主基田付近の河川敷で大祓が行われた。

⑧斎田抜穂の儀

９月28日10時より悠紀田、10月10日10

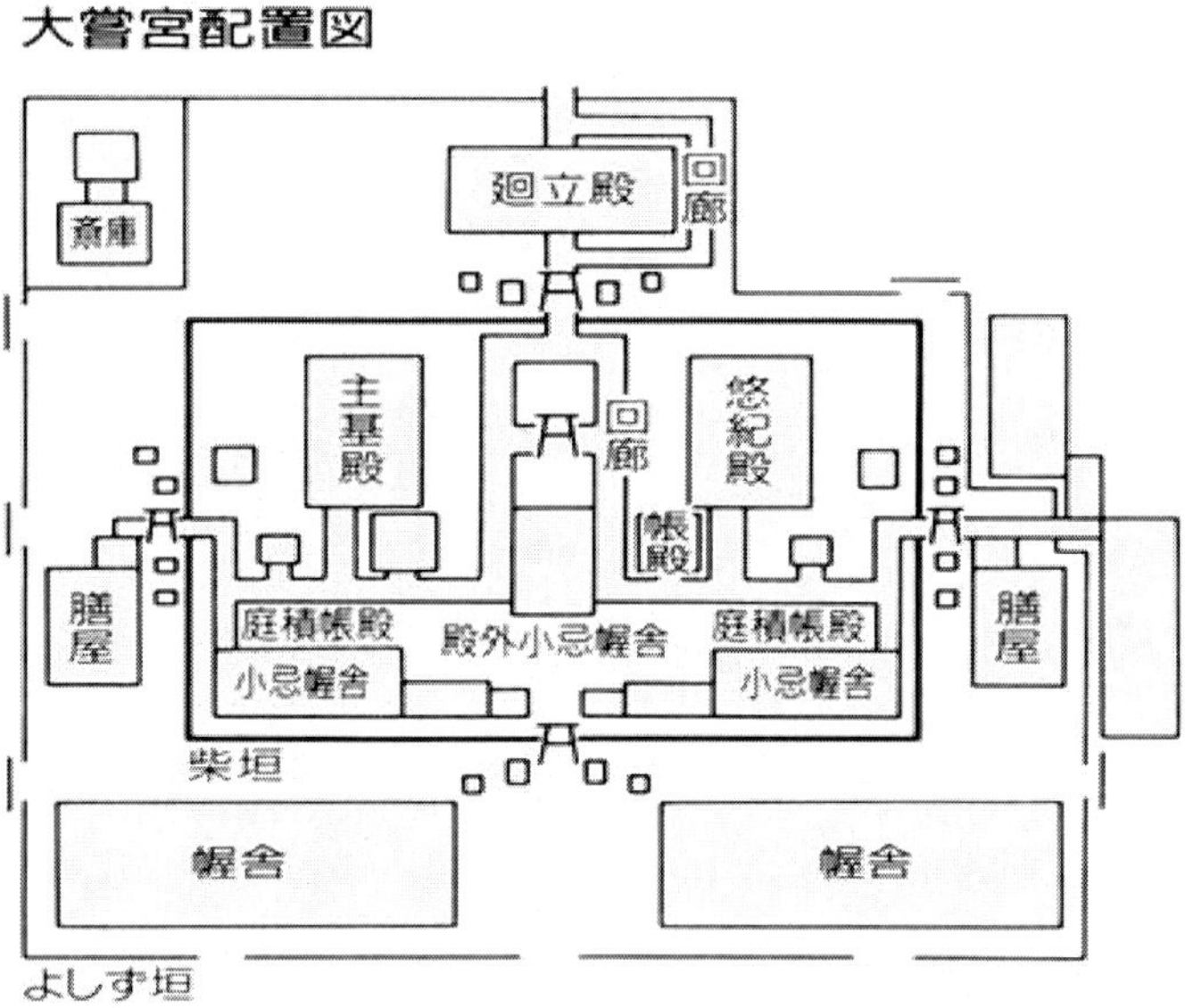

第六図　大嘗宮

時より主基田において、「抜穂使」が感謝の祝詞を唱えて稲穂を収穫した。今回は斎田の決定が遅れたため、一部の施設は天幕張りの仮屋で儀式が行われた。また大分県の稲の収穫は通常は10月下旬であるが、この年は大嘗祭のために、時期を繰り上げて耕作が行われた。

⑨ 悠紀・主基両地方新穀供納

10月25日9時半より、大嘗宮斎庫に各斎田で収穫された新穀が納められた。

⑩ 即位礼当日賢所大前の儀

11月12日9時より、天皇陛下が賢所に即位の旨を御奉告された。陛下は純白の御束帯をお召しになり祭祀を行われた。

⑪ 皇霊殿・神殿に奉告の儀

同日、天皇陛下は賢所大前の儀に引き続いて、皇霊殿、神殿に即位を御奉告された。先例では天皇は京都におられたので、勅使が宮中三殿に参り御祭文を奏上するが、今回は天皇自ら行われた。

⑫ 即位礼正殿の儀

天皇（明仁）陛下の即位を国の内外に宣明する儀式であり、外国の戴冠式や即位式に当る。皇族、総理大臣をはじめ三権の長、国務大臣、国会議員、認証官、事務次官、元三権の長、知事等の地方公共団体代表、民間各分野の代表者（文化・学術・スポーツ・産業・福祉等）、及び外国元首・使節・駐日大使等、約二、二〇〇人が参列した。平成2年11月12日13時より宮殿正殿の「松の間」に高御座《たかみくら》、御帳台《みちょうだい》が設けられて、ご装束に身を包んだ天皇・皇后両陛下が上られた。

「松の間」では、男性成人皇族が高御座の右側、女性皇族が御帳台の左側に侍立され、三権の長ほかの参列者は、高御座・御帳台に正対して並んだ。

儀式の次第は以下のとおりである。

ⅰ　三権の長、皇族、天皇、皇后の順に正殿「松の間」に参入する。

ⅱ　天皇・皇后両陛下が、高御座・御帳台に上られる。

ⅲ　参列者が鉦の合図で起立する。高御座、御帳台の帳が開けられる。

ⅳ　参列者が鼓の合図で敬礼する。

ⅴ　内閣総理大臣が高御座前に進む。

ⅵ　天皇の「おことば」がある。

ⅶ　内閣総理大臣が「寿詞」を述べる。

ⅷ　即位を祝して内閣総理大臣の発声で参列者一同が万歳を三唱する。

ⅸ　万歳三唱後、北の丸公園で自衛隊による二十一発の祝砲が撃たれる。

ⅹ　内閣総理大臣が所定の位置に戻る。

ⅺ　参列者が鉦の合図で着席する。高御座、御帳台の帳が閉じられる。

ⅻ　天皇・皇后両陛下が、高御座・御帳台から下りられる。

xiii　天皇、皇后、皇族、三権の長の順に「松の間」から退出する。

即位礼の服装は、明治天皇の即位礼以後、和風の衣冠束帯の「御装束」と呼ばれる次の装束を着用され、今回もそれに倣った。

○ 天皇：束帯黄櫨染御袍《そくたいこうろぜんのごほう》に立纓御冠《りゅうえいのおかんむり》を着用し、笏《しゃく》を持つ。

○ 皇后：唐衣《からぎぬ》裳《も》装束《しょうぞく》で唐衣は白系統、表着は緑系統の衣を着ける。古くは赤色や青色の衣であったが、後深草天皇即位の時、皇后は白唐衣を用いた。また立后のときは唐衣と白の表着が平安中期以降の慣例であり、大正以降、即位の礼の皇后は白唐衣に緑系統の表着となった。髪型は御垂髪《おすべらかし》で平額《ひらびたい》を付け桧扇を持つ。

○ 男性皇族（秋篠宮文仁親王、常陸宮正仁親王、三笠宮崇仁親王、寛仁親王、高円宮憲仁親王）は束帯黒色袍に垂纓冠《すいえいのかんむり》を着用し笏を持つ。皇太子は黄丹御袍《おうにのごほう》を着る。

○ 女性皇族（文仁親王妃紀子、紀宮清子内親王、正仁親王妃華子、宣仁親王妃喜久子、崇仁親王妃百合子、寛仁親王妃信子、憲仁親王妃久子）は唐衣裳装束。唐衣は紫。桧扇を持つ。

○ 三権の長、その他の民間人は洋装礼服（燕尾服）に勲章を着用する。

○ 威儀物奉持者は束帯緋色袍又は黒色袍に、垂纓冠又は巻纓冠を着用する。

「即位礼正殿の儀」における天皇陛下の「おことば」、次のとおりである。

◎「即位礼正殿の儀」における天皇陛下の「おことば」

さきに、「日本国憲法」及び「皇室典範」の定めるところによって皇位を継承しましたが、ここに即位礼正殿の儀を行い、即位を内外に宣明いたします。

このときに当り、改めて御父昭和天皇の六十余年にわたる御在位の間、いかなるときも、国民と苦楽を共にされた御心を心として、常に国民の幸福を願いつつ、日本国憲法を遵守し、日本国及び日本国民統合の象徴としてのつとめを果たすことを誓い、国民の叡智とたゆみない努力によって、我が国が一層の発展を遂げ、国際社会の友好と平和、人類の福祉と繁栄に寄与することを切に希望いたします。

平成2年11月12日

天皇（明仁）陛下の「おことば」に引き続いて、海部俊樹　総理大臣が「壽詞」を述べ、即位を祝して総理大臣の発声で参列者一同が万歳を三唱した。

平成の「即位の儀式」（平成2年）では、「日本国憲法」の政教分離の原則により、国の主催の儀式から神道由来の意匠が除去された。即ち「即位礼正殿の儀」で皇居正殿の中庭に飾られる旛（装飾用の旗）から「八咫《やた》烏《がらす》」（神武天皇の東征を導いたとされる神話に出てくる金色の三本足の大烏。天皇の権威の象徴とされる）は、金の菊花紋章に替えられ、万歳旛の鮎と甕も除去された。今上天皇の即位儀式でも同じ旛が使われた。

なお平成2年11月12日は、「即位礼正殿の儀の行われる日を休日とする法律」により休日とされた。

⑬ 祝賀御列の儀

新たに設けられた儀式で、「即位礼正殿の儀」の終了後（午後3時半から30分）、天皇・皇后両陛下が皇居宮殿から赤坂御所まで、約四・七粁を御料車でパレードした。御料車に続き、皇太子殿下ご夫妻、総理大臣、政府首脳等、車両十六台及び警衛の単車・側車二十八台が低速度で移動した。沿道の奉祝者は約十二万人に上った。また東京都は沿道及び中央分離帯に菊花一万株を植えて行列を祝った。

「即位の儀式」における、式典の警備・要人警衛には、約三万七千人の皇宮護衛官、警察官が動員され、徹底した検問が行われた。（昭和天皇の大喪の礼における警備要員の約三万二千人を大きく上回った）。

⑭ 外国国王・王族との会見

11月13日10時より、天皇・皇后及び皇族方が、赤坂御所「鶴の間」で外国国王・令夫人の挨拶を受け、次いで「桧の間」において歓談された。また同時刻、皇太子殿下と皇族方が、東宮仮御所「西の間」でその他の外国代表と歓談された。

⑮ 園遊会

11月13日14時半より、赤坂御苑で外国使節を招いて園遊会が行われた。

⑯ 内閣総理大臣夫妻主催晩餐会

11月13日18時より、海部総理大臣主催の晩餐会が、ホテル・オオクラで行われた。出席者は、衆参両院の議長夫妻、最高裁長官夫妻、国務大臣夫妻、国会議員及び認証官夫妻、事務次官、地方公共団体の代表夫妻、元三権の長の夫妻、各国の駐日大使等夫妻、民間の文化・学術・スポーツ・産業・福祉等の各界の代表及びその事務方の代表者等、約二千人が招待された（天皇・皇后両陛下ほか皇族は出席されなかった）。

⑰ 神宮に勅使発遣の儀

11月16日に神宮に大嘗祭を行うことを奉告し、幣物を供える勅使を派遣される儀式が皇居で行われた。

⑱ 一般参賀

11月18日、宮殿の東庭において、午前中に三回、午後に五回、一般参賀が行われた。参賀者は、約二万人に上った。

⑲ 大嘗祭前二日御禊

11月20日14時、宮殿「竹の間」で御禊が行われた。

⑳ 大嘗祭前二日大祓

通常の大祓は神嘉殿前庭で6月30日と、12月31日に行われるが、大嘗祭の大祓は先例を考慮して11月20日15時より、皇居二重橋鉄橋付近で行われた。

㉑ 大嘗祭前一日大嘗宮地鎮祭

11月21日14時より、大嘗宮の地鎮祭が行われた。

㉒ 大嘗祭前一日鎮魂の儀

11月21日の17時より、綾綺殿において、大嘗祭の全ての行事が滞りなく無事に執り行われ、天皇陛下をはじめ関係者たちの無事・

安泰を祈念する儀式が行われた。

㉓ 大嘗祭当日伊勢神宮に奉幣の儀

大嘗祭の当日11月22日7時半より伊勢神宮外宮、また14時より内宮において、勅使が大嘗祭の執行を奉告する儀式が行われた。

㉔ 大嘗祭当日賢所大御饌供進の儀

11月22日9時40分より、大嘗祭の当日、賢所に大嘗祭を行うことを奉告し御饌を供える儀式が行われた。

㉕ 大嘗祭当日皇霊殿・神殿に奉告の儀

大嘗祭の当日、9時40分より皇霊殿、神殿において、大嘗祭奉告の儀が行われた。

㉖ 大嘗祭

新天皇が即位後に初めて行う新嘗祭を大嘗祭と称し、そのために新たに皇居の東御苑に大嘗宮（第六図）が造営され、徹宵の儀式が行われる。

平成2年11月22日深夜に、大嘗宮の悠基殿において、悠基国から献上された新穀を神前に供え、天皇陛下も召し上がられ、五穀豊穣と国家・国民の安寧を祈願された（悠紀殿共饌の儀）。引き続き23日の未明に、同様に主基殿において神饌を供え、天皇陛下も召し上がる儀式が行われた（主基殿共饌の儀）。

平成3年元旦、陛下は父帝を偲びつつ、継承した新たな御代を拓かれる大嘗祭の祈りの御決意を詠われた御製を披露された。

父君の　にひなめまつり　しのびつつ
　我がおほにへの　まつり行ふ

㉗ 「饗宴の儀」（宮中晩餐会）

「即位礼正殿の儀」に参列した内外の賓客に対し、謝意を表してもてなす宮中晩餐会「饗宴の儀」（国事行為）が、宮殿豊明殿で11月12日～15日間に計七回、約三千四百人の賓客を招いて行われた。

従来、即位礼に伴う宴は、大嘗祭の後に「大饗宴の儀」が行われたが、今回は即位礼から大嘗祭までの間が十日と長く、即位礼に列席した各国要人は大嘗祭前に帰国する方が多いため（昭和の大礼では即位礼から大嘗祭まで四日で、外国要人はその間、京都・滋賀周辺で政府のもてなしを受けた）、大嘗祭前に宮中晩餐会「饗宴の儀」が行われた。

即位の礼及び大嘗祭の後に、次に列記する儀式が行われた。

㉘ 即位礼及び大嘗祭後神宮に親謁の儀

11月27、28日、即位礼と大嘗祭の終了を天皇陛下が伊勢神宮内外宮に参拝し奉告する儀式が行われた。

㉙ 即位礼及び大嘗祭後神武天皇山陵及び前四代の天皇山陵に親謁の儀

大嘗祭の後、神武天皇山陵及び昭和天皇以前四代の天皇山陵に天皇陛下が参拝され、即位礼及び大嘗祭の終了を奉告された。

○12月2日、神武天皇陵：畝傍山東北《うねびやまのうしとらのすみの》陵《みささぎ》（橿原市大久保町）に親謁。

○12月2日、孝明天皇後月輪《うしろつきのわ》東山陵《ひがしやまのみささぎ》（京都市東山区今熊野泉山）に親謁。

○12月3日、明治天皇陵：伏見桃山陵（京都市伏見区桃山町古城山）に親謁。

○12月5日、大正天皇陵：多摩陵（八王子市長房町）に親謁。

○12月5日、昭和天皇陵：武蔵野陵（八王子市長房町）に親謁。

㉚ 茶会

12月3日、即位礼・大嘗祭の後、天皇・皇后両陛下は京都に行幸啓され、皇室に縁の深い近畿の各界代表を招いて茶会を催された。

㉛ 即位礼・大嘗祭後、宮中三殿に親謁の儀

12月6日、即位礼及び大嘗祭後、宮中三殿に天皇が拝礼され、即位礼及び大嘗祭の終了をご奉告された。

㉜ 即位礼及び大嘗祭後賢所御神楽の儀

平成2年12月6日、即位礼及び大嘗祭の後、賢所で御神楽を奏し、先祖の神々を慰める儀式が行われた。

以上を以って大嘗祭の一連の行事は全て終了した。

第七章　天皇（明仁）陛下のご公務

本章では「日本国憲法」に定められた天皇陛下のご公務について整理する。

第一節　憲法に規定の天皇のご公務

「日本国憲法」の天皇に関する条項は本書の第二章第二節で述べたが、憲法の「第一章天皇」を簡単に要約すれば次のとおりである。

第一条　天皇の地位は国民主権下の象徴。
第二条　皇位継承は「皇室典範」による世襲。
第三条　天皇の国事行為は内閣の助言と承認による。
第四条①天皇の権能：第七条の国事行為に限定。
②天皇の国事行為の委任。
第五条　摂政：「皇室典範」による。
第六条　天皇の任命権。
①国会の指名により総理大臣を任命。
②内閣の指名により最高裁判所長を任命。
第七条　天皇の国事行為：内閣の助言と承認により、以下を行う。
①憲法改正・法律・政令・条約の公布。
②国会の召集。
③衆議院の解散。
④国会議員の総選挙の施行・公示。
⑤国務大臣・官吏の任免、全権委任状、大使・公使の信任状の認証。
⑥大赦・特赦・減刑・刑の執行の免除及び復権の認証。
⑦栄典の授与。
⑧批准書及び外交文書の認証。
⑨外国の大使・公使の接受。
⑩儀式の執行。
第八条　皇室財産の授受は国会の議決による。
右の事項に関する国会や閣議決定の書類は、

毎回、審議や閣議決定後に陛下に届けられ、陛下はこれを丁寧に読まれた上で、署名や押印をされる。その数は平成30年では約九六〇件に上った。更に陛下は、これらの国事行為に関連して、国会開会式に毎回出席されるほか、宮殿での儀式に臨まれる。これらの儀式には、総理大臣や最高裁判所長官の親任式、認証官任命式、外国特命全権大使の信任状捧呈式、勲章親授式、また外国使臣の年始の挨拶等があり、長時間に渉る場合が多い。宮殿及び御所での儀式、拝謁、ご会見、及び午餐会、晩餐会、茶会など、両陛下が主催される様々な行事が、平成30年には約二二〇件行われた。これらの行事は、社会の各分野で永年献身的な努力を続けた人々を励まし、顕著な功績を挙げた人々をねぎらうもので、国会議員・閣僚・各省幹部・裁判官をはじめ行政・法秩序維持に携わる人々、医師・看護師ほか医療・社会福祉関係者、勲章・文化勲章受章者、学士院賞・芸術院賞受賞者など各界各層の多数の人々と面会される。

また宮殿では、国際親善の集りや国賓の晩餐会、その他の外国要人、在京外国大使の引見、午餐会等が行われる。平成30年中に両陛下がお会いになった外国の賓客は、王族、大統領等の元首、首相、議会の議長など五十五人、外国大使の着任・離任の都度の挨拶は六十四ヵ国に上る。また外国に派遣される大使夫妻の赴任前と帰朝後に面会された人数は、平成30年では六十六ヵ国、二組織に上った。その他に外国元首との親書・親電の交換があり、平成30年の親電の数は、約五五六件であった。

第二節　天皇ご臨席の記念式典

天皇・皇后両陛下は、毎年開催される次の式典や行事に御出席される。

① 全国戦歿者追悼式
② 日本学士院授賞式
③ 日本芸術院授賞式
④ 日本国際賞授賞式

⑤国際生物学賞授賞式
⑥全国植樹祭
⑦国民体育大会
⑧全国豊かな海づくり大会

右の行事は毎年恒例の式典であるが、①～⑤、⑨、⑩は都内で行われ、⑥～⑧は全国の都道府県の持ち回りで行われる。地方の式典では、両陛下は開催地の地元の福祉・文化・産業施設等を視察し、関係者と親しく面談して激励される。

また皇后陛下は、日本赤十字社名誉総裁として次の式典に出席される。

⑨全国赤十字大会
⑩その他

天皇・皇后両陛下は、オリンピック等国際的な催しの開会式に出席され、開会宣言をされる。

以下、右の式典・行事について概説する。

一　全国戦歿者追悼式

昭和27年（1952）5月2日に新宿御苑で昭和天皇・香淳皇后のご臨席のもと、政府主催で開催されたのが最初である。第二回は昭和34年3月28日に千鳥ヶ淵戦歿者墓苑の竣工式に併せて厚生省の主催で実施され、その後、昭和38年8月15日に日比谷公会堂で、昭和39年8月15日には靖国神社で開催された。昭和40年以後は現在まで、毎年、日本武道館で8月15日に、天皇・皇后両陛下ご臨席の下で行われている。昭和63年には昭和天皇は那須御用邸でご静養中であったが、陸上自衛隊のヘリコプターで帰京され、体調のご不例をおして追悼式に出席された。

追悼の対象は「全国戦歿者之霊」であり、大東亜戦争における大日本帝国陸海軍軍人・軍属の戦死者約二三〇万人、空襲や原爆等で死亡した一般市民約八〇万人、計約三一〇万人である。式典には天皇・皇后両陛下、三権の長、閣僚、各政党代表及び地方公共団体代表（都道府県知事、都道府県議会議長など）が参列する。また日本遺族会等関係団体の代表者（日本遺族会会長）、経済団体（日本商工会議所会頭）、労働団体（日本労働組合総連合会会長）、報道機関の代表者（日本新聞協会会長）、日本学術会議会長、日本宗教連盟理事長などのほか、各都道府県遺族代表、一般戦災死歿者遺族代表、原爆死歿者遺族代表らが招待される。参列者数は、約五、二〇〇名の遺族参列者（付添を含む）とその他を合わせて約六、〇〇〇名程度となる。式典は政府主催（厚生労働省主管）で、式典の開始は11時51分、国歌斉唱、総理大臣の開会の式辞があり、正午より全員起立して一分間の黙祷を行い、次いで天皇陛下の「おことば」、衆参両院議長、遺族代表等の追悼の辞があり、両陛下がご退席される。引き続き三権の長をはじめ各県の遺族代表、各団体代表の献花が行われ、約一時間で終了する。

終戦七〇周年の平成27年「全国戦歿者追悼式」（平成27年8月15日、日本武道館）における天皇（明仁）陛下の「おことば」は次のとおりである。

◎終戦七〇周年全国戦歿者追悼式での天皇陛下の「おことば」

「戦歿者を追悼し平和を祈念する日」に当り、全国戦歿者追悼式に臨み、さきの大戦において、かけがえのない命を失った数多くの人々とその遺族を思い、深い悲しみを新たにいたします。

終戦以来既に七〇年、戦争による荒廃からの復興、発展に向け払われた国民のたゆみない努力と、平和の存続を切望する国民の意識に支えられ、我が国は今日の平和と繁栄を築いてきました。戦後という、この長い期間における国民の尊い歩みに思いを致すとき、感慨は誠に尽きることがありません。

ここに過去を顧み、さきの大戦に対する深い反省と共に、今後、戦争の惨禍が再び繰返されぬことを切に願い、全国民と共に、戦陣に散り戦禍に倒れた人々に対し、心からなる追悼の意を表し、世界の平和と我が国の一層の発展を祈ります。

二　日本学士院・恩賜賞、日本学士院賞、及びエジンバラ公賞

日本学士院は、教育・学術の進歩発展を図るため明治12年（1879）1月に創設された「東京学士会院」を前身とし、明治39年、「帝国学士院」と改称し、規模や組織が拡充され、欧米諸国のアカデミーとほぼ同様の学術機関となった。即ち日本の学術の全般に関し、政府の諮問に応じて答申・建議するほか、優れた独創的研究を奨励する褒賞制度として、明治44年には恩賜賞及び帝国学士院賞が創設された。また「万国学士院連合会」に加盟して学術の国際交流に努めるなど、本邦学術を代表する機関となった。大東亜戦争後、GHQの主導で改組され、昭和22年（1947）、「日本学士院」と改称し、昭和24年、「日本学術会議」（集註第八）が設置され、同会議に付属した。しかし昭和31年、「日本学士院法」により「日本学士院」は「日本学術会議」から独立し、学術上顕著な業績を上げた研究者の顕彰機関（文部省所管）とされた。定員は第一部（人文・社会科学）七〇名、第二部（自然科学）八〇名、計一五〇名（終身会員）で、学術の発達に寄与する事業を行う機関として独立し、授賞（恩賜賞、日本学士院賞、エジンバラ公賞）、紀要発行、「国際学士院連合」を通じた史料編纂活動、外国アカデミーとの交流などの諸事業を展開した。昭和54年1月には創立百年を迎え、記念式典を挙行し、これを機に事業の一層の充実に努め、公開講演会の実施、学術奨励賞の創設など新規事業を加えた。平成29年10月には、日本で初めて国際学士院連合総会（第八十九回）が東京で開催された。

本院の授賞制度は、明治43年に創設され、学術上特に優れた著書その他の研究業績に対して授賞を行い、授賞式は明治44年より毎

年挙行され、令和元年度で第一〇九回を迎えた。昭和24年以降、授賞式には天皇陛下のご臨席を、平成2年からは天皇・皇后両陛下のご臨席を仰いで挙行されている。また昭和62年には、本院名誉会員エジンバラ公フィリップ殿下の提案で、「日本学士院エジンバラ公賞」が創設され、自然保護及び種の保全の基礎となる優れた学術的成果を挙げた者に賞が授与されることとなり、第一回の授賞が昭和63年6月に行われた。

三　日本芸術院賞及び恩賜賞

「日本芸術院」は、明治40年（1907）6月に文部省美術展覧会（文展）の開催のために設けられた「美術審査委員会」を母体とし、大正8年9月に「帝国美術院」として創設された。その後、昭和12年6月に美術のほかに文芸、音楽、演劇、舞踊の分野を加えて拡充し「帝国芸術院」に改組され、昭和22年12月に「日本芸術院」と改称した。

「日本芸術院」は、院長一名と会員一二〇名以内で構成される。院長は、芸術に関して卓越した識見を有する者が、会員の選挙により選ばれ、文部科学大臣が任命する。会員は、芸術上の功績顕著な芸術家について、会員からなる部会の推薦（部会における選挙）と総会の承認によって選ばれ、文部科学大臣により任命される。

日本芸術院賞は、当院の会員以外の卓越した芸術作品の制作者、又は芸術の進歩に顕著に貢献した者に対して、昭和16年から戦中・戦後の一時期を除き毎年授与される。また恩賜賞は日本芸術院賞の受賞者の中から特に優秀な者に贈られる。授与式には天皇・皇后両陛下が臨席され、恩賜賞には賜品が、日本芸術院賞には賞状、賞牌、賞金が贈られる。

四　日本国際賞

我が国が世界の科学技術の進歩に寄与するため、ノーベル賞に匹敵する賞とし、昭和

56年（1981）に企画された。松下幸之助氏が私財など約三〇億円を寄付し、「国際科学技術財団」（元内閣府所管の財団法人）が設立された。昭和58年10月末に「日本国際賞」が閣議決定（中曽根康弘内閣）された。賞は「科学技術分野で独創的・飛躍的な成果を挙げ、科学技術の進歩に大きく寄与し、人類の平和と繁栄に著しく貢献した者」（国籍不問。受賞者は生存者に限る）に授与される。受賞対象は「物理、化学、工学」と「生命、農学、医学」の二つの領域から各一名が選ばれる。受賞者には、賞状・賞牌・賞金五千万円が贈られる。昭和60年に第一回の授与式が国立劇場で行われ、授与式には天皇・皇后両陛下、総理大臣、衆・参議院議長、最高裁長官が出席する。

五　国際生物学賞

国際生物学賞は、昭和天皇の御在位六〇年を記念し、上皇陛下の長年にわたる魚類分類学（ハゼ類）の御研究を併せて記念し、生物学の奨励を目的とする。本賞は昭和60年に創設され、以後毎年一回、生物学分野の研究において優れた業績を挙げ、世界の学術の進歩に大きな貢献をした研究者（原則毎年一人）を選考して賞が授与される。受賞者には、賞状・賞牌及び賞金一千万円が贈られる。

六　全国植樹祭

全国植樹祭の発足は、「愛林日植樹行事」として、明治28年に日本政府が明治天皇誕生日の11月3日を「学校植栽日」とし、全国の学校に「学校林設置の訓令」を出したことに始まり、昭和25年から山梨県で第一回「植樹行事並びに国土緑化大会」が開催され、第二十一回大会（昭和45年、福島県）から「全国植樹祭」と改称された。参加者は一万人を超えることは珍しくなく、平成14年に山形県金山町で開催された会場では一二、〇〇〇人を越えたが、以後は地方自治体の資金難や、広い植樹会場の設営が困難などの理由で縮小傾向となり、平成25年の鳥取県南部町の植樹祭では七、〇〇〇人規模となった。

全国植樹祭は、国土緑化推進機構と開催都道府県の共催で開催され、大会会長は衆議院議長が務める。式典では、天皇の「おことば」、天皇・皇后両陛下による「お手植え・お手まき」行事、県内外の参加者による記念植樹、国土緑化運動ポスターコンクール等の表彰行事、大会宣言等が恒例となっており、「全国植樹祭・国民体育大会・全国豊かな海づくり大会」の三つは、「行幸啓がある三大地方行事」である。しかし平成27年の第六〇回大会（福井県）からは、両陛下のご高齢化に伴う公務負担軽減のため植樹祭式典での天皇の「おことば」は取りやめになったが、今上天皇の即位後初の地方公務である令和元年の第七〇回全国植樹祭（愛知県森林公園（尾張旭市））では、天皇の「おことば」が復活した。

昭和52年の第二十八回（和歌山県）からは、秋に過去の植樹祭での手植え・手まきにより成長した木の手入れ（枝払いなど）を行う「全国育樹祭」が行われており、現在は秋篠宮文仁皇嗣殿下が出席されている。

七　国民体育大会

戦前、「総合体育大会」として、大日本体育協会（現・日本スポーツ協会）主催で大正13年から昭和18年にかけ十四回に亘って明治神宮競技大会が行われた。

昭和20年12月末、岸記念体育館において、平沼亮三（大日本体育協会理事）、末弘厳太郎（大日本水上競技連盟会長）、清瀬三郎、久富達夫、石田啓次郎氏ら戦前から競技団体の要職にあった人たちが会合し、戦後のスポーツのあり方と競技団体の組織と事業について話し合う中で、「全国体育大会」の開催が提案された。翌年、戦後の混乱期の中で国民に希望と勇気を与えるため、平沼、清瀬氏らは春日弘　関西スポーツ連合会長と懇談し理事会を結成し、実施要綱が検討され、ＧＨＱ

の承認と政府から四〇万円の補助金を得て、第一回「国民体育大会」（略称・国体）が発足した。国体のあり方は「スポーツ基本法」で位置付けられ、日本スポーツ協会・文部科学省・開催地都道府県の三者の共催で行われる。実施競技により1月～2月に行われる冬季大会と、9月～10月の本大会とに分けられ、昭和21年に第一回大会が近畿で開かれて以降、各都道府県の持ち回りで開催されている。

「国体」は　昭和23年の第三回福岡県大会から都道府県対抗方式となり、天皇杯と皇后杯が創設された。大会は正式種目の順位を得点に置き換えて都道府県対抗で争われ、冬季大会と本大会の通算で、男女総合成績第一位の都道府県に天皇杯が、女子総合成績第一位の都道府県に皇后杯が授与される。

昭和63年の第四十三回京都府大会から本大会（夏季・秋季大会）は二巡目に入り、全国を東・中・西の三つに分けて順番に開かれた。水泳競技を中心とした夏季大会と陸上競技を中心とした秋季大会が存在したが、第六十一回（2006）から夏季と秋季の大会を一体化した大会制に変更された。第六十三回大会以降は、水泳などの一部競技が競技特性を考え「会期前競技」として先行開催された。本大会（秋季大会）終了後には「全国障害者スポーツ大会」が行われることになった。

平成29年6月、「日本体育協会」は平成30年4月1日付で「日本スポーツ協会」に名称を変更し、「国民体育大会」も、「国民スポーツ大会」への改称を提案することを可決した。但し「国民体育大会」の呼称は「スポーツ基本法」第二十六条で規定され、名称の変更には同法の改正が必要なため、平成30年1月の第一九六回国会で「スポーツ基本法改正案」が審議され、同年6月13日に参議院本会議で与党などの賛成多数で可決されて成立した。これを受けて日本スポーツ協会が同日、「第七十八回大会（2023）から「国民スポーツ大会」へと名称を変更する」と発表し、翌日の国体委員会において略称「国スポ」、英語の呼称「JAPAN GAMES」への変更が決定された。

八　全国豊かな海づくり大会

近年、海洋環境の変化により、水産資源は減少傾向にあり、資源回復が緊急の重要課題となっている。その対策として漁業関係者は、幼稚魚放流を中心とする栽培漁業の推進や、海岸域の清掃、植樹運動など、様々な取り組みによって、水産資源の維持・培養を図る運動を展開してきた。

「全国豊かな海づくり大会」は、日本の家庭の食卓に、安全で美味しい水産食料を安定して供給するために、水産資源の保護・管理と海や湖沼・河川の環境保全の大切さを広く国民に訴えるとともに、「つくり育てる漁業」を推進し、将来の我が国の漁業の振興と発展を図ることが目的である。大会は公益社団法人「豊かな海づくり推進委員会」と都道府県の大会実行委員会が主催し、農林水産省が後援する。昭和56年に第一回大会が大分県で開催され、明仁皇太子殿下が出席し、即位後も続けて出席され、現在に至っている。天皇（明仁）陛下の退位に伴い、令和元年9月8日の大会（秋田市）からは今上天皇が出席されている。

次に皇后陛下がご臨席される全国赤十字大会について述べる。

九　全国赤十字大会

㈠ 赤十字活動の起源

スイス人の実業家アンリー・デュナン（第一回「ノーベル平和賞」受賞）は一八五九年六月、フランス・サルディニア連合軍とオーストリア軍が戦ったイタリア統一戦争の激戦地ソルフェリーノで、四万人の死傷者が打ち捨てられている有様を目撃し。町の人々の協力を得て負傷者を教会に収容し、救護した。

ジュネーブに戻ったデュナンは、戦争犠牲者の悲惨な状況を伝え、一八六二年十一月に『ソルフェリーノの思い出』と題する書物を出版し、次を訴えた。

① 戦場の負傷者と病人は敵味方の差別なく救護すること。

② 救護団体を平時から各国に組織すること。

③ 国際的条約を締結すること。

この訴えは欧州各国で大きな反響を呼び、一八六三年二月、赤十字国際委員会の前身の「五人委員会」が発足し、その呼びかけに応じて十六ヵ国が参加して、最初の国際会議が開かれ、「赤十字規約」が作られた。この規約に基づいて各国に戦時救護団体が組織され、平時から相互の連絡が保たれ、デュナンの提案が実現した。翌一八六四年には、十六ヵ国の外交会議で最初の「ジュネーブ条約」（赤十字条約）が調印され、国際赤十字組織が正式に誕生した。

(二) 日本赤十字社（略称「日赤」）の歴史

元老院議員の佐野常民と大給恒《おぎゅうゆずる》は、西南戦争（明治10年（1877））の負傷者救護のため「博愛社」を設立し、政府に現地活動を願い出たが不許可となり、熊本の征討総督　有栖川熾仁親王に直接願い出て許可され、負傷者救護活動を行った。その後、国内外で災害救護を始め、幅広い分野で活動した。我が国は明治19年に「ジュネーブ条約」に調印し、翌明治20年に「博愛社」を「日本赤十字社」と改称した。戦前の「日本赤十字社」は、陸軍省・海軍省管轄の社団法人で、戦後は厚生省管轄を経て現在は厚生労働省管轄の認可法人となった。名誉会長は昭憲皇后を初代として歴代の皇后が就任し、皇太子妃ほかの皇族が名誉副総裁に就いている。現在の「日赤」は昭和27年制定の「日本赤十字社法」によって設立された認可法人であり、個人又は法人参加者の社団法人組織で、平成22年3月末現在、個人社員一二三、〇〇〇人、法人社員六、〇〇〇法人を数える。

(三) 日本赤十字社のモットー

「日赤」は、その活動について、次の三つのモットーを掲げる。

① 使命：人間の命と健康、尊厳を守る。

② 基本原則：世界中の赤十字が共有する七つの基本原則に従って行動する。

○人道。○公平。○中立。○独立。

○奉仕。○単一性（国内唯一の赤十字社）。

○世界性（世界中の赤十字のネットワークによる協力）。

③ 決意：赤十字運動の担い手として、人道の実現に、利己心と闘い、無関心に陥ることなく、人の痛みに目を向け、常に想像力をもって行動する。

(四) 日本赤十字社の事業

「日赤」は次の九つの事業を展開する。

① 国内災害救護活動。② 国際活動。③ 赤十字病院の展開。④ 看護師等の教育・人材の育成。⑤ 血液事業。⑥ 救急法等の知識・技術の普及と啓発。⑦ 青少年赤十字。⑧ 社会福祉、地域の機関との連携。⑨ 赤十字ボランティア活動。

(五) フローレンス・ナイチンゲール徽章

この徽章は、赤十字国際委員会が傷病者の看護に功労のあった看護師、応急手当に著しい貢献をした篤志看護補助者に授与する徽章である。

フローレンス・ナイチンゲールの生誕百周年を記念し一九二〇年に第一回の徽章が授与された。当初は女性のみであったが、第三十四回以降は男性も受章対象者になった。

徽章の授与対象者の選考手順は、世界各国の赤十字社が同社の委嘱した選考委員会に諮問し、赤十字国際委員会に候補者を推薦する。赤十字国際委員会は各国から集まった候補者について慎重な審議選考を行った上で、隔年ごとに最大五〇名に授与する。

徽章の授与式は「国の元首又は赤十字総裁が徽章の崇高な名誉にふさわしい厳粛な式を行って授与する」という規定に従い、日本赤十字社名誉総裁である皇后陛下より授与される。この徽章授与式は、二〇一九年が第四十七回で、授与者は一、五一七人、そのうち日本人は一九二〇～二〇一九年に一一〇人が授与された。

十　その他

天皇・皇后両陛下は、次に述べる国際的な催し①～④の開会式に出席され開会宣言等を行われた。

① 第18回東京オリンピック競技大会（1964. 10. 10～10. 24. 東京国立競技場）：昭和天皇・香淳皇后がご臨席、天皇陛下が開会宣言をされた。引き続いて行われた第13回国際ストーク・マンデビル競技大会（第2回夏季パラリンピック競技大会、1964. 11. 8～11. 12）は、皇太子（明仁）・同妃（美智子）両殿下がご臨席、皇太子殿下が開会宣言を行われた。

② 長野オリンピック冬季競技大会（1998. 2. 7～2. 22. 長野市）：天皇（明仁）・皇后（美智子）両陛下がご臨席、天皇陛下が開会宣言を行われた。引き続く第7回パラリンピック冬季競技大会（3. 5～3. 14）は皇太子（徳仁）殿下が開会宣言をされた。

③ 地球環境行動会議（ＧＥＡ）国際会議（註）：（2020. 12. 14&15. 東京都千代田区のザ・キャピトルホテル東急）で開催。

註：地球環境問題の解決と持続可能な開発を目的とするＮＧＯとして一九九一年二月に事務局が発足、翌年四月、「地球環境賢人会議」を東京で開催。一九九五年十一月、大幅に改組し組織名を「地球環境行動会議（Global Environmental Action GEA）」に改めた。二〇〇三年からほぼ二年毎に東京で国際会議を開催し、徳仁皇太子がご臨席して挨拶を述べられており、天皇即位後も引き続き臨席されている。

④ 第32回オリンピック競技大会及び第16回パラリンピック競技大会、コロナ・ウイルスの蔓延により一年延期、オリンピック：2021. 7. 23～8. 8. パラリンピック：2021. 8. 24～9. 5 開催、オリンピックスタ

下が引き継ぐことになった。

ジアム(国立競技場)に、天皇(徳仁)陛下がご臨席し、開会宣言をされた。

なお天皇・皇后両陛下が毎年出席される地方行事は、前述したとおり「全国植樹祭」、「国民体育大会」、「全国豊かな海づくり大会」の三つであったが、今上天皇は「国民文化祭」(従来、皇太子が出席)を加え四つとされた。それに伴いこれまで皇太子殿下が出席されていた「国民文化祭」を除く六つの行事のうち、「全国みどりの愛護のつどい」、「全国高校総体」、「全国障害者スポーツ大会」、「全国育樹祭」の四つが秋篠宮皇嗣ご夫妻に、「献血運動推進全国大会」は紀子妃殿下、「全国農業担い手サミット」は寛仁親王妃信子妃殿下が引き継いだ。

平成時代に皇太子ご夫妻が毎年出席された東京都内の三つの行事は、「国際青年交流会議」は今上天皇・皇后両陛下が出席し、「文化庁芸術祭」は秋篠宮ご夫妻、「日本賞教育コンテンツ国際コンクール授賞式」は紀子妃殿

第八章　天皇（明仁）陛下の災害地慰問と被災者激励の行幸啓

本章では平成時代の天災と天皇陛下の災害地慰問・被災者激励の行幸について述べる。

第一節　平成時代の主な自然災害

平成時代は昭和の御代のように外国との戦争はなかったが、大地震、火山噴火、台風、豪雨及び土石流等の自然災害に頻繁に襲われた。天皇（明仁）・皇后（美智子）両陛下はそれらの災害の度に災害地を見舞われ、被災者を激励された。避難所の学校の体育館や公民館の床に膝をつかれて、被災者と同じ目線でお言葉をかけ、お話しをされた。平成時代の主な大規模災害を挙げれば、次のとおりである。

① 平成3年6月3日、長崎県島原の雲仙岳が噴火し、大規模な火砕流が発生して大きな被害を生じた。天皇・皇后両陛下は7月10日に被災地を見舞われた。

② 平成5年7月の北海道南西沖地震。

③ 平成7年1月の阪神・淡路大震災。

④ 平成16年10月の新潟県中越地震。

⑤ 平成19年7月の新潟県中越沖地震。

⑥ 平成23年3月の東日本大震災。

⑦ 同年同月、長野県北部地震。

⑧ 平成26年7月の台風第十一号及び第十二号の全国規模の豪雨被害（北陸、東海、近畿、中国、四国）。

⑨ 平成27年9月の関東・東北豪雨。

⑩ 平成28年4月の熊本地震。

⑪ 平成29年7月の九州北部豪雨。

天皇・皇后両陛下はこれらの大災害の発生の都度、被災地を見舞われ、被災した人々を激励された。特に平成23年の東日本大震災では、関東各地に設けられた避難所を広く慰問され、更に数年後に復興状況の確認に、被災地を再度訪ねられた。宮内庁の発表によれば、陛下は在位中に全国四十七都道府県を二巡され、訪問件数は三八五件に上る。その激励の行幸を見る前に、これらの大規模災害の救難活動と、その組織について整理する。

第二節　災害救助の法制と救助活動

前節に見たとおり我が国は火山の噴火、地震、台風、大雨・洪水・土砂災害、豪雪等々、「災害大国」と言ってよい。国及び地方公共団体は、「災害救助法」（昭和22年10月）と「災害対策基本法」（昭和36年11月）により、災害発生の事前に予め担当地域の防災計画、防災・救難資源の配分、実施手順を組織的に策定し、準備することが定められている。前者の「災害救助法」は、災害直後の応急的な被災者救済について、次の活動を定めている。

①避難所などの収容施設や仮設住宅の供与、②炊出しなど給食供与、③給水車などによる給水、④被服・寝具その他生活必需品の支給又は貸与、⑤医療及び助産（救護班の出動）、⑥罹災者の救出、⑦罹災住宅の応急修理、⑧罹災者の生業に必要な金品の給与・貸与、⑨学用品の給与、⑩死体の捜索及び処理、⑪埋葬、⑫災害で運ばれた土石、竹木等の日常生活に著しい障害を及ぼす障害物（雪も含む）の除去。

また後者の「災害対策基本法」は伊勢湾台風（昭和34年9月26日、潮岬に上陸し、日本を縦断して全国に亘り甚大な被害を齎した）を契機に制定され、防災対策の責任の所在と体制の確立、防災計画の作成、災害予防、災害応急対策、災害復旧及び防災に関する財政金融措置、その他必要な災害対策の基本を定めている。

なお災害救助活動は、警察、消防、自衛隊、海上保安庁、災害派遣医療チームＤＭＡＴ（Disaster Medical Assistance Team. 所定の研修を受けた医療従事者が拠点病院に集合してチームを作り災害現場で救急医療を行う）等により実施される。阪神・淡路大震災（平成7年）までは災害地の都道府県の知事の要請で発動された。しかしこのとき自衛隊への県知事の災害出動要請が大幅に遅れ、多くの罹災者を救出できない事態を生じたため、現在は現場指揮者の裁量が大幅に拡大された。

一　阪神・淡路大震災の救難活動の教訓

平成7年1月17日早朝5時46分、淡路島北端付近を震源とするマグニチュード七・三の大規模直下型地震が西日本を襲った。消防庁や兵庫県によれば、死者六、四三七人、負傷者四三、七九二人、住宅被害六三九、六八六棟に上った。

この震災では、地震発生直後に多数の火災が発生し、消防隊が対処できず、多くの市民が瓦礫に埋もれたまま焼死し、多数の死者を生じた。災害発生直後の政府や兵庫県、自衛隊の被災者救助活動の遅れが問題になった。

このとき自社さ連立内閣の村山富市首相（社会党）は、紅蓮の炎をあげて燃え上がる神戸市街を、テレビで見物しつつ数時間を無為に過ごし、しかも奇怪にも在日米軍や米軍艦艇の救援の申し出を断り、瓦礫の下の数千人の被災者を見捨て、社会党の反米宣伝の旗振りに廻った。高知沖を航行中の米空母インデペンデンスのヘリコプター派遣、米第七艦隊（横須賀）の神戸港派遣の申し出があったが、政治的理由（選挙母体の社会党系労働組合の反対）、神戸市の受け入れ態勢の不備、接岸岸壁施設の被害等を理由に、米軍の救援活動を拒絶した。特に神戸市は火災が発生し、多くの倒壊家屋の下で市民が焼死した。貝原俊民兵庫県知事は、渋滞中の僅か三粁の道程に、迎えの公用車を待って初動の貴重な数時間を浪費し、更にあろうことか、自分の選挙母体の社会党の面子にこだわって自衛隊への災害派遣要請を躊躇した。当時は自衛隊の災害派遣出動は、部隊の「近傍災害出動」を除き、県知事の「出動要請」が必須の要件であり、これがなければ部隊の移動は禁止された。陸上自衛隊中部方面隊（総監部：伊丹市。総監：松島悠佐陸将。担当地域：東海・北陸・近畿・中国・四国地区の二府十九県）の運用幕僚は、兵庫県庁に出動要請発出の督促電話を頻繁にかけたが、県庁の担当者は「暫く待て」を繰り返し、漸く県知事が「災害派遣出動要請」を発したのは四時間半も後の10時10分であった。それも野口一行兵庫県消防安全課長補佐の判断で自衛隊の出動を要請し、知事は事後承諾するという為体《ていたらく》であった。そのために伊丹や姫路の陸上自衛隊は、燃え広がった市街地の瓦礫の下で、生きながら猛火に焼かれる数千人の市民を拱手傍観して見殺しにする不埒な事態を生じた。市民の生命よりも政党プロパガンダを優先する革新首長と、誤った文民統制の軍隊の無惨なる醜態であり、そのために多くの市民が瓦礫の中で焼死した。

貝原兵庫県知事の災害派遣要請が遅れたのは、「知事が情報を座して待っていたこと」、「各所轄の警察署の被害情報を取り纏める兵庫県警察本部警備部から貝原知事への報告が少なかったこと」が原因とされる。東灘警察署だけでも8時の時点で「死者百名以上、行方不明者数百名」という被害を把握していたにも拘わらず、県警本部警備部は知事への報告を地震発生後二回しか行わなかったため、10時（地震発生後四時間）の時点で知事は兵庫県全体の被害は「死者四名」という報告しか受けていなかった（JNN報道特別番組「失われた街で～阪神大震災から一ヵ月」、平成7年2月17日放送）。貝原知事は、「被害情報が正しく伝えられていれば、即座に自衛隊派遣要請をしていた」と、後日「みっともない言い訳」をしている。また県知事以外の地方自治体首長が救助要請を出せないという、当時の法制の不備も原因である。一方、後年、貝原知事は、「自衛隊と交信ができなかった。8時に姫路の連隊からこちらの係員にやっと通じた。「大災害だから、準備を。すぐ要請するから」、と言ったところで通話が切れて、それ以降連絡が取れなかった。出動要請が遅かったというのは、自衛隊の責任逃れですよ！」と述べ、出動要請遅延の責任は自分ではなく自衛隊にあると強調した（「阪神大震災。なぜ自衛隊出動が遅れたか」、『PRESIDENT』（プレジデント社）、平成23年5月30日号）。しかし当時は9月1日（防災の日）の災害訓練も関西地方の殆んどの自治体が自衛隊の参加を拒否する組織的な反自衛隊の姿勢を採っており、神戸市も例外ではなかった。訓練もせずに混乱した状況下で迅速な協働対処行動がとれるはずはなく、それを放置した責任を頬被りして、自衛隊を責める貝原兵庫県知事の姿勢こそ問題である。

しかし自衛隊の中でも、異なった臨機応変の活動をした部隊があった。

伊丹市駐屯の第三十六普通科連隊（連隊長黒川雄三一等陸佐）は、自衛隊法第八十三条三項の「近傍派遣」の規定（部隊や自衛隊の施設の近傍で災害が発生した場合、部隊等の長が部隊を派遣できる）を適用し、地震発生後十数分で阪急伊丹駅へ部隊を派遣した。この派遣部隊の活動は部隊近傍のみで、神戸市中心部への災害派遣はなされなかった。また緊急に人命救助が必要な状況下で都道府県知事等と連絡が取れない場合（通信の途絶や現地の混乱など）や、災害発生時に関係機関への情報提供を行う場合等は、知事の要請なしに部隊の派遣（自衛隊法第八十三条二項但し書き）が許されており、この場合は「自主派遣」と呼ばれる。しかし上記の第三十六連隊以外の陸自の部隊は、県知事の要請（自衛隊法第八十三条一項）を待っていずれも待機状態をとっていた。

また見事な判断を下し行動したのは、海上自衛隊呉地方総監（広島県呉市）の加藤武彦海将である。地震発生直後の午前6時3分、隷下の海自・阪神基地隊（神戸市）の当直士官から呉市の総監官舎に、「大地震発生。部隊施設はほぼ全滅。在隊員には死傷者なし。基地隊司令は徒歩で登庁中。岸壁が崩れ海水が侵入。その他施設の被害甚大。詳細は不明、判明次第報告する」という緊急通報が入る。加藤呉総監は神戸地域の甚大な被害を推察し、直ちに「呉所在の艦艇部隊は準備が整い次第出航せよ。隷下の航空部隊はヘリコプターを飛ばして偵察に当たれ。目的地は神戸」と幕僚に指示した。呉地方総監部の防衛部長　川村成之一等海佐は、「部隊を出すのですね。知事の要請はないですよ」　と念を押したが、総監の決心は変わらず、「指揮官が腹を決めているならば、実行あるのみ」と隷下部隊に出動を下令した。当時の陸海空三自衛隊の地方総監の中では、異例の決断であった。9時40分、非常食やシャベルを積んだ輸送艦「ゆら」が呉を出港し、護衛艦「とかち」も続いた。呉から神戸までは船で十時間の航程である。呉総監部が兵庫県から災害派遣の要請を受けたのは、地震発生から十四時間以上も過ぎた午後7時47分で、その時「とかち」からは「あと30分で神戸港に入港」の連絡が入っていた。海自の派遣部隊は、艦艇や航空機による救援物資の輸送、給水、入浴支援を実施し、約二〇〇名の艦艇乗組員が陸上自衛隊の救助活動に加わり、八人の市民を救出し、多数の遺体を収容した。海自と陸自の共同運用は初めてであり、加藤総監は指揮所を呉から阪神基地隊（神戸）に移し、現場で指揮を執ったが、加藤総監は「独断専行の責任を問われれば辞表を出す」と覚悟して、辞表を懐に携えたという。後日、被災者が「18日朝、神戸港沖に自衛隊の艦船が十数隻いた。国は我々を見捨てていないと感激した」という市民の声を聞き、加藤総監は「判断は正しかった」と確信したと語った。（以上、「読売新聞」、令和2年1月16日朝刊（横浜13S版）所載「阪神大震災あす25年。艦艇出動要請待たず決断」。）なお同紙面には、加藤総監の近況写真と、当時阪神基地隊の沖に終結した海自艦艇（四隻）の写真が掲載されている。「常在戦場」（常に戦場に在り）は東郷提督がよく揮毫に用いた文言であり、海自の標語になっているが、加藤総監の部隊指揮はこれを実践したものである。加藤総監のような人物が、兵庫県知事であれば、数百人の市民は焼け死なずに済んだであろう。

右の貝原知事の失敗を教訓に、自衛隊の派遣は、都道府県知事の要請がなくても、海上保安庁長官、管区海上保安本部長及び空港事務所長の要請により、駐屯地司令等が災害出動を下命できるよう改善された。また市町村長、警察署長、その他これに準ずる官公署の長から災害派遣の依頼を受け、部隊の長が救援の必要を認める場合にも、部隊等を派遣できるよう、次項のように法令が改められた。

二　自衛隊の災害派遣

現行の「自衛隊法」では次の「災害派遣行動」が定められている（自衛隊法第八十三条）。

①　通常の災害派遣

災害による被害には、まず自治体（消防・警察等を含む）や海上保安庁が対応するが、十分な対応が困難な場合、（市町村長の要求により）都道府県知事、海上保安庁長官や管区海上保安本部長、空港事務所長からの要請に基づいて自衛隊の部隊等が派遣される。

②　大規模震災災害派遣

特に大規模な震災で多数の人員の派遣が必要とみなされ、防衛大臣が大規模震災の指定をした場合には、防衛大臣より「大規模震災災害派遣命令」が発せられ、これに基づき部隊は行動する。阪神・淡路大震災の16年後の東日本大震災（平成23年3月11日）では、地震発生3時間14分後の3月11日18時に防衛大臣命令が発令された。

③　自主派遣

緊急に人命救助が必要で都道府県知事等と連絡が取れない場合（通信の途絶や現地の混

乱など）や、災害発生時に関係機関への情報提供を行う場合などは、部隊等の長は知事等の要請がなくても部隊派遣ができる。この場合は「自主派遣」と呼ばれる。自主派遣の場合でも、後日、都道府県知事等からの要請文書を受け取る場合が多く、完全な「自主派遣」は稀である。

④ **近傍派遣**

部隊や自衛隊の施設の近傍で災害が発生した場合、部隊等の長が部隊を派遣することができ、「近傍派遣」と呼ばれる。この活動は都道府県知事等の要請は必要としない。

⑤ **地震防災派遣**

地震災害に関する警戒宣言が出された際に、地震災害警戒本部長の要請により部隊等が派遣される。昭和53年に「大規模地震対策特別措置法」が制定され、「自衛隊の災害派遣任務」に追加された。但し現時点（令和3年10月）ではこの条規による派遣実績はない。

⑥ **原子力災害派遣**

茨城県那珂郡東海村の株式会社ＪＣＯ（住友金属鉱山の子会社）の放射線臨界事故（平成11年9月30日）に鑑み、平成11年に「原子力災害対策特別措置法」が制定され、「自衛隊法」の災害派遣行動に追加された。原子力発電所等に事故や地震の被害が生じた場合、内閣総理大臣は「緊急事態宣言」を発し、総理大臣に全権を集中し、政府・地方自治体・原子力事業者を直接指揮し、災害の拡大防止や避難などを命ずることができる。平成23年3月11日に発生した「東日本大震災」に伴う福島第一原子力発電所事故で初めて発令された。この「緊急事態宣言」が出された場合、原子力災害対策本部長（総理大臣）の指示により部隊等が出動する。

自衛隊の部隊運用の任務行動は、第二章第七節に前述したとおり「自衛隊法」に規定されている（集註第二 参照）。特に「自衛隊法」では、防衛出動と治安出動の命令権者は内閣総理大臣であり、（原則として）国会承認が必要とされ、非常に制限が多いが、災害派遣は、災害時の人命救助・災害復旧・秩序維持の行動であり、武器の使用については治安出動とは異なるので、都道府県知事のほか、海上保安庁長官、管区海上保安本部長及び空港事務所長の出動要請により、駐屯地司令などが発令できるように緩和されていることは上述したとおりである。また、市町村長、警察署長、その他これに準ずる官公署の長から災害派遣に関する依頼を受け、部隊の長が直ちに救援の措置をとる必要があると認める場合にも、自衛隊の部隊等を派遣することができる。

⑦ 急患空輸

急患空輸は自衛隊の災害派遣の中で最も頻繁に実施される活動で、例年総件数の六十五〜七十五％がこの種の活動である。活動件数の大半が五島列島や南西諸島から九州や沖縄本島、奄美大島など医療機関が整った地域へのヘリコプター等による患者空輸である。

阪神・淡路大震災以前は、文民統制の原則から、都道府県知事等の要請がなければ災害派遣はできず（幹部自衛官の独断専行の部隊運用はクーデターの怖れがあるという偏見）、緊急の場合は訓練や近傍派遣の名目で行われていたが、阪神・淡路大震災での反省から、現在では「自主派遣」に関する基準が明確化され、法制定の趣旨に沿った活動が行われている。

災害派遣は非常事態の救命・救難活動であり、緊急性、公共性、非代替性を総合的に判断して派遣の可否が判断される。自衛隊では基地・駐屯地等に情報収集を目的とする初動対処部隊を待機させ、災害発生時には自主派遣の航空機等による偵察態勢がとられている。熊本地震(平成28年4月)では、陸上自衛隊は偵察ヘリコプターUH-1、UH-60Jの二機、海上自衛隊は対潜哨戒機P3-Cを一機、航空自衛隊は戦闘機F-2二機を、各部隊指揮官の判断で派遣し情報収集に当った。平成25年から初動対処部隊を「ファスト・フォース」と呼んでいる。

⑧ その他

有事の災害派遣は、従来曖昧であったが、平成16年に「国民保護法」の成立に伴い、「国民保護等派遣」（自衛隊法第七十七条の四）として「災害派遣」任務から分離された（集註第二）。また湾岸戦争（平成3年）後、海外へ医療・航空部隊等が派遣されているが、これは「国際緊急援助隊の派遣に関する法律」による「国際緊急援助隊」であり、「自衛隊法」による災害派遣ではない。

三　地震観測

従来、大地震発生の構造について、太平洋プレートやフィリピン海プレートが日本海溝や南海トラフでユーラシアプレートの下に滑り込み、境界プレートの跳ね返りによって発生するもの（海溝型地震）が注目され、内陸の活断層のずれによる直下型地震の発生は関心が薄かった。これらのプレートの境界の近くの関東地方、東海地方、紀伊半島では、大地震（関東地震・東海地震・東南海地震・南海地震など）の可能性が最も高い地域として、防災訓練や建造物の補強などの対策が実施されてきた。一方、近畿地方（紀伊半島）においては、太平洋岸の三重県や和歌山県とは対照的に、瀬戸内海沿岸の大阪府と兵庫県は無警戒に近い状態であった。

阪神・淡路大震災の当時、東海地震の前兆現象の観測を目的として、関東・東海地域に限定した観測網（関東・東海地殻活動観測網）が整備されたが、全国を網羅する地震観測網は未整備であった。そのため阪神・淡路大震災の兵庫県南部地方の地震の予測や発生メカニズムの解明に十分な基礎データの蓄積がなかった。このことを教訓とし、平成7年6月、地震に関する調査研究推進のため「地震防災対策特別措置法」が制定され、「地震に関する基盤的調査観測計画」の一環として、日本全国を約二〇粁のメッシュの地震計で網羅し観測を行う高感度地震観測網と基盤強震観測網の整備が開始された。

第三節　被災地激励の行幸啓

平成時代の天皇・皇后両陛下の被災地見舞いの行幸啓は、次のとおりである。以下、行幸啓日、災害名（災害発生日）・内容等、行幸先の市町名の順に記す。（宮内庁ホームページによる。）

① 平成3年（1991）7月10日、雲仙普賢岳噴火に伴う大火砕流（発生日 6月3日）、長崎県島原市、布津市、深江町。
② 平成5年7月27日、北海道南西沖地震（7月12日）、北海道奥尻町、瀬棚町。
③ 平成7年1月31日、阪神・淡路大震災（1月17日）、兵庫県西宮市、芦屋市、神戸市、北淡町。

天皇・皇后両陛下は、震災直後から被災者を心配され、関係部署の報告を熱心に受けておられたが、現地が整理された約半月後に被災地を見舞われた。

徳仁皇太子夫妻は阪神・淡路大震災発生直後、1月20日～30日の予定で、中東三ヵ国（クウェート、アラブ首長国連邦、ヨルダン）を訪問された。テレビでは、震災の悲惨な現場と皇太子夫妻の華やかな晩餐会や遺跡見物、ラクダ・レース見物等の映像が、重なって報映され、違和感を与えた。ヨルダンのフセイン国王は1月28日に予定されていた晩餐会を26日の午餐会に繰り上げ、「お国が震災で大変ですから早く帰国されてはどうか」と勧められ、皇太子夫妻は予定を切り詰めて1月28日に帰国し、震災約一ヵ半月後の2月26日、神戸市の小学校を訪れ、子供達を激励した。フセイン国王の配慮に感謝したい。

2月8日、英国よりダイアナ皇太子妃が震災見舞いに訪日した。事前に「被災地か、日本赤十字社を訪問したい」と打診があったが、その時点では皇室の被災地見舞いは未だなかったため、日赤の近衛忠煇社長は丁重にお断りした。それを漏れ聞いた美智子皇后が近衛社長に電話し、「自分たちのことには配慮せず、ダイアナ妃を迎えてあげて下さい」と伝えられ、ダイアナ妃の日赤訪問が実現したと伝えられる。

④平成7年11月10～13日、雲仙・普賢岳噴火被災地の復興状況ご視察。長崎県島原市、宮崎市、日南町、串間町。

⑤平成11年8月17～30日、北海道南西沖地震災害復興状況ご視察。北海道函館市、北檜山町、瀬棚町、奥尻町。

⑥平成11年9月13～17日、豪雨災害復興状況ご視察。福島県・栃木県白河市、黒磯市、那須町。

⑦平成13年4月23～26日、阪神・淡路大震災復興状況ご視察。兵庫県神戸市、芦屋市、西宮市、北淡町。

⑧平成13年7月26日、伊豆諸島北部群発地震（震源：三宅島南西部。前年6月26日～9月、以後沈静化）。災害状況ご視察。新島、神津島及び三宅島。

⑨平成15年7月1～5日、有珠山噴火災害復興状況ご視察。北海道虻田町、旭川市。

⑩平成16年11月6日、新潟県中越地震（10月23日）。新潟県新潟市、長岡市、小千谷市、川口町。

⑪平成17年1月16～28日、阪神・淡路大震災一〇周年のつどい、国連防災世界会議開会式ご臨席。兵庫県神戸市。

⑫平成18年3月7日、三宅島噴火被害による全島避難から帰島後一年を迎えた島内状況ご視察。東京都三宅島。

⑬平成19年8月8日、新潟県中越沖地震（7月16日）。新潟市、柏崎市、刈羽村。

⑭平成19年10月29～31日、福岡県西方沖地震被災者ご訪問並びに災害復興状況ご視察。福岡県福岡市、玄海島。

⑮平成20年9月6～9日、新潟県中越地震災害復興状況及び地方事情ご視察。新潟県

長岡市。

⑯平成23年、東日本大震災（3月11日）に関連する両陛下お見舞いは、以下のとおり。

東日本大震災発生直後、陛下が「避難所として那須御用邸を提供したい」とご意向を伝えられたが、暖房設備がないことなどから宿泊は難しかった。そのため御用邸の温泉を提供し、温泉に入る人達のために入浴用タオル約三、四〇〇〇枚が両陛下の寄付として用意された。

この時、天皇陛下は七十七歳のご高齢であり、被災地の惨憺たる状況の中を慰問に廻られるのは相当の体力を要する。被災者の話を聞き、受け止めるだけでも疲れる。福島県などから都内の体育館に避難していた被災者を見舞われた際に、お供の石原慎太郎東京都知事が「被災地には名代を差し向けては如何か」と申し上げたが、陛下は「東北へは私が行きます」と断ったという。しかし暫くは被災地は現地に立ち入れる状況ではなく、両陛下は千葉県や茨城県の避難所を見舞われ、その後、暫く経ってから宮城、福島、岩手県を廻わられた。

○ 4月14日：千葉県旭市の避難所。
○ 4月22日：茨城県北茨城市。
○ 4月27日：宮城県東松島市、南三陸町、仙台市。
○ 5月11日：福島県須賀川市、玉川村、福島市、相馬市。
○ 平成24年10月13日：福島県川内村、田村市。
○ 平成25年7月4、5日：岩手県遠野市、住田町、大船渡市、陸前高田市、一関市。平成26年以後は復興状況視察に重点がおかれた。
○ 平成26年7月22～24日：宮城県登米市、南三陸町、気仙沼市。
○ 9月24、25日：青森県八戸市、青森市、田舎館村、黒石市。
○ 平成27年3月13～15日：宮城県岩沼市、

名取市、東松島市、石巻市。
○平成28年3月16～18日：福島県三春町、宮城県仙台市、女川町。
○9月28日～10月2日：岩手県花巻市、遠野市、大槌町。
○平成30年6月9～11日：福島県南相馬市、相馬市、福島市。
以上、東北大震災関係：計十二回。
⑰平成26年11月20日、大雪による被害の復興状況及び地方事情をご視察。埼玉県深谷市、小川町。
⑱平成27年1月16～17日、「一・一七のつどい―阪神・淡路大震災20年追悼式典」にご臨席、地方事情をご視察。神戸市。
⑲平成27年10月1日、平成27年9月関東・東北豪雨による被災地をお見舞。茨城県常総市。
⑳平成28年5月19日、熊本地震による被災地をお見舞。熊本県西阿蘇村、益城市。
㉑平成29年10月27～30日、平成29年7月九州北部豪雨による被災地お見舞、引き続き「第三十七回全国豊かな海づくり大会」ご臨席（メイン会場 宗像ユリックス）、併せて地方事情ご視察。福岡県（宗像市、北九州市、朝倉市）及び大分県日田市。
㉒平成29年11月16～18日、口永良部島噴火の概要並びに復興状況をご聴取、地方事情をご視察。鹿児島県霧島市、屋久島町、知名町、和泊町。
㉓平成30年9月14日、平成30年7月豪雨災害による被災地をお見舞。岡山県倉敷市、岡山市。
㉔平成30年9月21日、平成30年7月豪雨災害による被災地をお見舞。愛媛県及び広島県西予市、呉市。
㉕平成30年11月15日、北海道胆振東部地震による被災地をお見舞。北海道厚真町、千歳市。
通常、災害地は惨状を呈し容易には立ち入れないことが多いが、陛下は現地事情が許さ

れ次第、現場に赴かれ、犠牲者を悼み、被災者を慰め、救援活動に携わる人々を励まされた。両陛下は東日本大震災では八年間に十二回も被災地を見舞われた。また上記の被災地訪問の記録から、災害後かなり年月が経た後も、陛下は被災地の復興状況に深いご関心をお寄せになり、再訪されていたことが分かる。陛下の民を思う心の深さが拝察される。

第四節　被災者激励の天皇（明仁）陛下の「おことば」

一　阪神・淡路大震災

平成7年1月17日早朝5時46分、淡路島北端付近を震源とするマグニチュード七・三の大規模直下型地震が西日本を襲った。総務省消防庁や兵庫県によれば、死者六、四三四人、住宅六十四万棟が被害を受けた。天皇・皇后両陛下は、震災から二週間後の1月31日、自衛隊機及びヘリコプターで関西に入り、兵庫県が用意したバスに随員とご同乗になって移動された。被害の激しかった西宮市、芦屋市、神戸市や北淡町（淡路島）を訪れ、自治体首長から地域の被害状況の説明を受けた後、市民センターや学校の体育館に被災者を見舞い、励まされた。この日の神戸の最低気温は零下一・八度で底冷えする天候、避難所の体育館等は避難者でごった返している中で、当時のニュース映像には、不安な表情の避難者に、両陛下は床に膝をついて語りかけ、話を聞くお姿が映っている。陛下の「おことば」は次のとおりである。

◎阪神・淡路大震災に際し天皇陛下の「おことば」

この度の地震により、三千人を超す人命が失われ、多くの人々が堪え難い苦しみを味わっていることに深く心を痛めています。不幸にして亡くなった人々の遺族に対し、心から哀悼の意を表し、多数の負傷者の一日も早い回復を祈っています。

現在、国を挙げて救助、救援、復旧活動が

行われていますが、未だ多くの行方不明者があり、また、厳寒のさ中、多くの人々が不自由な避難生活を続けており、その速やかな救済と復興に万全を期し、被災者の苦しみが一日も早く解消されることを切に願っています。

救援のために日夜尽している関係者の労苦を思うと共に、この不幸な時期を皆が強い連帯と協力の下に乗り越え、今後、災害に対し、より強く、安全な国としてあることに、人々の英知が寄せられていくことを衷心より願っています。

平成7年1月19日

二　東日本大震災

平成23年3月11日14時46分、三陸沖の宮城県牡鹿半島の東南東一三〇粁、北米プレートの下に太平洋プレートが沈み込む深さ約二十四粁を震源とするマグニチュード九・〇の東北地方太平洋沖地震が起きた。最大震度七の強い揺れと、岩手、宮城、福島の東北三県では浸水高が十米を超える国内観測史上最大の津波に襲われ、海岸から数粁内陸にまで津波が浸入した。警察庁緊急災害警備本部によると、被害は東北三県を中心に一都一道二〇県に及び、死者一五、八四八人、行方不明者三、三〇五人。建物被害は全半壊三十七万戸超に上った(平成24年2月10日現在)。内閣府は、住宅、工場、店舗、農林水産施設、ガス、水道、道路、港湾、学校、病院などの被害額を約十六兆九億円と推計した(平成23年6月24日発表)。この地震と津波により、福島県浜通り地域にある福島第一原子力発電所が、外部電源や多くの非常用電源設備の機能を失い、炉心の冷却機能が損なわれ、翌12日~15日に六基の原子炉のうち一、三、四号機で水素爆発が起きた。原子炉建屋が損壊し、放射性物質が大気中に放出され、国際的な事故評価尺度(INES)で最悪の「レベル七(深刻な事故)」となった。

大震災の五日後（平成23年3月16日)、

現地には入れない状況下で、陛下はテレビを通じて被災者を見舞い、激励し、全国民に復興への協力を呼び掛けられた（註）。このビデオで国民に語りかける陛下の切々たる「おことば」には、陛下のもどかしいお気持ちが強く伺える。この時点では福島第二原発の事故は放射能漏れが制御できておらず、地震・津波・原発の事故の全体像も把握できていなかった。陛下はこの放送のほぼ一ヵ月後（4月14日）に、漸く千葉県旭市の避難所に被災者を見舞われた。

註：放送が行われた3月16日時点では、「東日本大震災」の呼称は確定しておらず、「東北地方太平洋沖地震」と呼ばれていた。

◎東北地方太平洋沖地震に際し

天皇陛下の「おことば」

この度の東北地方太平洋沖地震は、マグニチュード九・〇という例を見ない規模の巨大地震であり、被災地の悲惨な状況に深く心を痛めています。地震や津波による死者の数は日を追って増加し、犠牲者が何人になるのかも分かりません。一人でも多くの人の無事が確認されることを願っています。また、現在、原子力発電所の状況が予断を許さぬものであることを深く案じ、関係者の尽力により事態の更なる悪化が回避されることを切に願っています。

現在、国を挙げての救援活動が進められていますが、厳しい寒さの中で、多くの人々が、食糧、飲料水、燃料などの不足により、極めて苦しい避難生活を余儀なくされています。その速やかな救済のために全力を挙げることにより、被災者の状況が少しでも好転し、人々の復興への希望につながっていくことを心から願わずにはいられません。そして、何にも増して、この大災害を生き抜き、被災者としての自らを励ましつつ、これからの日々を生きようとしている人々の雄々しさに深く胸を打たれています。

自衛隊、警察、消防、海上保安庁をはじめとする国や地方自治体の人々、諸外国から救援のために来日した人々、国内の様々な救援組織に属する人々が、余震の続く危険な状況の中で、日夜救援活動を進めている努力に感謝し、その労を深くねぎらいたく思います。

今回、世界各国の元首から相次いでお見舞いの電報が届き、その多くに、各国国民の気持ちが被災者と共にあるとの言葉が添えられていました。これを被災地の人々にお伝えします。

海外においては、この深い悲しみの中で、日本人が、取り乱すことなく助け合い、秩序ある対応を示していることに触れた論調も多いと聞いています。これからも皆が相携え、いたわり合って、この不幸な時期を乗り越えることを衷心より願っています。

被災者のこれからの苦難の日々を、私たち皆が、様々な形で少しでも多く分かち合っていくことが大切であろうと思います。被災した人々が、決して希望を捨てることなく、身体《からだ》を大切に明日からの日々を生き抜いてくれるよう、また、国民一人びとりが、被災した各地域の上にこれからも長く心を寄せ、被災者と共に、それぞれの地域の復興の道のりを見守り続けていくことを、心より願っています。

平成23年3月16日

右の「お言葉」は、天皇陛下が未曾有の東日本大震災直後に、まだ現地には入れない震災後五日目の時点で、テレビを通じて被災者を見舞い、激励し、全国民に東北地方の復興への協力を呼び掛けられたビデオ・メッセージであり、全国に放送された。またその後、毎年3月11日には、東京都千代田区の国立劇場において、東日本大震災の被災者追悼慰霊祭が行われている。この追悼式（一周忌と五周忌）で天皇陛下が述べられた「おことば」

は、次のとおりである。

◎東日本大震災一周年追悼式における天皇陛下の「おことば」

平成24年3月11日、東日本大震災から一周年、ここに一同と共に、震災により失われた多くの人々に深く哀悼の意を表します。

一年前の今日、思いも掛けない巨大地震と津波に襲われ、ほぼ二万に及ぶ死者、行方不明者が生じました。その中には消防団員をはじめ、危険を顧みず、人々の救助や防災活動に従事して命を落とした多くの人々が含まれていることを忘れることができません。

さらにこの震災のため原子力発電所の事故が発生したことにより、危険な区域に住む人々は住み慣れた、そして生活の場としていた地域から離れざるを得なくなりました。再びそこに安全に住むためには放射能の問題を克服しなければならないという困難な問題が起こっています。

この度の大震災に当たっては、国や地方公共団体の関係者や、多くのボランティアが被災地へ足を踏み入れ、被災者のために様々な支援活動を行ってきました。このような活動は厳しい避難生活の中で、避難者の心を和ませ、未来へ向かう気持ちを引き立ててきたことと思います。この機会に、被災者や被災地のために働いてきた人々、また、原発事故に対応するべく働いてきた人々の尽力を、深くねぎらいたく思います。

また、諸外国の救助隊をはじめ、多くの人々が被災者のため様々に心を尽くしてくれました。外国元首からのお見舞いの中にも、日本の被災者が厳しい状況の中で互いに絆《きずな》を大切にして復興に向かって歩んでいく姿に印象付けられたと記されているものがあります。世界各地の人々から大震災に当たって示された厚情に深く感謝しています。

被災地の今後の復興の道のりには多くの困難があることと予想されます。国民皆が被災者に心を寄せ、被災地の状況が改善されていくよう、たゆみなく努力を続けていくよう期待しています。そしてこの大震災の記憶を忘れることなく、子孫に伝え、防災に対する心掛けを育み、安全な国土を目指して進んでいくことが大切と思います。

今後、人々が安心して生活できる国土が築かれていくことを一同と共に願い、御霊《みたま》への追悼の言葉といたします。

平成24年3月11日

◎東日本大震災五周年追悼式における天皇陛下の「おことば」

東日本大震災から五年が経ちました。ここに一同と共に、震災によって亡くなった人々とその遺族に対し、深く哀悼の意を表します。

五年前の今日、東日本を襲った巨大地震とそれに伴う津波により、二万人を超す死者、行方不明者が生じました。仙台平野を黒い壁のような波が非常な速さで押し寄せてくるテレビの映像は、決して忘れることができないものでした。このような津波に対してどのような避難の道が確保できるのか、暗澹たる気持ちになったことが思い起こされます。また、何人もの漁業者が、船を守るために沖に向け出航していく雄々しい姿も深く心に残っています。

このような中で、自衛隊、警察、消防、海上保安庁をはじめとする国や地方自治体関係者、さらには、一般市民が、厳しい状況の中で自らの危険や労をいとわず、救助や捜索活動に携わったことに深い感謝の念を抱いています。

地震、津波に続き、原子力発電所の事故が発生し、放射能汚染のため、多くの人々が避難生活を余儀なくされました。事態の改善のために努力が続けられていますが、今なお、自らの家に帰還できないでいる人々を思うと心が痛みます。

こうした苦難の中で、政府や全国の地方自治体と一緒になって、多数のボランティアが被災者のために支援活動を行いました。また、百六十を超える国・地域や多数の国際機関、また在日米軍が多大な支援に当たってくれたことも忘れることはできません。

あれから五年、皆が協力して幾多の困難を乗り越え、復興に向けて努力を続けてきました。この結果、防災施設の整備、安全な居住地域の造成、産業の再建など進展が見られました。しかし、被災地で、また避難先で、今日もなお多くの人が苦難の生活を続けています。特に、年々高齢化していく被災者をはじめとし、私どもの関心の届かぬ所で、いまだ人知れず苦しんでいる人も多くいるのではないかと心に掛かります。

困難の中にいる人々一人ひとりが取り残されることなく、一日も早く普通の生活を取り戻すことができるよう、これからも国民が心を一つにして寄り添っていくことが大切と思います。

日本は美しい自然に恵まれていますが、その自然は時に非常に危険な一面を見せることもあります。この度の大震災の大きな犠牲の下で学んだ教訓を生かし、国民皆が防災の心を培うとともに、それを次の世代に引き継ぎ、より安全な国土が築かれていくことを衷心より希望しています。

今なお不自由な生活の中でたゆみない努力を続けている人々に思いを寄せ、被災地に一日も早く、安らかな日々の戻ることを一同と共に願い、御霊への追悼の言葉と致します。

平成28年3月11日（国立劇場）

天皇・皇后両陛下の災害地慰問や視察は、御即位後十五年で、四十七都道府県を全て訪問され、平成29年までに日本全国を二回以上廻られた。また国際学会の出席、地方行事や復興状況視察の行幸啓の際には、常に地元の福祉・文化・産業施設などを訪問され、関係者を激励された。特に福祉施設には、これまでに全国で通算五百ヵ所以上の施設を訪問され、毎年、障害者週間の前後には、障害者施設を訪問されるのが慣例である。

なお平成26年（2014）には両陛下はともに八〇歳を迎えられ、子供の日及び敬老の日に因んだ福祉施設等へのご訪問は、平成27年以降は若い皇族方と交代された。

第九章　天皇（明仁）陛下の戦歿者慰霊の行幸啓と外国訪問

昭和天皇は戦後、国民を激励するために全国巡幸を行われたことは、第三章第五節に述べた。天皇(明仁)陛下は父帝の御心を継いで、皇后陛下と共に、大東亜戦争の激戦地の沖縄、硫黄島、及び南洋の島々（サイパン島、ペリリュー島、ルソン島）を訪れて、戦歿者の霊を弔われた。本章では第一節で天皇・皇后両陛下の戦歿者慰霊の行幸啓と、それらの島々での戦いの概要を述べる。更に第二節では国際親善のために行われた諸外国への訪問について整理する。

第一節　戦歿者慰霊の行幸啓

天皇（明仁）陛下の沖縄、硫黄島及び南方諸島の激戦地の戦跡慰霊の行幸啓は、昭和天皇の全国巡幸の御心を継承されたものであり、皇太子時代に昭和天皇の御名代を務められた沖縄への慰霊（昭和50年7月）が初回である。ご在位中には、硫黄島慰霊（平成6年2月）、米国自治領のマリアナ諸島のサイパン島（平成17年6月）、パラオ共和国 ペリリュー島（平成27年4月）、比島のルソン島 マニラ（平成28年1月）と、ほぼ御在位中の全期間に亘って慰霊の行幸を続けられた。また平成7年8月の終戦五〇周年には、天皇・皇后両陛下は、原爆被災の長崎、広島、及び特に激しい戦災を受けた沖縄、東京（高尾山薬王院）の慰霊碑や横須賀市観音崎の「戦歿船員慰霊碑」（註）を訪れて慰霊された。これらの慰霊の行幸啓は、毎年8月15日に「日本武道館」で行われる「全国戦歿者追悼式」とともに、陛下の生涯の務めとする「戦没者慰霊」の強いお気持ちがひしひしと感じられる。

註：東京湾口の観音崎の慰霊碑の敷地内に

は、両陛下の次の御製の碑がある。

天皇（明仁）陛下御製

戦日《いくさび》に　逝きし船人を　悼《いた》む碑の
彼方に見ゆる　海平けし

皇后（美智子）陛下御歌

かく濡れて　遺族らと祈る　更にさらに
ひたぬれて君ら　逝き給ひしか

「終戦五〇周年の国内慰霊の行幸」の暫く後に、天皇（明仁）陛下は「激戦地のマーシャル諸島、ミクロネシア連邦、パラオ諸島の慰霊訪問」のご希望を渡辺允侍従長（当時）に伝えた。宮内庁はパラオなど三ヵ国の現地の様子を調査したが、現地には飛行場や宿泊施設がなく、実現には至らなかった。しかし陛下の思いは強く、「それではサイパンならばどうか」と仰せられ、戦後六〇年（平成17年6月）にサイパン島をご訪問になり、更に十年後（平成27年4月）にパラオ共和国・ペリリュー島を訪ねて鎮魂の拝礼をされた。ペリリュー島慰霊の折は、以下の第四項に後述するとおり、両陛下は巡視船に泊まられ、翌日、ヘリコプターで上陸されて、慰霊碑に献花された。

両陛下の戦跡慰霊の行幸啓は以下に列記するとおりである。以下の記述は行幸啓の年次順であり、米軍の各地への進攻は逆順である。大東亜戦争の太平洋の戦いの概要は第三章に前述したが、以下では両陛下の慰霊の模様と、これらの島々での大東亜戦争時の激烈な戦闘の経過を簡単に述べる。

一　沖縄の戦歿者慰霊

㈠ 昭和天皇の沖縄への思い

昭和天皇は沖縄への慰霊の巡幸を強く望んでおられた。昭和47年5月15日に沖縄（琉球諸島及び大東諸島）の施政権が米国から日本に返還され、昭和62年10月、第四十二回国民体育大会（海邦国体秋季大会）が沖縄で開催されることとなった。国体の開会式には天皇・皇后両陛下がご臨席になるのが恒例であり、昭和天皇は沖縄ご訪問を心待ちにしておられた。それは「海邦国体」を半年後に控えた4月の記者会見において、次のように述べられたことでも明らかである。

「念願の沖縄訪問が実現することになりましたならば、戦歿者の霊を慰め、長年県民が味わってきた苦労をねぎらいたいと思います。また、できるだけ県内の実情を見て回り、これからも県民が力を合わせて困難を乗り越え、県の発展と県民の幸福のために努めてくれるよう励ましたいと思っています。」

しかしこの頃から昭和天皇は体調を崩され、沖縄巡幸は皇太子殿下（現上皇）が代理を務められた。左の御製には昭和天皇の沖縄慰霊の巡幸に対する強い思いが込められている。

昭和天皇　御製

思わざる　病となりぬ　沖縄を
　　たづねて果さむ　つとめありしを

昭和天皇は、9月22日に十二指腸の通過障害を除去するバイパス手術手術を受けられた（第五章第一節）。

第四十二回国民体育大会秋季大会には、皇太子・同妃両殿下（現上皇・上皇后両陛下）が昭和天皇の代理として昭和62年10月24・25日に沖縄を訪問され、開会式にご臨席された（両殿下には四回目の沖縄ご訪問）。両殿下は那覇空港にご到着後、糸満市摩文仁の国立戦没者墓苑と沖縄平和祈念堂を訪れ、沖縄戦の遺族や県内の各界代表者とお会いになった。明仁皇太子はその折、手にした父帝の「おことば」をおし頂き、「確かにお預かりして参りました」と述べられた後、次の昭和天皇の「おことば」をゆっくりと一言一言丁寧に読み上げ、父帝のお気持ちを伝えられた。

◎昭和天皇の沖縄県民への「おことば」

さきの大戦で戦場となった沖縄が、島々の姿をも変える甚大な被害を被り、一般住民を含む数多《あまた》の尊い犠牲者を出したことに加え、戦後も永らく多大の苦労を余儀なくされてきたことを思うとき、深い悲しみと痛みを覚えます。ここに、改めて、戦陣に散り、戦禍に倒れた数多くの人々やその遺族に対し、哀悼の意を表するとともに、戦後の復興に尽力した人々の労苦を心からねぎらいたいと思います。終戦以来すでに四十二年の歳月を数え、今日この地で親しく沖縄の現状と県民の姿に接することを念願していましたが、思わぬ病のため今回沖縄訪問を断念しなければならなくなったことは、誠に残念でなりません。健康が回復したら、できるだけ早い機会に訪問したいと思います。皆には、どうか今後とも相協力して、平和で幸せな社会を作り上げるため、さらに努力してくれることを切に希望します。

昭和62年10月24日

右の「昭和天皇の御製」と「おことば」は、琉球王国の総鎮守社の「波上宮」（那覇市）の一角に建てられた碑に刻まれている。

二 沖縄の戦歿者慰霊碑

前項に述べた昭和天皇の思いは、現上皇に受け継がれ、また全日本の国民の同じ思いとなり、本土と沖縄をつなぐ太い絆となった。摩文仁の丘や沖縄の各地に林立する日本全国の部隊の戦友会・県人会の慰霊碑が、これを示す。沖縄県公式ホームページ「慰霊塔（碑）一覧」には、沖縄県内の各地に建てられている慰霊碑等四四〇基（平成24年6月時点）の所在地名、塔又は碑名、建立場所、建立状況（建立年月、建立者）、管理者、合祀柱数（総数及び沖縄出身戦歿者数）、納骨状況（納骨の有無、納骨数）の一覧表が記載されている。なおこの表以外に、那覇市の沖縄県護国神社（昭和34年4月建立、昭和40年10月再建、沖縄県戦歿者慰霊奉賛会、合祀者総数一七五、〇〇〇柱、内沖縄出身戦歿者六五、〇〇〇柱、遺骨なし）と、糸満市の国

立沖縄出身戦没者墓苑（摩文仁平和祈念公園、昭和40年2月建立、厚生労働省、十八万余柱、遺骨埋葬）がある。

次に沖縄の日米の激烈な戦を簡単に述べる。

◎沖縄の戦い

米軍の沖縄攻撃は、慶良間諸島への上陸（昭和20年3月26日）に始まり、4月2日に沖縄中部西海岸（読谷村～北谷村）への約六万名の上陸で本格的な戦闘が開始された。連合国軍の作戦目的は日本本土爆撃のマリアナ基地と協同する航空基地と、本土進攻の補給基地の確保であった。米兵力は陸軍一九〇、三〇〇名、海兵隊八八、五〇〇名、合計二七八、八〇〇名であった。これに対する日本軍の第三十二軍司令部（軍司令官牛島満大将）は、想定される本土決戦への時間稼ぎの持久戦（捨石作戦）を実施した。第三十二軍（一一六、四〇〇名、うち戦闘部隊：陸軍五万名、後方部隊二万名、沖縄現地召集兵約三万名）、海軍三千名は、水際戦闘を避け、内陸部に構築した陣地に拠る持久戦を基本方針として戦い、特に首里周辺（現 那覇市北東方）や北方台地において激戦となった。また大本営（主に海軍軍令部）は特別攻撃隊（航空機又は爆装舟艇の体当り攻撃及び残存艦隊の殴り込み）により、連合国軍に大打撃を与えて、有利な条件で講和を結ぶ「一撃講和」を目指した。海上では大本営の決戦構想に基づく日本軍全航空部隊による体当り攻撃を繰り返し、4月7日には、残存艦隊（戦艦「大和」、軽巡「矢矧」、ほか駆逐艦八隻）の海上特攻「天一号作戦（菊水作戦）」が実施されたが、坊ノ岬（薩摩半島・南さつま市）沖二六〇度九〇海里の海上で米第五十八任務部隊（指揮官 マーク・ミッチャー中将）の反復・航空攻撃を受け、日本艦隊は壊滅した。また沖縄の日本軍は、5月22日には首里陣地を突破され南部 島尻地区に追い詰められ、6月18日夕、第三十二軍司令官 牛島満大将は、参謀本部次長と第十方面軍司令官宛に訣別電報を発し、6月23日、摩文仁の軍司令部で軍司令官 牛島大将、参謀長 長勇中将が割腹自決し、組織的な戦闘は終わった。牛島軍司令官は次の辞世の和歌を遺した。

矢弾尽き 天地染めて 散るとても
　魂還り魂還りつつ 皇国護らん
秋待たで 枯れ行く島の 青草は
　皇国の春に 甦らなむ

しかしその後も掃討戦は続き、連合国軍は7月2日に沖縄戦終了を宣言し、最終的な沖縄守備軍の降伏調印式は、終戦後の9月7日に行われた。ルソン島 マニラの戦や硫黄島戦と並び、第二次世界大戦における最激戦地の一つとなった。山野の地形が変わる激しい艦砲射撃が行われ、「鉄の暴風」と呼ばれた。沖縄戦の日本側の死者・行方不明者は、一八八、一三六名であり、このうち沖縄県外出身の正規兵は六五、九〇八名、沖縄県出身の軍人・軍属（現地召集の正規兵のほか、防衛隊・鉄血勤皇隊（中学生）など）は、二八、二二八名、日本軍に協力した準軍属の死亡者は五五、二四六名、一般住民の被害は三八、七五四名（推定）に上り、沖縄出身の死者の合計は一二二、二二八名、その内、九四、〇〇〇名が民間人である。

米軍の死者・行方不明者は、総死者二〇、一九五名、（うち戦死者は一二、五二〇名～一四、〇〇〇名）、戦傷者は五五、一六二名であった。米軍の戦闘外の傷病者は二六、二一一名に上ったが、その中にはシェル・ショック戦症と呼ばれる精神障害者が多数含まれた。これは沖縄戦の激烈さを示す。

二　硫黄島の慰霊

天皇・皇后両陛下は平成6年2月12日に硫黄島に行幸啓され、海上自衛隊・硫黄島航空基地において硫黄島戦の経過の概要をご聴取された後、「天山慰霊碑」及び「鎮魂の丘」を訪れて、献花・拝礼された。

硫黄島戦の指揮官・小笠原兵団長　栗林忠道中将は、訣別電報で次の遺詠を遺した。

国のため 重きつとめを果たし得で
　矢弾尽き果て 散るぞ悲しき
仇討たで 野辺には朽ちじ 吾は又
　七度生れて 矛を執らむぞ
醜草《しこくさ》の 島に蔓《はびこ》る 其の時の
　皇国の行手 一途に思ふ

硫黄島に行幸啓された天皇・皇后両陛下は、右の栗林中将の遺詠を受けて、次の御製を詠まれた。

天皇陛下御製

精魂を 込め戦いし 人未だ
　地下に眠りて 島は悲しき

皇后陛下御歌

慰霊地は いま安らかに 水をたたふ
　如何ばかり君ら 水を欲りけむ

天皇・皇后両陛下は、2月13日に父島、14日に母島をご視察になり、還幸啓された。

次に硫黄島の日米両軍の戦いを概説する。

◎ 硫黄島の戦い

硫黄島は帝国陸軍第一〇九師団を主力とする小笠原兵団一三、五八六名（兵団長兼一〇九師団長　栗林忠道陸軍中将）及び海軍第二十七航空戦隊七、三四七名（司令官　市丸利之助海軍少将）の総兵力二〇、九三三名が守備していた。米上陸軍は米海兵隊第五水陸両用軍団（指揮官 H・シュミット海兵少将）の第三、四、五海兵師団の総兵力六一、〇〇〇名である。帝国陸軍は地下十二～十五米に総延長二十八粁の地下陣地を蜘蛛の巣状に島内に巡らし、持久作戦を計画したが、陣地構築の資材を積んだ輸送船が米軍の潜水艦・航空機の攻撃により海没し、また海軍側の水際防御・飛行場守備の強い主張により、建設資材と兵力を水際・飛行場陣地構築に割いたために、地下陣地は十八粁程度の未完成のまま、昭和20年2月19日、米上陸軍を迎撃することとなった。しかし戦闘では、地下陣地は所期の役割を十二分に果たし、米軍に多大の損害を与えた。

帝国陸軍は硫黄島では従来の海岸橋頭堡の追い落とし戦術を採らず、内陸の隠蔽された火砲による攻撃と少数兵力による手榴弾の挺進攻撃を繰り返した。しかし徹底的な艦砲射撃と航空機の支援を受けた米軍の圧倒的兵力の攻撃により、地下壕は逐次破壊され、守備兵力の九十六％の二〇、一二九名が戦死又は行方不明となり玉砕した。

一方、米軍は戦死六、八二一名、戦傷二一、八六五名の計二八、六八六名の損害を受けた。大東亜戦争後期の島嶼戦で米軍の損害が日本軍を上回った稀な戦いであった。３月７日、栗林中将は最後の戦訓電報（戦闘状況の報告）を参謀本部次長と、栗林中将の陸軍大学校時代の恩師　蓮沼蕃陸軍大将（侍従武官長）宛に発信し、「陸海軍の統一指揮の必要性、水際防御戦闘を不可とする所見」等の九項目を述べた。３月16日、決別電報を発信し、17日付で戦死と認定され、特旨を以て陸軍大将に親任された。３月26日、栗林大将以下残存兵三〇〇余名が、最後の総攻撃を敢行して全滅し、硫黄島における日本軍の組織的戦闘は終った。

また帝国海軍第二十七航空戦隊の司令官市丸利之助海軍少将は、F・D・ルーズベルト米大統領に宛てた遺書、「ルーズベルトニ与フル書」を遺した（現物はアナポリス海事博物館に展示されている）。その中で市丸少将は、「日本は今次の大戦において「白人の有色人種支配」からアジアを解放し大東亜共栄を図るものである」と米大統領の偏見をたしなめた。

三　マリアナ諸島・サイパン島の慰霊

天皇・皇后両陛下は平成17年6月27日、皇居を出発され、翌日午前、サイパン島最北端のマッピ岬において、同島で戦った戦友会の兵士から戦闘の説明を受け、「中部太平洋戦没者の碑」に供花し、多くの民間日本人が自決した「ラデラン・バナデロ」（通称「スーサイド・クリフ」）と「プンタン・サバネタ」（通称「バンザイ・クリフ」）を訪れて拝礼された。次いでアメリカ慰霊公園のチャモロ人など現地人九百人の犠牲者を祀る「マリアナ記念碑」、及びサイパン島とテニアン島で戦死した米兵約五千人を慰霊する「第二次世界大戦慰霊碑」に供花・拝礼された。また「おきなわの塔」（琉球政府が沖縄出身の戦死者のために建立）と、「韓国平和記念塔」に拝礼され、帰国された。

◎サイパン島の戦い

サイパン島は第一次大戦以後、国際連盟規約に基づく日本の委任統治領となり、第三十一軍司令部（軍司令官 小畑英良中将）、第四十三師団（師団長 斎藤義次陸軍中将）を主力とする陸軍部隊二八、五一八名と、海軍の中部太平洋艦隊司令部（司令官 南雲忠一海軍中将）、第六艦隊司令部（司令官 高木武雄中将）、第五根拠地隊（Ⅱ）（辻村武久少将）等の海軍部隊一五、一六四名が駐屯した。その他、輸送中に米潜水艦の攻撃で輸送船が沈没し装備を失った兵員のみの部隊や、他島へ移動のために待機中の部隊等、数千名が在島した。日本軍の守備計画は、水際防御による上陸部隊撃破に主眼が置かれた。山地の多いサイパン島では海岸は断崖続きで、周囲はリーフに覆われ、大部隊の上陸適地の平坦な海浜は南部西岸の約四〇粁の海岸であり、この地域に防衛陣地が構築された。

米軍は昭和19年6月11日、艦載機約一、一〇〇機により奇襲的なサイパン島南部の空襲を行い、13日から戦艦八隻、巡洋艦十一隻による砲弾合計十四万発・八、五〇〇噸の艦砲射撃を行った。そのため日本軍の暴露した防御施設は殆んど破壊され、サイパン航空隊の可動機も二〇機となった。しかし掩蓋付き陣地や、洞窟陣地の多くは健在であった。

6月15日、米軍は第五十一任務群（指揮官 R・K・ターナー海軍中将）の第二海兵師団、第四海兵師団、第二十七歩兵師団、計六六、七七九名が島の南西部のチャランカノア市の海岸に上陸した。日本の水際作戦の防御施設も米軍の圧倒的な火力の前には無力であった。日本軍は16日の米軍橋頭堡に対する総反撃に失敗し、島の中央部のタッポーチョ山を中心とする山岳防御線に後退した。タッポーチョ山の日本軍は 6月26日の米軍の攻撃で更に北方に後退し、7月6日、日本軍の指揮官の中部太平洋艦隊司令長官 南雲忠一海軍中将、第四十三師団長 斎藤義次陸軍中将が自決した。なお第三章第三節に前述したとおり第三十一軍司令官 小畑中将は出張中のため、グアム島から指揮を執ったが、司令部要員は守備隊と運命をともにした。第三十一軍司令部はグアム島で再編されるが、間もなくグアム島も玉砕した。サイパン島では生き残った約三、〇〇〇人の陸海軍将兵、警防団、青年団などが最後の突撃を行って全滅し、7月9日、米軍はサイパン島の占領を宣言した。この戦いで八〇〇人～一、〇〇〇人の日本の民間人が戦闘に巻き込まれて死亡し、数十人が島の北端の断崖から投身自殺した。日本軍の戦死者は約四一、〇〇〇名、米軍は三、四四一名であった。

サイパン島の救援に出撃した日本艦隊は、マリアナ沖海戦（7月19、20日）で米軍の機動部隊と戦い、壊滅的敗北を喫し、この海域の制海・制空権を失った。この海戦での日本軍の損害は、空母三隻、潜水艦八隻沈没、航空機四七六機、兵員はパイロット四四五名、艦艇乗組員三、〇〇〇名以上が戦死した。一方、米軍の損害は航空機一三〇機、兵員一一〇名に過ぎなかった。その結果、マリアナ諸島の大半は米軍が占領し、西太平洋の制海・制空権は完全に米軍が掌握した。サイパン島の失落により、日本軍の絶対国防圏が破られ、その責任をとって東条英機内閣は総辞職した。

8月に入りテニアン島、グアム島が相次いで陥落し、米軍はマリアナ諸島を完全に占領した。米空軍はこの地域に五つの航空基地を造り、日本本土は全域がB－29爆撃機の爆撃圏内に入り、各都市が焼夷弾爆撃を受けて焼き払われた。また日本の沿岸諸港は機雷で封鎖された(飢餓作戦。集註第七　参照)。連合軍は、次いでペリリュー島、ヤップ島、タラウド諸島の攻撃に転じ、間もなく日本の一角・硫黄島、沖縄へと急速に兵を進めた。

四　パラオ共和国・ペリリュー島の慰霊

パラオ共和国は、スペイン(1885～1899)、ドイツ（1899～1919）の植民地時代を経て、第一次世界大戦後、パリ講和会議（1919）で日本の信託統治領となり、学校や病院、道路など各種施設の整備、貨幣経済への移行が行われた。これにより急速に文明化され、日本人も多数移住しパラオ人と融和した。また日本語の学校教育が現地人に対して行われた。

大東亜戦争後、国連の信託統治領となったが、その後、自由連合盟約国（註）として独立し(1994. 10. 1)、国連による信託統治が終了した。同年に国際連合に加盟した。

註：自由連合盟約（Compact of Free Association, COFA）とは、ミクロネシア連邦、マーシャル諸島共和国及びパラオ共和国の三国と米国との間に結ばれた盟約である。当事国間では、単に〝Compact〟（コンパクト）と呼ばれる。国家としての独立を承認し、且つ経済援助の代わりに安全保障（主として軍事権と外交権）は米国が統轄するもので、これにより当該三国と米国とは連合関係を持つことになった。期間：マーシャル諸島及びミクロネシア連邦は十五年間、パラオは五〇年間(但し経済援助は十五年間）である。

天皇・皇后両陛下は平成27年4月8、9日の両日、戦歿者慰霊のためにパラオ共和国を訪問された。4月8日の夜、両陛下はコロール島沖に碇泊した海上保安庁の巡視船「あきつしま」に宿泊され、翌朝、ヘリコプターでペリリュー島に上陸された。同島では日本政府が昭和60年に米軍上陸地点に近い島の南端に建てた「西太平洋戦没者の碑」に、日本から持参された白菊の花を供え、拝礼された。次いで日本軍約一、二〇〇人が戦死した対岸のアンガウル島に向い拝礼された。また碑の傍でペリリュー島の戦いの生還者の元日本兵達と面談し、苦労をねぎらわれた。更に両陛下は、米軍の慰霊碑「米陸軍第八十一歩兵師団慰霊碑」に献花し、同日夕刻に帰国の途に就かれた。

島の中央部に近い「島民墓地」の一角にある高さ約四米の三角錐形の「みたま碑」を中心に、日本の戦友会や遺族会等の団体によって三〇数基の慰霊碑が建立されている。また昭和57年5月に、「青年神職南洋群島慰霊巡拝団」(清流社会長 滑川裕二氏主催)の二〇名が、船坂弘氏の助力を得て、ペリリュー神社を創建した。御祭神は天照大神と戦死者一万余名の英霊である。この神社の一角に当時の米太平洋艦隊司令長官ニミッツ提督の次の詩の訳文を刻んだ小碑が建てられている。(原文はアナポリス米海軍兵学校所蔵)。

「諸国から訪れる旅人たちよ。この島を守るために日本軍人がいかに勇敢な愛国心をもって戦い、そして玉砕していったかを伝えられよ。」

この詩を遺したニミッツ提督のフェアプレー精神に敬意を表する。敵将を驚嘆させた同島の守備隊は、水戸歩兵第二連隊(註)で、上陸した米軍に大打撃を与えて玉砕した。

註:水戸第二連隊は明治7年12月に東京鎮台歩兵第2連隊として健軍し、その後、西南戦争(明治10年)、日清戦争(明治27年)、日露戦争(明治37年)で活躍した歴戦の部隊である。大正8年4月、シベリア出兵でハバロフスクに上陸し、大正9年には尼港事件で第3大隊が全滅し

た。昭和6年3月第一次上海事変で上海呉淞に上陸し、その後満州に駐留、熱河作戦などに従軍した。昭和12年9月、塘沽に上陸、永定河で敵前渡河し、保定会戦に参加し、昭和15年8月、満州に駐屯し、昭和19年4月、パラオ諸島ペリリュー島の守備につき（連隊長　中川州男大佐）、11月24日、米軍の上陸を迎えて玉砕した。（筆者の母校の前身　水戸中学は、戦後第2連隊兵舎を教室にした。）

◎ペリリュー島の戦い

米軍は昭和19年9月15日、第一海兵師団（師団長　W・H・リュパータス海兵少将）の二四、二三四名、第八十一歩兵師団（師団長ポール・ミュラー陸軍少将）の一九、七四一名、付属海軍部隊四、七六五名、総員四八、七四〇名、戦車一一七輛、がペリリュー島に上陸し、海上の空母艦載航空機一、八〇〇機が支援した。

一方、日本軍の守備隊は、歩兵第二連隊を主力に、戦車十七輛、数機の航空機、及び米軍上陸後に増援として9月22日～24日にパラオ本島からペリリュー島に逆上陸した歩兵第十五連隊（高崎）第二大隊（大隊長　飯田義榮中佐）、第三大隊（千明武久大尉）の総兵力一〇、九〇〇名（内軍属、一、〇〇〇名）であった。

米軍は昭和19年8月下旬からビアク島やユーギニア北西部基地からの陸軍爆撃機による爆撃、9月6日からの海軍艦載機による予備爆撃に加え、9月12日からは戦艦五隻、重巡五隻、軽巡四隻、駆逐艦十四隻による濃密な艦砲射撃と高性能焼夷弾の集中射撃を行い、島内のジャングルを焼き払った。上陸前と上陸時の支援射撃の艦砲は、合計六、八九四噸に上った。これらの砲爆撃により日本軍の暴露した施設は吹き飛ばされたが、主抵抗線の陣地はほとんど無傷であった。日本軍は島の南部の飛行場周辺や、米軍の上陸が予想される南部の西海岸・西浜（飛行場正面）の珊瑚礁の固い台地に、歩兵数名が入る掩蔽壕を無数に掘り、また小さな鉄筋コンクリート製のトーチカに速射砲を配備した。更に内陸部には洞窟やトーチカに野砲や迫撃砲を配置し、これらの火砲は海上の艦船や航空機から隠蔽して配置されており、高台に観測兵を置いて正確な砲撃が行われた。

米軍は9月15日から西浜の海岸一帯を艦砲射撃し、艦載機五〇機の爆撃、上陸支援艦艇の発煙弾射撃等の援護の下に、第一、第五、第七海兵連隊の三個連隊一二、〇〇〇名が上陸した。待ち構えていた日本軍は米軍上陸部隊を引き付けて射撃を開始した。特に山腹の洞窟陣地に配置された野砲と九一式十糎《サンチ》榴弾砲は、眼下に群がる上陸部隊に正確な一斉射撃を加えた。上陸用舟艇は撃破され、大損害を蒙り、上陸部隊は煙幕を焚いて一時退却した。日本軍は濃密な迫撃砲や野砲射撃を珊瑚礁上に集め、「砲弾のカーテン」の弾幕を構成した。また海岸に上陸するとトーチカに設置された一式機動四十七粍速射砲に狙い撃ちされた。第一海兵師団長は「長くても四日で陥せる」と楽観していたが、七十三日間の死闘を強いられ、第一海兵師団は壊滅的損害を受けた。特に南部の飛行場正面に上陸した第一海兵連隊は、9月21日時点で約三、〇〇〇名の連隊の内一、七四九名が死傷し、第一大隊の死傷率は七十一％、第二・第三大隊もそれぞれ五十六％と五十五％の損害を被って壊滅し、第一海兵連隊は9月23日に陸軍第八十一歩兵師団第三二一連隊と交替した。米軍は日本軍陣地を艦砲、火炎放射器等で攻撃し、南部を制圧して9月27日には飛行場を占領した。日本軍は夜襲の切り込み攻撃を繰り返したが、漸次北方に圧迫され、島の中央部の山岳地帯の多数の洞窟陣地で白兵戦を頑強に戦った。

激戦が続く11月15日、ペリリュー島守備隊に対し昭和天皇から十回目のご嘉賞の「おことば」を受信し、それを聞いた日本軍将兵は士気を高め、副官の根本甲子郎大尉らが中川連隊長に総攻撃の玉砕突撃を進言した。しかし連隊長は「軍人は戦うのが務めである。玉砕するより最後の一兵になるまで戦い抜き、軍人の務めを果す」と万歳突撃を許さなかったと伝えられる。11月22日、米軍は猛烈な艦砲射撃の支援の下、火炎放射器を連ね、中部山地の日本軍主陣地を攻撃した。中川隊長はパラオ本島の集団司令部に、「通信断絶ノ顧慮大トナレルヲ以テ最後ノ電文ハ左ノ如ク致シタク承知相成リタシ。一、軍旗ヲ完全ニ処理奉レリ。二、機密書類ハ異常ナク処理セリ。右ノ場合、「サクラ」ヲ連送スルニツキ報告相成リタシ」と通告した。二日後の11月24日朝、中川大佐の司令部の五〇名と重軽傷者七〇名は米軍に完全に包囲され、玉砕の電文「サクラ、サクラ」を打電し、中川州男大佐（歩兵第二連隊長）、村井権治郎少将（第十四師団派遣参謀）、飯田義栄中佐（歩兵第十五連隊第二大隊長）の司令部幹部が割腹自決した。翌朝、根本甲子郎大尉が率いる五十五名の残存兵が「万歳突撃」を行い、日本軍の組織的な抵抗は終わった。11月27日、米軍はペリリュー島の占領を宣言した。この間、守備隊の奮闘に対し、昭和天皇は十一回の嘉賞の電報を送り、上級司令部も三度の感状を与え、中川大佐は戦死後に二階級特進して陸軍中将に補された。日本軍は司令部が全滅した後も、他の陣地の関口中尉以下五〇名が、米軍の掃討作戦を回避して遊撃戦を展開し、終戦後二年近くの間、戦い抜き、終戦後の昭和22年4月、澄川道男元少将の説得によって陸軍の生存者二十二名、海軍十二名の計三十四名が戦いをやめ、米軍に収容された。日本軍の戦死者は一〇、〇二二名、米軍は戦死者二、三三六名、戦傷者八、四五〇名、戦病者二、五〇〇名以上の損害を出した。

なおこの島では陣地構築に徴用された多数の島民は、日本軍が戦闘前に島から強制的に大発に乗せて安全な他の島に疎開させ、民間人の犠牲者は皆無であった。戦闘終了後、ペリリュー島に戻った島民は、放置された夥しい日本兵の遺体を丁寧に葬った。

五　ルソン島・マニラの慰霊

マニラでは大東亜戦争中に日米両軍の市街戦に巻き込まれて、約十万人の市民が犠牲となった。天皇（明仁）陛下は皇太子時代に昭和天皇の名代で、ガルシア・フィリッピン大統領夫妻の日本訪問の答礼として、昭和37年11月に初めて比島のマニラを訪れた。その時にはマニラ郊外の比島人戦歿者の「無名戦士の墓」に参拝された。その五十四年後の「日本・比島国交正常化六〇周年」の祝賀記念の催しに、明仁天皇・美智子皇后両陛下が招待され、平成28年1月26日～30日に行幸啓された。マニラでは27日に前回と同様に「無名戦士の墓」を訪れて拝礼し、比島独立の英雄　フォセ・リサール(註)記念碑に献花された。更に29日には両陛下は、マニラ南東のカリラヤ湖の南湖畔の日本庭園を訪れ、園内の「比島戦没者の碑」（昭和48年3月に日本政府が海外で初めて建てた慰霊碑）に日本から持参された白菊の花を手向けて深く黙祷を捧げられた。

註：ホセ・プロタシオ・メルカード・リサール・アロンソ・イ・レアロンダ(通称ホセ・リサール。1861. 6. 19～1896. 12. 30)、医師、学者。フイリピン独立運動の国民的英雄)。

◎比島における日米軍の戦い

近代以降の比島は、スペイン植民地時代(1565～1898)、米国植民地時代（1898～1946)、独立以後（1946～現在）の三時代に大別される。大東亜戦争においては、南方作戦の一環として第十四軍（指揮官　本間雅晴中将）が比国に上陸し、昭和17年1月2日に日本軍はルソン島のマニラを占領した。その後、4

月に要塞地帯のバターン半島を攻略し、５月6日にコレヒドール島守備の米比軍を降伏させ、翌５月７日に米極東陸軍（U.S. Army Forces Far East, USAFFE）の全軍も降伏した。指揮官のダグラス・マッカーサー大将は豪州に逃亡し、マヌエル・ケソン大統領も共に豪州に逃れたが、後に米国に渡りワシントンで亡命政府を建てた。日本軍は比島占領後も米国植民地時代の統治機構を維持して、米自治領政府（独立準備政府）を傀儡政権として維持し、首班にホセ・ラウレル大統領を就任させた。

比国の奪回を目指す連合軍は、昭和17年(1942) ８月から翌年２月にかけて西太平洋のソロモン諸島のガダルカナル島を奪回し、本格的な攻勢を始め、南海諸島を攻略した。また海上では昭和17年６月５日～７日の「ミッドウェー海戦」、昭和19年６月19、20日のマリアナ諸島沖とパラオ諸島沖で行われた日本帝国海軍と米海軍の「マリアナ沖海戦」、及び同年10月20日～25日のフィリピン周辺の広大な海域で帝国海軍と米豪連合海軍の間で戦われた一連の「レイテ沖海戦」において、帝国海軍が敗北し、連合軍は南太平洋地域の制空権・制海権を掌握した。連合軍のルソン島攻略部隊は、連合国軍南西太平洋地域総司令官 Ｄ・マッカーサー大将を総指揮官とする米第六軍（指揮官 クルーガー中将）七個師団及び二個野戦砲兵軍基幹がルソン島の攻略に当り、米第八軍（R・アイケルバーガー中将）の四個師団がその他の諸島を攻略した。その他、英豪連合軍（ブラメー大将）、連合国空軍（G・ケニー大将）、米第七艦隊を主力とする連合国海軍（T・C・キンケイド中将）が、当方面の連合軍の陣立てであった。

これに対する日本軍の第十四方面軍は、山下奉文大将の指揮の下、兵力を「尚武」・「振武」・「建武」の三集団に分けて防衛態勢を固めた。尚武集団（兵力約一五二、〇〇〇名、指揮官 山下奉文大将）はルソン島北部に展開し、振武集団（兵力約一〇五、〇〇〇名、指揮官 横山静雄中将）はマニラ北東地区を守備し、建武集団（兵力約三〇、〇〇〇名、指揮官　塚田理喜智中将、ほか陸海軍航空部隊）はクラーク飛行場を中心とするマニラ北西地区を担当した。日本軍はルソン島の平野部に戦力を集中して連合軍に決戦を挑み、これを撃滅する作戦計画であったが、台湾沖航空戦（昭和19年10月12日〜16日）の過大な戦果判定により、大本営は急遽レイテ島へ大規模な増援部隊を送り、「レイテ島決戦」に戦略を転換した。このためルソン島から兵力を抽出し、ルソン島の日本軍の戦力は大幅に低下した。第十四方面軍司令官　山下大将は、作戦参謀　堀栄三中佐の「艦砲射撃を多用する米軍には、水際戦よりも艦砲の射程外の山岳に誘導して持久戦を行う方が有利」との意見具申を採用し、「持久戦により連合軍をルソン島に引き付ける」　作戦方針を決断した。方面軍司令部も昭和20年1月3日に北部山地のバギオへ移動し、ホセ・ラウレル大統領を首班とする比共和国政府も北部に移動した。

◎ 米軍の比島奪回作戦

連合軍のルソン島の上陸作戦の第一目標は、首都マニラの奪還であり、比陸軍元帥でもあったマッカーサーの宿願であった。ルソン島内には多数の比国人のゲリラ部隊（USAFFE）が協力体制を造って米軍の上陸を待っていた。昭和20年1月4日、米軍航空隊は主戦場のマニラ〜リンガエン湾間の爆撃を開始し、1月6日から三日間、米第七艦隊による艦砲射撃を行い、日本軍の海岸陣地の大半を破壊した。1月9日朝、リンガエン湾に米軍が上陸し、第六軍、第二十五師団、第三十二師団、その他の六個師団等一七五、〇〇〇名が上陸した。その内の第六軍第一軍団の二個師団はルソン島北方の尚武集団の攻略を担当し、第十四軍団の第一騎兵師団と第三十七歩兵師団が、マニラを攻略するために南へ向かった。

日本軍は四式肉薄攻撃艇（震洋）による陸軍海上挺進戦隊が初めて出撃し戦果を挙げた。米軍を迎撃した尚武集団は昭和20年1月16日夜には戦車部隊の支援の下、夜襲を行い、多大の戦果を収めた。しかし1月下旬には沿岸の第一線陣地を分断・包囲され、北部や東部内陸の師団も次第に消耗した。1月27日にはサンマヌエルで戦車部隊（重見支隊）が全滅し、支隊長 重見少将も戦死した。北上する米軍第一軍団は、ルパオやサンホセ等で日本軍の戦車第二師団に迎撃され、激しい戦車戦となった。しかし2月中旬までに日本の戦車部隊はほぼ全滅した。この間に北部の日本軍は山岳地域に退却し、持久戦の態勢を整え、終戦まで対峙し、戦後9月3日、バギオで降伏した。他方、南部へ向かった米軍二個師団は、建武集団を撃破し、1月下旬にはマニラ郊外へ到達した。建武集団は陸海軍の航空部隊を陸兵に転用した部隊であり戦力は乏しく、残存部隊は山中に後退し、次第に組織的統制を失っていった。

連合軍は、バターン半島とマニラ南方へも米第八軍を上陸させ、多方面からマニラ市への攻撃を開始した。当初、日本第十四方面軍はマニラ市を無防備都市と宣言し、戦場としない計画であったが、海軍や第四航空軍、大本営の反対により実現せず、マニラにはマニラ海軍防衛隊（司令官 岩淵三次海軍少将）の陸戦隊などが立て篭もり、約一ヵ月間の激しい市街戦となった。3月3日にマニラは陥落したが、連合軍の激しい無差別砲爆撃により市街地は廃墟と化した。市民の犠牲者は約十万人と推定され、民間人を巻き込む無差別砲爆撃は、米軍の「有色人種に対する人種差別」の偏見によると非難されている。

第二節　天皇（明仁）陛下の外国訪問

天皇（明仁）陛下は皇太子時代から昭和天皇の御名代として外国を訪問され、御即位後も外国王室の慶弔の式典や親善に、度々外国を訪問された。以下は陛下の各国訪問の記録である（宮内庁ホームページ）。下記の各項最後の（・）内はお立ち寄りの国名を示す。

① 昭和28年（1953）6月2日、明仁皇太子殿下は、父帝・昭和天皇のご名代としてエリザベス二世英国女王の戴冠式に出席した。この年3月30日から10月12日まで、欧州十二ヵ国（フランス、スペイン、モナコ、イタリア、バチカン、ベルギー、オランダ、ドイツ連邦共和国、デンマーク、ノルウェー、スウェーデン、スイス）及び米国、カナダを歴訪された。皇太子殿下のこの歴国訪問は、昭和天皇のご名代であったため、諸国では元首として接遇された。

② 同年9月7日～15日、皇太子殿下は、日仏友好一六〇周年に当り、フランスの招待で同国を訪問された。

③ 昭和35年9月22日～10月7日、明仁皇太子・美智子妃両殿下は、日米修好百周年記念式典のため、米国を十六日間に亘って訪問された。

④ 同年11月12日～12月9日、皇太子・同妃両殿下は、国際親善のために、イラン、エチオピア、インド、ネパールを訪問された（タイ）。

⑤ 昭和37年1月22日～2月10日、皇太子・同妃両殿下は、国際親善のためにパキスタン、インドネシアを訪問された（インド）。

⑥ 同年11月5日～10日、皇太子・同妃両殿下は、国際親善のために比島を訪問された。

⑦ 昭和39年5月10日～17日、皇太子・同妃両殿下は、国際親善のためにメキシコを訪問された（米国）。

⑧ 同年12月14日～21日、皇太子・同妃両殿下は、国際親善のためタイを訪問。

⑨ 昭和42年5月9日～31日、皇太子・同妃両殿下は、国際親善のためにペルー、アルゼンチン、ブラジル、三ヵ国を訪問された（米国）。

⑩ 昭和45年2月19日～28日、皇太子・同

妃両殿下は、国際親善のためにマレーシア、シンガポールを訪問された。

⑪ 昭和46年6月3日～12日、皇太子・同妃両殿下は、国際親善のためアフガニスタンを訪問された（イラン、タイ）。

⑫ 昭和48年5月6日～23日、皇太子・同妃両殿下は、国際親善のために豪州、ニュージーランドを訪問された。

⑬ 同年10月11日～22日、皇太子・同妃殿下は、国際親善のためにスペインを訪問された(米国、ベルギー)。

⑭ 昭和50年2月20日～28日、皇太子・同妃両殿下は、ネパール国王陛下戴冠式に参列された（バングラデシュ、インド）。

⑮ 昭和51年6月8日～25日、皇太子・同妃両殿下は、国際親善のためヨルダン、ユーゴスラビア、英国を訪問された(タイ)。

⑯ 昭和53年6月12日～27日、皇太子・同妃両殿下が、ブラジル、パラグアイを訪問し、日本人ブラジル移住七〇周年記念式典に参列された（米国）。

⑰ 昭和54年10月5日～14日、皇太子・同妃両殿下は、国際親善のためにルーマニア、ブルガリアを訪問された（オランダ・ベルギー）。

⑱ 昭和56年2月27日～3月7日、皇太子・同妃両殿下は、国際親善のためにサウジアラビア、スリランカを訪問された（タイ、シンガポール）。

⑲ 同年7月26日～8月2日、皇太子・同妃両殿下は、英国皇太子の結婚式に参列された（ベルギー）。

⑳ 昭和58年3月10日～25日、皇太子・同妃両殿下は、国際親善のためにザンビア、タンザニア、ケニアを訪問（ルクセンブルグ、ベルギー、タイ）。

㉑ 昭和59年2月25日～3月8日、皇太子・同妃両殿下は、国際親善のためにザイール、セネガルを訪問（ベルギー、英国）。

㉒ 昭和60年2月23日～3月9日、皇太子・同

妃両殿下は、国際親善のためにスペイン、アイルランドを訪問（ポルトガル、英国）。

㉓ 同年6月1日～15日、皇太子・同妃両殿下は、国際親善のためスウェーデン、デンマーク、ノルウェー、フィンランドを訪問。

㉔ 昭和62年10月3日～10日、皇太子・同妃両殿下は、国際親善のために米国を訪問。

㉕ 平成3年9月26日～10月6日、天皇（明仁）・皇后（美智子）両陛下は、タイ、マレーシア、インドネシアの招待により、三カ国を訪問。

㉖ 平成4年10月23日～28日、天皇・皇后両陛下は、日中国交回復二〇周年に当り、中国の招請により同国を訪問された。

当時中国は天安門事件（集註第九）により世界の非難の的になっており、第十五回先進国首脳会議が一九八九年七月十四日～十六日に、パリ郊外で開催され、米・英・仏・西独・日（宇野宗佑）・伊・加首相及び欧州委員会（委員長が出席）は、中国への経済援助の停止、高官レベルの接触禁止が決議された。しかし日本は「中国を孤立させてはならない」と主張し、翌年には円借款の凍結を解除し（総額八兆円に上るODA援助）、閣僚の交流を復活させた。その背景には日本人の「過去の日本はアジア人（特に中国・韓国）を深く傷つけた」とする「歴史認識」があり、それに基づく対中外交が行われており、中国が日本外務省幹部（栗山尚一外務次官、中江要介駐中国大使）の「歴史認識」の弱点につけ込んだものであるとされた（岡田邦宏（日本政策研究センター所長）、「靖国参拝を歪めた「過った歴史認識」」、靖国 第七九一号、靖国神社社務所、令和3年）。当時の中国の銭其琛外相は「日本は西側の対中制裁の連合戦線の最も弱い輪であり、中国が西側の制裁を打破する際におのずと最もよい突破口となった」と「回顧録」（銭其琛著、濱本良一訳、『銭其琛回顧録-中国外交20年の証言』、東洋書院、二〇〇六年）に記した。そのために中国は天皇陛下の中国ご訪問を招請し、「天皇訪中が実現すれば、西側各国の科した中国指導者との交流禁止令を打破できる」とし、平成4年に行われた中国ご訪問は「西側の対中制裁の打破に積極的な作用を発揮した」とも記している。

天皇陛下の中国ご訪問は、平成4年10月2日に閣議決定され、次の日程で行われた。

・平成4年10月23日（金）：東京ご出発、同日北京着。歓迎式典（人民大会堂東門外広場）、国家主席とのご会見（人民大会堂河北庁）、国家主席主催歓迎晩餐会（人民大会堂河西大庁）。

・10月24日（土）：八達嶺長城ご視察、〈天皇陛下〉自然科学者とのご歓談（中国科学院）、〈皇后陛下〉北京北海幼稚園ご訪問、〈天皇・皇后両陛下〉首相夫妻ご引見（釣魚台国賓館十八号楼）、総書記主催晩餐会（釣魚台国賓館十七号芳菲苑）。

・10月25日（日）：故宮博物院ご視察、大使主催レセプション（日中関係者、在留邦人、中国大飯店）、国家主席にお別れのご挨拶（釣魚台国賓館十八号楼）、西安 御着。

・10月26日（月）：大雁塔、唐華賓館、陝西省博物館等ご視察、西安在留邦人拝謁（ハイアット・ホテル）、陝西歴史博物館、西大門城壁等ご視察、陝西省長主催歓迎晩餐会（ハイアット・ホテル）、文芸の夕べ（ハイアット・ホテル）。

・10月27日（火）：上海 御着、実験室ご視察及び学者・学生とご歓談（上海交通大学）、上海学者文化人等とのご歓談（西郊賓館）、上海市長主催歓迎晩餐会（新錦江飯店）、上海市内（外灘・南京路）ご視察。

・10月28日（水）：南浦大橋、農村（周浦郷）等ご視察、在留邦人拝謁（ガーデン・ホテル）、上海 御発、東京 御着。

明仁陛下は10月23日夜、北京人民大会堂の「歓迎晩餐会」において、次の「おことば」

を述べられた。

◎ 中国国家主席主催晩餐会における天皇陛下の「おことば」

楊尚昆国家主席閣下、並びに御列席の皆様、今夕は、私どものために、このような宴を催していただき、また、ただ今は楊尚昆国家主席閣下から、心温まるお言葉をいただき、厚く御礼申し上げます。

貴国と我が国の交流の歴史は古く、特に、7世紀から9世紀にかけて行われた遣隋使、遣唐使の派遣を通じ、我が国の留学生は長年中国に滞在し、熱心に中国の文化を学びました。両国の交流は、そのような古い時代から長い間平和裡に続き、我が国民は、長年にわたり貴国の文化に対し深い敬意と親近感を抱いてきました。私自身も年少の頃より中国についての話を聞き、また、本で読むなどして、自然のうちに貴国の文化に対する関心をもってきました。子供向きに書かれた三国志に興味を持ち、その中に出てくる白帝城について の「朝辞白帝彩雲間」に始まる李白の詩を知ったのも、少年時代のことでありました。

また、今世紀に入ってからは、貴国の有為の青年が数多く我が国を訪れるようになり、人的交流を含む相互の交流は一層活発なものとなりました。私は、このような両国民間の交流の伝統をかけがえのない、貴いものと考えます。

このような深い関係にある貴国を、この度、主席閣下のお招きにより訪れることができましたことは、私どもの深く喜びとするところであります。

しかし、この両国の関係の永きにわたる歴史において、我が国が中国国民に対し多大の苦難を与えた不幸な一時期がありました。これは私の深く悲しみとするところであります。戦争が終わった時、我が国民は、このような戦争を再び繰り返してはならないとの深い反省にたち、平和国家としての道を歩むことを固く決意して、国の再建に取り組みました。爾来、我が国民は、世界の諸国との新たな友好関係を築くことに努力してまいりましたが、貴国との間においては、両国の先人たちを始めとする多くの人々の情熱と努力によって、将来にわたる末長い平和友好を誓い合う関係が生まれ、広範な分野での交流が深まりつつあります。私はこのような両国民間の関係の進展を心から喜ばしく思うとともに、この良き関係がさらに不動のものとなることを望んでやみません。

今日、国際社会は、人類の平和と繁栄の達成という崇高な理想に向けて共同の努力を行っておりますが、この中にあって、日中両国民の友好親善関係の進展は、大きな意義を持つものと信じます。

本年は、日中国交正常化二〇周年という両国間の関係における大きな節目の年にあたっており、両国民の間で、相互理解と友好親善を目指して様々な行事が行われております。

貴国からは、江沢民総書記閣下並びに万里委員長閣下が我が国を御訪問になり、両国間の絆をより太くより強いものとすることに貢献されました。この度の私どもの貴国訪問が、このような絆に結ばれた両国民にとり、お互いに良き隣人として将来に向かって歩む契機となれば誠に喜ばしく思います。

私どもは北京のほか西安と上海を訪れることになっております。西安では、かつて我が国から航海の危険を冒しつつ唐に渡り、長安で中国の文化を学んだ遣唐使や留学生の労苦をしのびつつ、貴国の歴史に触れたいと思います。また、上海では、貴国の新たな発展の息吹に触れることができるでありましょう。私どもは、この度の訪問において、できるだけ多くの若い人々にも接する機会を得たいと考えております。両国の若い世代は必ずやこれまでの伝統的な交流の歴史を継承し、これをさらに豊かな心の交流として発展させていくにちがいありません。

北京の秋の美しさは多くの人によって語られてまいりました。この美しい季節にこの地を訪れる機会を得ましたことを私どもは心よりうれしく思っております。

楊尚昆国家主席閣下、並びに御列席の皆様、ここに日中両国民間の友好親善の発展を念じますとともに、楊尚昆主席閣下の御健勝と貴国の繁栄、そして貴国民の幸せを祈って杯を挙げたいと思います。

平成4年10月23日

㉗ 平成5年8月6日〜9日、天皇・皇后両陛下は、ベルギー国王ボードワン陛下の葬儀参列のためベルギーを訪問された。

㉘ 同年9月3日〜19日、天皇・皇后両陛下は、イタリア、ベルギー、ドイツの招待により、三国を歴訪された（バチカン）。

㉙ 平成6年6月10日〜26日、天皇・皇后両陛下は、米国の招待により、両国親善のために訪問された。

㉚ 同年10月2日〜14日、天皇・皇后両陛下は、フランス、スペインの招待により、両国を訪問された（ドイツ）。

㉛ 平成9年5月30日〜6月13日、天皇・皇后両陛下は、ブラジル、アルゼンチンの招待により、両国を訪問された（ルクセンブルク、米国）。

㉜ 平成10年5月23日〜6月5日、天皇・皇后両陛下は、英国、デンマークの招待により、両国を訪問された（ポルトガル）。

㉝ 平成12年5月20日〜6月1日、天皇・皇后両陛下は、オランダ、スウェーデンの招待により、両国を訪問された（スイス、フィンランド）。平成12年5月23日〜26日、国際親善のためオランダを訪問。

第二次大戦中に日本軍は、インドネシアでオランダ兵の捕虜四万人とオランダ系住民九万人を強制収容所に抑留し、多くの死者が出た。このためオランダでは反日感情が根強く残り、昭和46年の昭和天皇訪問では、車列に魔法瓶が投げつけられた。

平成12年5月の天皇・皇后両陛下のオランダ訪問でも、両陛下が戦歿者記念碑に花輪を捧げた二時間後、抑留被害者や元捕虜らが周辺で抗議のデモ行進を行った。欧州歴訪の一環で訪れたオランダへの行幸啓は、歴史的な「過去」と対面する旅でもあった。ベアトリックス女王夫妻主催の晩餐会において、天皇陛下は大戦中の「過去」に言及した。直前まで陛下自身が推敲を重ねた「おことば」で、「今なお戦争の傷を負い続けている人々のあることに、深い心の痛みを覚えます」と述べ、従来の表現より踏み込んだ、被害者一人ひとりの心情を思いやる意味合いを込められた。

㉞　平成14年7月6日～20日、天皇・皇后両陛下は、国際親善のためにポーランド、ハンガリーの招待で、両国を訪問された（チェコスロバキア、オーストリア）。

㉟　平成17年5月7日～14日、天皇・皇后両陛下は、ノルウェーの招待により、訪問された（アイルランド）。

㊱　同年6月27日～28日、天皇・皇后両陛下は、米国（サイパン島）を、戦後六〇年に当り、戦歿者を慰霊し平和を祈念するために訪問された。

㊲　平成18年6月8日～15日、天皇・皇后両陛下は、シンガポールとの国交樹立四〇周年に当り、招待され訪問された。またタイの招待で、国王陛下の即位六〇年記念式典に臨席のため訪問された（マレーシア）。

㊳　平成19年5月21日～30日、天皇・皇后両陛下は、スウェーデン、エストニア、ラトビア、リトアニア及び英国から、リンネ生誕三百年に当り、リンネ協会の名誉会員である天皇・皇后両陛下に訪問の招請を受けて英国を訪問された。エストニア、ラトビア、リトアニアの招待により、各国を訪問された。

㊴ 平成21年7月3日～17日、天皇・皇后両陛下は、米国（ハワイ州）と、カナダの招待により、両国を訪問された。ハワイでは「皇太子（明仁）殿下奨学金財団五〇周年記念行事」に出席された。7月10日、両国親善のためにカナダ・ブリティッシュコロンビア州を訪問された。

㊵ 平成24年5月16日～20日、天皇・皇后両陛下は、英国女王陛下の招待により、女王陛下即位六〇周年記念午餐会に出席のために訪英された。

㊶ 平成25年11月30日～12月6日、天皇・皇后両陛下はインドの招待により、同国を訪問された。

㊷ 平成27年4月8・9日、天皇・皇后両陛下は、戦後七〇年に当り戦歿者を慰霊し平和を祈念するために、パラオを訪問された。

㊸ 平成28年1月26日～30日、天皇・皇后両陛下は、比島の招待により、国交正常化六〇周年に際し、同国を訪問された。

㊹ 平成29年2月28日～3月6日、天皇・皇后両陛下は、ベトナムの招待により、同国を訪問された（タイ）。

以上、上皇陛下の皇太子時代から天皇在位中の外国訪問を整理した。合計四十四回に上り、その多さと日程の窮屈さに驚嘆する。

第十章　平成の皇室のご家族

明仁上皇・美智子上皇后ご夫妻は、二男一女を儲けられた。即ち第一子・浩宮徳仁親王（第百二十六代今上天皇。昭和35年（1960）2月23日生）、第二子・礼宮文仁親王（皇嗣秋篠宮。昭和40年11月30日生）、第三子・紀宮清子内親王（昭和44年4月18日生。平成17年11月15日、東京都職員の黒田慶樹氏と結婚）のお三方である。本章ではこのお三方の略歴を述べる。

第一節　浩宮　徳仁親王（今上天皇）

浩宮　徳仁親王（今上天皇）は、昭和35年2月23日、明仁皇太子と美智子妃殿下（現上皇・上皇后）の第一皇男子として、皇居・宮内庁病院にて誕生された。

2月29日「命名の儀」において祖父帝の昭和天皇が名付け親になり、「浩宮　徳仁」と命名された。称号及び諱は、四書五経の『中庸』第三十二章の次の文章から採られた。

「肫肫其**仁**、淵淵其淵、**浩浩**其天。苟不下固聡明聖知達二天徳一者上。其孰能知レ之。」

書き下せば次となる。

「肫肫《じゅんじゅん》たる其の**仁**、淵淵《えんえん》たる其の淵、**浩浩**《こうこう》たる其の天。苟くも固《まこと》に聡明聖知にして天徳に達する者ならざれば、其れ孰《たれ》か能くこれを知らん。」

一　幼児時代

昭和39年4月13日、学習院幼稚園に入園、同年11月1日に「着袴の儀」が行われた。

従来、皇室では皇孫は専任の傅育官の下で育てられるのが慣習であったが、母親の美智子皇太子妃の強い希望で、両親の皇太子夫妻の許で子育てが行われた。平民出身の美智子妃殿下の育児方針を皇室が認めたものとして、国民の関心の的となった。但し徳仁親王が一歳三ヵ月の時から初等科五年生になるまで、東宮侍従の濱尾実が養育及び教育に献身した。浩宮の弟・礼宮文仁親王、妹・紀宮清子内親王も、両親の下で育てられた。

二　青少年時代

昭和41年4月8日、浩宮は学習院初等科に入学する。この頃から稲田悦子（運動コーチ。一九三七〜一九四一年の間、全日本フィギュアスケート選手権女子シングルスで五連覇。宮内庁参与）の指導でフィギュアスケートを始めた（大学生の時にスピードスケートに転向）。学習院高等科時代から、正規の授業のほか、「将来の天皇」の素養「帝王学」として東宮御所において、「歴代天皇の御事績」や古事記、日本書紀などの皇室史に関わる日本神話、万葉集、平家物語など日本の古典文学、比較神話学、文化史、文化人類学、時事問題などの幅広いご進講を受けた。学習院大学では音楽部に所属しヴィオラを担当した。

学習院大学在学中の昭和55年2月23日、皇居宮殿「春秋の間」において、「加冠の儀」（満二〇歳。成年式）が行われた。11月30日、大勲位菊花大綬章を親受された。

昭和57年3月に学習院大学文学部史学科を卒業（文学士）、その後、同大学大学院人文科学研究科博士前期課程に進学した。それまでの多くの皇族が、生物学を中心とした自然科学を専攻したのに対して、浩宮は皇室男子として珍しく中世の交通史・流通史の歴史学分野を専攻した。またヴィオラ演奏、登山、ジョギングを趣味とし、国民にもその姿をたびたび披露している。

昭和58年から昭和60年にかけて（修士課程二年次から二年間）、オックスフォード大学マートン・カレッジに留学して、「テムズ川の水運史」について研究し、昭和63年には、学習院大学大学院人文科学研究科の博士前期課程を修了した（人文科学修士）。この間、昭和62年10月には、昭和天皇の病気療養と、父・皇太子明仁殿下の外国訪問が重なり、皇孫浩宮殿下が初めて国事行為臨時代行を務めた。

三　「立太子礼」

昭和64年1月7日、祖父・昭和天皇が崩御され、父・明仁皇太子が第百二十五代天皇に即位された。これに伴い徳仁親王は皇位継承順位が一位となり、皇太子となられた。またそれまで両親・家族と同居していたが、これを機に別居し、東京都港区元赤坂の「東宮御所」に移られた。徳仁親王は父・天皇（明仁）陛下が践祚された時には成年に達していたが、明仁陛下の即位の翌年平成2年2月23日、満三十一歳の誕生日に「立太子の礼」が行われた。

これに先立つ1月8日の閣議で、「立太子宣明の儀」、「朝見の儀」、「宮中饗宴の儀」が国事行為とされ、「立太子礼」の予算九、四〇〇万円が計上された。恩赦は行われなかった。天皇陛下の「儀式は簡素に」とのご意向により、「宮中饗宴の儀」は大幅に縮小された。

当時、湾岸戦争の最中で、クウェート大使は招待されたが、イラク大使は招待されなかった。特に2月24日には地上戦が始まり、「立太子礼」当日は緊迫した情勢で、日本の国会議員二〇余名及び十九ヵ国の大使が欠席した。

浩宮　徳仁親王の「立太子の儀」は、次の日程で行われた。

①　伊勢神宮へ「勅使発遣の儀」

平成3年2月19日、宮殿「竹の間」において行われた。

②　賢所、皇霊殿、神殿に親告の儀

2月23日、天皇（明仁）陛下が徳仁親王の立太子の礼を宮中三殿に奉告された。

③　立太子宣明の儀（2月23日）

儀式は「国事行為」として、宮殿・松の間で行われた。皇族に加え、海部俊樹首相ら三権の長、都道府県知事、各国大使ら二四五名が参列した。天皇は黄櫨染御袍、皇后は唐衣裳装束、皇太子は黄丹袍を着用された。天皇が「宣明」を読み上げ、「徳仁親王が皇太子である」ことを宣言し、徳仁親王が「決意の言葉」を述べ、続いて海部首相が「寿詞」を奉読して儀式は終了した。

「宣明の儀」に引き続き、鳳凰の間においで天皇から徳仁親王に皇太子のお証《しるし》の壷切御剣が親授された。また正午には鳳凰の間において、衆参両院が決議した「賀詞」が天皇陛下に奏上された。

④ 賢所、皇霊殿、神殿に謁するの儀

同日、皇太子（徳仁）殿下が装束姿で宮中三殿に参拝された。

⑤ 朝見の儀

引き続いて宮殿・松の間で、徳仁皇太子が天皇・皇后両陛下に感謝と決意を奏上した。その後、九年酒を順番に口にし、料理に箸を立てて儀式を終了した。儀式は洋装で行われた。

⑥ 宮中饗宴の儀

2月24・25日、宮殿 豊明殿において「立太子の礼」の参列者が招待され、「饗宴の儀」が催された。

⑦ 伊勢神宮、神武天皇陵、昭和天皇陵参拝の儀

徳仁皇太子殿下は、2月26日に伊勢神宮に詣で、27日に神武天皇陵「畝傍山東北陵《うねびやまのうしとらのすみのみささぎ》」を、28日には昭和天皇陵「武蔵野陵」をそれぞれ参拝し、立太子礼の終了を奉告した。

四　ご成婚

外務省条約局長小和田恆の長女 雅子様は、高円宮 憲仁親王及び外務省ＯＢの人脈から、皇太子殿下のお妃候補として名が上がった。

昭和61年10月18日、外務省に入省して間もない雅子様は、東宮御所で催されたスペイン国王フアン・カルロス一世の娘エレナ王女歓迎の茶会に、父とともに招かれた。皇太子と雅子様はこれが初対面であった。

雅子様は父の勤務上、ソ連邦や米国で幼少期を過ごし、昭和60年6月、ハーバード大学経済学部を優等生で卒業して帰国し、昭和61年4月、東京大学法学部第三類（政治コース）に学士入学し三年に編入学した。その年外務公務員Ｉ種試験に合格し、東京大学を中途退学し、昭和62年4月、外務省に入省、経済局国際機関第二課に配属された（ＯＥＣＤ担当）。昭和61年～62年にかけて、東宮御所や高円宮家のパーティーで皇太子と雅子様は会食するなど、何度か交流した。こうして雅子様は高円宮にも「この人ならお妃になれる」と評され、また浩宮自身にも強い思いを抱かせる有力候補となった。しかし宮内庁内では彼女の母方の祖父が水俣病の原因企業のチッソの元会長江頭豊であることを懸念する幹部の意見があり、一時期「お妃候補」から外された。昭和62年暮に、浩宮妃候補として週刊誌やスポーツ紙などがスクープし、小和田家に非常な迷惑をもたらした。彼女は、平成元年9月、付きまとう取材陣に対し「この件については、私はまったく関係ございません」と声を荒げ、「外務省の省員としてずっと仕事をしていく」と否定し、取材の中止を求めた。この「完全否定」は広く報道され、母　優美子様もインタビューで否定した。しかし皇太子のお妃選びの中で、平成4年1月、皇太子は「小和田雅子様さんではだめでしょうか」と菅野弘夫東宮大夫に告げた。雅子様が英国留学から帰国した後に、藤森昭一宮内庁長官の依頼を受けた元外務次官　柳谷謙介が宮内庁と小和田家の仲介役を務め、平成4年8月16日、柳谷邸で徳仁皇太子と雅子様が再会し交際を再開した。同年10月3日に宮内庁新浜鴨場での散策で、徳仁皇太子が雅子様に求婚した。小和田家側は辞退したが、平成4年11月下旬に、皇太子が交際中の雅子様に「皇室に入られることにはいろいろな不安や心配がおありでしょうけれども、雅子さんのことは僕が一生全力でお守りしますから」と述べたお言葉が心を動かしたと、婚約内定の記者会見で雅子様が語った。12月12日に東宮仮御所において、雅子様は婚約の受諾を皇太子に伝えた。12月25日に東宮仮御所で、徳仁皇太子は雅子様を天皇・皇后両陛下にお引き合わせし歓談した。

平成5年1月6日午後8時45分、報道協定が解除され、テレビ各局は通常番組を中断して、小和田雅子様の皇太子妃内定を報道した。

同年1月19日、皇室会議（議長：宮澤喜一総理大臣）において、「徳仁皇太子と小和田雅子の婚姻」が全員一致で可決され、同日お二人との記者会見が行われた。同年4月12日の「納采の儀（婚約）」を経て、同年6月9日に「結婚の儀」が執り行われた。同日、8時30分から2時間55分に亘ってNHK（日本放送協会）が儀式を中継放送し、平均視聴率は三〇・六%を記録した。成婚パレードの沿道には約十九万人が集り、そのテレビ中継の最高視聴率は七十九・九%を記録し、国民の盛大な祝福を受けた。また当日は「皇太子徳仁親王殿下の結婚の儀の行われる日を休日とする法律」により休日となった。

成婚八年後の平成13年12月1日、第一子で長女の敬宮 愛子内親王が誕生した。

五　皇太子時代

以下、今上陛下の皇太子時代の顕著な事績を列記する。

① 徳仁皇太子は、度々外国を訪問し、皇室外交の進展に貢献した。平成3年9月には、イギリスのオックスフォード大学から名誉法学博士号を授与された。また平成4年4月には学習院大学史料館客員研究員を委嘱され、日本中世史の研究を続けた。学習院女子大学国際文化交流学部では、「北米文化の源流・イギリスの社会と文化」や「オックスフォードにおける学生生活」について講演を行われた。また平成15年3月16

日、国立京都国際会館で開かれた「第三回世界水フォーラム」の開会式では、名誉総裁として臨席し、「京都と地方を結ぶ水の道」と題した講演を行われた。

② 平成16年5月10日、徳仁皇太子が欧州三ヵ国歴訪前の記者会見で、「雅子のキャリアや、それに基づいた雅子の人格を否定するような動きがあった…」と発言した。この発言は、海外育ちで国際派の雅子妃と、伝統と慣習に厳格な皇室・宮内庁との間で不和があることを伺わせ、大きな反響を呼んだ。同年6月、雅子妃は「適応障害」の医師の診断を受け療養に入り、以後、徳仁皇太子は単独で公務を行うこととなった。

③ 平成19年3月、定期健康診断で、皇太子殿下の十二指腸にポリープが発見された。同年5月には良性と診断され、同年6月6日にポリープの内視鏡による切除手術が東京大学医学部附属病院で行われた。

④ 同年11月1日、国連の「水と衛生に関する諮問委員会」の名誉総裁に就任した。日本の皇族が国連などの常設の国際機関の役職に就くのは初めてである。平成25年3月6日、米国NYの国連本部で開かれた「水と災害に関する特別会合」で、英語で基調講演を行った。同会合は、東日本大震災など世界的な水災害の増加を受け、国連で初めて開催された会合である。

⑤ 平成29年6月16日、「天皇の退位等に関する皇室典範特例法」が公布され、同年12月1日開催の皇室会議（議長　安倍晋三首相）及び12月8日の定例閣議で、「同法施行期日を規定する政令」が決定され、令和元年5月1日に徳仁皇太子の第百二十六代天皇即位の日程が決まった。上皇陛下の譲位、今上天皇の即位の儀式は、次章で述べる。

第二節　礼宮　文仁親王（皇嗣秋篠宮）

礼宮　文仁親王は、昭和40年11月30日、明仁皇太子と美智子妃殿下の第二子　次男として宮内庁病院で誕生した。称号は礼宮　文仁親王と称される。出典は「論語・顔淵篇第十二の十五」の次の文章による。

「子曰、君子博學㆓於文㆒、約㆑之以㆑禮、亦可㆓以弗㆒㆑畔矣夫。」

書き下せば次となる。

「子曰く、君子博く**文**を学び、これを約するに**礼**をもってすれば、またもって畔《そむ》かざるべし。」

文仁親王は幼少時は「やんちゃ」で知られていた。テニス等のスポーツに熱心に取り組む一方、地理などに関心があった。また妹・紀宮　清子内親王の夫となる黒田慶樹とは少年時代からの学友である。

一　青年時代

昭和59年、文仁親王は学習院大学法学部政治学科に入学した。翌年「自然文化研究会」を結成し、積極的にサークル活動を行い、「東京農業大学育種学研究所」の前身の「財団法人　進化生物学研究所」で家禽類を研究した。この頃、一学年下の川嶋紀子様（川嶋辰彦（学習院大学教授）の長女。昭和41年9月11日生）と知り合い、サークル活動を通じて交際を深め、昭和61年6月26日に求婚した。

同年、「財団法人　山階鳥類研究所」総裁に就任した。

昭和63年、学習院大学法学部政治学科を卒業し、「社団法人　日本動物園水族館協会」の総裁を務めた。またオックスフォード大学セント・ジョンズ・カレッジ大学院動物学科に留学し、魚類の分類学を学んだ。昭和64年1月7日、祖父　昭和天皇が崩御され、父が第百二十五代天皇に即位したことに伴い、兄　徳仁皇太子に次いで、皇位継承順位第二位となった。同年一年間、「オックスフォード大学博物館」及び「ロンドン自然史博物館」に在籍した。

二　ご結婚

平成元年8月26日、文仁親王と川嶋紀子

様との結婚内定が報道された。9月12日、「文仁親王と川嶋紀子の婚姻に関する皇室会議」が開かれ、二人の婚姻が可決されて婚約が内定し、午後から記者会見が行われた。平成改元後初の皇室の慶事であり、「紀子さまブーム」と言われる祝賀ムードとなった。

① 昭和天皇の喪が明けた翌平成2年1月12日、「納采の儀」が行われ、前年の皇室会議で承認された二人の婚約が正式に決定した。納采後の皇居には、皇族や三権の長らが祝賀に訪問し、お祝いの記帳が行われた。

② 同年6月29日、「結婚の儀」が行われ、同日「秋篠宮家」を創設した。宮号は奈良市の地名に由来する。

③ 成婚以来、文仁親王は紀子妃殿下とともに公務を務め、特にインドネシア、タイなどの東南アジア諸国を度々訪問し、タイのチャクリー王朝との交流を深めた。

④ 平成3年10月23日、第一子 長女の眞子内親王が誕生した。眞子内親王は、令和3年10月28日、小室圭氏（ニューヨークの法律事務所勤務）と結婚し、皇籍を離れ渡米された。

⑤ 平成6年12月29日には、第二子 次女の佳子内親王が誕生した。しかし「子女の誕生がない兄宮・徳仁皇太子・同妃両殿下に遠慮すべきである」とのバッシングがあり、以降は長く御子を儲けなかったが、平成18年9月6日、第三子の長男 悠仁親王が誕生した。

⑥ 宮中祭祀及び各種の公務に取り組む他に、魚類や家禽類の研究を行い、総合研究大学院大学生命科学研究科遺伝学専攻の「国立遺伝学研究所」の五條堀孝教授の指導の下に、平成8年9月30日、「家禽のニワトリの起源を遺伝子に基づき解析した研究」により、総合研究大学院大学から博士（理学）の学位を授与された。

⑦ 平成16年から「皇室典範に関する有識者

会議」において女性・女系天皇容認の議論が進む中で、平成18年2月7日、紀子妃殿下の懐妊がスクープされ、2月25日に、宮内庁から懐妊が正式に発表された。同年9月6日、皇室史上初の帝王切開により第三子長男の悠仁親王が誕生した。皇室では文仁親王の誕生以来、実に四十一年ぶりの男系男子の誕生であった。

⑧ 文仁親王は平成13年から東京農業大学で学生指導を始め、平成18年からは非常勤講師を務め、平成19年からは東京大学総合研究博物館特任研究員となった。平成20年より東京農業大学農学部バイオセラピー学科客員教授に就任した。

⑨ 平成21年8月21日から28日にかけて秋篠宮・同妃は、日蘭通商四百周年を記念して、ベアトリックス女王及びオランダ政府の招待により、オランダを公式訪問した。夫妻は滞在中、「日蘭通商四百周年記念式典」に出席した他、バルケネンデ首相表敬、地方視察(アムステルダム、バルネフェルト、アッペルドールン)等の日程を精力的にこなした。

日蘭両国は、平成20年の「外交関係開設一五〇周年」に続き、翌年は「日蘭通商四百周年」と二年に亘り周年を祝し、各地で周年行事が開催されていた。秋篠宮夫妻のオランダ訪問は種々の周年行事のハイライトとなった。日蘭協会の名誉総裁の秋篠宮がオランダを訪問し、ハーグで開催された記念式典に出席し、オランダ王室府から厚遇されたことは、日蘭両国の友好関係を再確認し、一層増進することに貢献した。

⑩ 秋篠宮は、有栖川宮職仁親王から始まる書道の有栖川流の伝承者である。

⑪ 令和元年5月1日、兄の徳仁皇太子が第百二十六代天皇に即位し、今上天皇・雅子皇后には男子のお子がなかったので、皇弟の秋篠宮文仁親王が皇嗣となった。令和元

年10月22日に行われた「即位礼正殿の儀」では、秋篠宮は皇太子の装束の黄丹袍で儀式に参列した。皇嗣となったことを国民に広く宣明する儀式の「立皇嗣の礼」は、今上天皇の即位の礼から半年後の翌令和２年４月19日に行われる予定であったが、新型コロナ・ウイルスの世界的爆発感染のために延期された。この件については後の第十二章第二節でまとめて述べる。

第三節　紀宮　清子内親王

紀宮　清子内親王は、昭和44年４月18日、明仁皇太子・美智子妃夫妻の第三子（二男一女の長女）として誕生し、体重二、二五〇グラム、身長四五・二糎の未熟児であったが、健康状態は良好であった。皇太子夫妻にとって唯一人の内親王であり、「いずれは嫁ぎ皇籍から離れる身」という方針で教育された。

① 昭和48年４月、柿の木坂幼稚園に入園し、年少クラスの一年間のみ通園し、翌年からは学習院幼稚園に入園し、初等科から大学まで学習院に通った。

② 平成元年に成人式を迎え、４月18日、勲一等宝冠章を受章、祝賀行事も予定されていたが、祖父　昭和天皇の崩御により、翌平成２年３月に延期された。

③ 平成４年３月、学習院大学文学部国文学科（現・日本語日本文学科）を卒業し、「山階鳥類研究所」の非常勤研究助手になり、給与を得た史上初の内親王となった。公務の傍ら研究活動を継続し、平成10年から平成17年まで山階鳥類研究所非常勤研究員を務めた。赤坂御用地と皇居の鳥類の研究を手がけ、その成果を元に平凡社より出版された『日本動物大百科』の「カワセミ」の項目の執筆を担当した。また福祉活動の面では盲導犬関連の公務に積極的に携わった。

④ 平成15年１月頃、次兄の秋篠宮文仁親王の友人で幼少時から面識のあった東京都職員の黒田慶樹氏と再会した。平成16年

1月に求婚を受けて承諾し、同年2月に両親の天皇（明仁）陛下・美智子皇后に紹介し、12月30日に婚約を発表した。

⑤ 平成17年3月19日に「納采の儀」が行われた。同年11月12日、「賢所、皇霊殿、神殿に謁するの儀」が行われ、十二単姿で皇祖神に別れの参拝をした。宮殿「松の間」にて「朝見の儀」が行われ、ローブ・デコルテに宝冠章、ティアラをつけた正装で、両親の天皇（明仁）陛下及び美智子皇后にこれまでの感謝と別れの挨拶を行った。

⑥ 同年11月15日、清子内親王は、11時から帝国ホテル「蘭の間」において、天皇・皇后、長兄の徳仁皇太子・雅子妃夫妻、秋篠宮文仁親王・紀子妃夫妻達が出席のもと、黒田慶樹氏と結婚式を挙げた。天照大神を祀った式場を設け、斎主は北白川道久伊勢神宮大宮司（旧皇族）が務めた。14時、二人で結婚の記者会見を行い、16時、同ホテルにおいて結婚披露宴を天皇・皇后両陛下、皇太子夫妻、秋篠宮夫妻をはじめとする皇族及び旧皇族達のほか、石原慎太郎東京都知事などが出席し、石原都知事が乾杯の発声を務めた。なお歴代の天皇が内親王の結婚披露宴に出席したのはこれが初めてである。

⑦ 同日午前、新居がある千代田区役所において婚姻の届出を行い、皇族の身分を離れ皇統譜から一般国民の戸籍に異動して、民間人「黒田清子」となった。翌11月16日、宮内庁長官羽毛田信吾が、皇統譜に皇族からの身分を離れた旨の登録を行った。これにより選挙権及び被選挙権の権利や、国民年金や納税、健康保険の支払義務など、一般の国民の権利と義務が生じた。

⑧ 清子内親王は長く内廷皇族として両親の天皇・皇后の傍らにあって良き支援者であった。また結婚前は内親王として国際親

善、外国訪問、社会福祉、慈善事業など各分野で積極的に公務に従事し、宮内庁の信頼も厚かった。更に父が即位して、二人の兄の親王達が独立した後は、両親の側近くにあってよき相談役であった。特に父帝が前立腺癌を、母后が失声症を患ったときには、両親の側にあって心身ともに支えた。

⑨　平成20年4月には、天皇・皇后両陛下の結婚記念日を黒田邸で祝った。また平成21年12月には、夫とともに天皇一家の「こどもの国訪問」に参加するなど、結婚後も上皇・上皇后両陛下、今上天皇ご一家及び秋篠宮家と親密に交流されている。

⑩　平成24年4月26日から平成25年10月6日まで、伊勢神宮の臨時祭主を務めた。伯母の池田厚子伊勢神宮祭主を補佐し、平成25年10月の第六十二回神宮式年遷宮の神事に奉仕した。

⑪　平成29年6月19日付で、池田厚子氏の後任として、明治以降十一人目の伊勢神宮祭主に就任した。平成31年3月15日、勅使、小松揮世久伊勢神宮大宮司達とともに、天皇陛下の「退位及び期日奉告祭」を行った。同年5月10日、同じく勅使、小松揮世久らとともに長兄の今上天皇の「即位礼及び大嘗祭期日奉告祭」に奉仕した。

第十一章　御在位三〇年記念式典と平成の御譲位

第百二十五代天皇（明仁）陛下は、平成31年2月24日、御在位30年の記念式典を祝われ、その二ヵ月後の4月30日、天皇の御位を徳仁皇太子に譲位して退位された。譲位時の陛下の御年齢は八十五歳であり、歴代天皇で譲位した天皇五十九人中の最高齢である。譲位による皇位継承は、江戸時代末期の第百二十代　仁孝天皇（在位期間：文化14年（1817）10月〜弘化3年（1846）2月）以来、二〇二年ぶりのことであり、勿論、明治以降の憲政史上では初めてである。また即位された今上天皇（徳仁）陛下は御年五十九歳（数え歳の還暦六〇歳）であり、第四十九代　光仁天皇（在位：宝亀元年（770）10月〜天応元年（781）4月）の六十一歳（数え歳六十二歳）に次いで、歴代天皇では二番目に高齢での即位である。

第一節　天皇（明仁）陛下の譲位の経緯

平成から令和への御代替りの儀式は、テレビや新聞で詳細に報じられたが、以下にその概要を述べる。

一　天皇陛下の「譲位」の意思表明

御代替りの九年前の平成22年7月22日、御所で宮内庁参与会議（宮内庁参与は皇室の重要事項に関する天皇の相談役）が開かれた。参与会議は、定期的に開かれ、当日の出席者は、三人の参与（湯浅利夫元宮内庁長官、栗山尚一元外務次官、三谷太一郎東大名誉教授（日本政治外交史））及び政府側の羽毛田信吾宮内庁長官、川島裕侍従長、の計五名であり、この日は天皇・皇后両陛下も出席された。会議の冒頭、陛下は「八〇歳までは天皇の務めを果たすが、その後は皇太子に譲位したい」と述べられた（陛下は当時七十六歳）。この日の19時に始まった会議は深夜に及び、出席した会議のメンバーは全員「大正天皇のように皇太子殿下を摂政とされること」や「公務の負担削減」の意見を述べた。これに対し陛下は、「大正天皇は病を理由に摂政が置かれたが、それは天皇の意向に反した不本意なことで、摂政の昭和天皇も気兼ねしておられた」ことや、香淳皇太后（平成12年に九十七歳で崩御）の晩年には、「意思疎通が難しいほど痴呆が進んだ」ことを話され、更に「天皇の国民統合の象徴」の務めは「天皇の全身全霊を以てする務め」であり、「摂政や代理は不可である」として、譲位を強く主張されたと伝えられる。その後の会議でも譲位についての討議は続けられたが、宮内庁は陛下のお考えに基づき、その実行の手続きの検討を始めた。陛下の御意向は首相官邸（菅直人内閣（民主党））にも伝えられた。しかし譲位の規定は「日本国憲法」にも「皇室典範」にもなく、譲位を行うには先ず法的根拠を整備する必要があった（註）。当時、「皇室典範」は「女系宮家の創設」や「皇位の安定的継承」等の多くの課題を検討中であり、時間を要するのみならず、憲法改正にまで議論が拡大する怖れがあった。また憲法第四条では「天皇は国政不関与」が明記され、「陛下の御意向を受けた法改正はできない」とされていた。これは理不尽な言い掛かりであることは、本書の序論の「譲位の違憲問題」で述べたので再論しない。加えて翌平成23年3月11日には東日本大震災が起り、政府はその対応に忙殺され、更にこの頃の民主党政権（平成21年9月～24年12月）は毎年首相が交代し（鳩山由紀夫、菅直人、野田佳彦の三代）、平成24年12月26日には自民党の第二次安倍内閣に政権を交代する政治的混乱が続いた。このために陛下の譲位の実現には御意向の表明から九年もかかった。

註：井田敦彦、「天皇の退位をめぐる主な議論」、国立国会図書館（調査及び立法考査局憲法課）、調査と情報　第九四三号、二〇一七年、12 pp.

二　「天皇の公務の負担軽減」等の有識者会議

安倍晋三首相（第二次安倍内閣。平成24年12月の衆議院選挙に勝って民主党の野田佳彦内閣から政権交代）は、陛下の譲位の御意向を受けて、「天皇の公務の負担軽減等に関する有識者会議」（以下「有識者会議」と略記）を設けた。学識者等六名（註）からなる会議は、「天皇の公務の負担軽減を図るため、高い識見をもつ様々な専門分野の人の意見を求める」ための首相の私的諮問委員会とされ、平成28年10月から翌年4月まで十四回の会議を開き、討議を重ねた。

註：有識者会議のメンバーは以下のとおり。今井敬（日本経済団体連合会名誉会長）、小幡純子（上智大学大学院法学研究科教授）、清家篤（慶應義塾長）、御厨貴（東京大学名誉教授）、宮崎緑（千葉商科大学教養学部長）、山内昌之（東京大学名誉教授）。政府側：杉田和博（内閣官房副長官）、古谷一之（内閣官房副長官補）、近藤正春（内閣法制局次長）、西村泰彦（宮内庁次長）、山﨑重孝（内閣総務官）、平川薫（内閣審議官）。必要時に首相、官房長が出席。

更に有識者会議は、①「日本国憲法」の天皇の役割、②天皇の国事行為や公的行為、③ご高齢の天皇の負担軽減、④ご高齢な天皇に、憲法第五条に基づく摂政の設置、⑤ご高齢な天皇に、憲法第四条第二項に基づく国事行為の委任、⑥ご高齢な天皇の退位、⑦ご高齢な天皇が退位する場合、以後の天皇にも「譲位」の適用の可否、⑧天皇が退位した場合のご身位やご活動、の八項目について、広く学識経験者の意見を聴取した。そのために歴史・皇室制度の研究者十四人、憲法学者五人、医学者一人、計二〇人から四回（以下の㈠～㈣に示す）に亘り意見を聴取した。

ヒアリングの論述者の論点は、上述の八項目を網羅するものではないが、各回の論述の要旨は次の議事録に公表されている。

㈠ 第三回会議（平成28年11月7日）、歴史・皇室制度五人：平川祐弘（東京大学名誉教授）、古川隆久（日本大学教授）、保阪正康（作家）、大原康男（國學院大學名誉教授）、所功（京都産業大学名誉教授）。

㈡ 第四回会議（11月14日）、歴史・皇室制度六人：渡部昇一（上智大学名誉教授）、岩井克己（ジャーナリスト）、笠原英彦（慶應義塾大学教授）、櫻井よしこ（ジャーナリスト）、石原信雄（元内閣官房副長官）、今谷明（帝京大学特任教授）。

㈢ 五回会議（11月30日）、憲法等五人：八木秀次（麗澤大学教授）、百地章（国館大学大学院客員教授）、大石眞（京都大学大学院教授）、高橋和之（東京大学名誉教授）、園部逸夫（元最高裁判所判事）。

㈣ 第一〇回会議（平成29年3月22日）、医学一人・皇室史三人：秋下雅弘（東京大学大学院教授）、本郷恵子（東京大学史料編纂所教授）、君塚直隆（関東学院大学教授）、新田均（皇學館大学現代日本社会学部長）。

その後、有識者会議は平成29年1月23日、「現行制度での天皇の公務の負担軽減」と「制度改正による負担軽減」に分けて問題点を整理し中間報告をまとめた。更にこれらの論点の改善策と問題点を検討し、同年4月21日に最終報告書を首相に提出した。

因みに毎日新聞（平成29年5月21日）は、「有識者会議」の平成28年11月のヒアリングにおいて、保守系の専門家（後に平川祐弘東京大名誉教授や渡部昇一　上智大名誉教授（平成29年4月17日、八十六歳で病歿）と判明）が「天皇は祈っているだけでよい」と述べたと報道された。陛下は「ヒアリングで批判をされたことがショックだった」と強い不満を漏らされ、宮内庁の関係者を通じて首相官邸に伝えられたことを報じた。また陛下は、有識者会議が「一代限りの退位」としたことについて、「一代限りでは自分の我儘と思われるのでよくない。制度化でなければならない」と仰せられ、「自分の意志が曲げられるとは思っていなかった」と不満を述べられたという。これらについて平川氏は、後に「新潮45」(平成29年8月号)で、「発言の一部を切り取って意図的に歪めたものである」とし、毎日新聞の記事について、「(会議の議論の一部が)リークされ、次いで宮内庁が否定し、それでいてテレビで報道が流され、内容が現実化する」と指摘し、新聞の記事は「御厨氏の作り話である」とし、「事実が確認できない天皇陛下の「御意向なるもの」を受けて、好き放題に書くマスコミ文化を深く憂うる」と毎日新聞に反論した。抑々「有識者会議」は、我が国の歴史的な皇位継承の「譲位」の在り方について、専門家の所見を広く集め、静かな環境の下で討議し整理するのがその役割であったはずである。それが現実にはヒアリングの陳述者の発言の片々を取り上げ、これを煽る不見識なマスコミの不埒な報道によって「会議」の論議が歪められた。筆者も平川氏の意見に同感であり、マスコミの不見識な姿勢には強い憤りを覚える。

三「天皇の退位等に関する皇室典範特例法」

安倍総理大臣は有識者会議の最終報告を受け、平成29年6月に、この度の譲位を一般的制度とはせず、明仁陛下に限定して譲位を行う「天皇の退位等に関する皇室典範特例法」(以下、「皇室典範特例法」と略記)を閣議決定し、国会に提出した。国会は「政府は女性宮家の創設など安定的な皇位継承の諸課題について、皇族減少の事情も踏まえて検討を行い、速やかに国会に報告する」とした付帯決議を付けて同法案を可決した。また政府は譲位時期について、同年12月の皇室会議で「皇室典範特例法の施行日」の意見をまとめた。それに従い譲位は平成31年4月30日に執り行われることが閣議決定された。しかし明仁陛下は「譲位の制度化」を望まれ、また今上陛下や皇嗣殿下の御歳を考慮し、将来の可能性を考えれば、「譲位の制度化」は妥当と思量される。安倍内閣の措置は明らかに陛下の御意向に反し、皇室の歴史的な慣行をも無視した不適切な措置と考えられる。

四　天皇陛下のお務めについての「おことば」（ビデオ・メッセージ）

天皇（明仁）陛下は平成28年8月8日、陛下が三〇年余のご在位中の「象徴天皇の務め」について　ビデオ・メッセージを発表され、全国に放送された。その中で陛下ご自身が高齢となり（当時八十二歳）「天皇としての務め」が困難になるため、譲位の意向を滲ませたお気持ちを次のように話された。

◎象徴天皇のお務めについての天皇（明仁）陛下の「おことば」

戦後七〇年という大きな節目を過ぎ、二年後には、平成三〇年を迎えます。私も八〇を越え、体力の面などから様々な制約を覚えることもあり、ここ数年、天皇としての自らの歩みを振り返るとともに、この先の自分の在り方や務めにつき、思いを致すようになりました。

本日は、社会の高齢化が進む中、天皇もまた高齢となった場合、どのような在り方が望ましいか、天皇という立場上、現行の皇室制度に具体的に触れることは控えながら、私が個人として、これまでに考えて来たことを話したいと思います。

即位以来、私は国事行為を行うと共に、日本国憲法下で象徴と位置づけられた天皇の望ましい在り方を、日々模索しつつ過ごして来ました。伝統の継承者として、これを守り続ける責任に深く思いを致し、更に日々新たになる日本と世界の中にあって、日本の皇室が、いかに伝統を現代に生かし、生き生きとして社会に内在し、人々の期待に応えていくかを考えつつ、今日に至っています。

そのような中、何年か前のことになりますが、二度の外科手術を受け、加えて高齢による体力の低下を覚えるようになった頃から、これから先、従来のように重い務めを果たすことが困難になった場合、どのように身を処していくことが、国にとり、国民にとり、また、私のあとを歩む皇族にとり良いことであるかにつき、考えるようになりました。既に八〇を越え、幸いに健康であるとは申せ、次第に進む身体の衰えを考慮する時、これまでのように、全身全霊をもって象徴の務めを果たしていくことが、難しくなるのではないかと案じています。

私が天皇の位についてから、ほぼ二十八年、この間私は、我が国における多くの喜びの時、また悲しみの時を、人々と共に過ごして来ました。私はこれまで天皇の務めとして、何よりもまず国民の安寧と幸せを祈ることを大切に考えて来ましたが、同時に事に当たっては、時として人々の傍らに立ち、その声に耳を傾け、思いに寄り添うことも大切なことと考えて来ました。天皇が象徴であると共に、国民統合の象徴としての役割を果たすためには、天皇が国民に、天皇という象徴の立場への理解を求めると共に、天皇もまた、自らのありように深く心し、国民に対する理解を深め、常に国民と共にある自覚を自らの内に育てる必要を感じて来ました。こうした意味において、日本の各地、とりわけ遠隔の地や島々への旅も、私は天皇の象徴的行為として、大切なものと感じて来ました。皇太子の時代も含め、これまで私が皇后と共に行《おこな》って来たほぼ全国に及ぶ旅は、国内のどこにおいても、その地域を愛し、その共同体を地道に支える市井の人々のあることを私に認識させ、私がこの認識をもって、天皇として大切な、国民を思い、国民のために祈るという務めを、人々への深い信頼と敬愛をもってなし得たことは、幸せなことでした。

天皇の高齢化に伴う対処の仕方が、国事行為や、その象徴としての行為を限りなく縮小していくことには、無理があろうと思われます。また、天皇が未成年であったり、重病などによりその機能を果たし得なくなった場合には、天皇の行為を代行する摂政を置くことも考えられます。しかし、この場合も、天皇が十分にその立場に求められる務めを果たせぬまま、生涯の終わりに至るまで天皇であり続けることに変わりはありません。

天皇が健康を損ない、深刻な状態に立ち至った場合、これまでにも見られたように、社会が停滞し、国民の暮らしにも様々な影響が及ぶことが懸念されます。更にこれまでの皇室のしきたりとして、天皇の終焉に当たっては、重い殯《もがり》の行事が連日ほぼ二ケ月にわたって続き、その後喪儀に関連する行事が、一年間続きます。その様々な行事と、新時代に関わる諸行事が同時に進行することから、行事に関わる人々、とりわけ残される家族は、非常に厳しい状況下に置かれざるを得ません。こうした事態を避けることは出来ないものだろうかとの思いが、胸に去来することもあります。

初めにも述べましたように、憲法の下、天皇は国政に関する権能を有しません。そうした中で、このたび我が国の長い天皇の歴史を改めて振り返りつつ、これからも皇室がどのような時にも国民と共にあり、相たずさえてこの国の未来を築いていけるよう、そして象徴天皇の務めが常に途切れることなく、安定的に続いていくことをひとえに念じ、ここに私の気持ちをお話しいたしました。国民の理解を得られることを、切に願っています。

平成28年8月8日

（ビデオ・テレビで全国放送）

天皇（明仁）陛下の譲位は、「政治的行為であり、憲法違反」との批判がある。陛下の「おことば」は、このことに配慮された説得力のある「おことば」であった。陛下の譲位には、現代の医療の進歩による高齢化と天皇の激務のお務め、深夜・徹宵の宮中祭祀、遠距離・窮屈な日程の行幸、及び先帝の大喪や殯の儀式と即位礼の重複の回避等のご配慮が背景にある。江戸時代後期の百十九代・光格天皇以来、二〇二年ぶりの「譲位」による皇位継承を、現代の高齢化社会に復活させ、ぶれることのない「天皇のお務め」を次世代に継承してゆく、天皇（明仁）陛下の深慮と勇気ある御決断と筆者は考える。マスコミは、「生前退位のおことば」として報道し、「生前退位」を強調したが、陛下は「象徴天皇の在り方」を述べられ、宮内庁のホームページも「象徴としてのお務めについての天皇陛下のおことば」と題している。また陛下の「譲位のご意向」は、既にひと月前の7月13日に、テレビや新聞で全国に報道されており、この度の陛下の「おことば」に譲位のご意向の表明はあるものの、その主意は「日本国憲法の象徴天皇制」や「天皇の行動による象徴」の意味付けの是非を、「譲位」によって国民に対して確認されたものであり、国民に対する陛下の思慮深い「問題提起」であると筆者は考える。

第二節　天皇（明仁）陛下 御在位三〇年記念式典

天皇（明仁）陛下が譲位のご意向を述べられた二年半後の平成31年2月24日、天皇陛下の御在位三〇年を祝う祝典が、内閣主催で行われた。当日14時から、東京都千代田区の国立劇場で、天皇・皇后両陛下のご臨席を仰ぎ、三権の長、国会議員・地方議員、各界の代表者、及び外国大使館員等が列席し、式典が行われた。式次第は次のとおりである。

・天皇・皇后両陛下御臨席、
・開式の辞：菅義偉　官房長官、

・国歌斉唱、
・安倍総理大臣の式辞、
・祝辞：大島理森 衆議院議長、伊達忠一 参議院議長、大谷直人 最高裁長官、マンリオ・カデロ 在日外交団長（サンマリノ共和国特命全権大使）、
・国民代表の辞：① 内堀正雄 福島県知事、② 川口順子 元参議院議員
・御製及び御歌（後述）朗読：波乃久里子、
・記念演奏：① 三浦大知、独唱歌曲『歌声の響』（琉歌 天皇陛下作詞、皇后陛下作曲）。② 鮫島有美子、独唱歌曲『おもひ子』：皇后陛下作曲、宮崎湖処子作詩）、
・天皇陛下の「おことば」（後述）、
・万歳三唱、
・閉式の辞：菅官房長官、
・天皇・皇后両陛下御退席。

なお会場の国立劇場のロビーで天皇・皇后両陛下に、ボーイスカウト及びガールスカウトの代表が花束を贈呈した。

◎ 御在位三〇年記念式典における天皇陛下の「おことば」

在位三〇年に当り、政府並びに国の内外から寄せられた祝意に対し、深く感謝いたします。

即位から三〇年、こと多く過ぎた日々を振り返り、今日《こんにち》こうして国の内外の祝意に包まれ、このような日を迎えることを誠に感慨深く思います。

平成の三〇年間、日本は国民の平和を希求する強い意志に支えられ、近現代において初めて戦争を経験せぬ時代を持ちましたが、それはまた、決して平坦な時代ではなく、多くの予想せぬ困難に直面した時代でもありました。世界は気候変動の周期に入り、我が国も多くの自然災害に襲われ、また高齢化、少子化による人口構造の変化から、過去に経験のない多くの社会現象にも直面しました。島国として比較的恵まれた形で独自の文化を育ててきた我が国も、今、グローバル化する世界

の中で、更に外に向かって開かれ、その中で叡智《えいち》を持って自らの立場を確立し、誠意を持って他国との関係を構築していくことが求められているのではないかと思います。

天皇として即位して以来今日《こんにち》まで、日々国の安寧と人々の幸せを祈り、象徴としていかにあるべきかを考えつつ過ごしてきました。しかし憲法で定められた象徴としての天皇像を模索する道は果てしなく遠く、これから先、私を継いでいく人たちが、次の時代、更に次の時代と象徴のあるべき姿を求め、先立つこの時代の象徴像を補い続けていってくれることを願っています。

天皇としてのこれまでの務めを、人々の助けを得て行うことができたことは幸せなことでした。これまでの私の全ての仕事は、国の組織の同意と支持のもと、初めて行い得たものであり、私がこれまで果たすべき務めを果たしてこられたのは、その統合の象徴であることに、誇りと喜びを持つことのできるこの国の人々の存在と、過去から今に至る長い年月に、日本人がつくり上げてきた、この国の持つ民度のお陰でした。災害の相次いだこの三〇年を通し、不幸にも被災の地で多くの悲しみに遭遇しながらも、健気《けなげ》に耐え抜いてきた人々、そして被災地の哀《かな》しみを我が事とし、様々な形で寄り添い続けてきた全国の人々の姿は、私の在位中の忘れ難い記憶の一つです。

今日この機会に、日本が苦しみと悲しみのさ中にあった時、少なからぬ関心を寄せられた諸外国の方々にも、お礼の気持ちを述べたく思います。数知れぬ多くの国や国際機関、また地域が、心のこもった援助を与えてくださいました。心より深く感謝いたします。

平成が始まって間もなく、皇后は感慨のこもった一首の歌を記しています。

ともどもに平《たひ》らけき代《よ》を築かむと
諸人《もろひと》のことば国うちに充《み》つ

平成は昭和天皇の崩御と共に、深い悲しみに沈む諒闇《りょうあん》の中に歩みを始めました。そのような時でしたから、この歌にある言葉は決して声高に語られたものではありませんでした。

しかしこの頃、全国各地より寄せられた「私たちも皇室と共に平和な日本をつくっていく」という静かな中にも決意に満ちた言葉を、私どもは今も大切に心にとどめています。

在位三〇年に当り、今日このような式典を催してくださった皆様に厚く感謝の意を表し、ここに改めて、我が国と世界の人々の安寧と幸せを祈ります。

平成31年2月24日（国立劇場）

「御在位三〇年記念式典」で披露された天皇・皇后両陛下の御製は、次のとおりである。

御製

わが国の　旅重ねきて　思うかな
　年経るごとに　町はととのう

皇后陛下御歌

ひとときの　幸分かちあう　人々の
　佇む夕べ　町に花ふる

第三節　天皇（明仁）陛下の退位

天皇（明仁）陛下は、御在位三〇年記念式典の二ヵ月後、平成31年4月30日を以って退位された。江戸時代末期の第百十九代光格天皇以来、二〇二年を経て、憲政史上初めての譲位であった。天皇の在位は、昭和64年（平成元年）1月7日から平成31年4月30日まで三〇年余の長きに亘った。

陛下は高齢になられても、年間約千件の法律公布等の書類に目を通して署名・捺印し、年間約二〇〇回の各種行事に出席し（いずれも平成23年度）、二〇件近くの宮中祭祀や祭儀を行い、精力的に公務に務められた。その多忙な公務の負担を周囲の者が心配して、平成27年に施設訪問の一部を徳仁皇太子・雅子妃殿下や秋篠宮文仁親王・紀子妃殿下に交代して頂いた。更に「天皇の退位等に関する皇室典範特例法」により、平成31年4月30日に譲位し、上皇となられた。

天皇（明仁）陛下の「退位の儀式」は次の日程で行われた。

①「神武天皇山陵に親謁の儀」

（平成31年3月26日）

天皇・皇后両陛下は、平成31年3月26日、神武天皇山陵（橿原市）に参拝し譲位を奉告された。両陛下は前日25日に皇居をご出発、新幹線で京都御所に行かれ、京都大宮御所でご一泊された。翌26日午前、近鉄特急「しまかぜ」のお召列車で近鉄橿原神宮前駅に正午前にご到着になり、「神武天皇山陵に親謁の儀」を行い、夕刻京都御所に戻られた。京都御所で二泊され28日に東京に御還幸啓された。

②「神宮親謁の儀」（4月18日）

天皇・皇后両陛下は4月18日、伊勢神宮（外・内宮）を参拝され「神宮親謁の儀」を行われた。剣・璽も動座された。両陛下は17日午後1時20分に東京駅を出発され、名古屋で近鉄のお召列車「しまかぜ」に乗換え、夕刻宇治山田駅に着き、内宮の行在所で泊られた。翌18日、モーニング姿の天皇陛下は10時45分、豊受大神を祀る外宮の「正宮」にご到着になり、剣・璽と共に正殿の前へ進み、玉串を捧げて拝礼し「神宮親謁の儀」を行われた。続いて白いロングドレスの皇后陛下も正殿に拝礼された。儀式には神宮祭主の長女黒田清子様（平成29年6月に伊勢神宮祭主に就任）が奉仕した。午後1時半に天照大神を祀る内宮で、同様に「親謁の儀」が行われた。両陛下はその後、近鉄宇治山田駅発のお召列車で志摩市へ向われ、賢島ホテルに宿泊され、翌19日午後に皇居に還幸啓された。陛下には在位中最後の伊勢神宮参拝となった。

③「昭和天皇以前の四代の天皇山稜に親閲の儀」

天皇・皇后両陛下は、前四代の天皇の御陵（孝明天皇・後月輪東山陵、明治天皇・伏見桃山陵、大正天皇・多摩陵、昭和天皇・武蔵野陵）に譲位奉告の参拝をされた。4月23日、「昭和天皇山陵に親謁の儀」を行われ、他の三天皇の御陵参拝は日程がとれず、ご退位後の6月6日に大正天皇陵(八王子市)、12日に孝明天皇陵と明治天皇陵(京都市)に参拝された。

④「賢所大前の儀、孝霊殿、神殿に奉告の儀」(4月30日)

譲位の当日・平成31年4月30日、天皇(明仁)陛下は10時に黄櫨染御袍《こうろぜんごほう》、立纓御冠《りゅうえいのおかんむり》、御挿鞋《ごそうかい》の正装で、天照大神を祀る賢所において「賢所大前の儀」を行い、「お告げ文」を読み上げて譲位を奉告された。引き続き、皇霊殿、及び神殿で「奉告の儀」を行われた。

⑤「退位礼正殿の儀」(4月30日)

同4月30日17時より、天皇の退位を宣明する国事行為の「退位礼正殿の儀」が「松の間」で行われた。明治以後の憲政史上初めての儀式であり、皇族、三権の長等が参列した。

式は儀式統括の式部官長と宮内庁長官を先導に、御剣(天叢雲剣)奉持の侍従、燕尾服の天皇陛下、玉璽(八尺瓊勾玉)・御璽(天皇の印)・国璽(日本国の印)奉持の侍従、ロングドレスの皇后陛下と続き、その後に皇太子、成年皇族十五人が「松の間」に入室された。式場には総理大臣、閣僚、衆参両院の正副議長、最高裁判所長官、国会議員、都道府県知事や市町村長の代表ら二九四人が参列した。

儀式は侍従が剣・璽及び御璽・国璽を案上に奉安し、安倍総理大臣が「退位特例法に基づき、4月30日をもって天皇陛下が退位される」旨を述べ、即位以来、国民と苦楽を共にされた天皇(明仁)陛下に、感謝の辞を述べた。陛下はこれに対して次の「おことば」を述べられた。

◎「退位礼正殿の儀」の天皇陛下の「おことば」

今日をもち、天皇としての務めを終えることになりました。

ただ今、国民を代表して安倍内閣総理大臣の述べられた言葉に深く謝意を表します。

即位から三〇年、これまでの天皇としての

務めを、国民への深い信頼と敬愛をもって行い得たことは幸せなことでした。象徴としての私を受け入れ、支えてくれた国民に、心から感謝します。

明日から始まる新しい令和の時代が、平和で実り多くあることを、皇后と共に心から願い、ここに我が国と世界の人々の安寧と幸せを祈ります。

平成31年4月30日

儀式は右の陛下の「おことば」をもって十三分で終った。両陛下、剣・璽、御璽・国璽、皇族方の順で退出され、両陛下は引き続き宮殿において、皇族、旧皇族、政府高官、外国元首、大公使（百六十ヵ国）の挨拶を受けられた。そのあと両陛下は、吹上御所に戻って宮内庁や皇宮警察の職員らの挨拶を受け、午後7時半頃、平成最後の行事を全て終えられた。

平成元年1月9日の「即位後朝見の儀」では、陛下の「おことば」の後に、総理が「国民代表の辞」を述べたが、陛下が総理よりも先にお言葉を述べた場合、「天皇が自らの意思で譲位する」とみなされる可能性があるため、今回の「退位礼正殿の儀」では順番を逆にして、安倍総理大臣、天皇陛下の順となった。

天皇（明仁）陛下は、魚類学者として日本魚類学会に入られ、多くの研究業績を発表された。平成31年までに「ハゼ」の分類の研究論文二十八編を同学会誌に発表し、学術誌の『Science』誌に平成4年、レビュー・「Early Cultivators of Science in Japan. Science, 258(5082), 578. October, 1992.（邦訳「日本における科学の早期開拓者たち」）を寄稿し、平成12年、22年、28年には、専門誌『Gene』に第一著者の論文を発表された。魚類学での業績は、各国で高く評価され、多くの学界の役職を務められた。

第十二章　今上天皇の即位の御大典と令和の幕開け

本章では今上（徳仁）天皇の「即位礼」と秋篠宮　文仁親王の「立皇嗣宣明の儀」、元号・令和の決定について述べる。

第一節　今上陛下の即位の御大典

本節では、今上天皇の即位の大典の一連の儀式を概説する。平成30年3月、政府は「天皇退位特例法」の成立を受けて、以下の②「剣璽等承継の儀」、③「即位後朝見の儀」、⑥「即位礼正殿の儀」、⑦「饗宴の儀」、⑨「祝賀御列の儀」、の五つの儀式を「第百二十六代（徳仁）天皇」の即位の礼の「国事行為」に指定し、宮中で行われるその他の神道の儀式を「皇室の私的行事」として政府が主催する「国事行為」と区別した。

平成31年4月30日、天皇（明仁）陛下のご退位に伴い、翌5月1日の午前零時を以て令和に改元された。元号「令和」の由来等については、本章第三節に後述する。

①「即位礼当日賢所大前の儀」

令和元年（平成31年）5月1日9時から、天皇（徳仁）陛下が即位礼を行うことを皇室の祖先に奉告される「即位礼当日賢所大前の儀」が賢所で行われた。陛下は「帛御袍《はくごほう》」と呼ばれる純白の束帯姿で、天皇の印しの剣や璽を捧持する侍従らを従えて賢所に入られ、内陣で「即位礼を行う」との趣旨の御告文を読み上げられ拝礼された。続いて9時40分、皇后陛下も純白の「十二単《じゅうにひとえ》」、髪飾りに「平《ひら》額《びたい》」をつけた「おすべらかし」の髪型の装いで内陣に入られ、拝礼された。次いで皇霊殿及び神殿で「奉告の儀」が行われ、両陛下はそれぞれ同様の所作を繰り返された。儀式には秋篠宮ご夫妻、皇族方、三権の長らが参列した。10時11分、安倍晋三首相、衆参両院議長ら参列者が宮中三殿に参拝した。

②「剣璽等承継の儀」

天皇の御印の「草薙剣、八尺瓊勾玉、御璽、国璽」を継承する儀式「剣璽等承継の儀」が、令和元年5月1日10時30分から宮殿「松の間」で行われ、約十分で終了した。

③「即位後朝見の儀」

同日11時10分から宮殿「松の間」において、天皇が御即位後初めて公式に三権の長や国民代表の人々に会う「即位後朝見の儀」が行われた。天皇（徳仁）陛下は燕尾服に白の蝶ネクタイの洋装に大勲位菊花章頸飾を着け、皇后はローブ・デコルテにティアラを着用された。天皇が次のお言葉を述べられた。

◎「即位後朝見の儀」の今上天皇の「おことば」

「日本国憲法」及び「皇室典範特例法」の定めるところにより、ここに皇位を継承しました。この身に負った重責を思うと粛然たる思いがします。

顧みれば、上皇陛下には御即位より、三〇年以上の長きにわたり、世界の平和と国民の幸せを願われ、いかなる時も国民と苦楽を共にされながら、その強い御心《みこころ》を御自身のお姿でお示しになりつつ、一つ一つのお務めに真摯に取り組んでこられました。上皇陛下がお示しになった象徴としてのお姿に心からの敬意と感謝を申し上げます。

ここに、皇位を継承するに当り、上皇陛下のこれまでの歩みに深く思いを致し、また、歴代の天皇のなさりようを心にとどめ、自己の研鑽に励むとともに、常に国民を思い、国民に寄り添いながら、憲法にのっとり、日本国及び日本国民統合の象徴としての責務を果たすことを誓い、国民の幸せと国の一層の発展、そして世界の平和を切に希望します。

（令和元年5月1日）

今上陛下の「おことば」に続き、安倍総理が祝辞を述べ、約十分で式は終わった。

「天皇の即位の日及び即位礼正殿の儀の行われる日を休日とする法律」（平成30年）により、即位の日の令和元年5月1日と即位礼正殿の儀が行われた10月22日は、国民の祝日とされた。また「祝日法」の規定により、5月1日の前後、即ち4月30日と5月2日も国民の休日となるため、令和元年のゴールデン・ウィークは、十連休となった。

④ 今上天皇の御即位を祝う一般参賀

5月4日、今上天皇の御即位を祝う一般参賀が行われた。天皇・皇后両陛下、皇嗣秋篠宮・同妃両殿下、及び長女 眞子様、次女 佳子様の成人皇族が、10時から一時間ごとに計六回、宮殿・長和殿にお出ましになり、国民の一般参賀を受けられ、「おことば」を述べられた。宮内庁の発表によれば、参賀者は一四一、一三〇人に上り、平成の即位礼後の参賀者よりも三万人以上多かった。

◎ 今上天皇ご即位の一般参賀の「おことば」

この度、「剣璽等承継の儀」、および「即位後朝見の儀」を終えて、今日、みなさんからお祝いいただくことをうれしく思い、またこのように暑い中、来ていただいたことに深く感謝いたします。ここに、みなさんの健康と幸せを祈るとともに、我が国が諸外国と手を携えて世界の平和を求めつつ、一層の発展を遂げることを心から願っております。

（令和元年5月4日）

⑤ トランプ大統領の来日

トランプ米大統領は、5月25日から27日の間、今上天皇の即位祝賀のため国賓として来日した。5月25日夕刻、エアフォース1で羽田空港に来着し、翌26日午前中は安倍総理とゴルフをしながら首脳会談を行った。午後は五月場所千秋楽の大相撲を観戦し、大統領は優勝力士に「トランプ杯」を贈った。

27日午前中は天皇・皇后両陛下と歓談し、夕刻には皇居豊明殿で国賓として宮中晩餐会に招かれた。翌28日午前中は横須賀に赴き、海自の護衛艦「かが」、米空母「ドナルド・レーガン」を視察し、同日午後に離日した。

◎トランプ米大統領訪日歓迎の宮中晩餐会での今上天皇の「おことば」

この度、アメリカ合衆国大統領ドナルド・トランプ閣下が、令夫人と共に、我が国を再び御訪問になりましたことを心から歓迎いたします。特に、私が皇位を継承してから最初の国賓として、今宵、大統領御夫妻を晩餐会の席にお迎えすることができ、嬉しく思います。

我が国が、鎖国を終えて国際社会に足を踏み出したのは、今から百六十五年前の一八五四年に、貴国との間で「日米和親条約」を締結したことに始まります。それ以来、日米両国とその国民は、様々な困難を乗り越え、相互理解と信頼を育み、今や太平洋を隔てて接する極めて親しい隣国として、強い友情の絆で結ばれております。特に近年、両国の関係が、政治や経済にとどまらず、芸術、文化、スポーツ、最先端技術など、幅広い分野で深みを増していることを、喜ばしく思います。また、日米両国が困難な時に互いに助け合える関係にあることは大変心強く、とりわけ、八年前の東日本大震災の折に、二万人を超える貴国軍人が参加した「トモダチ作戦」をはじめ、貴国政府と貴国国民から、格別の温かい支援を頂いたことを、私たちは決して忘れることはないでしょう。

貴国と皇室との交流の歴史にも、また特別なものがあります。私の祖父である昭和天皇は、香淳皇后と御一緒に、一九七一年、御即位後初めての外国御訪問の途次に立ち寄られたアラスカにおいて、ニクソン大統領御夫妻より、そして、一九七五年に御訪米をされた折には、フォード大統領御夫妻より、それぞれ歓迎を頂きました。また、私の両親である上皇・上皇后両陛下も、皇太子時代の一九六〇年に初めて貴国を公式訪問された折には、アイゼンハワー大統領御夫妻はじめの歓待を受けられたほか、御即位後の一九九四年には、国賓として、クリントン大統領御夫妻をはじめ貴国の国民から手厚くおもてなしいただいたと伺っています。

私自身の貴国との最初の思い出は、一九七〇年の大阪万博であり、当時私は十歳でしたが、月の石を間近に見たことや、チャールズ・リンドバーグ飛行士（註）に、水上飛行機シリウス号の操縦席に乗せていただいたことを、今でも鮮明に覚えています。その後、一九八五年に、英国留学の帰途、貴国を初めて長期に訪れた折には、レーガン大統領から温かくお迎えいただきました。マンハッタンの摩天楼、サンフランシスコやニューオリンズの街並み、グランドキャニオンの威容など、都市や自然のスケールの大きさと多様性に強い印象を受けたことが懐かしく思い起こされます。皇后も、幼少の時期をニューヨークで、また、高校、大学時代をボストン郊外で過ごしており、私どもは貴国に対し、懐かしさと共に、特別の親しみを感じています。

トランプ大統領御夫妻が、前回の御訪問の折にお会いになった上皇陛下は、天皇として御在位中、平和を心から願われ、上皇后陛下と御一緒に、戦争の犠牲者の慰霊を続けられるとともに、国際親善に努められました。今日の日米関係が、多くの人々の犠牲と献身的な努力の上に築かれていることを常に胸に刻みつつ、両国の国民が、これからも協力の幅を一層広げながら、揺るぎない絆《きずな》を更に深め、希望にあふれる将来に向けて、世界の平和と繁栄に貢献していくことを、切に願っております。

日本は、今、緑の美しい季節を迎えています。大統領御夫妻の今回の御滞在が、楽しく、実り多いものとなることを願うとともに、お二方の御健勝、そして、アメリカ合衆国の繁栄と貴国国民の幸せを祈り、杯を挙げたく思います。

（令和元年5月27日）

註：C・A・リンドバーグ飛行士（米国人）は、一九二七年に、「スピリット・オブ・セントルイス」号と名付けた単葉単発単座のプロペラ機で、世界で初めて大西洋横断単独無着陸飛行に成功した。また陛下の「おことば」の水上飛行機「シリウス」号は、リンドバーグ飛行士が、一九三一年に北太平洋航路の調査のために、ニューヨークから日本を経て中国まで飛行した際に使用した飛行機である。一九七〇年の大阪万博の折に展示された。

「即位の御大典」は第六章の第二節と第三節に述べた先帝の「即位の御大典」と同じ一連の儀式からなり、このうち主な儀式の「剣璽等承継の儀」、「即位後朝見の儀」、「即位礼正殿の儀」、「祝賀御列の儀」、「饗宴の儀」の五つが「国事行為」とされたことは、前述した。前二者は「譲位」に引き続いて5月に行われたが、後者の三つは「御大典」の一環の「大嘗祭」で神前にお供えする新穀の収穫を待って秋に行われた。以下、今上陛下の「即位の大典」の後半の儀式について述べる。

⑥「即位礼正殿の儀」

令和元年10月22日午後1時から、天皇（徳仁）陛下の即位を宣明する「即位礼正殿の儀」が宮殿「松の間」で行われた。陛下は「高御座」に、皇后は「御帳台」に登られ、天皇が即位を宣明された（式次第は先帝の「即位礼」と同じ。第六章第二節及び第三節を参照）。

午後1時12分、宮殿内に鉦の音が響き、参列者が一斉に起立し、式場の「松の間」に向き姿勢を正した。午後1時14分、天皇は束帯・黄櫨染御袍に立纓御冠を着用し、笏を持ち、皇后は唐衣裳装束、十二単衣（衣の色は白、表着は緑)、髪型は御垂髪で平額を付け、桧扇を持つ装束で出御された。午後1時17分、今上陛下が「高御座」に上られ明瞭なお声で「即位を内外に宣明致します」と述べられた。天皇の「おことば」に続き、安倍総理大臣が「国民国家の辞」を述べた。その後、即位を祝して総理大臣の発声で参列者一同が万歳を三唱した。午後1時25分、北の丸公園から陸上自衛隊による礼砲二十一発が射たれ、皇居周辺に鳴り響いた。儀式は約三〇分で終了した。儀式は基本的に平成の先例に倣ったが、中庭の参列者を減らして屋内に移し、天皇の出御の動線や参列者の座席などが若干変更され、庭上の旛は従前どうりに掲げられた。

儀式参列者の装束は、皇嗣は束帯(黄丹袍、帯剣)、皇嗣妃は五衣・唐衣・裳、親王は束帯(帯剣)(又は燕尾服に勲章着用)、親王妃、内親王及び女王は五衣・唐衣・裳(又はロングドレスに勲章着用)、宮内庁長官、宮内庁次長、侍従長、侍従次長、侍従、皇嗣職大夫、皇嗣職宮務官長、式部官長及び式部副長は、束帯、女官長及び女官は五衣・唐衣・裳、威儀者及び衛門は束帯(帯剣、弓)、威儀物捧持者、司鉦・司鼓及び鉦鼓の係員は束帯、総理大臣以下の参列者は、男子は燕尾服、モーニングコート、紋付羽織袴又は相当のもの、女子はロングドレス、デイドレス、白襟紋付又は相当するものに勲章を着用し、礼砲を射つ陸上自衛官の服装は甲武装とされた。

◎「即位礼正殿の儀」の今上天皇の「おことば」

さきに、「日本国憲法」及び「皇室典範特例法」の定めるところにより、皇位を継承いたしました。

ここに「即位礼正殿の儀」を行い、即位を内外に宣明いたします。

上皇陛下が三〇年以上にわたる御在位の間、常に国民の幸せと世界の平和を願われ、いかなる時も国民と苦楽を共にされながら、その御心を御自身のお姿でお示しになってきたことに、改めて深く思いを致し、ここに、国民の幸せと世界の平和を常に願い、国民に寄り添いながら、憲法にのっとり、日本国及び日本国民統合の象徴としてのつとめを果たすことを誓います。

国民の叡智とたゆみない努力によって、我が国が一層の発展を遂げ、国際社会の友好と平和、人類の福祉と繁栄に寄与することを切に希望いたします。

（令和元年10月22日）

今上天皇の「おことば」に引き続き、安倍総理大臣が「高御座」の前に進み、「国民代表の辞」を述べた。

儀式の模様はＮＨＫ及び民放各テレビ、ラジオ局にて実況放送された。

従来、上記の総理大臣の「国民代表の辞」は「壽詞」と称されていたが、令和元年(2019)の「即位後朝見の儀」では、安倍総理は「国民代表の辞」に変更した。また従来、総理は正殿の階段下の宮殿中庭から正殿の「高御座」の天皇を見上げて「壽詞」を述べ、万歳を三唱したが、「主権在民」の趣旨から正殿内で陛下に正対して「代表の辞」を述べる「傲慢な作法」に改めた。これは「マッカーサー憲法」の国民主権が、日本文化の中核の天皇に優越する立場を表わすものであり、前述した「私的な皇室行事」認定と同じく、伝統の宮中儀式を歪める僭越至極の所業である。安倍総理は斯くの如くして伝統の尊皇の閾値をなし崩しに取り壊した。安倍政権の政治目標の「憲法改正」が、伝統を軽んじ「マッカーサー憲法」にすり寄るものであったことは、糾弾すべき大罪である。

⑦「饗宴の儀」

令和元年10月22日、25日、29日、31日、「饗宴の儀」が宮殿　豊明殿・長和殿で行われた。

天皇・皇后両陛下は10月22日から四日間、「即位礼正殿の儀」に出席した外国王族をもてなす「饗宴」を開いた。宮内庁によれば、十八ヵ国三十一人の王族、外国使臣を招き、上皇・上皇后、秋篠宮ご夫妻ら九人の皇族、三権の長、国会議員等が出席した。

「饗宴の儀」は四回行われたが、一回目の22日は二五五人が参列した。天皇・皇后両陛下は午後7時20分すぎ、宮殿「竹の間」に入られ、「饗宴の儀」に臨まれた。「竹の間」で両陛下がおよそ一時間に亘って出席者から順番に挨拶を受けられ、挨拶を終えた出席者は「春秋の間」に移動し、食前の飲み物を手に秋篠宮ご夫妻など皇族方と和やかに歓談し、宮内庁「楽部」による「太平楽」の「舞楽」が披露された。また「即位礼正殿の儀」が行われた「松の間」では、儀式で使われた「高御座」と「御帳台」を出席者たちが見学する機会も設けられた。このあと出席者は皇族方とともに饗宴会場の「豊明殿」に移り、午後9時すぎ、両陛下が部屋の奥のメインテーブルの中央に着席されて食事が始まった。食事は和食で九品が供された。食事のあとは「春秋の間」に場所を移し、食後酒やコーヒーなどを楽しみつつ、和やかに歓談された。このあと両陛下は出席者との別れの挨拶を交わされ、午後11時40分ごろ、饗宴は終了した。

「饗宴の儀」は同月22、25、29、31日の計四回開かれ、前二日は着席、後二日は立食形式で、招待客は合計約二、九〇〇人であった。前回の平成の「即位礼の饗宴の儀」は四日間で計七回、約三、四〇〇人であり、平成の「饗宴の儀」よりも規模を縮小された。

⑧ 今上天皇の御即位祝賀の「国民祭典」

令和元年11月9日、天皇・皇后両陛下は二重橋に出御され、皇居前広場の「天皇陛下御即位をお祝いする国民祭典」に臨まれた（平成の御大典の一般参賀に当たる行事（第六章第三節⑱項参照）であるが、今回は二重橋前に行われた）。

「御即位祝賀の国民祭典」の主催者は、「天皇陛下御即位奉祝委員会」、「同　国会議員連盟」及び「公益財団法人日本文化興隆財団」、

後援「内閣府、各省、東京都、千代田区」である。内堀通りと皇居外苑の奉祝パレード（約三万人）と奉祝渡御の「奉祝まつり」、及び皇居正門石橋前の特設ステージ上の各界の著名人の祝辞と、奉祝演奏（陸海空自衛隊合同音楽隊、鬼太鼓座、「大田楽」の民間団体「わざおぎ」等）の演奏（参加者約四万人）の二部で構成され、参加者は日の丸の小旗と提灯を持って今上天皇の御即位を祝った。

両陛下は二重橋正門の石橋に立たれて祝意を受けられ、「おことば」を述べられた。

◎御即位祝賀の「国民祭典」での今上天皇の「おことば」

さきに、即位礼正殿の儀を行い、即位を内外に宣明しました。そして、今日ここに集まられた皆さんからお祝いいただくことに感謝します。

即位から約半年、多くの方々から寄せられる気持ちをうれしく思いながら過ごしています。また、この間、さまざまな機会に国民の皆さんと直接接し、皆さんの幸せを願う思いを私たち二人で新たにしてきました。そのなかにあって、先月の台風十九号をはじめ、最近の大雨などによる大きな被害に深く心を痛めています。

亡くなられた方々に哀悼の意を表しますとともに、ご遺族、被災された方々にお見舞いを申し上げます。寒さがつのる中、避難を余儀なくされ、生活再建が容易でない方が数多くおられることを案じています。復旧が進み、被災された方々が安心できる生活が一日も早く戻ることを心から願っています。

ここに改めて、国民の幸せを祈るとともに、わが国の一層の発展と世界の平和を願います。

今日は寒いなかにもかかわらず、このように大勢の皆さんが集まり、即位をお祝いいただくことに深く感謝いたします。

（令和元年11月9日）

最後に参加者全員が「万歳三唱」を繰り返して「国民祭典」を終わった。

⑨「祝賀御列の儀」

11月10日午後3時から、皇居・宮殿〜赤坂御所間の四・六粁の道程を、オープンカーで「祝賀御列の儀」のパレードが行われた。当初は10月22日に実施予定であったが、関東・甲信や東北地方を襲い甚大な被害を出した台風十九号の被災状況に配慮し延期された。

⑩「大嘗宮の儀」

11月14日深夜から15日未明にかけて、天皇の在位中に一度のみ行われる、宮中祭祀の重要な儀式の「大嘗宮の儀」(即位した最初の新嘗祭)が行われた。

11月28日、天皇・皇后両陛下は、明治天皇陵(京都市伏見区)を参拝され、「即位の礼」及び「大嘗祭」の終了を奉告された。

第二節　「立皇嗣宣明の儀」

今上天皇の即位に伴い、皇位継承順位第一位の弟宮の秋篠宮　文仁親王が皇嗣となられ、「立皇嗣宣明の儀」を令和2年4月19日に予定された。しかし令和元年11月中旬に中国の湖北省武漢市で新型コロナ・ウイルス感染症が流行し、全世界に蔓延して五四〇万人の感染者(死者約三十六万人。令和2年6月初旬現在)を出す事態となった。このため政府は、令和2年3月18日に、4月19日の国事行為の「立皇嗣宣明の儀」の招待者約三五〇人を、皇族方のほか三権の長や外交団長等、四十六人に縮小し、また4月21日に七三五人前後の賓客を招いて二回に分けて行う予定の「饗宴の儀」の中止を決定した。更に4月14日の持ち回り閣議で、「4月19日の「皇嗣宣明の儀」についても、当分の間(期日未定)、延期する」と決定した。

政府は令和2年10月8日に式典委員会を開き、「立皇嗣礼」を11月8日に実施することを決定した。11月5日には、「立皇嗣宣明の儀」の期日を伊勢神宮、神武天皇山陵及び昭和天皇以前の四代の天皇山陵に奉告する「勅使発遣の儀」が、皇居宮殿「竹の間」で行われた。

11月8日11時より、次に述べる①～⑤の「立皇嗣宣明の儀」が執り行われた。

①「宮中三殿に親告の儀」（11月8日）

11月8日9時、天皇・皇后両陛下は宮中三殿に「立皇嗣礼」を行うことを奉告された。

②「立皇嗣宣明の儀」（11月8日）

天皇・皇后両陛下は、11時、秋篠宮ご夫妻、成年皇族方、三権の長や内外の代表等四十六名が参列する宮殿「松の間」に入られ、秋篠宮が皇嗣となられたことを内外に宣明された。次いで秋篠宮が天皇の前に進み、皇嗣の決意を表明し、続いて菅義偉総理大臣が「壽詞《よごと》」を述べ、15分ほどで儀式を終了した。

◎「立皇嗣宣明の儀」の
今上天皇の「おことば」

本日ここに、立皇嗣の儀を行い、皇室典範の定めるところにより文仁親王が皇嗣であることを、広く内外に宣明します。

○皇嗣　文仁親王の「おことば」

立皇嗣宣明の儀を挙げていただき、誠に畏れ多いことでございます。皇嗣としての責務に深く思いを致し、務めを果たしてまいりたく存じます。

儀式の装束は、天皇は束帯・黄櫨染御袍、皇后は「おすべらかし」の髪に御小袿と御長袴を着用し、皇嗣秋篠宮は束帯・黄丹袍、皇嗣妃は御小袿と御長袴、その他の皇族方及び参列者は、男性はモーニング、女性はロングドレスなどの洋装であった。なお新型コロナ・ウイルス対策として、天皇・皇后両陛下、皇嗣・同妃両殿下、総理大臣を除き、参列者はマスクを着け、一米五〇糎の距離を開けて立ち、式場の窓は全て開放して儀式が行われた。

③　皇嗣に「壺切御剣親授の儀」

11月8日11時25分、宮殿の「鳳凰の間」に移り、歴代の皇太子に伝わる「壺切御剣」を天皇から秋篠宮に授けられた。

④「皇嗣・同妃の宮中三殿に謁するの儀」

12時35分、秋篠宮ご夫妻は、「壺切御剣」を奉持する侍従を伴い、宮殿から宮中三殿まで二頭立ての儀装馬車で移動し、皇嗣として初めて宮中三殿に上って拝礼された。（それまでは、ご夫妻は三殿の前で拝礼をされたが、以後は殿舎に上って拝礼される。）

⑤「皇嗣朝見の儀」

午後4時30分、天皇が初めて公式に皇嗣に会見され、皇嗣の挨拶を受ける「皇嗣朝見の儀」が宮殿「松の間」で行われた。秋篠宮ご夫妻が天皇の前に進み、お礼のことばを述べ、天皇陛下がご夫妻におことばを贈られた。

○　皇嗣の「天皇への感謝のことば」

本日は立皇嗣宣明の儀をあげていただき、誠に畏れ入りました。皇嗣としての務めを果たすべく、これからも力を尽くしてまいりたく存じます。ここに謹んで御礼申し上げます。

◎「皇嗣朝見の儀」の今上天皇の「おことば」

本日、立皇嗣宣明の儀が行われたことを誠に喜ばしく思います。これまでに培ってきたものを十分にいかし、国民の期待に応え、皇嗣としての務めを立派に果たしていかれるよう願っています。

次いで秋篠宮ご夫妻が皇后陛下の前に進まれ、お礼のことばを述べ、皇后陛下がことばを贈られた。

○　皇嗣の皇后への感謝の「おことば」

本日、立皇嗣宣明の儀をあげていただきましたことを誠にありがたく存じます。ここに謹んで御礼申し上げます。

◎ 皇后陛下の「おことば」

この度の御式が滞りなく行われましたことを喜ばしく思います。どうぞ、これからもお健やかにお務めを果たされますように。

その後、天皇・皇后両陛下が、秋篠宮、次いで紀子妃殿下の順に杯を授けられた。まず両陛下の前の台上に用意された御膳に置かれた杯に「九年酒」が注がれ、天皇が口をつける仕草をされ、同じ杯で秋篠宮も同様の所作をされた。その後皇后陛下から同様に杯を下された。紀子妃も天皇・皇后両陛下から、同様の所作で杯を頂いた。続いて天皇・皇后両陛下は台に置かれた宮中料理に箸を立て、秋篠宮ご夫妻もそれに倣われた。更に天皇・皇后両陛下が秋篠宮ご夫妻に、「御禄」(お祝いの品の目録)を授けられ、秋篠宮ご夫妻が天皇・皇后両陛下に拝謝して受け取られた。その後、両陛下が「松の間」から退出され、儀式は三〇分ほどで終了した。

⑥ 伊勢神宮等に「立皇嗣宣明の儀」終了の奉告

令和4年4月21日、秋篠宮ご夫妻は伊勢神宮(外宮、内宮)に参拝され、「立皇嗣礼終了の奉告の儀」を行われた。また翌22日、橿原市の神武天皇陵、京都の孝明天皇陵、明治天皇陵に参拝し、同様に奉告された。引き続きご夫妻の意向で、4月26日に武蔵野陵墓地(八王子市)の昭和天皇陵(武蔵野陵)・香淳皇后陵(武蔵野東陵)、大正天皇陵(多摩陵)・貞明皇后陵(多摩東陵)に参拝して立皇嗣を奉告され、午後には皇居の御所を訪れ、天皇・皇后両陛下に立皇嗣の礼の全ての儀式を終了されたことを報告した。令和2年4月の「立皇嗣宣明の儀」以後、このように神宮・御陵への奉告が遅れたのは、コロナ流行阻止対策として政府が人流抑制のため、県を跨ぐ人の移動を控えるよう要請していたためである。

⑦その他

前述したとおり、新型コロナ・ウイルス感染症(corona-virus disease 2019：COVID-19)は、二〇一九年十二月三十一日、中国湖北省武漢市から原因不明の肺炎の集団感染事例として世界保健機関（World Health Organization：WHO）に報告された。間もなく日本を含む十九ヵ国で症例が発生し、一部の地区ではヒト・ヒト感染が確認された。二〇二〇年一月三十日、WHOは、COVID-19が国際保健規則（International Health Regulations：IHR）の「国際的に懸念される公衆衛生上の緊急事態(Public Health Emergency of International Concern：PHEIC)」に該当すると宣言した。その後、3月11日、WHOは「COVID-19は感染拡大状況や重症度から世界的な大流行とみなせる」と発表した。

日本では、二〇二〇年一月六日より、疑似症サーベイランス（感染症法第14条第一項の規定の厚生労働省令で定める疑似症）の枠組で、患者の探知が行われた。また同時期、厚生労働省から地方自治体、検疫所並びに医師会に警報された。国内での発生が未確認のこの時期、重症度や感染性等は不明であったが、空港検疫所等の水際対策の強化、国内の患者発見のための疑似症サーベイランスによる疑い例の探知、急性呼吸器症状を有する者の集団発生の探知、検査体制の構築、院内感染対策の強化、並びに基本的な感染予防策の周知強化等の対応の準備が進められた。

二〇二〇年一月十五日、武漢市に滞在歴がある肺炎患者が、国内初の症例として神奈川県内で探知された。COVID-19が指定感染症に指定される2月1日以前の疑似症サーベイランスの探知症例は十二例であり、うち九例は武漢市への渡航歴があったが、三例は中国への渡航歴がなく、国内でのヒト・ヒト感染の可能性が高いと考えられた。一月末から二月にかけて、武漢からのチャーター航空便での帰国者とダイヤモンド・プリンセス号（日本~台湾~香港~ベトナム巡航のクルーズ船）の乗客・乗務員から感染者が報告され、2月1日、COVID−19 は感染症法上の指定感染症に指定された。三月上旬、海外での感染者の増加が認められ、三月中旬からは感染源不明の感染者が散発的に発生した。更に三月下旬には、主に都市部での集団発生が報告され、感染者数は急増し、四月初旬をピークとした大流行となった（第一次流行）。この流行は3月10日、COVID−19 が新型インフルエンザ等対策特別措置法に規定する新型インフルエンザとみなされ、「新型コロナ・ウイルス感染症対策の基本的対処方針」が発表された。ここでは国民の生命を守るために、感染者数の抑制及び医療提供体制や社会機能の維持が重視され、「三つの密」（密閉空間・密集場所・密接場面）を避けること、積極的疫学調査等による集団感染事例（クラスター）の封じ込めが推進された。その後、肺炎等の重篤な症例が多発し国民の生命及び健康に著しく重大な被害を与える恐れがあり、且つ感染経路が特定できない症例が多数に上ったこと、且つ急速な増加が確認され、医療体制もひっ迫したことから、4月7日には七都府県（東京、神奈川、埼玉、千葉、大阪、兵庫、福岡）に対し、また4月16日には全国に対し、緊急事態宣言が出された（第一次）。また国の対策と共に、各地方自治体も地域の状況に合わせた様々な対策を実施した。我が国のコロナ感染症はアルファ型、デルタ型、オミクロンＢＡ１型，同２型と変異しながら、令和４年３月まで６回に亘って流行し（第六次：2022. 1. 7~3. 21）、３月21日に「まん延防止法等重点措置」が解除された（世界各地では流行中）。我が国の累計感染者数は6, 248, 090 人、死亡者数は 27, 503 人、全世界では累計感染者数 472, 816, 657 人、死亡者数6, 099, 380 人(2022. 3. 24. 現在）に上った。

新型コロナ・ウイルス蔓延に伴い、宮内

庁は今上天皇のご内意を受けて、令和2年2月23日に皇居で行う予定の「天皇誕生日の一般参賀」を中止し、更に「立皇嗣宣明の儀」に続く「饗宴の儀」は、新型コロナ感染症の流行のために中止された（平成の譲位に伴う儀式は、右に述べた11月8日の一連の「立皇嗣宣明の儀」をもって全て終了した）。

第三節　新元号「令和」の決定

明治以後、元号は勅令（「明治改元の詔（慶応4年9月8日）」により「一世一元の制」となった。また戦後「日本国憲法」で勅令が廃止され、昭和54年6月の国会で「元号法」が成立した。「元号法」は第一項で元号は政令で定めること、第二項で一世一元を規定し、附則第一で施行日（昭和54年6月12日）、第二で「昭和」の元号を遡って定めた。また同時に「元号選定手続」（昭和54年10月23日）で元号の原則を決めた。即ち元号は、①国民の理想に相応しい良い意味であること、②漢字二字とすること、③書き易いこと、④読み易いこと、⑤過去の元号にないこと、⑥俗用されていないこと、の六項目を考慮して決定するとされた。また元号のローマ字のイニシャルが明治以降の元号（明治：M、大正：T、昭和：S、平成：H）と重複しないことも配慮された。

現在、世界で元号を用いる国は日本のみで、我が国の最初の元号「大化」以後「平成」までに二四七の元号がある。明治以前は、天皇の代始改元、祥瑞改元、災異改元、革命改元（註）、及び江戸時代の将軍の代始改元等があり、頻繁に改元された。飛鳥・奈良時代は瑞祥の元号が用いられ、平安時代以後は支那の古典から採られた元号が多い。

註：「革命改元」は支那で前漢～後漢に流行し、奈良時代に我が国に伝わった未来予言の「讖緯の説」に基き、十干十二支の年次が「辛酉」と「甲子」の年に社会的な変革が起るとし、難を避

けるために改元した。

元号「令和」は『万葉集』巻五の「梅花謌三十二首并序（梅花の歌　三十二首、并せて序）」から採られた。我が国の古典による元号は初めてである。書き下し文を示せば、次のとおりである。

　時は初春の令月にして、気淑《きよ》く風和ぎ、梅は鏡前の粉を披《ひら》き、蘭は珮後《はいご》の香を薫《かお》らす。

出案者は中西進博士（万葉集研究者）とされるが、中西博士は明言を避け、「元号は中西進という世俗の人間が決めるようなものではなく、天の声で決まるもの。考案者なんているはずがない。」と質問者を嗜めたと言われる。自己顕示の蔓延る近頃の言論界を吹き抜ける碩学の名言である。

前述した元号選定手続によれば、「元号候補の列挙」、「候補の整理」、「原案の選定」、「新元号の決定」の手順で決定される。総理大臣が選んだ数名の有識者に委嘱し、各考案者は二～五案の候補を意味・典拠等の説明を付して提出する。官房長官は、これらを検討・整理し、結果を総理大臣に報告する。整理された候補について、官房長官、法制局長官らの会議で精査し、新元号の原案を選定し、全閣僚会議で協議する。総理大臣は新元号の原案を衆参両議院の議長・副議長の意見を聴取し、新元号を閣議決定する。以上の手続きにより「令和」の元号の決定は次のとおり進められた。

平成31年元旦、ＮＨＫは速報で「政府は5月1日の新天皇即位に伴う新元号を4月1日に閣議決定し、即位前に公表する方針」と伝えた。今回の改元は天皇在位中の譲位であり、政府は国民生活に混乱を与えないことを最優先として、退位日と新元号を事前に公表することとした。

現代は各種の社会システムの電子化が進歩して急速にネット化された。それらのシステムを新元号に対応させるにはかなりの準備期間が必要である。そのため新天皇即位の一ヵ月前の平成31年4月1日に、譲位後の元号を「令和」とすることが発表された。従来の即位の礼とは異なるが、時代のシステムの進展に合わせて「しきたり」を手直しすることは必要である。

平成31年2月上旬、菅義偉官房長官は事前に有識者から提案された約二〇の元号案を絞り込み、2月下旬～3月上旬に安倍首相に報告したが、首相は官房長に更に検討を指示した。これに従い政府は3月14日、国文学や漢文学の複数の専門家に原案の提案を正式に委嘱した。提出された案を3月27日、首相、官房長、杉田和博内閣官房副長（事務担当）により「令和」、「英弘」、「久化」、「広至」、「万和」、「万保」の六つの原案に整理した。安倍首相は3月29日、天皇陛下に「新元号選定」を内奏し、続いて皇太子殿下にも報告した。一部では安倍首相のこれらの行為が「天皇の政治利用」であり、また天皇が元号の決定に関与されることは、「憲法違反」の非難が生じた。この一派の非難は無視してよいが、しかし今回の譲位で、上皇が次の天皇の元号の「令和」を決定されたことは、前例に反することである。これまで元号は、天皇が「先代の御代又はご自身の治世の一定の時期を特徴づける年代の名称」として元号を決められたが、「一世一元」の制度の下で上皇が「令和」の元号を決められたことは、父が子の「諡」を贈ったことになる。突然の「改元」による社会の混乱を避けるための措置であるが、ここでは元号の意味が全く変質したことに注意する。

平成31年4月1日9時半から首相官邸で「元号に関する懇談会」が開かれ、六つの原案について九人の有識者（註）が意見を述べた。この会議では「令和」の評価が最も高かった。10時20分頃、衆議院議長公邸で、衆議院正副議長（大島理森、赤松広隆）と参議院正副議長（伊達忠一、郡司彰）から意見を聴いた。

註：「元号に関する懇談会」の委員。上田

良一（NHK会長）、大久保好男（民放連会長）、鎌田薫（前早大総長）、榊原定征（前経団連会長）、白石興二郎（日本新聞協会会長）、寺田逸郎（高裁長官）、林真理子（作家）、宮崎緑（千葉商科大教授）、山中伸弥（京大教授）。

同日11時頃、首相官邸で閣僚会議が開かれ元号の決定についての意見を聴取し、11時15分頃、臨時閣議に移行し、「令和」改元の政令が閣議決定された。杉田和博官房副長官は、臨時閣議終了後、直ちに山本信一郎宮内庁長官に電話で新元号の閣議決定を伝え、山本長官は直ちに皇居「御所」に向かい、菅官房長官が発表する前に、天皇陛下に新元号が「令和」と閣議決定されたこと及びその典拠が『万葉集』であることを報告した。また同時刻に、西村泰彦宮内庁次長が東宮御所（東京都港区）に赴き、皇太子殿下に伝えられた。その後、11時40分過ぎに菅官房長官が記者会見を行い、新元号が「令和」と閣議決定されたことを発表した。会見の当初に菅官房長官は、「平成」の元号発表の小渕恵三官房長官に倣い、「令和」と墨書した額入りの奉書紙を記者に掲げて示した。更に正午過ぎに安倍首相が記者会見を行い、新元号の意義や出典について説明した。同日、「元号を改める政令」が上皇陛下の御裁可を受けた後、「官報特別号外」として、令和元年5月1日の施行が公布された。

第十三章　児孫に伝える詔勅

詔勅等について

天皇の「おことば」は、曽ては「勅語、詔勅、詔書、勅書、勅命、勅諭」等、様々な名称で呼ばれた。明治維新以後の二十三年間の法令を纂めた法令集「法規分類大全」（慶応3年（1867）10月~明治20年（1890）11月に公布された法令を集成。内閣記録局刊。八十五冊。明治25年~27年に出版）は、「綸言（天皇のお言葉）を詔勅と総称し、勅書・勅旨・勅諭など様々な名称があるが、厳密な区分はない」としている。この書物では、詔勅の内容の性格によって、詔、勅、御宸翰、上諭、勅諭、宣命、御祭文、御告文、勅問、御下問、勅旨、勅語、策命、誄辞、御沙汰書、御委任状、訓条、御国書、御親書、御批准書、証認状の二十一に分類している。

「帝国憲法」（明治22年（1889）発布）の第五十五条第二項では、「国務ニ関ル詔勅」は、国務大臣の副署を要すると規定され、天皇御名、御璽（「天皇御璽」）、国璽（「大日本國璽」）、次いで大臣副署を定形としている。但し大臣副署がないものも多い。例えば「教育勅語」は天皇の親署と御璽のみであり、国璽・大臣副署はなく、正式に宣誥（天皇の意志の公布）もなかった。

外交文書の国書や親書、条約批准書、全権委任状、外国派遣官吏委任状、名誉領事委任状、外国領事認可状等は、御名・国璽・外務大臣の副署を定式とし、外務大臣への全権委任状は内閣総理大臣が副署した。また外国元首への慶弔の親書には国務大臣の副署はない。

一方、口述の勅旨を勅語という。但し議会開院式や閉会式の勅語は、国務大臣により文書に記録して議会に渡された。
皇室の主な宮中祭祀の儀式では勅語が下される。践祚後朝見の儀、即位礼当日紫宸殿の儀、即位礼及び大嘗祭後の大饗、立太子礼当日賢所御前の儀、大喪後恵恤の儀、等における勅語である。
国務大臣が副署しない詔勅は、次がある。
㈠ 皇室内の事務に関する詔勅、国務に関わらない皇室令、親任の宮内官の官記には国務大臣は副署しない。
㈡ 帝国陸海軍の統帥に関する詔勅。公示する軍令には陸軍大臣や海軍大臣が副署するが、軍令は統帥に関する規定であり、国務の詔勅ではないとされ、陸・海軍大臣が軍の統帥の当局者として副署する。
㈢ 栄典に関する詔勅、爵記、位記、勲記等は天皇が親署し、国務大臣は副署しない。
㈣ 神霊への御告文は、大臣は副署をしない。
「日本国憲法」では、「天皇は国民統合の象徴」であり、国政は国民の信託により国民の代表者が行うとし、天皇の詔勅は効力を有しないとした。日本国憲法下で天皇の御名・御璽のある文書には、以下がある。
① 国会関係文書。国会召集、衆議院解散、衆議院議員総選挙施行の公示、並びに参議院議員通常選挙施行の公示等は、詔書を以って行われる。
② 法律関係文書。天皇は憲法改正・法律・政令・条約を公布する。法律・政令・条約の公布文には御璽を押印する。
③ 外交文書。条約批准書、外交官の全権委任状、大使公使の信任状等は、天皇の認証を要し、御璽を押印する。
④ 自衛隊の行動命令は、最高指揮官が総理大臣であるので、天皇は関係しない。
⑤ 任命書。内閣総理大臣と最高裁判所長官は、親任式で天皇から任命する旨のお言葉を受けた後、内閣総理大臣には前任者から、最高裁判所長官には内閣総理大臣から、官記(任命書)が伝達される。天皇が認証する認

証官（国務大臣、副大臣、内閣官房副長官、人事官、検査官、公正取引委員会委員長、原子力規制委員会委員長、宮内庁長官、侍従長、特命全権大使、特命全権公使、最高裁判所判事、高等裁判所長官、検事総長、次長検事、検事長）の官記は、天皇が親署し御璽が押印される。任命式で内閣総理大臣から官記を受け、天皇からお言葉を頂く。

⑥ 栄典に関する文書。文化勲章、大勲位菊花大綬章、桐花大綬章、旭日大綬章、瑞宝大綬章は、親授式で天皇から受章者に手渡され、勲記は総理大臣を経由して受賞者に渡される。これらの勲記には御名と国璽が押印される。

一般に公表される天皇の「おことば」には、以下がある。

i　即位後朝見の儀等の即位、退位の儀式における「おことば」。

ii　天皇臨席の式典（第七章第二節 参照）、天皇の外国訪問などの際の「天皇のおことば」。

iii　国会開会式における「おことば」は、昭和22年（1947）の新憲法施行当初は、従来どおり「勅語」とされたが、第十六回国会（昭和28年）から「御言葉」に改められ、昭和30年の第三十六回国会以降は、「おことば」と表記されている。

iv　平成時代にはビデオ・メッセージで「おことば」が発表された。平成23年（2011）の「東日本大震災に際しての「ビデオ・メッセージ」と、平成28年（2016）の「譲位のご意向」をお話しされた「ビデオ・メッセージ」である。これらはテレビで全国に放送された。

v　記者会見。平成時代には即位・天皇誕生日・外国訪問等に際して宮殿の会見場で記者会見を開き、記者の代表質問に対して天皇自ら答えられた。

vi　年頭所感。天皇（明仁）陛下は即位後、平成29年（2017）までの正月元日に、公務として年頭所感を発表された。平成30

年には高齢の陛下の負担軽減のため、年頭所感の公表を取りやめたが、令和2年には徳仁陛下は復活された。

詔勅の文章では「濁り」を嫌うため、文章に濁点を付けないのが慣習であり、濁点が付けられたのは、昭和21年元日の「新日本建設に関する詔書」からとされる。

本章では次の十四編の詔勅等を収録した。

第一「十七条の憲法」（推古天皇12年（西暦六〇四年）4月）。

「大化の改新」の中央集権国家建設の基本となった詔である。この「憲法」は現代の「立憲的基本法」ではなく、「政ごと」に携わる者のあり方を説いた詔であり、天皇政治の基本原則とされてきた詔勅である。

第二「元寇：捨命殉国の御祈願」（弘安4年6月）。

この文書は元寇の弘安の役における龜山上皇の大神宮への御祈願であり、詔勅ではないが、皇室の「捨命殉国の祈り」（『増鏡』）を明示するものとして収録した。

第三「五箇条の御誓文」（慶應4年3月）。

この詔勅は明治新政府の発足に当り、従来の幕藩・封建体制を一変し、橋本左内（安政の大獄で倒れた福井藩士）の「皇国一家論」に基づく我が国の近代化の国是を宣言した詔勅である。

第四「億兆安撫国威宣揚の御宸翰」（慶應4年3月）。

この御宸翰は明治天皇が「五箇条の御誓文」を下されたときに、それを補足して臣下に下した宸翰であり、日付は「五箇条の御誓文」と同日である。（明治元年と書いてある資料が多いが、明治改元は慶応4年9月8日（グレゴリオ暦一八六八年十月二十三日）であるので、慶応4年が正しい。

第五「御誓文ノ趣旨ニ基ク立憲政體樹立ニ關スル詔書（立憲政體樹立ノ詔書）」（明治8年4月）。

この詔書は我が国が徳川幕府の旧体制を

改め、明治政府を樹立して近代国家の体制を整えたときの詔勅である。

第六「陸海軍軍人に賜はりたる勅諭（軍人勅諭）」（明治15年1月）。

第七「教育ニ関スル勅語（教育勅語）」（明治23年10月）。

右の二編は国政の二本柱である国防と教育の基本原則を国民に諭された詔勅である。

第八「清国ニ対スル宣戦ノ詔勅（日清戦争開戦ノ詔勅）」（明治27年8月）。

右は「東洋の眠れる獅子　清国」に対する日本の宣戦布告であるが、戦争は詔勅の約一週間前の7月25日早朝、朝鮮半島の西岸の牙山湾で火蓋が切られていた（豊島沖海戦、日本艦隊の大勝）。

第九「露国ニ対スル宣戦ノ詔勅（日露戦争開戦ノ詔勅）」（明治37年2月）。

ロシア帝国は不凍港をアジアに求めて満州・朝鮮と南下政策を執り、これらの支配・領有を進めた。我が国は国防の第一線の朝鮮でロシアと衝突し、日露戦争を戦った。

第十「上下一心忠實勤儉自彊ノ詔書」（戊申詔書、明治41年10月）。

第十一「国民精神作興ニ関スル詔書（国民精神作興ノ詔書）」（大正12年11月）。

右の二編は、明治の末から大正にかけて社会に個人主義や社会主義の風潮が台頭して国論が混乱し、これを鎮めるために「教育勅語」を補強し、軽佻浮薄な風潮を戒め、質実剛健、醇厚中正な国民道徳を鼓吹し、国體観念の確立を促した詔勅である。これらは大東亜戦争敗戦後、GHQの占領政策によって失われた伝統文化の復活にも必要な詔勅であると考える。

第十二「米英両国ニ対スル宣戦ノ詔書（大東亜戦争開戦ノ詔勅）」（昭和16年12月）。

第十三「大東亜戦争終結ニ関スル詔勅（大東亜戦争終戦ノ詔勅）」（昭和20年8月）。

この二編は「大東亜戦争」の開戦と終戦を内外に宣言した文書である。この二つの詔勅によって、大東亜戦争が「白人の植民地主義に席巻されたアジアを解放する」自衛戦争であったことが確認できる。またこれらは戦後のマッカーサーによる日本弱体化政策の「東京裁判史観」の宣伝を洗浄し、「自虐史観」を根底から見直す手掛かりとなる詔勅である。

第十四「新日本建設ニ関スル詔書」（昭和21年1月）。

この詔勅は、俗称「天皇の人間宣言」と呼ばれるが、これはGHQの呼称であり、官報にも当時の新聞報道にも「人間宣言」の語はない。GHQは天皇に「天皇自身による神格否定」を指示したが、昭和天皇はこの詔書で「朕ト爾等國民トノ間ノ紐帯ハ、終止相互ノ信頼ト敬愛ニ依リテ結バレ、單ナル神話ト傳説トニ依リテ生ゼルモノニ非ズ」と天皇と国民の絆を説き、詔の首めに「五箇条ノ御誓文」を掲げて、大東亜戦争後の日本復興の出発点を示された。傲岸なるマッカーサーに正対して孤軍奮闘する昭和天皇の御姿が垣間見《かいまみ》える詔書である。

国家社会の運営方針が選挙で決まる現代の「日本国憲法」下の我が国では、「詔勅」は否定されたが、上述の十四編の詔勅は、我が国の民族国家としての「立国の理念と理想」を宣言した詔勅である。多くは国難の秋に当り、その克服の指針を示したものであり、「児孫に伝うべき文書」である。

以下では第一の「十七条の憲法」は書き下し文を掲げたが、第二～第十四の詔勅は原文を示す。これらの詔勅はいずれも格調高い文語体で書かれており、今日ではかなり難解な文章である。しかし難しいとは言え、数十年前の父祖の時代には、祝祭日に小学生も読み聞かさかれていた文章である。難解な漢語や旧漢字には「ふりがな」を付け、文意の切れ目は「半角空き」として、読み易さを図ったが、文章の格調を保つために、敢えて解説や口語訳は付けなかった。

第一　十七条の憲法（聖徳太子）

夏四月丙寅朔《ひのえとらついたち》の戊辰《つちのえたつ》の日に、皇太子（聖徳太子）、親《みずか》ら肇《はじ》めて憲法十七條を作る。

一に曰《いわ》く、和を以って貴《とうと》しとなし、忤《さから》うことなきを宗《むね》とせよ。人みな党《たむら》あり、また達《さと》れるもの少なし。ここをもって、あるいは君父《くんぷ》に順《したが》わず、また隣里《りんり》に違《たが》う。しかれども、上和《かみやわら》ぎ下睦《しもむつ》びて、事を論《あげつら》うに諧《かな》うときは、すなわち事理《じり》おのずから通ず。何事か成らざらん。

二に曰く、篤《あつ》く三宝《さんぽう》を敬え。三宝とは仏・法・僧なり、則《すなわ》ち四生《ししょう》の終帰《しゅうき》、万国の極宗《ごくしゅう》なり。何《いず》れの世、何れの人かこの法を貴ばざる。人、尤《はなは》だ悪《あ》しきもの鮮《すくな》し、能《よ》く教うれば従う。それ三宝に帰せずんば、何をもってか枉《まが》れるを直《なお》くせん。

三に曰く、詔《みことのり》を承《う》けては必ず謹《かならずつつし》め。君をば則《すなわ》ち天とし、臣《しん》をば則ち地とす。天《てん》覆《おお》い地載《の》せて四時《しじ》順行し、万気《ばんき》通うことを得《う》。地、天を覆わんと欲するときは、則ち壊《やぶ》るることを致《いた》さむのみ。ここをもって、君言《のたま》えば臣承《うけたまわ》り、上行なえば下《しも》靡《なび》く。ゆえに、詔を承けては必ず慎め。謹まずんば自《おの》ずから敗れん。

四に曰く、群卿百寮《ぐんけいひゃくりょう》、礼を以《もっ》て本《もと》と為《せ》よ。其《そ》れ民を治むるの本は、要《かなら》ず礼に在り。上礼《かみれい》あらざれば、下斉《しもととの》わず、下礼《しもれい》なければ、必ず罪あり。是《ここ》を以て、群臣礼《ぐんしんれい》あるときは位次《いじ》乱れず、百姓礼《ひゃくせいれい》あれば、国家《こっか》自《おのずか》ら治《おさ》まる。

五に曰く、饕《むさぼり》を絶ち、欲を棄《す》てて、明らか

に訴訟《うったえ》を弁《さだ》めよ。それ百姓《ひゃくせい》の訟《うったえ》、一日に千事《せんじ》あり。一日すら尚爾《なおしか》り、況《いわ》んや歳《とし》を累《かさ》ぬるをや。頃《このごろ》、訟を治《おさ》むる者利を得《う》るを常となし、賄《まかない》を見てことわりを聴く。便《すなわ》ち財あるものの訟は、石を水に投ぐるが如《ごと》く、乏しき者の訴《うったえ》は、水を石に投ぐるに似たり。ここを以《もっ》て貧《まず》しき民は則ち由《よ》る所を知らず。臣《しん》の道またここに闕《か》く。

六に曰《いわ》く、悪を懲《こら》し善を勧《すす》むるは、古《いにしえ》の良典《よきのり》なり。ここをもって、人の善を匿《かく》すことなく、悪を見ては必ず匡《ただ》せ。それ諂《へつら》い詐《いつわ》る者は、則《すなわ》ち国家を覆《くつがえ》す利器《りき》たり、人民を絶《た》つ鋒剣《ほうけん》たり。また佞《おもね》り媚《こ》ぶる者は、上《かみ》に対しては則《すなわ》ち好《この》みて下《しも》の過《あやまち》を説き、下に逢《あ》いては則ち上の失《あやまち》を誹謗《そし》る。それかくの如《ごと》きの人は、みな君《きみ》に忠なく、民《たみ》に仁《じん》なし。これ大乱《たいらん》の本《もと》なり。

七に曰《いわ》く、人には各任《おのおのにん》あり。掌《つかさど》ること宜《よろ》しく濫《みだ》れざるべし。其《そ》れ賢哲官《けんてつかん》に任ずれば、頌音則《ほむるこえすなわ》ち起《おこ》り、奸者官《かんじゃかん》を有《たも》つときは、禍乱則《からんすなわ》ち繁《しげ》し。世に生れながら知るもの少なし、剋《よ》く念《おも》うて聖《せい》と作《な》る。事《こと》大少となく、人を得《う》れば必ず治まり、時急緩《ときききゅうかん》となく、賢に遇えば、自《おの》ずから寛《ゆるやか》なり。此《こ》れに因《よ》って国家永久にして、社稷危《しゃしょくあやう》きことなし。故《ゆえ》に古《いにしえ》の聖王《せいおう》は、官のために人を求め、人のために官を求めず。

八に曰く、群卿百寮《ぐんけいひゃくりょう》、早く朝《まい》り晏《おそ》く退《さが》れよ。公事はいとまなし、終日《ひねもす》にても尽《つく》しがたし。是《これ》を以《もっ》て、遅く朝《まい》れば急に逮《およ》ばず。早く退《さが》れば必ず事尽《つく》さず。

九に曰く、信はこれ義《ぎ》の本《もと》なり。事毎《ことごと》に信

あれ。それ善悪成敗《ぜんあくせいばい》はかならず信にあり。群臣《ぐんしん》ともに信あるときは、何事か成らざらん。群臣信なきときは、万事悉《ばんじことごと》く敗《やぶ》れん。

十に曰《いわ》く、忿《いかり》を絶《た》ち瞋《いかり》を棄《す》て、人の違《たが》うを怒《いか》らざれ。人皆《ひとみな》心あり、心各《こころおのおの》執《と》るところあり。彼是《ぜ》とすれば則ち我は非とし、我是《ぜ》とすれば則ち彼は非とす。我必ずしも聖《せい》に非《あら》ず、彼必ずしも愚に非ず、共に是《こ》れ凡夫《ぼんぷ》のみ。是非《ぜひ》の理《り》、なんぞよく定むべき。相共に賢愚《けんぐ》なること、鐶《みみがね》の端《はし》なきが如《ごと》し。是《ここ》を以《もっ》て、彼の人瞋《いか》ると雖《いえど》も、かえって我が失《あやまち》を恐れよ。我独《ひと》り得たりと雖《いえど》も、衆《みな》に従って同じく挙《おこな》え。

十一に曰く、功過《こうか》を明らかに察して、賞罰《しょうばつ》必ず当てよ。このごろ、賞は功においてせず、罰は罪においてせず。事を執《と》れる群卿《ぐんけい》、よろしく賞罰を明らかにすべし。

十二に曰く、国司《くにのつかさ》、国造《くにのみやつこ》、百姓《ひゃくせい》に斂《おさ》めとることなかれ。国に二君《にくん》なく、民《たみ》に両主なし。率土《そつど》の兆民《ちょうみん》は、王をもって主《しゅ》となす。任ずる所の官司《つかさ》は皆是《みなこ》れ王の臣《しん》なり。何ぞ敢《あ》えて公《おおやけ》とともに百姓に賦斂《ふれん》せん。

十三に曰く、諸《もろもろ》の官に任ずる者は同じく職掌《しょくしょう》を知れ。或《あるい》は病《や》み、或は使《つかい》して、事を闕《か》くことあらん。然《しか》れども、知ること得《う》るの日には、和すること曽《かっ》て識《し》れるが如《ごと》くせよ。それあずかり聞くことなしというを以《もっ》て、公務を妨《さまた》ぐることなかれ。

十四に曰く、群臣百寮《ぐんしんひゃくりょう》、嫉妬《しっと》あることなかれ。我すでに人を嫉《ねた》めば、人また我を嫉む。嫉妬の患《わずらい》その極《きわみ》を知らず。所以《ゆえ》に、智《ち》己《おのれ》に勝《まさ》るときは則《すなわ》ち悦《よろこ》ばず、才おのれに優《すぐ》るるときは則ち嫉《ねた》み妬《そね》む。是を以て、五百歳《ごひゃくさい》の後、いまし、賢《けん》に遇《あ》うとも、千載《せんざい》にしてもって一聖《いっせい》を待つこと難《かた》し。其れ賢聖《けんせい》を得ずんば、何を以てか国を治めん。

十五に曰く、私《わたくし》に背《そむ》きて公《おおやけ》に向《むか》うは、是れ臣《しん》の道なり。凡《およ》そ人、私あれば必ず恨《うらみ》あり、憾《うらみ》あれば必ず同《どう》ぜず。同ぜざれば則《すなわ》ち私をもって公を妨《さまた》ぐ。憾《うらみ》起こるときは則ち制《せい》に違《たが》い法を害《そこな》う。故に、初章《しょしょう》に云《い》わく、上下和諧《じょうげわかい》せよ。それまた是《こ》の情《こころ》なるか。

十六に曰く、民《たみ》を使うに時を以てするは、古《いにしえ》の良典《よきのり》なり。故に、冬の月には間《いとま》あり、もって民を使うべし。春より秋に至るまでは、農桑《のうそう》の節《とき》なり。民を使うべからず。それ農《たつく》らざれば何をか食《くら》い。桑《こがい》せずば何をか服《き》ん。

十七に曰く、それ事は独《ひと》り断《だん》ずべからず。必ず衆《しゅう》とともに宜《よろ》しく論《ろん》ずべし。少事《しょうじ》は是れ軽《かろ》し。必ずしも衆《しゅう》とすべからず。ただ大事《だいじ》を論ずるに逮《およ》びては、もしは失《あやまち》あらんことを疑う。故に、衆とともに相《あい》弁《べん》ずれば、辞《ことば》すなわち理《ことわり》を得ん。

『日本書紀』第二十二巻　豊御食炊屋姫《とよみけかしきやひめの》天皇《おおきみ》 推古天皇十二年。

第二　元寇：捨命殉国の御祈願（亀山上皇）

歴代天皇の熱烈なる「国家安泰の祈り」は、多くの史書に遺されている。特に弘安4年(1281) の蒙古襲来（元寇・弘安の役）の際には、亀山上皇　（当時の治天の君）　が

「身を以って国難に代える祈願」を伊勢神宮に奉った。伊勢大神宮の祭主に命じ祠官と共に「異国降伏」を祈請せしめ、更に醍醐三寶院の通海権僧正に院宣を授けて、大神宮に参向させて祈願した。『増鏡』（註）の弘安４年６月の条には次の記述がある。

大神宮へ御願に、我が御代にしも　かかる亂出てきて、誠にこの日本のそこなはるべくは、御命を召すべきよし、御手づから書かせたまひける。

即ち亀山上皇が「御命に代えて国の危機を救わん」との誓願を自ら認《したため》めて大神宮に祈願されたことが記されている。

註：『増鏡』は南北朝時代の治承４年（1180）～元弘３年（1333）の十五代・百五十年間の編年体の歴史書で、所謂「四鏡」（大鏡、今鏡、水鏡、増鏡）の最後編である。作者は不詳であるが大臣家格の貴族と考えられている。

上記の増鏡の文章は詔勅ではないが、上皇が畏くも身を以て国難に当たる御覚悟を示された記録である。亀山上皇が常に国の安泰を祈られたことは、次の御製でも明らかである。

命にも　かへばやとおもふ　心をば
　知らでや花の　やすく散るらむ

このよには　消ゆべき法の　ともし火を
　身にかへてこそ　我は照さめ

世のために　身をば惜しまぬ　心とも
　あらぶる神は　照し見るらむ

前述の『増鏡』は主語を省略して書かれ、その場合、直近の前の主語と同一として読むのが慣用であり、この祈願は亀山上皇の御逸事とされてきた。しかし大正7年1月の「史学雑誌」（国史学会・「史学会」の論文誌）に、八代國治 東京帝国大学史料編纂所教授が「蒙古襲来に就ての研究」を発表し、「増鏡の文章は後宇多天皇の勅願である」とする新説を述べた。その後、数人の研究者によって論議されたが、大正9年10月、平泉澄 東京帝国大学教授により、「亀山上皇の御祈願」とみるのが妥当であることが詳しく論証された［5］。

第三　五箇条ノ御誓文（明治天皇）

一　廣《ひろ》ク會議《かいぎ》ヲ興《おこ》シ萬機公論《ばんきこうろん》ニ決《けっ》スヘシ

一　上下心《じょうげこころ》ヲ一《いつ》ニシテ盛《さかん》ニ經綸《けいりん》ヲ行《おこな》フヘシ

一　官武一途庶民《かんぶいっとしょみん》ニ至《いたる》ル迄《まで》各《おのおの》其《その》志《こころざし》ヲ遂《と》ケ人心《じんしん》ヲシテ倦《う》マサラシメン事《こと》ヲ要《よう》ス

一　舊來《きゅうらい》ノ陋習《ろうしゅう》ヲ破《やぶ》リ天地《てんち》ノ公道《こうどう》ニ基《もとづ》クヘシ

一　智識《ちしき》ヲ世界《せかい》ニ求《もとむ》メ大《おおい》ニ皇基《こうき》ヲ振起《しんき》スヘシ

勅語

我國未曾有《わがくにみぞう》ノ變革《へんかく》ヲ爲《なさ》ントシ朕躬《ちんみ》ヲ以《もっ》テ衆《しゅう》ニ先《さき》ンシ天地神明《てんちしんめい》ニ誓《ちか》ヒ大《おおい》ニ斯國是《このこくぜ》ヲ定《さだ》メ萬民保全《ばんみんほぜん》ノ道《みち》ヲ立《たて》ントス衆亦此趣旨《しゅうまたこのしゅし》ニ基《もとづ》キ協心努力《きょうしんどりょく》セヨ

慶應四年（明治元年）戊辰《ぼしん》三月十四日

御諱（睦仁）

奉答書

勅意宏遠《ちょくいこうえん》誠ニ以テ感銘ニ不堪《たえず》今日ノ急務永世ノ基礎此他《このほか》ニ出《いず》ヘカラス臣等謹《つつしみ》テ叡《えい》旨《し》ヲ奉戴《ほうたい》シ死ヲ誓ヒ黽勉《びんべん》従事冀《こいねがは》クハ以テ宸襟《しんきん》ヲ安シ奉ラン

総裁　名　印（有栖川熾仁）

公卿・諸侯　名　印（五四四名）

その他　名　印（二八八名）

第四　億兆安撫国威宣揚の御宸翰（明治天皇）

朕《ちん》、幼弱《えうじやく》を以て、猝《にはか》に大統《たいとう》を紹《つ》き、

爾来《じらい》何を以て万国に対立し、列祖《れっそ》に事《つか》へ奉《たてまつ》らんやと、朝夕恐懼《ちょうせききょうく》に堪《たえ》さる也。窃《ひそか》に考るに、中葉朝政《ちゅうえふてうせい》衰《おとろへ》てより、武家権《けん》を専《もっぱ》らにし、表《おもて》は朝廷を推尊《すゐそん》して、実は敬《けい》して是を遠け、億兆《おくてう》の父母として、絶《たえ》て赤子《せきし》の情を知ること能《あたは》さるやう計《はか》りなし、遂に億兆の君たるも、唯《ただ》名のみに成《な》り果《はて》、其《それ》か為《ため》に、今日朝廷の尊重は、古《いにし》へに倍《ばい》せしか如くにて、朝威は倍衰へ、上下相離《じょうげあひはな》るゝこと霄壌《せうじやう》の如し。かゝる形勢《けいせい》にて、何を以て天下に君臨《くんりん》せんや。今般《こんぱん》朝政一新の時に膺《あた》り、天下億兆、一人も其処《そのところ》を得さる時は、皆朕か罪なれは、今日《こんにち》の事、朕自身《じしん》骨を労し、心志《しんし》を苦め、艱難《かんなん》の先に立《たち》、古《いにしへ》列祖の尽させ給ひし蹤《あと》を履《ふ》み、治蹟《ちせき》を勤めてこそ、始《はじめ》て天職《てんしょく》を奉《ほう》して億兆の君たる所に背《そむ》かさるへし。往昔《わうせき》、列祖万機《れっそばんき》を親《みづか》らし、不臣《ふしん》のものあれは、自ら将《しやう》としてこれを征《せい》し玉《たま》ひ、朝廷の政《まつりごと》、総《すべ》て簡易《かんい》にして、如此《かくのごとく》尊重ならさるゆへ、君臣相親《あひした》しみて、上下相愛《しやうかあひあい》し、徳沢天下《とくたくてんか》に洽《あまね》く、国威《こくゐ》海外に輝《かがや》きしなり。然るに近来宇内《うだい》大《おほい》に開け、各国四方に相雄飛《あひゆうひ》するの時に当り、独我邦《ひとりわがくに》のみ世界の形勢にうとく、旧習《きうしふ》を固守し、一新《いっしん》の効《かう》をはからす、朕、徒《いたづ》らに九重中《ここのへのうち》に安居《あんきょ》し、一日の安きを偸《ぬす》み、百年の憂《うれひ》を忘るゝときは、遂に各国の凌侮《りようぶ》を受《う》け、上《かみ》は列聖《れっせい》を辱《はづか》しめ奉《たてまつ》り、下《しも》は億兆《おくてう》を苦しめん事を恐る。故に、朕、こゝに百官諸侯《ひやくくわんしよこう》と広く相誓《あひちか》ひ、列祖の御偉業を継述《けいじゅつ》し、一身の艱難辛苦を問《とは》す、親《みづか》ら四方を経営し、汝《なんじ》億兆を安撫《あんぶ》し、遂には万里の波濤を拓開《たくかい》し、国威を四方に宣布《せんぷ》し、天下を富岳《ふがく》の安きに置んことを欲す。汝億兆、旧来の陋習《ろうしふ》に慣《な》れ、尊重のみを朝廷の事となし、神州の危急をしらす、朕、一《ひと》たひ足を挙れは、非常に驚き、種々の疑惑を生し、万口紛紜《ばんこうふんうん》として、朕か志をなささらしむる時は、是朕をして君たる道を失はしむるのみならす、従て列祖の天下を失はしむる也。汝億兆、能々《よくよく》朕か志を体認し、相率《あひひきゐ》て私見《しけん》を去り、公議を採り、朕か業《げふ》を助《たすけ》て、神州を保全し、列聖の神霊を慰《ゐ》し奉らしめは、生前《せいぜん》の幸甚《かうじん》ならん。

慶応四年三月十四日

第五　御誓文ノ趣旨ニ基ク立憲政體樹立ニ關スル詔書（明治天皇）

朕即位ノ初　首トシテ群臣ヲ會シ五事ヲ以テ神明ニ誓ヒ　國是ヲ定メ　萬民保全ノ道ヲ求ム　幸ニ祖宗ノ霊ト群臣ノ力トニ頼リ　以テ今日ノ小康ヲ得タリ　顧《かえりみる》ニ中興日浅ク　内治ノ事更ニ振作更張スヘキ者少シトセス　朕　今誓文ノ意ヲ擴充シ茲《ここ》ニ元老院ヲ設ケ　以テ立法ノ源ヲ廣メ　大審院ヲ置キ　以テ審判ノ権ヲ鞏《かた》クシ　又地方官ヲ召集シ　以テ民情ヲ通シ公益ヲ圖《はか》リ　漸次ニ國家立憲ノ政體ヲ立テ　汝衆庶《しゅうしょ》ト倶ニ其慶ニ頼ント欲ス　汝　衆庶　或ハ舊《きゅう》ニ泥《なず》ミ故ニ慣《なれ》ルルコト莫《な》ク　又或ハ進ムニ軽ク爲スニ急ナルコト莫ク　其レ能ク朕カ旨ヲ體《たい》シテ翼賛《よくさん》スル所アレ

明治八年四月十四日

第六　陸海軍軍人に賜はりたる勅諭（軍人勅諭、明治天皇）

我國の軍隊は世々天皇の統率し給ふ所にそある　昔神武天皇躬《み》つから大伴　物部の　兵《つはもの》ともを率《ひき》ゐ中國《なかつくに》のまつろはぬものともを討ち平け給ひ　高御座《たかみくら》に即《つ》かせられて　天下《あめのした》しろしめし給ひしより二千五百有餘年を經ぬ　此間世の様の移り換るに隨ひて兵制の沿革も亦屢《しばしば》なりき　古は天皇躬つから軍隊を率ゐ給ふ御制《おんせい》にて　時ありては皇后　皇太子の代らせ給ふこともありつれと　大凡《おおよそ》兵權を臣下に委《ゆだ》ね給ふことはなかりき　中世に至りて文武の制度　皆唐國《からくに》風に倣《なら》はせ給ひ　六衞府を置き左右馬寮を建て　防人《さきもり》なと設けられしかは　兵制は整ひたれとも　打續ける昇平に狃《な》れて朝廷の政務も　漸《やうやく》文弱に流れけれは　兵農おのつから二《ふたつ》に分れ　古の徴兵はいつとなく壮兵の姿に變《かわ》り　遂に武士となり兵馬の權は一向《ひたすら》に其武士ともの棟梁たる者に歸し　世の亂と共に政治の大權も亦其手に落ち　凡《およそ》七百年の間武家の政治とはなりぬ　世の様の移り換りて斯《かく》なれるは　人力もて挽回すへきにあらすとはいひなから　且は我國體に戻り　且は我祖宗の御制に背《そむ》き奉り浅間しき次第なりき　降りて弘化嘉永の頃より徳川の幕府其政衰へ剰《あまつさ》へ外國の事とも起りて其侮《あなどり》をも受けぬへき勢に迫りけれは　朕か皇祖仁孝天皇　皇考孝明天皇いたく宸襟《しんきん》を惱し給ひしこそ忝くも又惶《かしこ》けれ　然るに朕幼くして天津日嗣を受けし初　征夷大将軍其政權を返上し　大名小名其版籍を奉還し　年を經すして海内一統の世となり　古の制度に復しぬ　是文武の忠臣

良弼《りょうひつ》ありて朕を輔翼せる功績《いさお》なり　歴世祖宗の専《もっぱら》蒼生を憐み給ひし御遺澤なりといへとも　併《しかしながら》　我臣民の其心に順逆の理を辨《わきま》へ　大義の重きを知れるか故にこそあれ　されは此時に於て兵制を更め　我國の光を耀《かがやか》さんと思ひ　此十五年か程に陸海軍の制をは今の様に建定《たてさだ》めぬ。夫兵馬の大權は　朕か統《す》ふる所なれは其司《つかさつかさ》々をこそ臣下には任すなれ　其大綱は朕親《ちかしく》之を攬り　肯《うべなひ》て臣下に委《ゆだ》ぬへきものにあらす　子々孫々に至るまで篤く斯旨を傳へ　天子は文武の大權を掌握するの義を存して　再《ふたたび》中世以降の如き失體なからんことを望むなり　朕は汝等軍人の大元帥なるそ　されは朕は汝等を股肱《ここう》と頼み　汝等は朕を頭首と仰きてそ　其親《そのしたしみ》は特に深かるへき　朕か國家を保護して上天の惠に應し　祖宗の恩に報いまゐらする事を得るも得さるも汝等軍人か其職を盡すと盡さゝるとに由るそかし　我國の稜威振はさることあらは　汝等能く朕と其憂を共にせよ　我武維《これ》揚りて其榮を耀《かがや》さは朕汝等と其譽を偕《とも》にすへし　汝等皆其職を守り朕と一心になりて力を國家の保護に盡さは　我國の蒼生は永く太平の福を受け　我國の威烈は大《おおい》に世界の光華ともなりぬへし　朕斯《かく》も深く汝等軍人に望むなれは　猶訓諭すへき事こそあれ　いてや之を左に述へむ。

一　軍人は忠節を盡すを本分とすへし。

凡《およそ》生を我國に稟《う》くるもの　誰かは國に報ゆるの心なかるへき　况《ま》して軍人たらん者は此心の固《かた》からては物の用に立ち得へしとも思はれす。軍人にして報國の心堅固ならさるは如何程技藝に熟し學術に長するも　猶偶人に

ひとしかるへし　其隊伍も整ひ節制も正くとも　忠節を存せさる軍隊は事に臨みて烏合《うごう》の衆に同かるへし。
抑《そもそも》國家を保護し國權を維持するは兵力に在れは　兵力の消長は是國運の盛衰なることを辨《わきま》へ　世論に惑はす政治に拘らす　只々一途に己か本分の忠節を守り　義は山嶽よりも重く　死は鴻毛《こうもう》よりも輕しと覺悟せよ　其操《みさお》を破りて不覺を取り汚名を受くるなかれ。
一　軍人は禮儀を正くすへし。
凡《およそ》軍人には上元帥より下一卒に至るまで其間に官職の階級ありて統屬するのみならす同列同級とても停年に新舊あれは　新任の者は舊任のものに服從すへきものそ　下級のものは上官の命を　承《うけたまわ》ること實は直に朕か命を承る義なりと心得よ　己か隷屬する所にあらすとも上級の者は勿論　停年の己より舊きものに對しては總《す》へて敬禮を盡すへし　又上級の者は下級のものに向ひ　聊《いささか》も輕侮《けいぶ》驕傲《きょうごう》の振舞あるへからす　公務の爲に威嚴を主とする時は格別なれとも　其外は務めて懇《ねんごろ》に取扱ひ　慈愛を專一と心掛け　上下一致して王事に勤勞せよ　若《もし》軍人たるものにして禮儀を紊《みだ》り　上を敬《うやま》はす下を惠ますして　一致の和諧を失ひたらんには　啻《ただ》に軍隊の蠹毒《とどく》たるのみかは　國家の爲にもゆるし難き罪人なるへし。
一　軍人は武勇を尚《たうと》ふへし。
夫武勇は我國にては古よりいとも貴《たうと》へる所なれは　我國の臣民たらんもの　武勇なくては叶《かな》ふまし　況《ま》して軍人は戰に臨み敵に當るの職なれは　片時も武勇を忘れてよかるへき

か　さはあれ武勇には大勇あり小勇ありて同からす　血氣にはやり粗暴の振舞なとせんは武勇とは謂ひ難し　軍人たらむものは常に能く義理を辨《わきま》へ　能く膽力を練り思慮を殫《つく》して事を謀るへし　小敵たりとも侮らす大敵たりとも懼れす　己か武職を盡さむこそ誠の大勇にはあれ　されは武勇を尚ふものは常々人に接《まじは》るには温和を第一とし　諸人の愛敬を得むと心掛けよ　由なき勇を好みて猛威を振ひたらは　果《はて》は世人も忌嫌《いみきら》ひて豺狼《さいろう》なとの如く思ひなむ　心すへきことにこそ。

一　軍人は信義を重んすへし。

凡信義を守ること常の道にはあれと　わきて軍人は信義なくては一日も隊伍の中に交りてあらんこと難《かた》かるへし　信とは己か言を踐《ふみ》行《おこな》ひ　義とは己か分を盡すをいふなり　されは信義を盡さむと思はゝ　始より其事の成し得へきか得へからさるかを　審《つまびらか》に思考すへし　朧氣《おぼろげ》なる事を假初《かりそめ》に　諾《うべない》ひて　よしなき關係を結ひ後に至りて信義を立てんとすれは進退谷《しんたいきわま》りて身の措き所に苦むことあり　悔ゆとも其詮なし　始に能々《よくよく》事の順逆を辨《わきま》へ理非を考へ　其言は所詮踐むへからすと知り　其義はとても守るへからすと悟りなは　速に止るこそよけれ　古より或は小節の信義を立てんとて　大綱の順逆を誤り　或は公道の理非に踏迷ひて私情の信義を守り　あたら英雄豪傑ともか　禍に遭ひ身を滅し　屍の上の汚名を後世まて遺せること其例　尠《すくな》からぬものを深く警《いまし》めてやはあるへき。

一　軍人は質素を旨とすへし。

凡質素を旨とせされは文弱に流れ輕薄に

趨《はし》り驕奢華靡の風を好み　遂には貪汚《どんお》に陥りて志も無下に賤くなり　節操も武勇も其甲斐なく　世人に爪はしきせらるゝ迄に至りぬへし　其身生涯の不幸なりといふも中々愚《おろか》なり　此風一たひ軍人の間に起りては彼の傳染病の如く蔓延し　士風も兵氣も頓《とみ》に衰へぬへきこと明なり　朕深く之を懼れて曩《さきに》に免黜《めんちゅつ》條例を施行し　畧《ほぼ》此事を誡め置きつれと　猶も其悪習の出んことを憂ひて心安からねは故に又之を訓《おし》ふるそかし汝等軍人ゆめ此訓誡を等閑《なおざり》にな思ひそ。

右の五ヶ條は軍人たらんもの　暫《しばらく》も　忽《ゆるがせ》にすへからす　さて之を行はんには一の誠心こそ大切なれ　抑《そもそも》　此五ヶ條は我軍人の精神にして　一の誠心は又五ヶ條の精神なり　心誠ならされは如何なる嘉言も善行も皆うはへの装飾にて何の用にかは立つへき　心たに誠あれは何事も成るものそかし　況《ま》してや此五ヶ條は天地の公道人倫の常經なり　行ひ易く守り易し　汝等軍人能く朕か訓に遵《したが》ひて此道を守り行ひ　國に報ゆるの務を盡さは　日本國の蒼生擧《こぞ》りて之を悦《よろこ》ひなん　朕一人の　懌《よろこび》　のみならんや。

明治十五年一月四日

御　名

右に述べた「軍人勅諭」は明治天皇の署名(印刷物等に表記する場合は「御名」とする)のみを記し、御璽・国璽を捺さず、大臣や軍の首脳の副署もなく、陸海軍の将兵に対して陛下が直接語りかけ説諭する形式を採った。なお次に述べる「教育勅語」も同様である。

第七　教育ニ関スル勅語
（教育勅語、明治天皇）

朕惟《おも》フニ我カ皇祖皇宗　國ヲ肇《はじ》ムルコト宏遠《こうえん》ニ　徳ヲ樹ツルコト深厚ナリ　我カ臣民克《よ》ク忠ニ克ク孝ニ億兆《おくちょう》心ヲ一ニシテ世世厥《そ》ノ美ヲ濟《な》セルハ　此レ我カ國體ノ精華ニシテ　教育ノ淵源《えんげん》亦實ニ此ニ存ス　爾臣民　父母ニ孝ニ兄弟ニ友《ゆう》ニ　夫婦相和シ　朋友相信シ　恭儉《きょうけん》己レヲ持シ　博愛衆《しゅう》ニ及ホシ　學ヲ修メ　業ヲ習ヒ　以テ智能ヲ啓發シ　徳器ヲ成就シ　進テ公益ヲ廣メ　世務ヲ開キ　常ニ國憲ヲ重《おもん》シ　國法ニ遵《したが》ヒ　一旦緩急《かんきゅう》アレハ義勇公ニ奉シ　以テ天壤無窮ノ皇運ヲ扶翼スヘシ　是《かく》ノ如キハ獨リ朕カ忠良ノ臣民タルノミナラス　又以テ爾祖先ノ遺風ヲ顯彰スルニ足ラン　斯ノ道ハ實ニ我カ皇祖皇宗ノ遺訓ニシテ　子孫臣民ノ倶《とも》ニ遵守スヘキ所　之ヲ古今ニ通シテ謬《あやま》ラス　之ヲ中外ニ施シテ悖《もと》ラス　朕　爾臣民ト倶ニ拳々服膺《けんけんふくよう》シテ咸《みな》其徳ヲ一ニセンコトヲ庶幾《こいねが》フ

明治二十三年十月三十日

御名御璽

第八　清国ニ対スル宣戦ノ詔勅
（日清戦争開戦の詔勅、明治天皇）

天佑ヲ保全シ萬世一系ノ皇祚ヲ踐メル大日本帝國皇帝ハ　忠實勇武ナル汝有衆ニ示ス

朕茲ニ清國ニ對シテ戰ヲ宣ス　朕カ百僚有司ハ宜ク朕カ意ヲ體シ　陸上ニ海面ニ清國ニ對シテ交戰ノ事ニ従ヒ　以テ國家ノ目的ヲ達スルニ努力スヘシ　苟モ國際法ニ戻ラサル限リ　各ゝ權能ニ應シテ一切ノ手段ヲ盡スニ於

テ必ス遺漏ナカラムコトヲ期セヨ

惟フニ朕カ即位以來　茲ニ二十有餘年　文明ノ化ヲ平和ノ治ニ求メ　事ヲ外國ニ構フルノ極メテ不可ナルヲ信シ　有司ヲシテ常ニ友邦ノ誼《よしみ》ヲ篤クスルニ努力セシメ　幸ニ列國ノ交際ハ年ヲ逐フテ親密ヲ加フ　何ソ料《はか》ラム清國ノ朝鮮事件ニ於ケル　我ニ對シテ著著《いよいよ》鄰交ニ戻《もと》リ　信義ヲ失スルノ擧ニ出テムトハ

朝鮮ハ帝國カ其ノ始ニ啓誘シテ　列國ノ伍伴ニ就カシメタル獨立ノ一國タリ　而シテ清國ハ毎ニ自ラ朝鮮ヲ以テ屬邦ト稱シ　陰ニ陽ニ其ノ內政ニ干渉シ　其ノ內亂アルニ於テ口ヲ屬邦ノ拯難ニ籍キ　兵ヲ朝鮮ニ出シタリ　朕ハ明治十五年ノ條約ニ依リ　兵ヲ出シテ變ニ備ヘシメ　更ニ朝鮮ヲシテ禍亂ヲ永遠ニ免レ治安ヲ將來ニ保タシメ　以テ東洋全局ノ平和ヲ維持セムト欲シ　先ツ清國ニ告クルニ協同事ニ從ハムコトヲ以テシタルニ　清國ハ翻テ種々ノ辭柄ヲ設ケ之ヲ拒ミタリ　帝國ハ是ニ於テ朝鮮ニ勸ムルニ其ノ秕政ヲ釐革シ　內ハ治安ノ基ヲ堅クシ　外ハ獨立國ノ權義ヲ全クセムコトヲ以テシタルニ　朝鮮ハ既ニ之ヲ肯諾シタルモ　清國ハ終始陰ニ居テ百方其ノ目的ヲ妨碍シ　剰ヘ辭ヲ左右ニ托シ　時機ヲ緩ニシ　以テ其ノ水陸ノ兵備ヲ整ヘ　一旦成ルヲ告クルヤ直ニ其ノ力ヲ以テ其ノ欲望ヲ達セムトシ　更ニ大兵ヲ韓土ニ派シ　我艦ヲ韓海ニ要擊シ　殆ト亡狀ヲ極メタリ　則チ清國ノ計圖タル明ニ朝鮮國治安ノ責ヲシテ歸スル所アラサラシメ　帝國カ率先シテ之ヲ諸獨立國ノ列ニ伍セシメタル朝鮮ノ地位ハ　之ヲ表示スルノ條約ト共ニ之ヲ蒙晦ニ付シ　以テ帝國ノ權利利

益ヲ損傷シ　以テ東洋ノ平和ヲシテ永ク擔保ナカラシムルニ存スルヤ疑フヘカラス　熟ゝ其ノ爲ス所ニ就テ深ク其ノ謀計ノ存スル所ヲ揣ルニ　實ニ始メヨリ平和ヲ犧牲トシテ其ノ非望ヲ遂ケムトスルモノト謂ハサルヘカラス事既ニ茲ニ至ル　朕平和ト相終始シテ以テ帝國ノ光榮ヲ中外ニ宣揚スルニ專ナリト雖亦公ニ戰ヲ宣セサルヲ得サルナリ　汝有衆ノ忠實勇武ニ倚頼シ　速ニ平和ヲ永遠ニ克復シ　以テ帝國ノ光榮ヲ全クセムコトヲ期ス

御名御璽

明治二十七年八月一日

内閣総理大臣　伯爵　伊藤博文

各大臣　副　署

第九　露国ニ対スル宣戦ノ詔勅（日露戦争開戦ノ詔勅、明治天皇）

天佑ヲ保有シ萬世一系ノ皇祚ヲ踐メル大日本帝國皇帝ハ　忠實勇武ナル汝有衆ニ示ス

朕茲ニ露國ニ對シテ戰ヲ宣ス　朕カ陸海軍ハ宜ク全力ヲ極メテ露國ト交戰ノ事ニ從フヘク　朕カ百僚有司ハ宜ク各々其ノ職務ニ率ヒ其ノ權能ニ應シテ國家ノ目的ヲ達スルニ努力スヘシ　凡ソ國際條規ノ範圍ニ於テ一切ノ手段ヲ盡シ遺算ナカラムコトヲ期セヨ

惟フニ文明ヲ平和ニ求メ列國ト友誼ヲ篤クシテ以テ東洋ノ治安ヲ永遠ニ維持シ　各國ノ權利利益ヲ損傷セスシテ永ク帝國ノ安全ヲ將來ニ保障スヘキ事態ヲ確立スルハ　朕夙ニ以テ國交ノ要義ト爲シ　旦暮敢テ違ハサラムコトヲ期ス　朕　カ有司モ亦能ク朕カ意ヲ體シテ

事ニ從ヒ列國トノ關係年ヲ逐フテ益々親厚ニ赴クヲ見ル　今不幸ニシテ露國ト釁端ヲ開クニ至ル　豈朕カ志ナラムヤ

帝國ノ重ヲ韓國ノ保全ニ置クヤ一日ノ故ニ非ス　是レ兩國累世ノ關係ニ因ルノミナラス韓國ノ存亡ハ實ニ帝國安危ノ繋ル所タレハナリ　然ルニ露國ハ其ノ清國トノ明約及列國ニ對スル累次ノ宣言ニ拘ハラス　依然滿洲ニ占據シ益々其ノ地歩ヲ鞏固ニシテ　終ニ之ヲ併呑セムトス　若シ滿洲ニシテ露國ノ領有ニ歸セン乎　韓國ノ保全ハ支持スルニ由ナク　極東ノ平和亦素ヨリ望ムヘカラス　故ニ朕ハ此ノ機ニ際シ切ニ妥協ニ由テ時局ヲ解決シ　以テ平和ヲ恆久ニ維持セムコトヲ期シ　有司ヲシテ露國ニ提議シ　半歳ノ久シキニ亙リテ屢次折衝ヲ重ネシメタルモ　露國ハ一モ交讓ノ精神ヲ以テ之ヲ迎ヘス　曠日彌久　徒ニ時局ノ解決ヲ遷延セシメ　陽ニ平和ヲ唱道シ陰ニ海陸ノ軍備ヲ増大シ以テ我ヲ屈從セシメムトス　凡ソ露國カ始ヨリ平和ヲ好愛スルノ誠意ナルモノ毫モ認ムルニ由ナシ　露國ハ既ニ帝國ノ提議ヲ容レス　韓國ノ安全ハ方ニ危急ニ瀕シ帝國ノ國利ハ將ニ侵迫セラレムトス　事既ニ茲ニ至ル　帝國カ平和ノ交渉ニ依リ求メムトシタル將來ノ保障ハ　今日之ヲ旗鼓ノ間ニ求ムルノ外ナシ　朕ハ汝有衆ノ忠實勇武ナルニ倚頼シ　速ニ平和ヲ永遠ニ克復シ　以テ帝國ノ光榮ヲ保全セ ムコトヲ期ス

御名御璽

明治三十七年二月十日

内閣総理大臣兼内務大臣
伯爵　桂　太郎

各大臣　副　署

第十　上下一心忠實勤倹自彊ノ詔書（戊申詔書、明治天皇）

朕惟フニ　方今　人文日ニ就リ　月ニ将ミ東西相倚リ彼此相済シ　以テ其ノ福利ヲ共ニス　朕ハ爰《ここ》ニ益々國交ヲ修メ　友義ヲ惇《あつく》シ　列國ト與ニ永ク其ノ慶《よろこび》ニ頼ラムコトヲ期ス　顧ミルニ日進ノ大勢ニ伴ヒ　文明ノ惠澤ヲ共ニセムトスル　固ヨリ内國運ノ發展ニ須《ま》ツ　戦後日尚浅ク庶政益々更張ヲ要ス　倹　産ヲ治メ　惟レ信　惟レ義　醇厚俗ヲ成シ　華ヲ去リ實ニ就キ　荒怠相誡メ自彊　息《や》マサルヘシ

抑々我カ　紳聖ナル祖宗ノ遺訓ト　我カ光輝アル國史ノ成跡トハ　炳トシテ日星ノ如シ　寔《まこと》ニ克ク恪守シ　淬礪ノ誠ヲ諭サハ國運發展ノ本　近ク斯ニ在リ　朕ハ方今ノ世局ニ處シ　我カ忠良ナル臣民ノ協翼ニ倚藉シテ　維新ノ皇猷ヲ恢弘シ　祖宗ノ威徳ヲ對揚セムコトヲ庶幾《こいねが》フ　爾臣民其レ克ク朕カ旨ヲ體セヨ

明治四十一年十月十三日

内閣総理大臣　侯爵　桂太郎

第十一　国民精神作興ニ関スル詔書（大正天皇、摂政裕仁皇太子）

朕惟フニ國家興隆ノ本ハ國民精神ノ剛健ニ在リ　之ヲ涵養シ　之ヲ振作シテ以テ國本ヲ固クセサルヘカラス　是ヲ以テ先帝意ヲ教育ニ留メサセラレ　國體ニ基キ淵源ニ遡リ　皇祖皇宗ノ遺訓ヲ掲ケテ其ノ大綱ヲ昭示シタマヒ後徳ヲ尊重シテ國民精神ヲ涵養振作《かんようしんさく》スル所以ノ洪謨《こうぼ》ニ非サルナシ　爾來趨向《じらいすうこう》一定シテ效

果大《おおい》ニ著《あらわ》レ 以テ國家ノ興隆ヲ致セリ 朕卽位以來夙夜《しゅくや》兢兢《きょうきょう》トシテ常ニ 紹述《しょうじゅつ》ヲ思ヒシニ 俄《にわか》ニ災變ニ遭ヒテ憂悚交々《ゆうしょうこもごも》至レリ

輓近《ばんきん》學術益々開ケ人智日ニ進ム 然レトモ浮華放縦《ほうしょう》ノ習《ならい》漸ク萠《きざ》シ 輕佻詭激《きげき》ノ風モ亦生ス 今ニ及ヒテ時弊ヲ革《あらた》メスムハ或ハ前緒《ぜんしょ》ヲ失墜セムコトヲ恐ル 況ヤ今次ノ災禍 甚タ大ニシテ文化ノ紹復《しょうふく》國力ノ振興ハ皆國民ノ精神ニ待ツヲヤ 是レ實ニ上下協戮《しょうかきょうりく》振作更張《こうちょう》ノ時ナリ 振作更張ノ道ハ他ナシ 先帝ノ聖訓ニ恪遵《かくじゅん》シテ其ノ實效ヲ擧クルニ在ルノミ 宜ク教育ノ淵源ヲ崇《たっと》ヒテ智德ノ竝進《へいしん》ヲ努メ 綱紀ヲ肅正シ 風俗ヲ匡勵《きょうれい》シ 浮華放縦《ほうしょう》ヲ斥《しりぞ》ケテ質實剛健ニ趨《おもむ》キ 輕佻詭激《きげき》ヲ矯《た》メテ醇厚中正ニ歸シ 人倫ヲ明ニシテ親和ヲ致シ 公德ヲ守リテ秩序ヲ保チ 責任ヲ重シ節制ヲ尚《たっと》ヒ 忠孝義勇ノ美ヲ揚ケ 博愛共存ノ誼《ぎ》ヲ篤《あつ》クシ 入リテハ恭儉勤敏 業ニ服シ産ヲ治メ 出テテハ一己ノ利害ニ偏セスシテ 力ヲ公益世務ニ竭《つく》シ 以テ 國家ノ興隆ト民族ノ安榮 社會ノ福祉トヲ圖《はか》ルヘシ 朕ハ臣民ノ協翼ニ賴リテ 彌々《いよいよ》國本ヲ固クシ 以テ大業ヲ恢《かい》弘《こう》セムコトヲ 冀《こいねが》フ 爾臣民其レ之ヲ勉メヨ

嘉仁

　裕仁

御璽

　　大正十二年十一月十日

　　　内閣総理大臣　伯爵　山本権兵衛

　　　　各大臣　副署

第十二　米国及英国ニ対スル宣戦ノ詔勅

（大東亜戦争開戦ノ詔勅、昭和天皇）

天佑《てんゆう》ヲ保有シ万世一系ノ皇祚《こうそ》ヲ践《ふ》メル大日本帝国天皇ハ　昭《あきらか》ニ忠誠勇武ナル汝有衆《ゆうしゅう》ニ示ス

朕茲《ここ》ニ米国及英国ニ対シテ戦ヲ宣ス朕カ陸海将兵ハ全力ヲ奮《ふるい》テ交戦ニ従事シ朕カ百僚有司ハ励精職務ヲ奉行《ほうこう》シ　朕カ衆庶《しゅうしょ》ハ各々其ノ本分ヲ尽シ　億兆一心《こころをいつにし》国家ノ総力ヲ挙ケテ征戦ノ目的ヲ達成スルニ遺算ナカラムコトヲ期セヨ

抑々《そもそも》東亜ノ安定ヲ確保シ以テ世界ノ平和ニ寄与スルハ丕顕《ひけん》ナル皇祖考　丕承《ひしょう》ナル皇考ノ作述セル遠猷《えんゆう》ニシテ　朕カ拳々《けんけん》措《お》カサル所　而《しかう》シテ列国トノ交誼《こうぎ》ヲ篤《あつ》クシ万邦共栄ノ楽《たのしみ》ヲ偕《とも》ニスルハ　之亦帝国カ常ニ国交ノ要義ト為ス所ナリ　今ヤ不幸ニシテ米英両国ト釁端《きんたん》ヲ開クニ至ル　洵《まこと》ニ已ムヲ得サルモノアリ　豈朕カ志ナラムヤ

中華民国政府曩《さき》ニ帝国ノ真意ヲ解セス濫《みだり》ニ事ヲ構ヘテ東亜ノ平和ヲ攪乱シ　遂ニ帝国ヲシテ干戈《かんか》ヲ執ルニ至ラシメ　茲《ここ》ニ四年有余ヲ経タリ　幸ニ国民政府更新スルアリ　帝国ハ之ト善隣ノ誼《よしみ》ヲ結ヒ　相提携スルニ至レルモ　重慶ニ残存スル政権ハ米英ノ庇蔭《ひいん》ヲ恃《たの》ミテ兄弟尚未タ牆《かき》ニ相鬩《あいせめ》クヲ悛《あらた》メス

米英両国ハ残存政権ヲ支援シテ東亜ノ禍乱ヲ助長シ　平和ノ美名ニ匿《かく》レテ東洋制覇ノ非望ヲ逞《たくまし》ウセムトス　剰《あまつさ》ヘ与国ヲ誘ヒ帝国ノ周辺ニ於テ武備ヲ増強シテ

我ニ挑戦シ　更ニ帝国ノ平和的通商ニ有《あら》ラユル妨害ヲ与ヘ　遂ニ経済断交ヲ敢テシ　帝国ノ生存ニ重大ナル脅威ヲ加フ

朕ハ政府ヲシテ事態ヲ平和ノ裡《うち》ニ回復セシメムトシ　隠忍久シキニ弥《わた》リタルモ彼ハ毫《ごう》モ交譲ノ精神ナク　徒《いたずら》ニ時局ノ解決ヲ遷延セシメテ　此ノ間却《かえ》ツテ益々経済上軍事上ノ脅威ヲ増大シ　以テ我ヲ屈従セシメムトス

斯ノ如クニシテ推移セムカ　東亜安定ニ関スル帝国積年ノ努力ハ　悉《ことごと》ク水泡ニ帰シ　帝国ノ存立亦正ニ危殆《きたい》ニ瀕《ひん》セリ　事既ニ此ニ至ル　帝国ハ今ヤ自存自衛ノ為　蹶然《けつぜん》起ツテ一切ノ障礙《しょうがい》ヲ破砕スルノ外《ほか》ナキナリ

皇祖皇宗ノ神霊上《かみ》ニ在リ　朕ハ汝有衆ノ忠誠勇武ニ信倚《しんい》シ　祖宗ノ遺業ヲ恢弘《かいこう》シ　速ニ禍根ヲ芟除《せんじょ》シテ東亜永遠ノ平和ヲ確立シ　以テ帝国ノ光栄ヲ保全セムコトヲ期ス

御名御璽

昭和十六年十二月八日

内閣総理大臣兼内務大臣　陸軍大臣

東条英樹　副署

各大臣　副署

大東亜戦争の目的は右の詔勅に見るとおり、アジアにおける英米の植民地支配を排除して、大東亜の各民族の独立と共存共栄を図ることにあった。当時、ヨーロッパはヒットラーのドイツ軍に席巻され、連合国軍は危機的状態に陥っていた。その英国を救うために、ルーズベルト米大統領は第二次世界大戦に米国が参戦する口実を作る策謀として、日独伊の「三国同盟」を利用して日本を挑発し日米開戦に至ったことが、米国で明らかにされている（参考文献[9]〜[14]）。しかしGHQはこれらの書物の日本公開を禁止し、「大東亜戦争を日本軍部によるアジア侵略戦争」とする「東京裁判史観」の宣伝を広め、日教組の教育がこれを定着させた。

昭和18年11月に、アジア各国の首脳を東京に集めて「大東亜会議」（集註第六）が開催されたが、この会議で全会一致で採択された「大東亜共同宣言」でも、第二次世界大戦のアジアの戦いは「植民地解放戦争」であったことが宣言されており、史実は明白である。日本は大東亜戦争には敗れたが、その戦争目的は達成され、戦後、アジの各国は西欧諸国の植民地からの独立を果し、米英仏蘭の勢力をアジアから駆逐した。「大東亜共同宣言」は会議の声明であり天皇の詔勅ではないが、右の「大東亜戦争開戦の詔勅」を補完する資料として重要であり、次に収録する。

◎「大東亜共同宣言」

抑々世界各国ガ各其ノ所ヲ得　相扶ケテ萬邦共栄ノ楽ヲ偕ニスルハ　世界平和確立ノ根本要義ナリ。然ルニ米英ハ自国ノ繁栄ノ為ニハ他国家他民族ヲ抑圧シ　特ニ大東亜ニ対シテハ飽クナキ侵略搾取ヲ行ヒ　大東亜隷属化ノ野望ヲ逞ウシ遂ニハ大東亜ノ安定ヲ根柢ヨリ覆サントセリ　大東戦争ノ原因茲ニ存ス。大東亜各国ハ相提携シテ大東亜戦争ヲ完遂シ大東亜ヲ米英ノ桎梏ヨリ解放シテ其ノ自存自衛ヲ全ウシ　左ノ綱領ニ基キ大東亜ヲ建設シ以テ世界平和ノ確立ニ寄与センコトヲ期ス。

○　大東亜各国ハ協同シテ大東亜ノ安定ヲ確保シ道義ニ基ク共存共栄ノ秩序ヲ建設ス

○　大東亜各国ハ相互ニ自主独立ヲ尊重シ互助敦睦ノ実ヲ挙ゲ大東亜ノ親和ヲ確立ス

○　大東亜各国ハ相互ニ其ノ伝統ヲ尊重シ各民族ノ創造性ヲ伸暢シ大東亜ノ文化を高揚ス

○　大東亜各国ハ互恵ノ下緊密ニ提携シ其ノ

経済発展ヲ図リ大東亜ノ繁栄ヲ増進ス
○大東亜各国ハ萬邦トノ交誼ヲ篤ウシ人種的差別ヲ撤廃シ普ク文化ヲ交流シ進ンデ資源ヲ開放シ以テ世界ノ進運ニ貢献ス

（以上）

我が国の世論・言論界は、今日でもマッカーサーが残した「大東亜戦争は日本の軍閥主導の侵略戦争」の「東京裁判史観」が幅を利かせている。しかしアジアの現状は、「大東亜戦争開戦の詔勅」や「大東亜宣言」が唱えたとおり、欧米宗主国を叩き出し、独立国を建設して繁栄している。「東京裁判史観」は誤りであり、先人の流した血は、決して無駄ではなかったことを、歴史が証明した。戦後既に七十五年、我が国の世論は、マッカーサーの宣伝を克服して歴史の真実を明確に認識し、「侵略戦争」の汚名を払拭して、先人の業績を正しく顕彰すべきである。

第十三　大東亜戦争終結ニ関スル詔書（大東亜戦争終戦ノ詔勅、昭和天皇）

朕深ク世界ノ大勢ト帝国ノ現状トニ鑑ミ非常ノ措置ヲ以テ時局ヲ収拾セムト欲シ　茲《ここ》ニ忠良ナル　爾《なんじ》臣民ニ告ク

朕ハ帝国政府ヲシテ米英支蘇四国ニ対シ其ノ共同宣言ヲ受諾スル旨通告セシメタリ

抑々《そもそも》帝国臣民ノ康寧《こうねい》ヲ図リ　万邦共栄ノ楽ヲ偕《とも》ニスルハ　皇祖皇宗ノ遺範ニシテ朕ノ拳々措カサル所　曩《さき》ニ米英二国ニ宣戦セル所以モ亦　実ニ帝国ノ自存ト東亜ノ安定トヲ庶幾《しょき》スルニ出テ　他国ノ主権ヲ排シ　領土ヲ侵スカ如キハ固ヨリ朕カ志ニアラス　然ルニ交戰已ニ四歳ヲ閲《けみ》シ　朕カ陸海将兵ノ勇戦　朕カ百僚有司ノ励精　朕カ一億衆庶ノ奉公　各々最善ヲ尽セルニ拘ラス　戦局必スシモ好転セス

世界ノ大勢亦我ニ利アラス　加之《しかのみならず》敵ハ新ニ残虐ナル爆弾ヲ使用シテ　頻《しきり》ニ無辜《むこ》ヲ殺傷シ　惨害ノ及フ所　真ニ測ルヘカラサルニ至ル　而モ尚交戦ヲ継続セムカ　終ニ我カ民族ノ滅亡ヲ招来スルノミナラス　延テ人類ノ文明ヲモ破却スヘシ　斯クノ如クムハ朕何ヲ似テカ億兆ノ赤子ヲ保シ　皇祖皇宗ノ神霊ニ謝セムヤ　是レ朕カ帝国政府ヲシテ共同宣言ニ応セシムルニ至レル所以ナリ

朕ハ帝国ト共ニ終始東亜ノ解放ニ協力セル諸盟邦ニ対シ　遺憾ノ意ヲ表セサルヲ得ス　帝国臣民ニシテ戦陣ニ死シ　職域ニ殉シ　非命ニ斃レタル者及其ノ遺族ニ想ヲ致セハ　五内為《ため》ニ裂ク　且戦傷ヲ負ヒ災禍ヲ蒙リ　家業ヲ失ヒタル者ノ厚生ニ至リテハ　朕ノ深ク軫念《しんねん》スル所ナリ　惟《おもふ》フニ今後帝国ノ受クヘキ苦難ハ固ヨリ尋常ニアラス　爾《なんじ》臣民ノ衷情モ朕善ク之ヲ知ル　然レトモ朕ハ時運ノ趨ク所　堪ヘ難キヲ堪ヘ　忍ヒ難キヲ忍ヒ　以テ万世ノ為ニ太平ヲ開カムト欲ス　朕ハ茲ニ国体ヲ護持シ得テ　忠良ナル爾臣民ノ赤誠ニ信倚《しんい》シ　常ニ爾臣民ト共ニ在リ　若シ夫レ情ノ激スル所濫《みだり》ニ事端ヲ滋《しげ》クシ　或ハ同胞排擠《はいせい》互ニ時局ヲ乱リ為ニ大道ヲ誤リ信義ヲ世界ニ失フカ如キハ朕最モ之ヲ戒ム　宜シク挙国一家子孫相伝ヘ確ク神州ノ不滅ヲ信シ　任重クシテ道遠キヲ念《おも》ヒ　総力ヲ将来ノ建設ニ傾ケ　道義ヲ篤クシ志操ヲ鞏《かた》クシ　誓テ国体ノ精華ヲ発揚シ　世界ノ進運ニ後《おく》レサラムコトヲ期スヘシ　爾臣民其レ克ク朕カヲ体セヨ

御名御璽

昭和二十年八月十四日

内閣総理大臣　鈴木貫太郎　副署
各大臣　副署

終戦の詔勅を受けて鈴木貫太郎総理大臣は次の内閣告諭を発し、国民の覚悟と協力を求めた。

「大東亜戦争終結ノ詔勅ヲ受ケテ内閣告諭」

本日畏《かしこ》クモ大詔ヲ拜ス　帝國ハ大東亞戰爭ニ從フコト實ニ四年ニ近ク　而モ遂ニ　聖慮ヲ以テ非常ノ措置ニ依リ其ノ局ヲ結ブノ他途《みち》ナキニ至ル　臣子トシテ恐懼《きょうく》謂フベキ所ヲ知ラザルナリ　顧ルニ開戰以降遠ク骨ヲ異域ニ暴セルノ將兵其ノ數ヲ知ラズ　本土ノ被害無辜《むこ》ノ犧牲亦茲《ここ》ニ極マル　思フテ此ニ至レバ痛憤限リナシ　然ルニ戰爭ノ目的ヲ實現スルニ由ナク　戰勢亦必ズシモ利アラズ　遂ニ科學史上未曾有ノ破壞力ヲ有スル新爆彈ノ用ヒラルルニ至リテ戰爭ノ仕法ヲ一變セシメ　次イデ「ソ」聯邦ハ去ル九日帝國ニ宣戰ヲ布告シ帝國ハ正ニ未曾有ノ難關ニ逢著シタリ　聖德ノ宏大無邊ナル　世界ノ和平ト臣民ノ康寧《こうねい》ヲ冀《ねがは》ハセ給ヒ　茲ニ畏《かしこ》クモ大詔ヲ渙發セラル　聖斷既ニ下ル　赤子ノ率由《そつゆ》スベキ方途ハ自ラ明カナリ　固ヨリ帝國ノ前途ハ之ニ依リ一層ノ困難ヲ加ヘ　更ニ國民ノ忍苦ヲ求ムルニ至ルベシ　然レドモ帝國ハ此ノ忍苦ノ結實ニ依リテ國家ノ運命ヲ將來ニ開拓セザルベカラズ　本大臣ハ茲ニ萬斛《ばんこく》ノ涙ヲ呑ミ敢テ此ノ難キヲ同胞ニ求メムト欲ス

今ヤ國民ノ齊シク嚮《むか》フベキ所ハ　國體ノ護持ニアリ　而シテ苟モ既往ニ拘泥シテ同胞相

猜シ　内争以テ他ノ乗ズル所トナリ　或ハ情ニ激シテ輕擧妄動シ信義ヲ世界ニ失フガ如キコトアルベカラズ　又特ニ戰死者戰災者ノ遺族及傷痍軍人ノ援護ニ付テハ國民悉ク力ヲ效スベシ　政府ハ國民ト共ニ承詔必謹刻苦奮勵　常ニ大御心ニ歸一シ奉リ　必ズ國威ヲ恢弘シ父祖ノ遺託ニ應ヘムコトヲ期ス　尚此ノ際特ニ一言スベキハ　此ノ難局ニ處スベキ官吏ノ任務ナリ　畏クモ至尊ハ爾臣民ノ衷情ハ朕善ク之ヲ知ルト宣ハセ給フ　官吏ハ宜シク陛下ノ有司トシテ此ノ御仁慈ノ　聖旨ヲ奉行シ　以テ堅確ナル復興精神喚起ノ先達トナラムコトヲ期スベシ

昭和二十年八月十四日

内閣總理大臣　男爵　鈴木貫太郎

第十四　新日本建設ニ関スル詔書（天皇ノ人間宣言、昭和天皇）

茲《ここ》ニ新年ヲ迎フ。顧ミレバ明治天皇明治ノ初　國是トシテ五箇条ノ御誓文ヲ下シ給ヘリ。曰ク、

一　廣ク會議ヲ興シ萬機公論ニ決スヘシ
一　上下心ヲ一ニシテ盛ニ經綸ヲ行フヘシ
一　官武一途庶民ニ至ル迄　各其志ヲ遂ケ人心ヲシテ倦マサラシメン事ヲ要ス
一　舊來ノ陋習ヲ破リ天地ノ公道ニ基クヘシ
一　知識ヲ世界ニ求メ大ニ皇基ヲ振起スヘシ

叡旨公明正大、又何ヲカ加ヘン。朕ハ茲ニ誓ヲ新ニシテ國運ヲ開カント欲ス。須ラク此ノ御趣旨ニ則リ、舊來ノ陋習ヲ去リ、民意ヲ暢達シ、官民擧ゲテ平和主義ニ徹シ、教養豐カニ文化ヲ築キ、以テ民生ノ向上ヲ圖《はか》リ、

新日本ヲ建設スベシ。

大小都市ノ蒙リタル戰禍、罹災者ノ難苦、産業ノ停頓、食糧ノ不足、失業者増加ノ趨勢等ハ眞ニ心ヲ痛マシムルモノナリ。然リト雖モ、我國民ガ現在ノ試煉ニ直面シ、且徹頭徹尾文明ヲ平和ニ求ムルノ決意固ク、克ク其ノ結束ヲ全ウセバ、獨リ我國ノミナラズ全人類ノ爲ニ輝カシキ前途ノ展開セラルルコトヲ疑ハズ。

夫レ家ヲ愛スル心ト國ヲ愛スル心トハ我國ニ於テ特ニ熱烈ナルヲ見ル。今ヤ實ニ此ノ心ヲ擴充シ、人類愛ガ完成ニ向ヒ、献身的努力ヲ致スベキノ秋《とき》ナリ。

惟フニ長キニ亘レル戰爭ノ敗北ニ終リタル結果、我國民ハ動《やや》モスレバ焦躁ニ流レ、失意ノ淵ニ沈淪セントスルノ傾キアリ。詭激ノ風漸ク長ジテ道義ノ念頗《すこぶ》ル衰ヘ、爲ニ思想混亂ノ兆《きざし》アルハ洵ニ深憂ニ堪ヘズ。

然レドモ朕ハ爾等國民ト共ニ在リ、當《まさ》ニ利害ヲ同ジクシ休戚ヲ分タント欲ス。朕ト爾等國民トノ間ノ紐帶ハ、終止相互ノ信頼ト敬愛ニ依リテ結バレ、單ナル神話ト傳説トニ依リテ生ゼルモノニ非ズ。天皇ヲ以テ現御神《あきつみかみ》トシ且日本國民ヲ以テ他ノ民族ニ優越セル民族ニシテ、延テ世界ヲ支配スベキ運命ヲ有ストノ架空ナル觀念ニ基クモノニ非ズ。

朕ノ政府ハ國民ノ試煉ト苦難トヲ緩和センガ爲、アラユル施策ト經營トニ萬全ノ方途ヲ講ズベシ。同時ニ朕ハ我國民ガ時難ニ蹶起《けっき》シ、當面ノ困苦克服ノ爲ニ、又産業及文運振興ノ爲ニ勇往センコトヲ希念ス。我國民ガ其ノ公民生活ニ於テ團結シ、相倚リ相扶ケ、寛容相許スノ気風ヲ作興スルニ於テハ能ク我至高ノ傳統ニ恥ヂザル眞價ヲ發揮スルニ至ラン。斯ノ如キハ實ニ我國民ガ人類ノ福祉ト向上トノ爲、絶大ナル貢獻ヲ爲ス所以ナルヲ疑ハザルナリ。

一年ノ計ハ年頭ニ在リ。朕ハ朕ノ信頼スル國民ガ朕ト其ノ心ヲ一ニシテ自ラ奮ヒ自ラ勵マシ、以テ此ノ大業ヲ成就センコトヲ庶幾《こいねが》フ。

御名御璽

昭和二十一年一月一日

内閣総理大臣第一・二復員大臣

男爵　幣原喜重郎　副署

各大臣　副署

以上、本章では詔勅等十四編を収録した。これらの内、「十七条の憲法」や「五箇条ノ御誓文」は、高校の日本史の教科書に記されているが、それ以外は今日では国民の目に触れることは殆どない。これらの十四詔勅中、第三〜第十の八編は、明治天皇の詔勅、後半の四編は昭和天皇の詔勅である（第十一の「国民精神作興詔書」は大正12年であるが、裕仁皇太子（昭和天皇）が大正10年11月に摂政宮に就かれ、昭和天皇の詔勅と言ってよい）。

本書の序論で述べたとおり、本章に取り上げた十四編の詔勅等は、日本文化の骨髄であり、児孫に伝えるべき日本民族の歴史の芯であると言っても過言ではない。本書の最後に本章を付した理由は、これを遺したいがためである。

結言

我が国は「大東亜戦争」において、約三百万人の戦歿者を出し、加えて樺太、千島、朝鮮、台湾の版図を失い、更に米軍の無差別爆撃で全国の都市が焼き払われた。しかし戦後十数年で経済は復興し、米国に次ぐ世界の経済大国となった。一方、建国以来、大和民族が培った民族文化の日本精神は、GHQの占領政策、特に「マッカーサー憲法」によって完全に亡ぼされた。民族精神の滅亡は即ち「日本帝国の滅亡」である。しかし帝国の中心の皇室は、政治的には没落したが、宮中祭祀の伝統を継承し、日本文化の命脈を今に伝えている。また国民の「皇室尊崇の念」も衰えたとは言え、未だ燠火《おきび》のように人々の心底に存している。それは日本人のもつ「歴史と郷土文化に対する敬愛」と「敬神崇祖」の美質から発し、「尊皇・恋闕の心」に一体化したものであり、これこそ日本文化の根幹である。しかし「占領実施法」の「日本国憲法」は、この日本精神の基盤を無視し、否定している。このように日本古来の民族文化や精神の裏打ちのない「日本国憲法」は、「憲法」の名に値しない。この「マッカーサー憲法」を破棄し、天皇を元首とする國體と、民本・徳治の政ごとを宣言する「新憲法」を制定し、日本文化を復興しなければならない。日本の復興は、古来の「尊皇・恋闕の心」に基づく、「忠君愛国」の精神文化の復興であると筆者は考える。

平成の御代は戦争はなかったが、その三〇年間は大規模な地震や津波が全国各地に甚大な被害を与えた。主なものを挙げれば、次のとおりである。

○ 北海道南西沖地震：平成5年7月12日、M七・八、津波波高十六・八米（奥尻町初松前地区)、死者二〇二人、不明二十八人。
○阪神・淡路大震災:平成7年1月17日、M七・二、死者六、四三四人、不明三人。
○十勝沖地震:平成15年9月26日、M八・〇、死者一名、不明一人。
○新潟中越地震:平成16年10月23日、M六・八、死亡六十八人。
○東日本大震災:平成23年3月11日、M九・〇、津波波高九・七米(大船渡市野々田)、津波は北海道東岸~三重県に及んだ。死者一五、八九九人、不明二、五二九人。
○熊本地震:平成28年4月14日、M六・八、死者二七三人。
○北海道胆振東部地震:平成30年9月6日、M六・七、死者四十三人。
○福島県沖地震:令和4年3月16日23時36分、牡鹿半島の南南東六〇粁付近深さ五七粁を震源とするM七・四、最大震度六強、死者三人。宮城、福島両県に波高一米の津波警報。

さらに毎年、夏には台風とそれに伴う洪水が日本各地を襲った。また梅雨開けの季節には梅雨前線に沿って線状降水帯が生じ、記録的な大雨を各地に齎し、洪水、崖崩れ等の土砂災害を起こした。第八章に述べたとおり、天皇・皇后両陛下は災害の都度、災害地を見舞って被災者にお声をかけて励まされ、また救助に当たる人々を労《ねぎら》われた。日々、「国、安らかに、民、幸多かれ」と祈り、常に国民に寄り添った三〇年間であった。

天皇(明仁)陛下は、三〇年余の御在位の間、このように深く国民に寄り添い、国民の先頭に立って困難に立ち向かい、大戦後の皇室の見事な「象徴天皇」の姿を具体的に創られた。上皇陛下と上皇后陛下の長年のご苦労に深く感謝し、今後のご健康と、安らかな老後の日々をお祈り申し上げる。また今上天皇の令和の御代の弥栄と、皇室の御繁栄を心から祈念して、筆を措く。

令和4年3月

◎ 校正終了後の追記

令和4年7月9日午前11時半過ぎ(第26回参議院議員通常選挙の投開票日の前日)、安倍晋三元総理大臣は、奈良市の近鉄・大和西大寺駅前において選挙演説中に背後から暴漢・山上徹也(41歳)に襲われ、手製の散弾銃で撃れた。初弾は外れたが、2発目が2・7秒後に安倍氏の背後6〜7米から発射され、散弾2箇が安倍元総理の頸部に命中した。体内に入った弾は左右の鎖骨下の動脈を損傷して一発は心臓に達し、心臓の壁に穴を開けた。安倍元総理はドクターヘリで橿原市の奈良県立医科大学の附属病院に緊急搬送され、午後0時20分に病院に到着したが、既に心肺停止状態であった。病院では医師20人の態勢で開胸手術を行い、約4時間半に亘って止血と輸血を続けたが、午後5時3分、出血多量で死亡が確認された。享年67歳。安倍元総理は自民党の最大派閥の領袖であり、世界政治の中でも人脈が多く、我が国にとって更なる活躍が期待される重要人物であった。警視庁のセキュリティ・ポリス(略称SP)は犯人の突発的な動きに対処できず、要人警護の根本的体制改善の必要が痛感された。岸田内閣は7月22日、閣議により「内閣府設置法」を法的根拠として、安倍元総理大臣の「国葬儀」(葬儀委員長:岸田文雄首相、副委員長:松野博一内閣官房長官)を9月27日に日本武道館で開催することを決定した。戦後では貞明皇后(昭和26年6月22日)、昭和天皇の「大喪の礼」(平成元年2月24日)を除き、吉田茂元総理大臣の国葬(昭和42年10月31日)以来、2度目の国葬である。国内外から多くの参列者が見込まれる。政府内には当初、国費で賄う国葬は法的根拠に乏しいと慎重論もあったが、官邸幹部らが内閣法制局と協議を重ね、国の儀式開催を取り扱う「内閣府設置法」の規定を根拠にすれば可能であるとの見解に達した。各国から多くの弔意が寄せられていることを踏まえ、「国の儀式」と位置付けたものである。

安倍晋三元総理大臣は、昭和29年9月、東京に生まれ、昭和52年3月、成蹊大学法学部政治学科を卒業後、神戸製鋼所に入社した。昭和57年11月、神戸製鋼所を退社し、父・安倍晋太郎外相の秘書に転身した。平成3年5月、父・晋太郎氏が死去し、跡を継いで平成5年7月、衆議院山口1区から出馬して当選し、政界への第一歩を印した。その後、平成11年7月、官房副長官、平成15年9月、自民党幹事長に就任し、平成17年10月、第3次小泉内閣の官房長官を勤めた。翌平成18年9月、自民党の総裁選に勝利し、第90代内閣総理大臣（第一次安倍内閣）に就任し、最年少(52歳)の戦後生れの初の首相となった。この内閣では占領軍制定の「教育基本法」を59年ぶりに改訂し、また「防衛庁の省昇格」を実現した。しかし翌年7月末の参院選で自民党は惨敗し、参院では与党は過半数割れして「衆参院のねじれ状態」となり、また平成21年8月の総選挙で民主党が圧勝し、民主党と社会民主党(社民党)、国民新党による鳩山由紀夫連立内閣(2009.9.16～2010.6.8)が成立した（社民党、国民新党との三党連立は参議院での過半数確保のため)。更に菅直人内閣(2010.6.8～2011.9.2)、野田佳彦内閣(2011.9.2～2012. 12.26)と短命の民主党政権が続いたが、平成24年12月の衆院選で自民党が大勝し、第2次安倍内閣(2012.12.26～2014.12.24)が誕生した。その後、第3次安倍内閣(2014.12.24～2017.11.1)、第4次安倍内閣(2017.11.1～2020.9.16)と長期政権が続き、安倍内閣は第2次内閣発足以降、連続在任日数は二、八二二日となった。第1次政権を含む通算在任日数は三、一八八日であり、いずれも憲政史上最長の政権となった。その後、菅義偉内閣(2020.9.16～2021.10.4)を経て、現在の岸田文雄内閣(2021.10.4～現在)となった。

安倍内閣は不況克服の経済政策として『アベノミクス』①デフレ脱却を目指し、2％のインフレ目標の達成まで無期限の量的緩和を行う大胆な金融政策、②東日本大震災からの復興、安全性向上や地域活性化、再生医療の実用化支援等のため、大規模な予算を編成して機動的な財政出動を行う、③民間投資を喚起する成長戦略（成長産業や雇用の創出を目指し、各種規制を緩和し、投資を誘引する）の「3本の矢」を柱とする経済政策によって、日本経済を立て直す計画）を進めた。また日米関係を基軸とした外交や安全保障政策で成果を挙げたが、政権目標に掲げた「憲法改正」では「憲法改正のための「国民投票法」（平成19年5月18日成立、施行は3年後）を制定したが、それ以上の進展はできなかった。

前述のとおり、安倍元総理は令和4年7月9日、奈良市で暴漢に襲われて亡くなった。犯人・山上徹也は、裕福な資産家の次男に生れたが、父が早世し、兄も自殺、母は統一教会（一九五四年に韓国で文鮮明が始めた新興宗教。初め「世界基督教統一神霊協会」と称し、一九九四年に「世界平和統一家庭連合」と改称）にのめり込んで全財産1億円余を協会に寄付し、家庭は崩壊した。犯人は安倍元総理が統一教会の指導的支援者と思い込み、その恨みを晴らすために襲撃したと自供した。

統一教会は、一九六〇年代後半から日本で学生に対する反社会的な「原理運動」（宇宙の根本原理の神の実在を信じ，その原理を解明して全宗教を統一し，地上に平和な世界を建設する）を活発に行い、家庭崩壊や学業放棄等が問題となった。また一九八〇年代以降は、霊感商法（註）が社会的に批判され、朝日新聞や『週刊文春』が活発な批判キャンペーンを行なったが、教団側はこれに対して激しく反発した。一九八四年には、世界日報編集長の副島嘉和が教団の反日思想等の実態について、内部告発を行い、統一教会信者による襲撃を受ける事件が起った。その他にも、教団を批判した人物やマスメディアに対する嫌がらせや、教団に関連した事件が多数発生した。特に霊感商法とマインドコントロールによる高額な物販と献金や、教団が結婚相手を決める合同結婚式、麻薬関連のマネーロンダリングと密輸、統一教会信徒の拉致監禁問題、反共産主義や朝鮮半島の統一の支持、歴史修正主義、反同性婚、反夫婦別姓、反ロシア思想、岸信介政権時代からの自民党との関係など、様々な問題を起こした。

註：霊感商法：人の不幸を聞き出し、霊能者を装った売り手が、「その不幸は先祖のたたり」等と説明し、「この商品を買えば祖先のたたりは消滅する」として、法外な値段で商品を売りつける。商品は、壺や多宝塔の美術品、印鑑、数珠(念珠)、表札、水晶などである。

集註

集註第一　元寇

元朝（1271～1368）の世祖クビライは二度に亘り北九州に来寇した。

○文永の役：文永11年（1274）、蒙古・高麗の二万七千～四万人、艦船七三〇～九〇〇艘が対馬（10月14日）、壱岐島（10月16・17日）、肥前の松浦郡、平戸島・鷹島・能古島を襲い、日本軍は九州の御家人らが大宰府に馳せ参じて奮戦し、元軍を鳥飼潟で敗り、元軍は早良郡の百道原へ敗走し、10月21日朝、博多湾から撤退した。幕府は元の再度の襲来に備え博多湾岸約二〇粁に石築地（高さ三米、幅二米、陸側は騎馬で駆け上がれるように土を盛り、海側は乱杭や逆茂木等の上陸妨害物を設置した）を築き、博多湾沿岸の防備を固めた。更に九州の御家人に対して交代で九州沿岸の異国警固番役を命じ、春は筑前・肥後国、夏は肥前・豊前国、秋は豊後・筑後国、冬は日向・大隅・薩摩国の御家人が三ヵ月ごとに輪番で沿岸の警備に当った。

○弘安の役：弘安4年（1281）、元・高麗の東路軍四万～五万七千人、軍船九〇〇艘と、旧南宋の江南軍約十万人、軍船三、五〇〇艘、が我が国に侵攻した。5月21日、東路軍は対馬・大明浦に上陸し、同月26日、壱岐島を襲い、次いで6月6日、陸繋島の志賀島に上陸した。6月8日、日本軍は海路と海の中道の両面から元の東路軍を攻撃し、日本軍が勝利した。東路軍は壱岐島に後退し、江南軍の到着を待った。江南軍は出発が遅れ、6月下旬に平戸島に上陸した。元軍四、〇〇〇人は塁を築き陣地を構え、艦船は周辺に停泊した。

一方、数万の日本軍は6月末、壱岐島の東路軍を攻撃し、東路軍は壱岐島を放棄し平戸島の江南軍に合流した。7月下旬、平戸島の江南軍は、鷹島に主力を移し東路軍と合流した。日本軍はこれを攻撃し海戦となった。7月30日夜、台風で元船が多数沈没し、約四、〇〇〇隻中残存艦は二〇〇隻余となった。北九州を襲う台風は年三・二回あり、約三ヵ月碇泊した船団の被害は予想された。閏7月5日、江南軍の諸将は軍議を開き撤退に決した。当日夕刻、日本軍は撤退する元船を追撃し、伊万里湾で総攻撃し(御厨《みくりや》海上合戦)、元軍を伊万里湾から一掃した。閏7月7日、日本軍は鷹島を攻撃して勝利し、海上の元船を焼き払った。十余万の元軍は壊滅し、日本軍は元兵二万~三万人を捕虜とした。

クビライはその後も日本侵寇を諦めず、再三、侵攻計画を立てたが、軍船建造の高麗や南宋の疲弊甚だしく、内乱が起ったため、実現しなかった。また日本でも元軍を撃攘しても寸土を得るわけではなく、幕府の財政悪化・御家人の窮乏を招き、鎌倉幕府衰亡の遠因となった。

集註第二　自衛隊の任務・行動

平成27年3月29日、安保関連法二法(「我が国及び国際社会の平和及び安全の確保に資するための自衛隊法等の一部を改正する法律」及び「国際平和共同対処事態に際して我が国が実施する諸外国の軍隊等に対する協力支援活動に関する法律」)が施行された。前者は「自衛隊の任務」を定めた自衛隊法第三条の改正に伴い、一〇本の法律(附則の改正を含めれば二〇本)を改正したものである。「自衛隊法」では自衛隊の任務・行動について、出動事態の内容、活動の範囲、支援活動等の対象国等に応じて「武力攻撃事態、存立危機事態、重要影響事態、国際平和共同対処事態」

の四つに区分し、それぞれの行動を規定している。以下、「自衛隊法」第三条の「自衛隊の任務」と第六章の「自衛隊の行動」（第七十六条～第八十六条）を関連付けて自衛隊の任務行動の内容を述べる。但し以下の（・）内の数字は自衛隊法の条項を示す（例 12-3 4/5・6：第十二条の三 第四項第五号及び六）。

㈠ 防衛任務（武力攻撃事態、存立危機事態）。

・防衛出動(76)、・防衛出動待機命令(77)、・防御施設構築の措置(77-2)、・防衛出動下令前の行動関連措置(77-3)。

㈡ 公共の秩序の維持（存立危機事態）。

・国民保護等派遣(77-4)、・命令による治安出動(78)、・治安出動待機命令(79)、・治安出動下令前に行う情報収集(79-2)、・海上保安庁の統制(80)、・要請による治安出動(81)、・自衛隊の施設等の警護出動(81-2)、・海上における警備行動(82)、・海賊対処行動(82-2)、・弾道ミサイル等の破壊措置(82-3)、・災害派遣(83)、・地震防災派遣(83-2)、・原子力災害派遣(83-3)、・領空侵犯の措置(84)、・機雷等の除去(84-2)、・在外邦人の保護措置(84-3)、・同じく輸送(84-4)。

上記の「防衛出動」と「治安出動」の命令権者は内閣総理大臣であり、（原則として）国会の承認が必要である。

㈢「我が国の平和及び安全の確保に資する活動」（重要影響事態）。

・後方支援活動等(84-5 1/1・2, 2/1・2)。

㈣「国際社会の平和及び安全の維持に資する活動」（国際平和共同対処事態）。

・国際連合平和維持活動等：国際平和協力業務等(84-5 1/3, 2/4)、・国際平和共同対処事態：協力支援活動等(84-5 1/4、2/5)、・国際緊急援助隊の派遣：国際緊急援助活動等(84-5 2/3)。

集註第三　最高戦争指導会議

この会議は政府の政務と軍の統帥の一致を

図るため、小磯国昭首相の提唱により昭和19年8月、大本営政府連絡会議を廃止して設置された。会議は宮中(吹上御苑北部の大本営会議室地下壕(御文庫附属室。昭和20年7月末竣工)で開かれ、重要案件の審議には天皇も臨席し、首相、外相、陸相、海相、参謀総長及び軍令部総長の六名を正式の構成員、内閣書記官長、陸軍省、海軍省の両軍務局長を幹事とし、必要に応じて他の国務大臣、参謀本部次長、軍令部次長、枢密院議長が出席できるとした。この会議では、純統帥事項については審議事項から外されたため、政戦両略の一致を図ることは困難であった。5月にはソ連を仲介とする和平工作が議せられ、6月には御前会議で本土決戦遂行の「今後採ルヘキ戦争指導ノ基本大綱」の決定等、会議は和戦両派の対立の場となった。8月10日及び14日の御前会議では、天皇の裁断でポツダム宣言の受諾が決定された。最高戦争指導会議は敗戦後の8月22日の閣議で廃止され、終戦処理会議となった。

集註第四　盧溝橋事件と支那事変

昭和12年7月7日夜、北支の豊台駐屯の日本軍支那駐屯軍第三大隊と歩兵砲隊が、北京西南の盧溝橋付近の荒蕪地で演習中に何者かの射撃を受け、中国国民革命第二十九軍との衝突に発展した(盧溝橋事件)。中国共産党は「国共合作による徹底抗戦」を呼びかけ(7月15日)、蒋介石も「最後の関頭」と題する談話を発表し徹底抗戦を表明した(同17日)。8月13日には上海日本人租界への中国軍の攻撃から日本軍との衝突が起き(第二次上海事変)、戦線は中国全土に拡がり、全面戦争に拡大した。これに対して米英は蒋介石を支援し、大量の武器援助を与えた。日中両国は国際関係の保持上、「宣戦布告」をせずに戦った。国際法では「宣戦布告」し戦争になれば、当事国以外は支援が禁止され、米英の蒋介石支援、日本の汪兆銘の南京政府支援ができなくなるため「事変」として戦った。

集註第五　援蒋道路

連合軍は蒋介石を支援する軍需物資を支那大陸に輸送した。その道路（援蒋ルート）は時期によって異なるが、次の六本があった。

㈠ 香港ルート：香港に陸揚げした物資を、鉄道や珠江の水運で中国大陸の内陸部に運ぶルートであり、昭和18年10月に日本軍が広州を占領して遮断した。

㈡ 仏印ルート：仏領インドシナ（現在のベトナム・ラオス・カンボジア）西部のハイホンに陸揚げした物資を鉄道で雲南省昆明に輸送するルート。昭和15年6月、日本軍の北部仏印進駐で遮断された。

㈢ ソ連ルート：新疆方面から中国に入るルート。昭和16年以後、中止。

㈣ ビルマルート：英領ビルマ（現ミャンマー）のラングーン（現ヤンゴン）に陸揚げした物資を、ラシオ（シャン州北部の町）まで鉄道で運び、そこからトラックで昆明に運ぶルート（ビルマ公路）。昭和17年、日本軍がビルマに進攻し、英軍を駆逐して遮断した。

㈤ ハンプ空路：ビルマルートが使えなくなったため、米英軍はインド東部からヒマラヤ山脈を越える空路（ハンプ：The Hump）に切り替えた。

㈥ レド公路：ハンプ空路は輸送量が限られ、事故が多発したため、米国が英領インドのアッサム州レドから昆明に至る新自動車道路（レド公路）を建設し、昭和20年1月、北ビルマの日本軍の撤退後に開通した。

集註第六　大東亜会議

昭和18年5月31日に御前会議で決定された「大東亜政略指導大綱」に基づき同年11月5、6日、大東亜戦争の目的達成にアジア諸国の一致協力を図るため、中華民国(南京政府　汪兆銘行政院長)、満州国（張景恵総理大臣)、タイ王国(ワンワイタイヤーコーン親王　首相代理)、新たに独立したフイリピン共和国（ホセ・ラウレル大統領)、ビルマ国（バー・モウ総理大臣)らを東京に招き「大東亜会議」を行った。インドは独立前であったが自由インド仮政府首班のチャンドラ・ボースがオブザーバーとして参加した。会議では「大東亜共同宣言」(第十三章第十二参照）が全会一致で採択された。

昭和20年5月に第二回会議が開かれる予定であったが、戦局の悪化のために首脳会議は開かれず、駐日特命全権大使や駐日代表の「大使会議」に変更された。

集註第七　米軍の飢餓作戦と戦後の機雷掃海活動

米軍は大戦末期(昭和20年3月末~終戦)、日本の港湾・内海の機雷封鎖作戦（飢餓作戦）を組織的に行った。

① **第一期作戦**（3・27~4・12）：第一期作戦は沖縄戦の開始と同時に、呉軍港や宇品港から沖縄への日本軍の増援を妨害するため、3・27日夜に関門海峡や瀬戸内海西部に約一、三五〇個の機雷を敷設した。米軍は3・30日夜にも四五〇個の機雷を投下し、4・12日までに延べ二四六機により総計二、〇三〇個の機雷を敷設した。日本船舶は5・2日までに、沈没十九隻、損傷三十九隻に上った。関門海峡は大陸方面航路の集束点で、九州産石炭の阪神工業地帯への輸送路であり、当時の日本の海上交通量の四〇%が通る重要地点であった。帝国海軍は掃海を実施するとともに、佐伯海軍航空隊の一部をB-29の迎撃に充て、陸軍も小月飛行場に防空戦闘機を配置し、後日、大阪市周辺から高射砲部隊を移駐させた。しかし夜間に低空で進入するB-29の迎撃は困難で機雷投下を阻止できなかった。

② **第二期作戦**（5・3~5・12）：攻撃目標は関門海峡と、東京・大阪・神戸・名古屋の太

平洋岸と瀬戸内海の要港とされ、一、四二二個の機雷が投下された。関門海峡は大型船の通航が不可能となり、一日当り交通量は、3月の四〇隻から5月末には二〜四隻に激減した。

③ **第三期作戦**（5・13〜6・6）：北九州及び日本海の諸港が標的とされた。関門海峡へも十五回、総計一、三一三個の機雷が敷設された。第二、三期作戦で機雷による日本船舶の被害は激増し、5月の蝕雷沈没船舶は六十六隻(約十一万総噸）に上り、潜水艦・航空機による損害を上回った。

④ **第四期作戦**（6・7〜7・8）：第三期と同様の攻撃が続けられた。陸軍機三、五四二個、沖縄を基地とする海軍機により一八六個の機雷が敷設された。帝国海軍は日本海側の諸港を拠点に朝鮮半島との航路の維持に努めた。

⑤ **第五期作戦**（7・9〜8・14）：米軍は日本の完全封鎖を目指し、硫黄島を帰路の給油地として行動半径を伸し、舞鶴、新潟、船川、釜山等に計三、七四六個の機雷を投下した。また満州の食糧積出港の羅津に四二〇個の機雷を投下した。

⑥ **終戦後の蝕雷事故と掃海活動**：米軍が「飢餓作戦」で日本周辺に投下した機雷約一二、二〇〇個の内、約六、六〇〇個が掃海されずに戦後も残存し、日本の海運の障害となった。昭和25年までに一一八隻(掃海艇を含む）が触雷し、五十五隻が沈没した。主な触雷事故は次のとおりである。① 貨客船「浮島丸」（昭和20・8・24、死者五四九人、舞鶴港)。② 「室戸丸」（同・10・7、死者四七五人、神戸魚崎沖)。③ 客船「華城丸」（同・10・13、死者・行方不明一七五人、神戸沖)。④ 客船「珠丸」（同・10・14、死者・行方不明五四五人、壱岐島沖)。⑤ 関西汽船「女王丸」(昭和23・1・28、死者・行方不明一八三人、瀬戸内海牛窓沖)。

終戦後、第二復員省・海上保安庁は旧帝国

海軍艦艇を使い、田村久三元海軍大佐を責任者として戦後も掃海活動（航路啓開業務）を続けた。投入兵力は昭和27年までに艦艇三六〇隻、人員一九、〇〇人に上る。帝国海軍の防御用係維機雷約五五、〇〇〇個も処分され、米海軍も最終安全確認や外洋の機雷堰の処分を支援した。日本の掃海部隊は計三十五隻が損傷し、昭和27年までに殉職者七十八名、負傷者二〇〇名以上を出した。なお朝鮮戦争では、田村元大佐の特別掃海隊が国連軍の掃海隊として仁川上陸作戦に動員され、仁川港ほかの掃海を行った（註）。

註：日本特別掃海隊は、占領軍の要請により、昭和25年10月初旬～12月中旬、掃海艇四十六隻、大型試航船一隻及び一、二〇〇名の旧海軍軍人が、元山、仁川、鎮南浦、群山の掃海を行い、三二七粁の水道と六〇七平方粁以上の泊地を掃海し、機雷二十七個を処分した。掃海艇一隻が触雷・沈没し、死者一名、重軽傷者十八名を出した。

米軍の記録では第二次大戦中に米軍が日本周辺に敷設した機雷は、昭和25年8月までに機能を停止するとされた。水圧機雷や音響機雷は昭和21年中に感応機構が死滅状態になったが、磁気機雷は時限式の自滅装置がなく、感応装置が機能停止しても装填された鋭敏なトーペックス炸薬は僅かな衝撃で爆発し、残存機雷事故はその後も続いた。昭和47年5月には敷設海域の七％が未掃海で、海底土中の埋没残存機雷は五、〇六二個に上ると推定された。

昭和29年に海上自衛隊が発足し、同年10月に掃海業務は海上保安庁から防衛庁長官直轄の海自第一掃海隊群に移管された。更に昭和36年には自衛艦隊に第二掃海隊隊群が新編され、昭和44年には第一掃海隊群も自衛艦隊に編入された。以後、第一掃海隊群は主に機雷掃海業務、第二掃海隊群は訓練と掃海戦術研究を担当した(平成18年には掃海済み海域は約九十九％となった)。

集註第八　日本学術会議

日本学術会議（以下、「会議」と書く）は昭和24年1月、ＧＨＱが大東亜戦争に協力した「帝国学士院」の改組を命じ、それに代わる政府の特別機関として発足した。「科学の向上発達を図り、行政・産業及び国民生活に科学を反映浸透させる」ことを目的とし、科学政策の審議、国内外の研究の調査・連携、政府への答申・勧告を行う「科学者の会」として、総務庁に定員五〇人の事務局が置かれた。運営費年額約十億五千万円は国費から支出される。会員二一〇名は任期六年の特別公務員で、三年毎に半数が改選され、「会議」が推薦し首相が任命する。連携会員二、〇〇〇名は現役の会員及び連携会員が推薦し会長が任命する非常勤の一般職公務員で、首相の任命は不要である。いずれも仲間内で選ばれる「権威付けの会」である。「会議」は、①選考委員会（会員・連携会員の選考）、②科学者委員会（科学界の問題の審議）、③科学と社会委員会（社会への提言の審議）、④国際委員会（国際学術団体との連携）の四つの機能別委員会と、第一部（人文・社会科学）、第二部（生命科学）、第三部（理工学）の分野別委員会（三〇分野）が常設され、他に時限付の課題別委員会がある。

我が国の人文・社会学の学会は左翼的学会が多いが、「会議」も「日米安保反対、米軍基地反対、秘密保護法反対、防衛省の安全保障技術研究制度反対（註）」等の声明を頻発し、学生運動の「学問・研究の自由」を煽った。特に平成29年には、各大学・企業に「軍事研究の審査制度の設置」を要求し、防衛庁の委託研究を妨害して辞退させた。

註：平成27年より防衛装備庁が防衛の研究開発テーマを示し、大学や独立行政法人、民間企業に研究委託する制度。

平成28・29年は、北朝鮮が核実験やミサイル発射を連発して世界の緊張を高め、また防衛省が「安全保障技術研究推進制度」の基礎を固めていた時期である。この時に「会議」は軍事研究に反対し、共産党等の左翼政党の主張に同調して北朝鮮や支援国に協力した。北大では平成28年度の防衛省の「船の推進抵抗を低減し燃費を十%軽減する研究」を大学総長の判断で取りやめ、また「安全性の高い小型ロケット・エンジンの研究」の応募も辞退した。平成30年には京大、東大、東工大、関西大等も、防衛省の研究への不参加を表明した。因みに「会議」は平成19年以後十数年間、政府への答申・勧告は皆無で、「軍事研究反対」の反政府運動に励んだ。しかも国費による反政府運動であり、もはや「科学者の学術会議」ではなく、「政府お抱えの左翼政治ゴロ集団」である。政府は平成9年～15年に、行政改革の一環として「会議」の廃止や独立法人化を図ったが、「会議」の抵抗のために改革できなかった。

「会議」は平成27年、中国の軍事技術研究を担う「中国科学技術協会」と「研究の協力・促進を図る覚書」を交わし、「中国の軍事技術研究への協力」を明らかにした。中国は平成20年、世界中の有力研究者を高額な給料と研究費で招聘し、中国の科学技術開発の指導的立場に就ける「千人計画」を実施した。日本でも複数の著名な学者が中国の大学や研究所の教授に招聘され、「会議」の会員も中国に渡った。中国共産党は科学技術の推進のため平成29年、軍民融合で「中央軍民融合発展委員会」（主任 習金平主席）を発足させ、大学や民間の研究者を軍事研究に統合する体制を整えた。「会議」は、この中国の科学技術開発を熱心に支援し、少なくとも四十四人がこの計画に関与し、内八人は中国軍の兵器開発の中心の北京理工大、北京航空航天大に所属してＡＩやロボットの研究・指導に携わり、十三人は日本の「科学研究費助成事業（科研費）」の高額受領者で、内十人は「千人計画」への関与と「科研費」受領時期が重複していた（以上、読売新聞、令和3年4月7日、「先端技術の海外流出を防ぐ」による）。

令和2年10月の委員改選では、菅義偉首相は「会議」が推薦した一〇五名中、六名の委員任命を拒否した。同年12月、自民党の有志は、「会議」の国からの独立や会員選考等の組織改革を政府に求め、井上信治科学技術相も「会議」の梶田隆章会長にこれを求めた。「会議」は令和3年4月の総会で討議し、幹事会で「組織改革問題の回答」を決定し政府に提出し、「国の特別の機関とする現行の形が最も相応しい」とし、非任命六人の即時任命を求める声明を発表した。これに対して菅首相は「会議の要求」を拒否し、委員は欠員のままとし、協議は岸田文雄内閣に引き継がれた。これによって「中共礼賛者を日本の学術研究の代表的人物」とすることは避けられたが、我が国の多くの大学教員が左翼偏向している醜態を世界に曝した。

集註第九　天安門事件

中国では一九八六年五月、胡耀邦・中央委員会総書記が「百花斉放・百家争鳴」を唱えて言論の自由化を進め、民衆特に学生達に熱狂的に支持された。しかし党内保守派の鄧小平らは、共産党の一党独裁を揺がすと反対し、党内闘争となった。胡は一九八七年一月の政治局拡大会議で解任、北京市内の自宅に軟禁され、一九八九年四月中旬、心筋梗塞で死去した。翌日、中国政法大学の学生を中心に胡の追悼集会が行われ、これを契機に北京市内で民主派学生の集会が広がった。4月21日の夜、デモ隊は急激に増え、十万人超の学生や市民が天安門広場に集まった。更に学生中心の民主化・汚職撲滅のデモは、4月22日、西安・長沙・南京等に広がり、西安では車両や商店への放火が、武漢では警官隊と学生の衝突が生じた。

鄧小平主席は5月19日に北京市に戒厳令

を発し、北京の首都機能は麻痺した。趙紫陽総書記や知識人達は学生に解散を促したが、学生達は投票でデモ継続を決めた。一九八九年六月三日の夜半~四日未明に、デモ隊と解放軍が衝突し、軍は銃剣と戦車でデモ隊を鎮圧した。その後共産党はデモ関係者を逮捕し、外国報道機関を国外に締め出し厳重な報道統制を行った。共産党は、「動乱で民間人と軍・警察官三一九人が死亡」と発表したが、死亡者数万人の報道もある。

参考文献

[1] 宮内庁書陵部 編纂、『昭和天皇実録』、和製本 六十一冊（公刊本十九冊、東京図書 出版。平成31年）。
[2] 平泉澄、『傳統』、原書房、昭和60年。
[3] 平泉澄、『國史学の骨髄』、錦正社、平成23年。
[4] 平泉澄、『武士道の復活』、錦正社、平成23年。
[5] 平泉澄、『我が歴史観』、「六、龜山上皇殉国の御祈願」、至文堂、大正15年。
[6] 新渡戸稲造、岬龍一郎訳、『武士道』、PHP文庫、平成15年。
[7] 佐伯真一、『戦場における精神史・武士道という幻影』、NHK出版、平成16年。
[8] 防衛研修所戦史室（現・防衛省 防衛研究所 戦史部）編纂、『戦史叢書』、朝雲新聞社、全一〇二巻。昭和41年～61年出版。
[9] H・C・フーバー 著、G・H・ナッシュ 編集、渡辺惣樹 訳、『裏切られた自由-フーバー大統領が語る第二次世界大戦の隠された歴史とその後遺症』、上・下巻、草思社、平成23年。
[10] G・モルゲンスターン 著、渡邊明訳、『真珠湾-日米開戦の真相とルーズベルトの責任』、錦正社、平成11年（原著は一九四六年米国で出版）。
[11] R・A・シオボールド 著、中野五郎訳、『真珠湾の審判-真珠湾奇襲はアメリカの書いた筋書きだった』、

講談社、昭和29年（一九四九年原書出版）。

［12］R・B・スティネット 著、妹尾作太男 監訳、荒井稔、丸田知美 共訳、『真珠湾の真実 - ルーズベルト欺瞞の日々』、文芸春秋、平成13年。

［13］C・A・ビアード 著、開米潤 監訳、阿部直哉・丸茂恭子訳、『ルーズベルトの責任 - 日米戦争はなぜ始まったか』、藤原書店、平成23年(原書一九四八年)。

［14］H・フィシュ 著、渡辺惣樹 訳、『ルーズベルトの開戦責任 - 大統領が最も恐れた男の証言』、草思社、平成29年。

［15］斎藤充功、『真珠湾「騙し討ち」の新事実』、「文芸春秋」、平成15年1月号。

［16］阿川弘之、「山本五十六」上・下巻、新潮社、平成18年。

［17］藤田尚徳『侍従長の回想』、中央公論社（中公文庫）、昭和62年。

［18］下村海南、『終戦秘史』、講談社学術文庫、昭和60年。

［19］寺崎英成、マリコ・テラサキ・ミラー、『昭和天皇独白録 寺崎英成・御用掛日記』、文藝春秋、平成3年。

［20］村松健三、『三代回顧録』、東洋経済新報社、昭和36年。

［21］日本書道美術館 編輯、『琉歌 - 南島のうたの心』、教育書道出版協会、平成4年。

付録

以下の「付録」は著者の個人的な記録である。「付録第一」は『海自幹部候補生十五期生会会誌』に投稿した回顧録［付録第二 Ⅱ-(25)］を基に修文・加筆したものであり、また「付録第二」は筆者の研究論文や著書を分類・整理したリストである。以下、参考文献名は付録第二の番号で示す。

付録第一　追憶の「我が履歴」

筆者は小学二年生の夏、大東亜戦争の終戦を台湾の台南市で迎えた。上皇陛下と同世代であり、陛下の歩まれた時代を整理しながら、幼児期の記憶が鮮明に甦り、感慨は無量である。以下、それらの記憶を書き留める。

略　歴

筆者の父は昭和8年に台湾に渡り、筆者は昭和12年4月13日、台南州台南市北門町二丁目十六番地で生まれた。両親、四歳年上の兄の四人家族であった。昭和18年7月2日に父が香港沖で海歿・戦死し、戦後昭和21年3月末に、母子三人は本籍地の茨城県西茨城郡南川根村押辺（現笠間市岩間町）に帰国した。筆者は昭和36年3月に大阪府立大学船舶工学科を卒業し、日立造船株式会社因島工場に勤め、昭和39年9月に海上自衛隊（以下、海自と略記）の技術幹部（造船）に転職した。二等海尉のとき防衛大学校理工学研究科のOR課程（二年）に入校し、以後数理幹部として勤務した。昭和53年3月、防大の応用物理学教室・運用分析講座の助教授に転勤し、平成元年4月1日付け一等海佐に昇任、平成3年10月に教授昇任、平成4年4月13日付け一佐の停年（五十四歳）で制服を脱ぎ、教育職に転官し、横滑りで教授を十年間勤め、満六十五歳の平成15年3月31日に停年退官した。

一　父母及び兄のこと

(一) 父のこと

父・力《つとむ》は茨城（前記の本籍地）の農家の出身（飯田欽一郎・てうの次男、明治36年1月13日生）で、村の小学校を卒業後、水戸市の水戸商業学校（現　県立水戸商業高等学校。明治35年創立）に入学し、学生時代にキリスト教に入信して熱心な信者となった。水戸商業学校を卒業し日立製作所・日立工場（茨城県日立市）に勤めたが、数年後、教会の牧師の説得により、日立製作所を辞めて青山学院　神学部（旧制専門学校）に入学した。青山学院を卒業後は米沢市の教会の牧師となり、昭和7年、箱田美枝と見合結婚した。父は結婚後間もなく、水戸商業学校時代からの親友で、学校を卒業後は台湾製糖会社に勤めた井東輝氏（隣村の北川根村長兎路出身）の勧めにより、昭和8年に牧師を辞め、単身で台湾に渡った。この時母は妊娠中のため同行せず、実家で長男　瑞穂（昭和8年12月4日生）を生んだ。母方の祖父　箱田芳三郎は岩間町の百姓の出であったが、農業には就かず、工手学校（現　工学院大学。明治20年創立）に学び、卒業後は横浜市役所土木課の技師として勤め、横浜市南区弘明寺町に住んでいた。母は「横浜の○○橋、××橋はお祖父ちゃんが造った」と誇らしげに話していた。また母は老後、横浜市弘明寺の大岡川沿いの古木の桜並木の花見を好み、周辺の白壁の土蔵が遺る小路を散策して昔を懐しんだ。母は長男を出産後一年程して台湾に渡った。

渡台した父は、親友の井東氏が用意してくれていた台南市の神学校の教師の職を断り、市役所の臨時雇員になった。戦後、井東氏はその折のことを、「飯田は、もう耶蘇を食いものにするのは止めた」と言って「サッサと市役所の臨時雇いになってしまった。後始末に大困りした」と話してくれた。米沢で牧師を勤めた父の信仰に何が起きたかは知る由もないが、筆者の幼児の記憶には家庭内に神様の気配や信仰の雰囲気は全くなかった。母も洗礼を受け、父の戦死後もロザリオを大切にしていた。しかし晩年を過した八王子の兄の家の近所の教会の牧師とは仲が悪く、布教活動にきた牧師に、「広島・長崎の原爆や日本中の都市を無差別爆撃して、何十万人も無辜の市民を平気で焼き殺す、口先だけの外国の神様は大嫌いだ」と正論を吐いてやり合い、牧師の話を聞こうとしなかった。

父は間もなく台南市役所の本採用となり兵事課（徴兵事務）に勤務し、昭和10年に家族を呼び寄せた。昭和18年6月末（当時、兵事課長）、父は香港総督府の開設に伴い、香港の防空官に転勤した。出発したのは夜で町内会の人々が提灯行列で駅まで送り、陸軍少尉の軍服で腰に長剣を吊り、列車のデッキに立って敬礼して遠去かって行った父の姿が記憶に残っている。同年7月2日、父の乗船は香港港外で米軍の潜水艦に雷撃されて海没し、戦死した。

父の遺骨は本籍地の茨城に帰り、当時村長をしていた兄 芳郎が村葬で弔ってくれた。父の墓標には「帝国陸軍中尉 飯田力之墓」とあった。伯父は遺骨箱を開けてみたが、「故飯田力陸軍中尉之霊」の紙片が入っていたと話してくれた。

昭和18年4月、筆者は住居近くの北門小学校に併設の幼稚園に入った。ある日校庭の砂場で皆と遊んでいると、白髪の肥ったおばさんの園長先生がツカツカとやってきて私を抱き上げ、大きな目から涙をポロポロと流しながら、「お父さん、戦死されたそうね」と慰めてくれたことを覚えている。

(二) 母のこと

母 美枝（明治40年12月8日生れ）は茨城県岩間町下郷新渡戸《にわっど》の農家（箱田芳三郎・う

めの一人娘）で、水戸の県立大町高等女学校（現　県立水戸第二高等学校。明治33年創立）を卒業後、東京に出て戸板裁縫学校に入学し、普通科から師範科（現　戸板女子短期大学）に進み卒業した。昭和7年、飯田力と結婚して二児（長男　瑞穂、次男　耕司）を儲け、夫の戦死後は台南州庁に勤めて子供を育てた。それに伴い北門町の市役所官舎を出て、市街地の南外れ（竹蒿籬）の州庁官舎に移った。ここに移って間もなく、父の勤務先の台南市役所の同僚達が集い、父の葬儀が行われた記憶がある。当時日本～台湾間は米潜水艦が出没し、定期船は運航中止で、母子は帰国できなかった。

戦後、昭和21年3月下旬、一家は台湾から引き揚げ、母は一年ほど押辺の閑居所で裁縫教室を開き、近所の十人ほどの若い娘を集めて和裁を教えた。その後、南川根村中学校（現岩間町第二中学校）の家庭科の教師に採用され、長い間、毎土曜日に水戸師範学校（現　茨城大学教育学部）の講習に通って、国語と社会科の中学教員免許を取り、国語・社会・家庭科を受け持ち、「婆先生《ばっぱ》」と仇名されて生徒に慕われる面倒見のよい教師であった。

昭和36年春、筆者が大学を出て日立造船に就職したので、母は六〇歳の停年はまだ五、六年先であったが、一人暮らしの母を案じて中学教師の早期退職を勧め、筆者と広島県因島市の日立造船の社宅で暮らした。しかし三年後、筆者は海自・技術公募幹部を受験のため、日立造船を退職して茨城に帰り、昭和39年9月、海自に入隊した。当時兄は宮内庁書陵部に勤め、越谷市鴨場の宮内庁官舎に住んでおり、母は兄の一家と同居した。筆者は海自・幹部候補生学校の二ヵ月余の初任幹部課程を終了した後、横須賀市の実用実験隊に配属され、実用実験隊の官舎（横須賀市鴨居）を借り、母を呼んで筆者と二人で暮らした。昭和43年11月、筆者の結婚に伴い母は再び兄の一家と住んだ。その後、兄の中央大学への転職及び大学キャンパスの八王子移転に伴い、八王子市めじろ台に転居した。

母は平成元年初夏、体調不良を訴えて八王子市の医院に入院し、数日後、杏林大学医学部付属病院（三鷹市）に転院した。膵臓に発した癌が進行し肝臓に転移しており、医師からは手術不能と告げられた。本人には知らせなかったが、母は「八〇歳過ぎで開腹手術をすれば、寝たきりになるから手術はしない」と言い、死の数日前、見舞いに来てくれた黒沢きよ叔母（茨城県那珂湊市平磯）に、「もう何の心配ごともないから安心して…」と話していた。7・8月は兄も筆者も勤務先の大学は夏休みで、兄弟が交代で病室に泊り込んで看病した。母は一ヵ月ほど入院し、最後は末期癌の疼痛を抑えるモルヒネを処方し数日昏睡状態であったが、平成元年8月25日払暁、病態が急変し多臓器不全で歿した（享年八十二歳）。

(三) 兄のこと

兄 瑞穂（昭和8年12月4日生）は、小学六年生の3月に台湾から引き揚げ、直ちに旧制水戸中学校（現 県立水戸第一高等学校。明治11年創立）の入試を受けて合格した（旧制中学の最後の入学生）。南川根村から水戸中学への進学者は、村長の次男と兄の二人だけであった。水戸中学は昭和23年の学制改革で高等学校となり、兄は昭和27年3月に水戸一高を卒業し、茨城大学文理学部史学科に進学した。昭和31年3月に大学を卒業し、東京大学文学部史学科の大学院に進み、昭和36年3月、博士課程を単位修得・満期退学して、宮内庁書陵部に勤めた。昭和39年3月、中央大学文学部の助教授に転職し、越谷市に家を購入して転居し、数年後、若くして教授に昇任した。昭和52年、中央大学のキャンパス移転（東京・神田から八王子市東中野に移転）に伴い、八王子市めじろ台に家を購入して転居した。

平成3年、研究科委員長を兼務し、一方、東大の学生時代からアルバイトで勤めた「前田育徳会・尊経閣文庫」（北陸のM大名家の古文書や古美術品を収蔵する公益財団法人）の理事に就任した。しかしこの頃、M家の耄碌した先代が、尊経閣文庫の古美術品を勝手に持ち出して知人に贈与し、重文級の古美術品が多数散逸する不祥事が起きた。兄は平成3年4月13日夜、責任を執り、八王子市陣馬高原の運動公園の一角で自縊して死んだ（歿年五十八歳）。しかしこの事件は、断じて兄の責任ではなく、またその自裁は責任を執ったことにもならない。兄は尊経閣文庫の古文書の担当であり、古美術品の管理はM大名家の家老の子孫筋の男が担当理事を務め、旧主家の隠居の言いなりに使い走りをしていた。古美術品の亡失はM家の隠居と、取り巻きの理事の仕業であり、責任はM家にある。当時、兄は中央大学研究科委員長を務め、研究科の改革問題も抱え、心労で不眠症に悩んでおり、当日の大学の講義も、「疲れたので今日はここで止める」と授業を中途で打ち切ったという。疲労困憊の末の自殺であったと思う。しかし母が女手ひとつで育て、最高の教育を授けた命を熟成させず、自裁するなどは許せぬ行為であり、憤りさえも覚える。筆者は兄がこのような不祥事に巻き込まれていることは知らず、当日昼に勤務先の防大の研究室に兄から電話があり、特に用件もなく知人の消息や雑談で電話を切った。「何の電話だ？妙だな」と思いつつ午後の授業の教場に急いだ。これが兄の別れの電話であった。兄は夜になっても帰宅せず、翌朝、八王子市陣馬高原の運動公園に一角で自縊死体で発見された。筆者宛の遺書にはひと言「迷惑を掛けて済まぬ」とあった。

嫂は夫の自殺死の世間体を恥じ、ひた隠しに隠して、「突然死」として親兄弟・親類縁者、知人達に通知した。当初、嫂の悲しみに同情して口裏を合わせたが、兄の自殺は、当夜、捜索に当ってくれた勤務先の同僚や尊経閣文庫の関係者には知れ渡っており、いずれ親類・知人達に知れることは明白であった。

○ 兄弟家の断交

亡兄の四十九日の法要には、事情をよく知った中央大学の兄の同僚が多数出席され、喪主を務めた長男は「精進落し」の席で遺族を代表して、「父のことは忘れて今後は家族で協力してやっていきます」と挨拶した。事情を知らない従兄はこれを聞き咎めて肚を立て、「父のことを忘れて…」とは何事か！こういう席の挨拶は「父の志を継いでしっかりやります」と言うもんだ。仏を虚仮《こけ》にするのもいい加減にしろ！バカ息子によく教えておけ！」と筆者に言い捨てて帰ってしまった。これも道理であり、この矛盾は事実を明らかにする以外に誤解を解く術はなく、「嫂の世間体を取りつくらう」か、「親類・知人との裏表のない交際を重んずる」かを迫られた。三人の甥たちに、一生涯、親類・知人との表裏のある二枚舌の交わりを強いることは残酷である。事実を告げるべきであると考え、親戚や主な兄の友人に、兄の自殺の経緯を知らせた。しかし一周忌を数日後に控えた平成4年4月初め、嫂は息子二人を引き連れて横浜の筆者宅に来宅し、法要の席で改めて「主人は過労による突然死」と挨拶すると言い張った。法事の参席者は親類以外は事情を熟知した大学関係者であり、それは「恥の上塗り」と説得したが嫂は聞き入れず、息子らも母親に同調して怒鳴り合いとなり、両家は絶交するに至った。誠に痛恨の極みであった。数年後、嫂の父君から両家の「復交」を願う懇切な手紙を頂いたが、当方が詫びる筋合いはなく、「嫂や甥達の気持が変わらぬ以上、私は何もできることはない」と返事しそのままになった。

二　幼児期

筆者の記憶に残る台湾の最初の家は、前述した台南市駅近くの市役所官舎であった。台湾の北端の基隆と南端の高尾を結ぶ西海岸を走る鉄道の中央部の台南駅は、西側に出ると駅前はロータリー広場で、中央には児玉源太郎大将(明治31年2月~39年4月の間、台湾総督)の丈余の銅像が立っていた。ロータリーから放射状に出る五本の大通の北から二本目の道は「煙草専売公社の工場」沿いに台南公園に向かい、沿道は住宅地であり、その中に二十数戸の市役所の幹部官舎があった。板塀に囲まれた畳三畳の玄関・和室三部屋・板敷部屋・台所・風呂場の建物に、大きな楠の生えた庭があった。

昭和18年4月、筆者は住居の近くの北門小学校併設の幼稚園に入園した。この夏、兄は学童集団疎開で家を離れ、夕刻台南駅前に集合し、出発する列車を母と見送った。

○ 戦火の日々

父の戦死後間もなく、母は台南州庁社会教育課に勤め、住居は市街の南はずれ、海軍台南航空隊の飛行場近くの州庁官舎(竹蒿籍)に移った。北門幼稚園までは四粁程あったが徒歩で通園し、翌年昭和19年4月、南門小学校に入学した。州庁官舎群は鉄道線路から数百米の所にあり、沿線一帯は昭和19年秋に米軍機の爆撃で廃墟と化した。鉄道線路破壊の爆撃であったが、沿線の住宅街にも被害が及んだ。当時、隣組で協力して各戸の庭に掩蔽付きの防空壕が掘られ、毎日昼過ぎに米軍機の空襲があり、筆者は一人で庭の防空壕に入っていた。列車の通過音に似たゴォーという空気摩擦音に続き爆発の連続である。母は砂地の防空壕の崩壊を懸念して壕内に茶箱の二倍程の頑丈な木箱を置き、私はその中に入ることを言い付けられていた。爆撃で箱の天井に強く頭を打ちつけ暫く気絶していたようである。気付いた時は壕内は濛々たる砂煙りで、側壁が崩れ掩蔽は落ちて埋まっていた。木箱は壊れず周りに僅かな空間を作り、壕の入口から微かな光が射し込んでいた。身体は胸から下が土砂に埋って身動きできず、どの位の時間が過ぎたかは記憶にないが、勤務先から飛んで帰った母と近所の人達に掘り出されて、怪我もなく外に這い出した。

当時、南門小学校の一年生であった。毎日、三、四時限の授業中に空襲警報が鳴り、生徒は直ちに住居方面別に班を組んで下校した。ある日の下校途中、飛行場方面に向かうグラマン戦闘機編隊の一機が、我々学童の列を陸兵の隊列とでも見間違えたのか、突然ダイブして突っ込んで来た。逃げろ！誰かが叫んだ。キーンという金属音と同時にバリバリバリッと機銃掃射、道端に伏す者、街路樹の椰子の根元に蹲る者、全員が算を乱して逃げた。私は側溝の雨水溝に飛び込んで伏せた途端、目前の路面をバパッパーンと機銃掃射の弾着列の白煙が奔った。そのときは怪我人はなかったが、爆撃の破片で足を砕かれた同級生や、市街地の住居の地下防空壕で、地上の火災に気付くのが遅れて一家全員が蒸し殺された級友一家等、犠牲者は少なくなかった。

○ 終戦の日・昭和20年8月15日

爆撃で竹薗籍の家が住めなくなり、南門町の知人　長谷川栄氏（茨城県石岡市山崎出身。母の勤務先の上司・台南州庁社会教育課長。父の親友・井東輝氏の長兄）の家に寄寓し、その後、筆者は長谷川氏の養女に預けられ、その娘の三歳の幼児と三人で、台南からかなり離れた山地の部落（楠西か？）に疎開した。住居は六畳一間に簡単な水屋の付いた竹組・椰子の葉葺きの四軒長屋が二棟あり、手押しポンプの井戸と、近くを流れる小川に共同洗濯場があった。母は勤務で台南に留まり、小学五年生の兄は学童集団疎開し、一家は離散した。小学一年生の幼児が独りで他人に預けられる心細さに加えて、昼間はドロドロドロォと響く遠雷に似た遠くの町の爆撃音、夜は昼間の焼夷弾爆撃で炎上する遠くの町の炎が夜空を真っ赤に染めて、真っ暗な山並みをくっきりと浮かび上がらせる光景に、母の身を案じて痛切に無事を祈った。

そのようなある日、村長（見事な白髯の老日本人）が、少し離れた村長の邸宅に部落の日本人全員を集合させた。但し小学生以下は留守番を命じられた。それが終戦の玉音放送であり、筆者は留守番で「玉音放送」を聞いていない。大人達はラジオ放送は雑音でよく分からなかったが、戦争に負けたらしいと話していた。それ以後、遠雷に似たドロドロ音も夜空を焦がす朱光も無くなり、暫くして私はトラックの荷台に乗せられ、炎天にあぶられ悪路に翻弄されてゲロを吐きつつ、母の許に送り届けられた。

○疎　開

終戦後間もなく兄も学童集団疎開から帰り、母の仕事も無くなった9月下旬、州庁勤めの数家族が田舎の河南宿（農業試験場の研修施設の跡地）に疎開した。夕刻、数家族の荷物を一台のトラックに積込み、人間はその上にしがみついて台南を出発し、夜半に道路脇の北回帰線の白い大きなモニュメントの傍らで小休止した記憶がある。疎開先は長閑かな農村であったが、そこでの生活も決して安穏ではなかった。あちこちで日本人部落が現地人に襲撃・略奪され、また数粁離れた学校へ通う我々日本人学童を、台湾人の悪ガキ共が待ち伏せ、集団で登下校する日本人の学童の列に投石し、水牛を追い込んで蹂躙し、我々は唯々逃げまどった。当時は台湾人の教員が学校長に就いていたが、間もなく校長先生が学童の列の先頭に立ち悪ガキどもを追い払いつつ、登下校を護衛してくれた。日本人教師では台湾人の悪ガキさえも抑えられなかったのであろう。当時、日本全土は焼土と化し、死者も無数という風評が流れて、日本人全員が不安と悲嘆に打ちひしがれていた。台湾は外国軍の侵攻はなく、満州や朝鮮奥地に較べれば、犠牲は僅少であった。しかし外地で亡国の危機に遭遇して祖国の保護を失い、帰るべき故郷の山河は焼かれ、親類縁者の消息も知れない敗戦の悲哀は、暗澹たる絶望と何とも表現できない寂寥感で子供心をも苛んだ。

○ 内地に引揚げ

昭和20年末、河南宿の管理者から「近く引揚船が来るので荷物を持って○○学校に集合」の通達があり、部落の日本人は家財道具を打ち捨て、持てるだけの荷物を背負って所定の学校に集まった。しかしその後、何の音沙汰もなく不安と期待の日々を過ごす内に、引揚げ担当部署の陸軍将校がやってきて、「引揚げ開始はデマであり配船の予定はない。解散して元の住居に戻れ」と命じられた。落胆しつつ元の家に帰ってみれば、既に全戸が略奪され、窓も襖・障子も畳も引き剥がされて住める状態ではなかった。元の学校に戻り講堂で集団生活を送った。

数か月後、漸く引揚げが始まり、昭和21年の3月初旬、列車で基隆港に向かった。数日、埠頭の石造りの倉庫で過した後、米軍のリバティ型輸送船（船員は帝国海軍軍人）に乗り込んだ。この載貨重量一万余噸の貨物船は、後に造船科で学んで知ったが、米軍の戦時大量建造の最初のブロック工法による全熔接船であり、熔接技術の未熟と、鋼材の低温脆性及び残留熱応力の緩和対策の不備のために、多数の船が荒天の海で船体が裂けて沈没した札付きの欠陥船（註）である。

註：リバテイ型戦時標準船は、米国で戦時中（1942～1945）に二、七〇〇隻余が建造された。一九四六年三月末までに一、〇三一件の脆性破壊による船体亀裂事故が報告され、二〇〇隻以上が沈没又は廃船となる損傷であった。その後、鋼材・熔接技術・造船工法が改良され、ブロック造船技術の飛躍的進歩を齎した。

船倉中央に大きな開口があり壁に沿って蚕棚様の三段の木棚に仕切られ、引揚者は漸く一人が寝られる空間を当てがわれて荷物諸共詰め込まれた。船倉中央に裸電球が一つ、ゆらゆらと揺れていたのを印象深く覚えている。間もなく船は出航したが港外は激浪の泡立つ大時化《おおしけ》で、大波が舷側を噛んで船は大揺れに揺れた。船は春の嵐に突込んで低気圧(台湾坊主)と共に北上した。船倉内はムッとする人いきれと、船酔いの嘔吐物の悪臭に満ち、全員がダウンした。

翌日、船内で死亡した幼児の水葬があった。筆者は荷役装置のプラットフォーム(荷役の振り回しブームやウインチ等を載せた構造物)に上って見ていた記憶がある。毛布に包まれた小さな遺体が渡り板に乗せられ、滑って荒海に落とされ、暫く漂って白波の中に消えた。髪を振り乱したモンペ姿の若い母親が、甲板のボラード(双係船柱)に縋って泣き崩れていた光景が眼に焼き付いている。独り故郷に帰る戦争未亡人であったろうか、周囲に介抱する人もなかった。船は春先の荒海に難航して母国までは四~五日の航海であった。

朝、目覚めるとエンジン音が消え、船は瀬戸内海の大竹沖(広島県南西部。海軍の海兵団や潜水学校等があった港)の錨地に沖がかりしていた。甲板に出ると朝日がまぶしく輝き、辺りの山々は真っ白に照り映える銀世界、生まれて初めて見る雪景色に感激した。船と同航した台湾坊主が齎した大雪であった。間もなく艀《はしけ》で砂浜に上陸してバラックの兵舎に入った。数日後の夕刻、DDT(蚤虱《のみしらみ》の殺虫剤)を頭から浴びせられる消毒・検疫を済ませ、引揚げ列車に乗り込んだ。帰郷する陸軍の兵隊も一緒だったが、彼等は非常に親切で引揚者に座席を譲り、自分達は通路に胡座し、或いは網棚に寝そべって談笑し、真夜中に列車のデッキで飯盒飯を炊いて分けてくれた。夕刻、焼け野原の広島駅近くで長く停車したが、そのとき列車に乗ってきた中学生位の少年が、原爆を浴びたときのことを兵隊達に聞かれて話していた。朝礼で全校生徒が校庭に整列していたとき(8月6日8時15分)、彼は靴紐が解《ほど》けているのに気付いて、列の中にしゃがみ込んで靴紐を結んだ。そのとき閃光が奔り、次に気付いた時は即死した友人達の死骸の下に埋もれていたという。半袖の上着から出ていた両腕は、皮膚が焼け焦げて垂れ下がっていたと話していた。あの少年はその後元気に生きられただろうかと、時々想うことがある。今も記憶に残る沿線の景色は、朝、目覚めた時に眼に飛び込んできた、白壁が朝日に照り映えて燦然と輝く姫路の白鷺城、次は清々《すがすが》しい浜名湖の夕景色、真っ白に雪化粧して屹立する富士山とその長い裾野の風景等である。列車は所々で長く停車しつつ進んだ。大阪、京都、東京駅等の記憶はないが、上野駅では、早朝大きな荷物（今見ればナップザック程もない！）を背負って、長いホームを懸命に駆けた記憶がある。大竹から二晩がかりの旅を終えて、郷里の常磐線岩間駅に降り立ったのは、春酣わの3月下旬の昼近くであった。岩間駅から父の実家の南川根村上押辺までの県道は、解け残った数日前の雪と霜解けでぬかるんでいた。重い荷物を背負って靴擦れに痛む足を引きずりながら一里の道を歩いた。押辺の藁葺き屋根の農家の薄暗い一室で、父そっくりの胡麻塩頭の伯父(芳郎)が、顔を涙でくしゃくしゃにしながら、「よく帰った！よく帰って来た！」と太い腕で抱きしめてくれた。戦後の混乱の中、幼児二人を引き連れて台湾の片田舎からここに辿り着くまでの母の苦労は、察するに余りある。我が国が復興し、世の中も落ち着いた昭和の末頃、母を台湾旅行に誘ったことがある。母は「あんな處、二度と行くもんじゃない」と突っ慳貪であった。世に持て囃される「南国の楽園」も、母には地獄の地であったに相違ない。母の筆舌に尽くし難い心労が深く傷まれる。

三　学生時代

昭和25年4月、筆者は母が勤める村の中学校を嫌い、水戸の私立の茨城中学校に入学した。通学は待ち時間を入れると2時間ほどかかった。クラブ活動は考古学部（顧問　大森先生）に入り、一、二年生の夏休みには水

戸市の隣村　渡村の中学校の教室に泊り込んで、古墳や住居址の発掘に熱中した。郷里の上押辺《かみおしのべ》の田畑は縄文土器や弥生式土器の破片が散乱する古代遺物含有地で、小学生のときから考古学に興味を持ち、兄弟で石器・土器片を拾い集めていた。

昭和28年4月、茨城県立水戸一高に進学し、クラブ活動は史学会（顧問　名越時正先生(東京帝大　平泉澄教授の門下生)）に入り、月に一回、名越先生宅で開かれた水戸学先哲遺文の講読・切磋会「青藍会」に参加した。

昭和30年7月下旬、茨城大学の宮田俊彦教授（文理学部史学科）の引率で、茨城大学生五名と水戸一高三年の宮田正彦(宮田教授の長男)・久野勝弥・筆者の三名は、法隆寺夏期大学（法起寺の宿坊に三泊して、法隆寺で座学三日、法隆寺・法輪寺・薬師寺・唐招提寺等の見学会一日）に参加し、その後、千早城祉の存道館で行われた日本学協会の鍛錬会（三日）で研修した。帰途は名越先生の引率で金剛山を越えて吉野を巡った。更に9月には水戸市楓小路の名越先生宅の庭に青々第十一塾が開塾され、兄（茨城大・四年）ほか茨城大生一名、浪人生一名、水戸一高三年生三名、計六名が入塾を許された。翌年3月、高校卒業と同時に退塾し押辺の自宅に戻った。

学業成績は小・中学校は毎年、優等賞を授与され、高校は褒章制度はなく、各学期と学年末の通信簿に八段階（特、上の上中下、中の上中下、劣）の総合評価が示された。学期末評価は「上の上」が数回あったが概ね「特」(一学年四百名の上位約一〇％)、学年末評価は三年間「特」であった。

大学受験は初め史学科を志望したが、母と兄が猛反対し、少年時代からの軍艦マニアの興味から造船科を選んだ。しかし理科は「生物」しか受験勉強をしておらず、「物理・化学」が必修の工学部は落第し、一浪して昭和32年4月、大阪府立大学船舶工学科（現　海洋システム工学科）に入学した。大阪府立大学は試験日が前期と後期の中間校で志願者が殺到し、倍率二〇倍超の難関校であった。恩師名越先生の勧めで茨木市の青々第五塾(平泉澄先生が主宰。塾頭 市村真一教授(大阪大学経済学部))に入塾した。

大学は堺市中百舌鳥にあり、通学には京都と大阪の中間の茨木から大阪市街を突き抜けて堺市まで、二時間以上かかった。造船科の勉強は、数学(微積分学、関数論、確率・統計学、応用数学)、一般力学、材料力学、構造力学、流体力学の基礎学科と、造船専門の船舶運動学(推進・抵抗・造波・旋廻・動揺・波浪力学)、船体構造力学、船舶機関、艤装、船舶算法、法規(船舶法、船舶安全法)、設計・製図等、幅広い科目が科せられた。

大学二回生の夏休みに、同級生の岡田勝晴・永田恵三両君と三人で富士山に登山した。大阪を夜行の鈍行列車で発ち、翌朝、富士宮駅に着いて「富士山本宮・浅間神社」に詣で、富士宮ルートで登山した。第一日目は八合目の山小屋に泊り、第二日早朝、山小屋を出て頂上でご来光を拝した。お鉢巡りの途中、岩陰から氷を掘り出して喉を潤し、この時、頭頂に穴をあけた猿の頭骸骨を見つけた。その後、須走口を駆け降りて富士五湖を巡り、山中湖、河口湖、本栖湖のバンガローでキャンプした。

卒業研究は「設計、推進、動揺、強度」の四講座から、強度講座(福本教授、岡本講師)を選び、「初期撓みを持つ防撓板の強度(波板の曲げ強度と座屈)」の実験を行い卒論を纏めた。

当時は岸内閣の「日米安全保障条約」の改定を巡る「六〇年安保騒動」の時代(昭和35年(一九六〇))で、関西でも大学自治会が活発な反対運動を繰り広げ、集会やデモなど騒々しい時代であった。しかし旧「日米安保条約」は欠陥が多く、改定派も少なからずおり、全学連系の反安保運動に対抗する関西の民族派の学生二〇名弱が、「日本学生協議会」（日学協）を結成し、毎週二時間の勉強会、年一回の二泊三日の研修会、隔月のタブロイド判の新聞「日本の学生」の発行・配布等を行った。筆者は大学三・四年次に委員長を務めた。日学協は、全国の小中高校教員の日本教職員組合（日教組。幹部が左翼に牛耳られ、激しい政治活動を行い、「丹頂鶴の日教組」と呼ばれた）に対抗する教員組合「日本教師会」の資金援助を受ける下部組織として活動し、大阪大学の市村真一教授、大阪府立大学の佐中壮教授、高野山大学の久保田収教授、大阪社会事業短期大学の三木正太郎教授、田中卓教授等（いずれも平泉澄博士の門下生）の指導を受けた。日学協は昭和41年、OBの「弘志会」を作った。筆者は日学協の初代委員長の縁で会名の考案を任せられ、水戸の弘道館記の「人能ク道ヲ弘ム」に倣い、「OB諸兄ノ志ヲ弘ムル会」の意をこめ、「弘志会」を提案し採用された。

筆者の大学生活は、造船工学の勉強と青々塾の勉強、「日学協」の活動の三本立ての多忙で充実した学生生活であった。卒業時には大学の造船科の成績優秀者として、同級生の岡田勝晴君と二名が学科の推薦を受け、日本造船協会（造船工学の全国学会）から「優等賞」の賞牌を授与された。

就職活動は、大学四年の4月初めに学科長（岩佐教授）から「就職希望の二社を申し出よ」と指示され、海自・技術幹部と「造船業界の野武士」と世評のあった日立造船を希望し、学科長の推薦書を貰って両方に願書を出した。4月末に日立造船の面接があり、5月末には内定通知が出て入社の諾否の回答を求められた。一方、海自は6月中旬に筆記試験と面接試験、9月に採用発表であった。学科長に「内定後の就活は厳禁」と釘を刺されて海自の受験を諦め、昭和36年春に卒業し、日立造船に入社した。

四 日立造船時代

当時は池田勇人内閣の所得倍増政策の最盛期で、重厚長大産業の全盛時代であり、我が国の造船業は十数年間、進水量世界一を誇っていた。日立造船は今は造船業から撤退したが、当時は三井造船、三菱重工、川崎重工、石川島重工と並ぶ造船業の大手で、川崎、大阪の桜島と築港、瀬戸内海の因島と向島、の五ヵ所に工場があった(数年後に佐世保造船所を開設)。大阪府大同級生から三名が入社し、新入社員約八〇名は一ヵ月ほど豊中市の独身寮で集合教育を受け、筆者を含め十名(技術系七名(造船設計三名、造機設計三名、修繕一名)、事務系三名（営業、会計、管理各一名））が因島工場に配属された。当時、因島工場は尾道駅前の桟橋からポンポン船に乗り、因島の南側に廻り込んで土生港まで一時間半程かかった。造船所付近は商店や飲み屋が並び、内航船建造の田熊造船や下請けの町工場があり、島全体で因島市となっていた(平成18年1月、尾道市に編入)。因島工場は日立造船の大型船の主力工場で、大小三本の船台と三本の乾ドックを持つ大きな造船所であった。筆者は造船部・造船設計課・外艤装係(鉄艤装又は船装設計と呼ぶ造船所が多い)に配置された。造船設計課は五係（船殻・外艤装・管艤装・室内艤装・計算(完成時の船の排水量・重心・復元性等の精密計算書と公試運転の成績書、完成図の管理を担当）からなり、大阪府大の先輩は、高専卒三名と大学卒二名が勤務していた。外艤装係は、船の艤装(錨・係船装置、操舵装置、マスト・ポスト、荷役装置、航海灯、救命筏・ボート、給排気・換気装置、舷梯・キャットウォーク・階段・手摺り、ハッチ・水密扉・舷窓等）の設計が担当であった。外艤装係は総員二十数人が四、五班に分かれ、大学卒は新人の筆者を含め係長以下四人で、一年目は各種の図面引きを経験し、二年目は班長補佐のチェッカー、三年目には班長として四、五人の図工の長となり、一隻の船の外艤装設計を任された。外航船は安全と保険の品質保証のため、各国の船級協会の承認を必要とし、船の構造や主な艤装品も各国船級協会の分厚い構造規則書とそれに準拠した社内規格図があり、設計屋は規則書や規格図の引き当てと出図が仕事であった。また造船は基本設計段階で過去の類似船（前船《まえぶね》、タイプシップと呼ぶ）が選ばれ、艤装品は前船の図面の流用が多く、少々の機能改善を加えると、「これでは木型から造り直しだ」と現場の職長が設計課に怒鳴り込んできた。規格化はコスト減に役立つが、船は寿命の長い一品製造物であり、艤装品の機能改善よりもコスト低減を重視する船造りに不満が募った。

艤装設計では、船の居住区の給排気装置について「船舶安全法」規定の各部屋の換気回数の確保に苦労した。狭い船の廊下の天井に樹枝状に分枝する通風ダクトを設け、船の公式運転時に全室の給気口の風速を計り、給気ダクトの分岐板を調節して各系統の給気量をバランスさせたが、大阪の基本設計部で決めた給排気ファンの馬力不足に毎回悩まされた。

造船学の学会は、全国組織の「造船協会」（東大系）の他に、「関西造船協会」（阪大系）、「西部造船会」（九大系）があり、因島工場は「西武造船会」に属し、長崎・広島の三菱造船、呉の石川島播磨造船、玉野の三井造船、大阪・因島・向島の日立造船の各工場の設計部が幹事（各二名）として活動していた。筆者は因島赴任早々から西部造船会の「艤装研究部会」の因島工場委員を命ぜられ、大学三年先輩の管艤装係の西川氏と共に委員を務めた。年に一回の総会の研究発表、年二回の各造船所持ち回りで二泊三日の研究部会が開かれた。議題は船舶艤装の現場の幅広い課題が論議・検討され、それらの調査や分析理論を組み立てた。

因島では最初は独身寮（青葉寮）に入ったが、

その年の秋に茨城で中学教員をしながら独り暮しをしていた母に早期退職を勧め、因島に呼び社宅で一緒に住んだ。西部造船会・艤装部会の研究会の帰路に、数回、母と途中駅で落合い、伊勢神宮、鳥羽、京都、大阪、萩、青海島、秋芳洞、長門峡、広島、宮島、長崎等を観光した。母は非常に喜んだ。

昭和37年夏、同期入社の佐藤優・江口勝也氏と三人で大山に登り嶺渡りで下山し、鳥取砂丘で遊んで帰った。また昭和38年の夏、外艤係の同僚の村上忠・五十嵐進氏と三人で、立山連峰麓の室堂平にテントを張ってキャンプし、三日間で立山連峰、浄土山、剣岳に登った。因島工場の勤務は充実した三年であったが、国内は安保騒動後も、反米・反政府・反安保の左翼学生運動が続き、騒擾の世情とは全く無縁の安閑な島暮らしが若い心を苛立たせた。加えて「軍艦マニア」の志向や、船級協会規則に束縛されない創造的な船造りへの願望が、海自技術幹部への転職を後押しした。

水戸の恩師の名越先生にその思いを書き送った所、海幕防衛課分析班長の井星英一等海佐を紹介された。昭和39年春、上京して海上幕僚監部に井星一佐を訪ね、海自のＯＲ（オペレーションズ・リサーチ、作戦研究）と海上自衛官の中途採用の話を伺い、人事課で公募幹部の志願書を貰って因島に帰った。

五　海上自衛隊時代

海自公募幹部は当初は旧海軍軍歴者の中途採用の制度であり、その後、技術・医科・歯科・薬剤の職種に限って募集され、三年以上の民間職歴者が年齢に応じて三等海尉〜二等海佐に任用された。筆者はこの制度による海自技術幹部への転職を決心し、昭和39年4月に日立造船を退職し、茨城に帰った。母も兄も転職には大反対であったが、「俺の人生は俺が選ぶ」と押し通した。

6月に海自の各地方総監部で筆記試験と面接があり、筆者は横須賀総監部で受験した。

横須賀での受験者は十人程で、防衛庁技官から制服技術幹部への転官希望者が多く、五、六人が合格したが、9月に幹部候補生学校（江田島）への着校者は筆者一人であった。

昭和39年（1964）9月上旬、幹部候補生学校の校長応接室で筆者一人の自衛官任官式と入校式が行われた。自習室と寝室は赤煉瓦の裏の教官室棟の二階に用意されていたが、集団生活の入隊講習に一人部屋は不適切として、急遽、幹部候補生の第三分隊の居候《いそうろう》となった。そのため敬礼の仕方から毛布の畳み方、号令調整まで全ての日常の挙措動作を、第三分隊の諸兄、特に古澤忠彦候補生（室長）の指導を受けた。座学は教官と対面で海自の業務の解説、訓練は基本教練（基本動作・挙手や銃の敬礼・行進・執銃動作）、小銃の分解・組立て・射撃、手旗（発光信号と電信はなし）、防火・防水訓練、短艇撓漕・帆走・夜航海訓練・夜行軍・宿営訓練（航空学生や予定者課程に同行）、季節が秋のため水泳・遠泳は駆け足に代わり、候補生学校恒例の宮島・弥山登山は、主任教官（藤本三佐）・陸戦教官（一曹）と三人連れの古鷹山登山となった。短期間ではあるが、フルコースの入隊訓練であった。

公募幹部課程は二ヵ月余りで11月上旬に修了し、初任配置は横須賀の実用実験隊に発令された。実用実験隊は総務科、企画科、第一、第二試験科の四科からなり、第一試験科は艦艇・陸上装備品の制式化前に行う性能確認の実用試験担当（技術幹部約二〇名）、第二試験科は艦艇搭載武器の制式化後の運用試験（航空機搭載装備品は下総基地の第五十一航空隊担当）を実施し、艦艇運用幹部五名と統計分析担当の技術幹部一名からなっていた。筆者は第二試験科に配置され、実用実験隊に着任半年後の昭和40年（1965）5月、練習艦隊司令部付「てるづき」乗り組みを命ぜられ、戦後初の南米遠洋航海（南米東岸の諸国を歴訪し、ブエノスアイレス往復）に乗艦した。このときも三課程（技術幹部）の班に配置され、艦橋、CIC（戦闘情報センター）、機関科を同じメニューで実習した（但し天測は免除）。6月11日、梅雨の晴れ間の晴海埠頭で出航式を行い、大勢の家族の見送りを受けて出港した。筆者の家族は母、兄夫婦、生まれたばかりの甥・秀穂が見送ってくれた。旗艦「あきづき」、「てるづき」、「はるさめ」、「むらさめ」の四艦が折柄の梅雨前線を横切って東航し、ミッドウエー東方で洋上慰霊祭を行い、ミッドウエー島は半日上陸であった。次いでハワイに向い、真珠湾ではアリゾナ記念館や戦艦ミズリーを訪ね、イオラニ宮殿、カワイアハオ教会やキング・カメハメハ王銅像等を見物して、ワイキキの浜で半日、英気を養った。翌日ハワイ島に入港しキラウエア火山に登り、慌しくサンディエゴへ向けて出港した。途中で東京商船大学（現東京海洋大学）の練習船「日本丸」（「太平洋の白鳥」と呼れた）と行き合い、我は四艦縦列で登舷礼を行い、彼は総展帆で帆桁の上に訓練生総員整列して敬礼する登檣礼（帆船の登舷礼）を交わして航過した。（日本丸は引退後、横浜の元 新三菱重工ドックに保存されている）。

海自練習艦隊はサンディエゴから南下して、パナマ運河を抜け、カリブ海に入り、南米の東沿岸諸国：コロンビア、ベネゼイラ、ブラジル、ウルグアイの諸港を訪れ、ラプラタ川を遡ってアルゼンチンの首都ブエノスアイレスまで行き、引き返した。記憶に残るのは、南米各地の寄港地（カルタヘナ、カラカス、レシフェ、リオデジャネイロ、サンパウロ、サントス、モンテビデオ、ブエノスアイレス）の散策、特にブラジル・サントス入港時の桟橋に溢れる日系移民の熱狂的歓迎と、同県人会の野外パーテイ等である。リオデジャネイロではコルコバード山のキリスト像に登り、コパカバーナの浜で海水浴を楽しんだ。11月上旬、約五ヵ月の練習航海を終えて横須賀に帰り、原隊の実用実験隊に復帰した。

当時、宗谷・津軽・対馬の三海峡と各総監部の港湾入り口の岬には警備所が設けられ、通峡阻止・港湾防備の音響・磁探センサーが設置され、実用実験隊第二試験科はそれらの運用試験を行った。各地の警備所に三、四日出張し、水雷屋の竹内誠一郎一尉（防大一期生）を補佐して実艦的探知試験を行った。これらの試験の報告書作成に、ORの起源となった第二次大戦中の米海軍OEG（Operations Evaluation Group）のOR活動を纏めた『ORの方法』や『捜索と直衛の理論』等を参考とした。更に日本科学技術連盟の「OR講習」（月に五日×六ヵ月）を受講した。これらによりORの合理的・科学的分析は防衛力整備や戦略・戦術の意思決定の基礎となる技術と確信した。

昭和41年春、和歌山で護衛艦「いすず」に乗艦し、四国沖でECM（電波逆探装置）の運用試験を行った。帰路は高知の桂浜にカッターで上陸し、高知市播磨屋橋近くの旅館に一泊して、翌日小松島航空隊（小型対潜哨戒機S2F部隊）でデータを受け取り帰隊した。

また昭和41年秋、防大研究科の受験に当り、当時の「新分野のORを勉強したい」と考え（海自内の転職）、入隊時に世話になった井星一佐の自宅（横須賀市佐野町）を訪ねて相談した。そのとき「海自のOR（数理職種）」は希望者が少なく、防大研究科の研修は大いに結構」との意見を貰い、防大応用物理学教室のOR-1（現 研究科・情報数理専攻・運用分析系列）の受験を決心した。当時防大研究科のORは、応物教室のOR-1（運用分析）、数学教室のOR-2（応用数理）、電気教室のOR-3（システム工学）があった（その後、政策分析OR-4（計画管理）が加わった）。

防大研究科の試験は秋に行われた。そのときは、北海道松前町の白神岬の松前警備所で、津軽海峡対潜通峡阻止センサー（受波器を籠型に組んだパッシブソナー・ヘラルド）の実艦的運用試験中であった。「今年の受験は取り止め」と諦めていたが、実験隊司令から

「帰隊して防大研究科を受験せよ」の電報が入り、急遽横須賀に戻って受験した。その後、第一試験科の国産射撃指揮装置一型(「むらさめ」搭載)の実用試験を行い、舞鶴沖で冬の日本海の荒波の中で試験を行った。実験総括は第一試験科長・高野二佐、水上射撃は筆者、対空射撃は加藤陽一三尉が担当した。水上射撃試験(直進、蛇行、旋回射撃)は順調に進んだが対空射撃は難行した。

昭和42年(1967)4月から二年間、防大理工学研究科運用分析系列に入校し、軍事OR(捜索・射撃爆撃・交戦理論)を専攻した。海自の研究科学生は四名、入学した「OR-1講座」の指導教官は岸尚助教授であった。卒業論文「移動目標の最適捜索努力配分」を書き、後日、整理して「経営科学」(OR学会論文誌)に投稿し掲載された[I-B-(1)]。この論文は「非定常目標の最適捜索」の本邦最初の論文である。

筆者は実験隊勤務中から浦賀の官舎に母と二人で暮していたが、研究科一年生の昭和42年7月7日に、佐久間初枝叔母の勧めで神崎典子(神崎吉蔵・さだの二男三女の長女)と見合し、三菱キャタピラ重役の小島計様の仲人で、11月18日に横浜市野毛山迎賓館で結婚式を挙げた。新婚旅行は二泊三日で伊豆半島の温泉を廻った。二男一女(真之(昭和43年生)、由美子(昭和45年生)、恭之(昭和50年生))を授かった。

防大研究科を卒業(昭和44年3月)後は、海幕防衛課分析班(数年後に分析室に昇格)に配属された(特技マークは造船からOR(数理)に転換)。当時の分析班は第四次防衛力整備計画(昭和47年度~51年度)のシステム分析中であり、筆者は沿岸防備(地方隊の対潜港湾防備)、水上打撃戦(ソ連のコルサコフ(樺太)とウラジオストック(沿海州)に配備のオサ・コマ型ミサイル艇との打撃戦)及び機雷敷設戦(ウラジオストックのソ連艦隊を日本海に閉じ込める対馬、津軽、宗谷三海峡の機雷堰敷設）及び北海道の北部・西部沿岸のソ連軍上陸阻止機雷原敷設のOR分析を担当した。しかしこれらは防衛班が作成した防衛力整備計画について予算要求の数的論拠を見せかける「後追い定量分析」に過ぎず、分析班員は自嘲して「語呂合せOR」と呼んだ。その後、ポスト四次防計画や年度防衛力見積り等に携わり、海幕OR班勤務は昭和50年8月まで六年を越えた。この間、昭和46年～49年度に、「日本OR学会」に「探索理論研究部会」（主査：岸防大教授）が設けられ、筆者は研究部会の幹事を務め、研究会の日程・会場設定、資料準備等に当った。またOR学会の「研究部会委員」（委員長　柳慶大教授）を兼務した。

この頃、「語呂合せOR」分析に嫌気がさし、防大研究科一期後輩のH氏(防大二期生。昭和48年頃統幕分析室を退職しコンサルタント会社に勤務）の勧誘を受けて、経営分析会社「ケン・リサーチ」の採用面接を受けた。これが海幕人事課に知られ、一週間後に厚木の航空集団司令部に飛ばされた。「辞表を出そう」と準備したが、海幕分析班のA二海佐(東京水産大学出身の音響専門家)に説得され、航空集団司令部に新設の音響解析評価室に転出した（昭和50年9月)。

音響解析評価室は、対潜哨戒機P２Jのパッシブ・ソノブイ（ジェジベル）の信号の目標識別(低周波信号の周波数解析)、目標位置局限、音響データのカタロギング等を行う部署であった。当時、新対潜哨戒機P３C導入の直前で、航空部隊は「対潜戦の科学化」に取り組んでおり、自衛艦隊司令部(SF)、航空集団司令部(AF)、全国の総監部(RD)と航空群司令部(AW)を結ぶネットワークの自衛艦隊指揮支援システム(SFシステム)が稼働し始めた時期である。着任直後、昭和50年度　海上自衛隊演習（全国規模の演習。50海演と略記。四国沖）の戦術OR分析に取り組み、各AWの重点哨戒海域設定の「対潜脅威見積りプログラム」JEFITA（Jezebel Field Target Analysis Program）を開発し、演習の進行に伴いＡＦの音響解析用のミニコンを用いて、動的なＯＲ分析を実施した。また戦術研究会で問題となった航空機の対潜戦術（ソノブイの敷設パターン分析、レーダー制圧とパッシブ戦術の組み合せ戦術、ジェジベル探知の位置局限法等）のＯＲ分析を行い、TAG Rep.（Tactical Analysis Group Report）と名付けて各航空隊に配布した［Ⅲ-A-(2)］。このとき各種の対潜戦モデル（「対潜脅威見積りプログラム（JEFITA 及び ASWITA）」、「ジェジベル探知の目標位置局限プログラム（CODAP）」、「ジェジベル戦術モデル（ASJEP）」、「対潜捜索・攻撃シミュレーション（SEATAC）」、「パッシブ・アクテイブ戦モデル（PACTIV）」）等をＳＦシステムに登録し、海演・応訓等でＡＦと各ＡＷの対潜解析班が連携し、状況に応じた作戦の部隊運用の動的ＯＲ分析を行った［Ⅱ-(24)］。この分析は海幕の防衛力整備計画の固定的代替案の「静的ＯＲ」と異なり、日々変化する情勢の中で目標情報に応じて重点哨戒海域や我の重要船団への攻撃可能性等を評価し、指揮官の兵力運用の意思決定を支援する「動的ＯＲ」であり、海自では初めての試みであった。これらは現代のＮＣＷ（Network Centric Warfare）の先駆的モデルであった。モデルの開発は筆者が数学モデルを定式化し、詳細な計算手順の流れ図に落し込み、日本ビジネスコンサルタント社に電算機プログラムを外注した。昭和51年度に概成し、昭和52年度の海演に適用した。甲海演の52海演（海幕長統裁の全国規模の演習）では訓練演習費が途中で底をつき、空団監理幕僚から「もう金は出せない」と厳しく宣告された。海幕分析室や自衛艦隊研究開発幕僚に計算費の応援を頼んだが断られ、已むなく空団司令官（矢板康二海将）に「今年の海演のＳＦシステムによる動的ＯＲは来年に延期したい」と申し出た。数日後、突然、司令官から「直ぐにモデルの説明資料を持って海幕経補部長の部屋に来い」と電話があり六本木に駆けつけた。司令官は既に厚木に帰られた後であったが、海幕経補部長は、「これから会議がある。話は殿様（矢板海将のニックネーム）から散々に聞かされたからモデルの説明はもういい。プログラム外注書は監理幕僚を通じて出せ」と指示された。こうして52海演の動的ＯＲは実施できたが、司令官を金策に巻き込んだことには恐縮した。ＳＦシステムは当時の最新鋭の大型計算機（HITAC-8700）であったが「艦艇・航空機の電報の地図表示」が目的であり、ＯＲ分析の機能は考慮外であった。電報が入る度に動的ＯＲのジョブは外部記憶装置に追い出され、端末装置は伝送速度二〇〇bpsのデータ・タイプライターのみで（因みに現在のスマホは毎秒数十メガ・ビット（10^6 bps））、モデルの一回の実行に数時間を要した。しかし当時の劣弱なシステムと少数の要員で画期的な「対潜戦の科学化」に挑戦し、短期間に対潜作戦の情報処理・脅威評価の考え方を確立したことは、先見的な空団司令官始め解析評価室の同僚や各ＡＷ端末の隊員の協力の賜物である。また50海演では視察中の統裁官のＳＦ司令官中村悌二海将が作戦室廊下で筆者を呼び止め、「重点海域設定の動的ＯＲは非常に結構だが、海演では作為的に会敵機会を作る（俗称：「天の声」）ので気を付けよ」と密かに忠告された温き激励も忘れ難い。海幕の「語呂合せＯＲ」に絶望し「辞表を準備した」が、厳しい対潜戦の現場を経験して軍事ＯＲが有用な場を見出した。これも諸先輩、同僚のご支援の賜と感謝している。

動的ＯＲ分析は作戦行動の意思決定の不確実性の縮小が目的である。これを定着させるために、筆者は対潜戦の各種戦術モデルを開発し、数学モデルを定式化し、プログラムの外注費の工面と仕様書作り、デバッグ・検収を行い、それらのモデルの機能解説書、操作手順書、基準入力データ集や「TAG Rep.」等を整備して部隊に配布した。しかしこれらの多くは秘文書に登録されて金庫に納まり、数年後には焼却され、殆んど普及しなかった。また各種の研究会（海演、応用訓練、年度戦術研究会）の説明や端末の指導を積極的に行ったが、これらの考え方の定着にはＯＲの基礎が不可欠であり、この基盤のない部隊での合理的ＯＲ分析の定着は困難であった。

六　防衛大学校教官時代

海自航空集団司令部の勤務は二年七ヵ月で、昭和53年3月に防大に転勤した。海幕人事課からは三年間と期限を切られた。防大では本科・研究科のＯＲ概論、軍事ＯＲの捜索・射爆・交戦理論の講義、ゼミ、卒業研究及び海自の研修生（期間一年。この研修制度は十数年続いた）を担当した。三年後に海幕分析室長に転勤の内示を受けたが、上司の岸助教授が米海軍大学院大学に長期出張中で、講座の二人分の授業や卒研生を担当し、転出できる状況ではなく転勤内示は取り消された。その後、筆者は海自の人事サイクルから外れて防大教官に居残ることとなった。

防大研究科の内規では、教授は博士の学位取得者の規定があり、筆者の教授昇任には学位取得が必要であった。昭和62年に捜索理論の研究を博士論文に纏め、母校の大阪府立大学・数理工学科に学位審査を申請した。しかし当時、大学の自衛官排斥運動（自衛官の大学院への国内留学の拒否）が激しく、母校での学位審査は拒否された。岸教授の周旋で大阪大学の坂口実教授に論文審査をお願いし、大阪大学に論文を提出した[Ⅲ-A-(5)]。しかし審査中に横須賀沖で潜水艦「なだしお」と遊漁船の衝突事故が起き、釣船の女性客の一人が「なだしお」の乗組員が「甲板で見物していた」と語り、マスコミは「なだしお」のバッシング記事を書き立てた。そのため大阪大学の学位審査委員の海自への反感が高まり、論文審査が拒否される事態となった。実際は潜水艦の救命艇は艦内に格納しており、甲板上ではその搬出作業中であり、「なだしお」は間もなく救命艇を海上に降ろし、遊漁船の客を救助した。数ヵ月後に報道の誤りが判明し、大阪大学の学位論文審査委員会が再開され、昭和63年12月26日に工学博士の学位を授与された。平成元4月1日に一等海佐に昇任し、間もなく教授に昇任した。

平成元年7月、文部省の「大学審議会」は、文部省令以外の高等専門教育機関（防衛大学校、気象大学校等）の卒業生に学位の授与を提言した。そのため独立行政法人・学位授与機構が設置され(平成3年7月)、対象校の教育カリキュラム、教官の資格審査、施設審査等を行い、翌年防大本科卒業生に学士号が授与された。また防大理工学研究科の卒業生には、平成4年から学位授与機構の審査委員の卒業論文審査と口頭試問を経て、平成5年春の卒業生に工学修士又は博士号が授与された。但し卒業論文は学会発表が求められた。大学卒の自衛隊員は、大学卒業後、幹部候補生学校一年、部隊勤務二、三年を経て専門職種が決まり、その後、防大の研究科を受験するので、大学卒業後四、五年の空白がある。研究科学生は一年生の後半に卒業研究のテーマを決め、成果を二年生の秋の学会で口頭発表して卒業論文を纏め、学位授与機構の口頭試問の準備をする。したがって卒業論文の学会誌への投稿は時間的余裕がなく、卒業後に指導教官が学生の卒論を学会誌様式に書き直し、「日本ＯＲ学会誌」、「防衛技術ジャーナル」や「防大紀要」に、また軍事戦術の論文は、陸自・海自の「幹部学校紀要」、海自・第一術科学校の「研究季報」等に投稿した。

筆者は防大勤務中の平成4年4月に自衛官一佐の停年を迎え、教育職に転官して更に十年、防大教授を勤め、平成15年3月末に六十五歳で停年退官した。

七　研究成果のまとめ

筆者の専攻の研究分野は、数理工学のオペレーションズ・リサーチ（ＯＲ）＆システム工学（ＳＡ）であるが、就中、軍事ＯＲ（註）の捜索理論問題の研究が中心的なテーマであった。それは昭和の後半から平成にかけて、海上自衛隊の主要作戦が、米第七艦隊の側衛として、ソ連潜水艦に対する対潜戦が中心であったためである。したがって分析対象のＯＲも対潜捜索問題が多くなった。それらの研究は次に列記する著作にまとめられており、細部の分析理論モデルは付録第二の論文に述べられている（但し業務上の秘文書に関わる内容は含まれないことは言うまでもない）。以下は書名のみを示す。付録第二Ⅲ参照）

註：軍事ＯＲの戦術研究は、①捜索理論（一方的捜索、双方的捜索ゲーム（先制探知問題、捜索・逃避問題）、捜索努力の最適配分問題）、②射撃・爆撃理論、③交戦理論（兵力損耗過程の分析（ランチェスター・モデル）、機会目標に対する最適兵力配分）、の三つに大別される。

①『国防の危機管理と軍事ＯＲ』、［Ⅲ-Ａ-（14）］。
②『国家安全保障の基本問題』、［Ⅲ-Ａ-（15）］。
③『国家安全保障の諸問題-飯田耕司・国防論集』、［Ⅲ-Ａ-（16）］。
④『増補　軍事ＯＲ入門』、［Ⅲ-Ａ-（10b）］。
⑤『改訂　軍事ＯＲの理論』、［Ⅲ-Ａ-（11a）］。
⑥『意思決定分析の理論』、［Ⅲ-Ａ-（12）］。
⑦『三訂　捜索理論』、［Ⅲ-Ａ-（1c）］。
⑧『捜索の情報蓄積の理論』、［Ⅲ-Ａ-（13）］。
⑨『捜索理論における確率モデル』、［Ⅲ-Ａ-（17）］。

右の①～④は軍事ＯＲの問題や国家安全保障の不確実性に関する分析理論のテキストであり、数学モデルを含まない。一方、⑤～⑨は「軍事ＯＲ＆ＳＡ」の理論モデルの専門書であり、理系大学卒業程度の数学的素養が必要である。

八　賞罰

筆者に処罰歴はなく、次の褒賞を受けた。

① 造船協会奨学褒賞。大阪府立大学船舶工学科の同期生・岡田勝晴君と連名で、卒業論文「初期撓みをもつ箱型梁の強度剛性」に対し、学会奨学褒賞、昭和36年3月、造船協会会長 李家孝。

② 第四級賞詞。四次防計画策定の寄与、昭和48年6月、海幕長 石田捨雄海将。

③ 優等賞。第十一期幹部中級課程、昭和48年12月、海自二術校長 岩嵜寛海将補。

④ 防衛技術論文賞。論文[I-B-(3)]、昭和59年3月、防衛技術協会会長 堀夷。

⑤ 防衛技術論文賞。論文[I-F-(17)]、平成元年3月、防衛技術協会会長 大森幸衛。

⑥ 職務精励につき表彰。平成元年11月、防衛庁長官 松本十郎。

⑦ 防衛技術論文賞。論文[I-B-(21)]、平成8年3月、防衛技術協会会長 山下徹。

⑧ 永年勤続・職務精励につき表彰。平成15年3月、防衛大学校長 西原正。

⑨ 陸自 幹部特技研究技法課程の軍事OR&SAの教務支援(平成10年より約11年間)に対する感謝状。平成21年9月、陸自小平学校長 榊枝宗男 陸将補。

以上、筆者の略歴を纏めた。筆者は大学で造船学を修め、三年余、造船所に勤めて貨物船、タンカー、航洋曳船等の艤装設計に携わり、次いで「艦艇造り」を志望して海自の技術幹部に転職した。海自では防大研究科(二年課程)でORを研修し、数理幹部(軍事OR)に職種替えし、兵力整備や戦術分析の業務に携わった。海幕分析室の政策OR、空団司令部の戦術OR、防大運用分析系列での軍事OR&SAの教育・研究と職務は替り、多忙であったが充実した勤務であった。次頁以下の「付録第二」は筆者の研究論文や著書を分類・整理したものである。

付録 第二　筆者の研究論文リスト

本リストは，当初，「軍事ＯＲの温故知新」（筆者の防衛大学校退官記念講演の配布資料，(2003.3)，下記のリストのⅡ-(20)）の付録としてまとめ，後に拙著の『国家安全保障の諸問題－飯田耕司・国防論集』（三恵社，2017.3. Ⅲ-A-(16)）に収録したものを基に、その後の数編の述作を追加して整理したものである．これらは英文の論文を多く含むので，横組みとし，句読点もコンマ･ピリオド方式とした．また記述の体裁を次に統一した．

１．リストは次の分類に従う（以前の分類とは若干異なる）．
　Ⅰ．論文（A. 国家安全保障，B. 捜索理論，C. 捜索ゲーム，D. 資源配分，　E. 射撃,交戦理論，F. 海上オペレーション分析）．

　Ⅱ．総説（サーベイ・解説等）．

　Ⅲ．著書等（A.著書，B.ハンドブック）．
２．リストの順序は発行順とし，改訂版等は初版に続けて小番号 a,b,…，を付してまとめた．また当初，部内研究誌等に邦文で発表し，後に学会誌等に英文論文として投稿した場合も同様とした．
３．リストの記載項目は，著者名，論文表題，掲載誌名又は書籍の発行所，(出版西暦年月)，頁の順とした．連名の著者は，筆頭著者が当該論文を執筆した主著者である．
４．論文名は，斜体とし，書名は『…』付の斜体で示した．
５．論文の掲載誌名及び書物の行所は，立体・太字で示した．
６．論文の掲載誌名の一覧は次のとおりである．

学会誌

・日本ＯＲ学会
　邦文誌：経営科学.
　英文誌：Journal of the Operations Research Society of Japan.
・国際数理科学協会：Mathematica Japonica.
・国際ロジスティクス学会:月刊ロジステイック･ビジネス.
・NATO　OR誌：European Journal of the Operational Research.

・米国軍事ＯＲ学会：Naval Research Logistics.

大学の紀要等

・防衛大学校紀要

理工学研究科

邦文誌：防大 理工学研究報告(防大理工学報告と略記).

英文誌：Memoirs of the National Defense Academy.

防衛学教室：防衛学研究.

・京都大学：京都大学 数理解析研究所講究録.

・統計数理研究所：共同研究レポート.

・海上自衛隊 幹部学校論文誌：波涛.

・海上自衛隊 第１術科学校論文誌：研究季報.

その他の機関誌

・防衛技術協会：防衛技術ジャーナル.

・日本学協会：日本.

・水戸史学会：水戸史学.

Ⅰ. 論 文

Ⅰ－Ａ. 国家安全保障問題に関する論文

(1) 飯田耕司, *国防の危機管理システム － 軍事ＯＲ研究のすすめ,*
－上－, **日本**, 第60巻 第12号 (2010. 12), p. 23-29.
－中－, **日本**, 第61巻 第1号 (2011. 1), p. 26-36.
－下－, **日本**, 同巻 第2号 (2011. 2), p. 18-28.

(2) 飯田耕司, *日本を取り戻す道 ―「日本国憲法」の改正に関する私見 ―*, **水戸史学**, 通巻80号 (「水戸史学会」前会長名越時正先生帰幽十年追悼号), (2013. 6), p. 103-125.

(3) 飯田耕司, *戦後レジームの原点*

(3-1) : *大東亜戦争の敗北と連合軍の日本占領*, **日本**, 第65巻 第1号 (2015. 1), p. 19-27.

(3-2) : *連合軍による日本弱体化の占領政策*, **日本**, 同巻 第2号 (同年2月), p. 27-36.

(3-3) : *同 (続)*, **日本**, 同巻 第3号 (同年3月), p. 22-31.

(3-4)：*「占領実施法」としての「日本国憲法」*，**日本**，同巻 第5号（同年5月），p.43-52.
(3-5)：*サンフランシスコ条約と戦後レジーム*，**日本**，同巻 第6号（同年6月），p.21-30.
(4) 飯田耕司，*国家安全保障の基本問題，第一部～第五部：*
第1部 世界の紛争と現代の国家安全保障環境，**日本**，第66巻 第6号（2016.6），p.24-31.
第2部 我が国周辺の軍事情勢
(1)．**日本**，同巻 第7号（2016.7），p.30-37.
(2)．**日本**，同巻 第9号（同年9月），p.21-30.
第3部 国防の内的脅威・戦後レジーム，**日本**，同巻 第10号（2016.10），p.24-31.
第4部 国家安全保障体制確立のための諸改革，**日本**，同巻 第12号（2016.12），p.26-33.
第5部 危機管理と防衛力整備の重点施策，**日本**，第67巻 第2号（2017.2），p.26-33.

I－B．捜索理論に関する研究

(1)．飯田耕司，*移動目標物の探索*，**経営科学**（日本ＯＲ学会邦文論文誌），16巻，4号（1972.7），p.204-215.
(2)．Koji Iida, *Optimal Stopping Rule in a Tow-Box Continuous Search,* **Memoirs of the National Defense Academy**, Vol.22, No.4（1982.12），p.271-284.
(3)．飯田耕司，*目標側の先制探知を考慮した探索モデル*，**防大理工学報告**，21巻，1号（1983.3），p.1-17，（防衛技術論文賞受賞（1983））.
(4)．飯田耕司，明石真宜，*同上，そのII：先制探知効果の持続時間が指数分布に従う場合*，**防大理工学報告**，21巻，4号（1983.12），p.265-292.
(5)．飯田耕司，同上，*そのIII：出現・消滅型目標物の場合*，**防大理工学報告**，23巻，1号（1985.3），p.83-105.
(6)．Koji Iida and Teturo Kanbasbi, *The Optimal Where-abouts*

Search Policy Minimizing the Expected Risk, **Memoirs of the National Defense Academy**, Vol.23, No.3(1983.9), p.187-209.
(7). Koji lida, *Optimal Search and Stop in Continuous Search Process*, **Journal of the Operations Research Society of Japan**, Vol.27, No.1 (1984.3), p.1-30.
(8). 飯田耕司，平本行，*移動目標物に対する準最適な探索努力配分について*，**防大理工学報告**，22 巻，2 号（1984.6），p.169-196.
(9). 飯田耕司，倉谷昌伺，*移動目標物の期待探索時間を最小にする最適精査計画　その 1：コンタクトに伴う遅れ時間がある場合*，**防大理工学報告**，24 巻，3 号（1986.9），p.275-296.
(10). Koji Iida, *Optimal Whereabouts Search for a Target with a Random Lifetime*, **Memoirs of the National Defense Academy**, Vol.28, No.1 (1988.3), p.71-85.
(11). Koji Iida, and Ryusuke Hohzaki, *The Optimal Search Plan for a Moving Target Minimizing the Expected Risk*, **Journal of the Operations Research Society of Japan**, Vol.31, No.3 (1988.9), p.294-320.
(12). Koji Iida, *Optimal Stopping of a Contact Investigation in Two-Stage Search*, **Mathematica Japonica**, Vol.34, No.2 (1989.3), p.169-190.
(13). Koji Iida, *Optimal Search Plan Minimizing the Expected Risk of the Search for a Target with Conditionally Deterministic Motion*, **Naval Research Logistics**, Vol.36, No.5 (1989.10), p.597-613.
(14). 飯田耕司，鈴木秀明，*先制目標探知確率を最大にする最適捜索計画：目標側の先制探知効果が永続的な場合*，**研究季報**（海上自衛隊 第 1 術科学校論文誌），通巻 113 号（1990.7），p.27-45.
(15). 飯田耕司，伍賀祥裕，川田英司，*連続スキャン・センサーの一般的な発見法則：逆 n 乗法則について*，**研究季報**，通巻 119 号（1992.1），p.77-93.
(16). Koji Iida, *Detection Probability of Circular Barrier*, **Memoirs of the National Defense Academy**, Vol.32, No.2

(1993.3), p.51-59.

(17). Koji lida, *Inverse Nth Power Detection Law for Washburn's Lateral Range Curve*, **Journal of the Operations Research Society of Japan,** Vol.36, No.2 (1993.6), p.90-101.

(18). 飯田耕司, 浜久保徹, *逆 n 乗発見法則のパラメータ推定法について, 目標物の直上通過経路の探知実験の場合*, **研究季報**, 通巻122号 (1993.10), p.128-146.

(19). 飯田耕司, 宝崎隆祐, 新川栄作, *目標側の先制探知を考慮した最適捜索努力配分：指数時間の不完全先制探知効果をもつ逆 n 乗発見法則の場合*, **防衛技術ジャーナル**, 13 巻, 11 号 (1993.11), p.28-43.

(20). Ryusuke Hohzaki and Koji Iida, *An Optimal Search for a Disappearing Target with a Random Lifetime*, **Journal of the Operations Research Society of Japan**, Vol.37, No.1 (1994.3), p.64-79.

(21). Koji lida and Ryusuke Hohzaki, *A Model of Broad Search Taking Account of Forestalling Detection by the Target*, **Memoirs of the National Defense Academy**, Vol.34,No.1(1994.9), p.29-43.(防衛技術論文賞受賞 (1995)).

(22). Ryusuke Hohzaki and Koji Iida, *An Optimal Search Plan for a Moving Target When a Search Path Is Given*, **Mathematica Japonica**,Vol.41, No.1 (1995.2), p.175-184.

(23). 飯田耕司,山口正之, *移動目標物の拡散分布の近似式について*, **防衛技術ジャーナル**, 15 巻, 5 号(1995.5),p.24-36.

(24). Ryusuke Hohzaki and Koji Iida, *Path Constrained Search Problem for a Moving Target with the Reward Criterion*, **Journal of the Operations Research Society of Japan,** Vol.38, No.2 (1995.6), p.254-264.

(25). Ryusuke Hohzaki and Koji Iida, *Optimal Strategy of Route and Look for the Path Constrained Search Problem with Reward Criterion*, **European Journal of Operational Research,** No.100 (1997), p.236-249.

(26). Koji Iida, Ryusuke Hohzaki and Tamotu Kanbashi, *Optimal Investigating Search Maximizing the Detection Probability*, **Journal of the Operations Research Society of Japan,** Vol.40, No.3 (1997.9), p.294-309.
(27). 宝崎隆祐, 飯田耕司, *捜索経路制約のある場合のマルコフ型移動目標捜索について*, **防大理工学報告**, 35 巻, 2 号 (1998.3), p.29-34.
(28). 飯田耕司, 宝崎隆祐, 稲田健二, *荒天下の洋上救難捜索の最適計画*, **防衛技術ジャーナル**, 18 巻, 2 号 (1998.2), p.10-19.
(28a). Koji Iida, Ryusuke Hohzaki and Kenji Inada, *Optimal Survivor Search for a Target with Conditionally Deterministic Motion under Reward Criterion*, **Journal of the Operations Research Society of Japan**, Vol.41, No.2 (1998.6), p.246-260.
(29). Ryusuke Hohzaki, Koji Iida and Masaaki Kiyama, *Randomized Look Strategy for a Target When a Search Path Is Given*, **Journal of the Operations Research Society of Japan**, Vol.41, No.3 (1998.9), p.374-386.
(30). 宝崎隆祐, 飯田耕司, 寺本国義, *ネットワーク上の待ち伏せ捜索における離散捜索努力量の最適配分*, **防衛大学校理工学研究報告**, 36 巻, 1 号 (1998.9), p.39-46.
(30a). Ryusuke Hohzaki, Koji Iida and Masayosi Teramoto, *Optimal Search for a Moving Target with No Time Information Maximizing the Expected Reward*, **Journal of the Operations Research Society of Japan**, Vol.42, No.2 (1999.6), p.167-179.
(31). Ryusuke Hohzaki and Koji Iida, *A Moving Target Search Problem with Doubly Layered Constraints of Search Effort,* ***Proceeding of the*** **2nd Joint International Workshop : Putting OR・MS Theory into Real Life,** (2000.6), p.213-220.
(32). Ryusuke Hohzaki and Koji Iida, *Optimal Ambushing Search for a Moving Target*, **European Journal of the Operational Research**, Vol.133 (2001.8), p.120-129.
(33). 飯田耕司, 宝崎隆祐, 坂元忠彦, *捜索努力の局所有効性の仮定*

を緩和した最適捜索努力配分について, **防大理工学報告**, 38 巻, 2 号 (2001.3), p.15-26.
(33a). Koji Iida, Ryusuke Hohzaki and Tadahiko Sakamoto, *Optimal Distribution of Searching Effort Relaxing the Assumption of Local Effectiveness,* **Journal of the Operations Research Society of Japan,** Vol.45, No.1 (2002.3), p.13-26.
(34). 小宮享, 飯田耕司, 宝崎隆祐, 松崎徹, *2 段階捜索の精査の過誤を考慮した最適精査計画*, **防大理工学報告**, 41 巻, 1 号 (2003.9), p.113-122.

I - C. 捜索ゲームに関する研究

(1). 飯田耕司, 松田靖, *先制探知による目標側の探索回避を考慮した探索・潜伏ゲーム*, **研究季報**, 通巻 114 号 (1990.10), p.80-101.
(2). 飯田耕司, 延秀樹, *目標側の先制探知のある探索・潜伏ゲーム, そのI:目標側の先制探知効果が永続的な場合*, **防大理工学報告**, 28 巻, 2 号 (1991.3), p.223-238.
(3). 飯田耕司, 石橋督悦, *同上, そのII:先制探知効果が不完全な逆 n 乗発見法則の場合*, **防大理工学報告**, 30 巻, 1 号 (1992.9), p.61-71.
(4). Koji Iida, Ryusuke Hohzaki and Kenjyo Sato, *Hide-and-Search Game with the Risk Criterion*, **Journal of the Operations Research Society of Japan**, Vol.37, No.4 (1994.12), p.287-296.
(5). Koji Iida and Ryusuke Hohzaki, *Hide-and-Search Game Taking Account of the Forestalling Detection by the Target*, **Mathematica Japonica**, Vol.44, No.2 (1996.9), p.245-260.
(6). Koji Iida, Ryusuke Hohzaki and Shingo Furui, *A Search Game for a Mobile Target with the Conditionally Deterministic Motion Defined by Paths*, **Journal of the Operations Research Society of Japan,** Vol.39, No.4 (1996.12), p.501-511.
(7). 宝崎隆祐, 飯田耕司, *連続無限戦略と有限戦略の2人ゼロ和凹ゲームの解法について*, **情報処理学会:数理モデルと問題解決部会報告**, 18-7 (1998.3), p.37-42.
(8). 宝崎隆祐, 飯田耕司, *捜索理論のゲームに関する若干の考察,*

情報処理学会シンポジュウム・シリーズ, 98巻, 18号 (1998.12), p.9-16.
(9). Ryusuke Hohzaki and Koji Iida, *A Search Game with Reward Criterion*, **Journal of the Operations Research Society of Japan**, Vol.41, No.4 (1998.12), p.629-642.
(10). Ryusuke Hohzaki and Koji Iida, *A Solution for a Two-Person Zero-Sum Game with a Concave Payoff Function*, **Proceedings of the International Conference on Nonlinear Analysis and Convex Analysis.** Edd. Wataru Takahashi and Tamaki Tanaka, World Scientific, Singapore, 1999, p.157-166.
(11). Ryusuke Hohzaki and Koji Iida, *A Search Game When a Search Path is given*, **European Journal of the Operational Research,** 124 (2000.6), p.114-124.
(12). 飯田耕司, 小林卓雄, *捜索時間が不確実な双方的潜伏・捜索ゲーム;目標側の先制探知効果が一時的な場合*, **防衛技術ジャーナル**. 20巻,10号 (2000.10), p.14-24.
(13). 宝崎隆祐, 飯田耕司, *エネルギー制約のあるデイタム探索ゲームの近似解*, **京都大学数理解析研究所講究録** 1194, 不確実性の下での数理モデルの構築と最適化, (2001.3), p.204-212.
(14). 宝崎隆祐, 飯田耕司, *捜索割当ゲームにおける確率過程とゲームの解*, **統計数理研究所共同研究レポート**, No. 148, 最適化「モデリングとアルゴリズム15」, (2002.2), p.94-103.
(15). 宝崎隆祐, 飯田耕司, *離散捜索割当ゲーム*, **京都大学数理解析研究所講究録**, No.1252,「あいまいさと不確実性を含む状況の意思決定」, (2002.2), p.13-19.
(16). 飯田耕司,柳在学, *不審船舶に対する常続的哨戒のゲーム理論モデル*, **研究季報**, 通巻138号 (2002.2), p.22-49.
(17). Ryusuke Hohzaki, Koji Iida and Toru Komiya, *Discrete Search Allocation Game with Energy Constraints*, **Journal of the Operations Research Society of Japan**, Vol.45, No.1 (2002.3), p.93-108.

Ⅰ－D．資源配分問題

(1)．Ryusuke Hohzaki and Koji Iida, *Integer Resource Allocation Problem with Cost Constraint*, **Journal of the Operations Research Society of Japan**, Vol.41, No.3 (1998.9), p.470-482.
(2)． 宝崎隆祐，飯田耕司，*二重総量制約下における凸計画問題*，**京都大学数理解析研究所講究録**，No.1068，「数理最適化の理論と応用」，(1998.10)，p.13-25.
(3)．宝崎隆祐，飯田耕司，*総量制約をもつ凹計画問題の効率的な解法*，**統計数理研究所共同研究レポート**，No.113 (1998.11)， p.168-179.
(4)． Ryusuke Hohzaki and Koji Iida, *A Concave Maximization Problem with Double Layers of Constraints on the Total Amount of Resources*, **Journal of the Operations Research Society of Japan**, 43, No.1 (2000.3), p.109-127.
(5)．Ryusuke Hohzaki and Koji Iida, *Efficient Algorithms for a Convex Programing Problem with a Constraint on the Weighted Total Amount*, **Mathematica Japonica**, Vol.52, No.1 (2000.8), p.131-142.
(6)．飯田耕司，宝崎隆祐，森尾俊博，*単峰形の限界利得関数をもつ複数目標に対する最適資源配分*，**防大理工学報告**，38 巻，1 号 (2000.9)，p.103-113.
(7)． 小宮享，飯田耕司，宝崎隆祐，*処理時間を考慮した機会目標に対する最適資源配分*，**防大理工学報告**，40 巻，2 号 (2003.3)， p.29-38.

Ⅰ－E．射撃，交戦理論に関する研究

(1)． 飯田耕司，*出現型目標物に対する最適射弾配分*，**研究季報**，通巻 124 号(1995.2)，p.36-54.
(2)．飯田耕司，*戦闘プロセスの数理的研究について：射撃と交戦のOR研究のスキームと研究事例*，**防衛学研究**，通巻 17 号 (1997.3)，p.21-48.
(3)．飯田耕司，宝崎隆祐，和田雄大，*複数の発射装置による単一小目標*

の最適サルボ射撃, **防大理工学報告**, 35巻, 1号 (1997.9), p.31-40.

(4). 飯田耕司, 宝崎隆祐, 和田雄大, *複数の発射装置による集合型大目標の最適サルボ射撃*, **防大理工学報告**, 35 巻, 2 号 (1998.3), p.17-27.

(5). 飯田耕司, *複数目標物に対する攻撃資源の最適配分*, **研究季報**, 通巻 134 号 (2000.2), p.28-51.

(6). 飯田耕司, 小宮享, *ミサイル打撃戦の決定論的ランチェスター・モデル：そのⅠ. 3 次則モデル試論*, **防大理工学報告**, 41 巻, 2 号 (2004.3), p.9-19.

(7). 小宮享, 飯田耕司, *ミサイル打撃戦の決定論的ランチェスター・モデル：そのⅡ. 地域防空能力と情報能力の評価モデル*, **防大理工学報告**, 42 巻, 2 号(2005.3), p.17-27.

(8). 飯田耕司, *拡張ランチェスター・モデル：K 次則, (M, N) 次則*, **日本ＯＲ学会 2011 年秋期研究発表会アブストラクト集**, 1-B-4 (2011), p.26-27.

Ⅰ－Ｆ. 海上オペレーションの戦術分析

(1). 飯田耕司, 福楽勲, *ASW 作戦情報処理・戦術解析のためのシミュレーション・モデルについて*, **昭和 51 年度空団戦術研究報告**, 海上自衛隊 航空集団司令部, (1977.1), p.1-66.

(2) 飯田耕司, *ASW 情報処理モデルにおける目標分布の推定技法*, **研究季報**, 通巻 79 号 (1982.1), p.1-37.

(3). 飯田耕司, 滝口英一, 青山春光, *目標側の観測下における最適バリヤー戦術*, **研究季報**, 通巻 84 号(1983.2), p.1-24.

(4). 飯田耕司, 中田高芳, *マルコフ・モデルによる対潜捜索プロセスの分析*, **研究季報**, 通巻 84 号 (1983.2), p.25-56.

(5). 飯田耕司, 三井優一, *同上, そのⅡ：対潜護衛における前程哨戒の制圧効果について*, **研究季報**, 通巻 90 号 (1984.10), p.123-148.

(6). 飯田耕司, *対潜戦のための捜索理論の構造*, **研究季報**, 通巻 87 号 (1984.1), p.30-55.

(7). 飯田耕司, *対潜掃討オペレーションの分析モデル*, **防衛技術ジャーナル**, 4 巻, 9 号 (1984.9), p.2-19.

(8). 飯田耕司, *対潜護衛オペレーションの分析モデル*, **防衛技術ジャーナル**, 5 巻, 7 号 (1985.7), p.2-30.

(9). 飯田耕司, 安達公夫, *対潜哨戒機の間欠レーダー捜索の解析モデル, そのⅠ：離散型不完全定距離センサーの場合*, **研究季報**, 通巻 93 号 (1985.7), p.84-104.

(10). 飯田耕司, 嵯峨田峰敏, *同上, そのⅡ：連続型不完全定距離センサーの場合*, **研究季報**, 通巻 94 号 (1985.10), p.61-93

(11). 飯田耕司, *対潜海峡防備オペレーションの分析モデル*, **防衛技術ジャーナル**, 5 巻, 9 号 (1985.9), p.2-13.

(12). 飯田耕司, 大原知之, *目標への接的を考慮した捜索オペレーションの評価モデル, そのⅠ：有効探知接的幅及び有効捜索接的率*, **研究季報**, 通巻 95 号(1986.1), p.119-134.

(13). 飯田耕司, *対潜戦における囮戦術の分析*, **研究季報**, 通巻 96 号 (1986.4), p.103-124.

(14). 飯田耕司, 中山善博, *水上目標に対する離散時点監視オペレーションの評価モデル*, **研究季報**, 通巻 100 号 (1987.4), p.137-157.

(15). 飯田耕司, 長谷川保, *対潜捜索プロセスのマルコフ連鎖モデル：汎用的5状態モデルについて*, **研究季報**, 通巻 102 号(1987.10), p.71-95.

(16). 飯田耕司, *バリヤー哨戒における先制探知確率の評価モデル*, **防大理工学報告**, 26 巻, 1 号 (1988.3), p.43-62.

(17). 飯田耕司, 古谷剛, *先制探知確率を評価尺度とするバリヤー哨戒モデル*, **防衛技術ジャーナル**, 8 巻, 9 号 (1988.9), p.25-41. (防衛技術論文賞受賞 (1988)).

(18). 飯田耕司, 中村照義, *目標側の先制探知を考慮したバリヤー哨戒モデル*, **防大理工学報告**, 27 巻, 2 号 (1989.12), p.215-231.

(19). 飯田耕司, 中村照義, *目標側の先制探知のあるバリヤー哨戒の最適パターンについて*, **防衛技術ジャーナル**, 10 巻, 2 号 (1990.2), p.35-50.

(20). 飯田耕司, 廻立和昭, *偽目標物のあるデイタム探索の最適探索領域について*, **防衛技術ジャーナル**, 10巻, 12号 (1990.12), p.2-17.

(21). 飯田耕司, 市田真澄, *区域捜索のモンテカルロ・シミュレーシ*

ョンにおける分散減少法の有効性について，**研究季報**，通巻 116 号 (1991. 4)，p. 77-97.
(22). 飯田耕司，*音波伝播損失曲線を利用した目標位置局限法：CODAPモデルの適用事例*，**研究季報**，通巻 120 号 (1992. 4)，p. 70-105.
(23). 飯田耕司，宝崎隆祐，興梠一人，*指揮支援システムの作戦評価モデルに対するマルコフ連鎖の応用*，**研究季報**，通巻 126 号 (1996. 2)，p. 87-116.
(24). 飯田耕司，宝崎隆祐，小阿瀬清和，目賀田瑞彦，*捜索努力の周辺効果を考慮したデイタム捜索の最適努力配分について*，**研究季報**，通巻 131 号 (1998. 8)，p. 91-101.
(25). 飯田耕司，*同上，そのII 周辺効果関数によるモデル*，**研究季報**，通巻 136 号 (2001. 2)，p. 55-68.
(26). 松岡良和，飯田耕司，*固定翼哨戒機による在来型潜水艦に対する対潜哨戒オペレーションの評価モデル*，**研究季報**，通巻 135 号 (2000. 8)，p. 55-80.
(27). 敦賀宣夫，飯田耕司，*捜索ゲームによる常続的対潜哨戒オペレーションの分析*，**研究季報**，通巻 137 号 (2001. 8)，p. 62-83.

II. 総説

(1). 岸尚，飯田耕司，*総合報告 探索論の現状*，**経営科学**（日本ＯＲ学会邦文論文誌），15 巻，1 号 (1971. 1)，p. 13-28.
(2). 飯田耕司，*ＯＲの潮流 探索理論編*，**経営科学**，18 巻，5，6 号合併号 (1974. 10)，p. 239-243.
(3). 飯田耕司，*捜索オペレーションにおける目標分布の推定について*，*上*，**波涛**（海上自衛隊 幹部学校），通巻 40 号 (1982. 5)，p. 94-111. *下*，**波涛**（海上自衛隊 幹部学校），通巻 41 号 (1982. 7)，p. 76-94.
(4). 飯田耕司，*ゲーム理論を適用したデイタム捜索のモデルについて*，**研究季報**，通巻 82 号 (1982. 10)，p. 10-27.
(5). 飯田耕司，*ゲーム理論を適用したバリヤー哨戒のモデルについて*，**研究季報**，通巻 83 号 (1983. 1)，p. 1-14.
(6). 飯田耕司，*センサー・システムのモデルと距離対探知率曲線：ソー*

ナー・システムを例として, **研究季報**, 通巻 85 号 (1983. 7), p. 43-68.
(7). 飯田耕司, *センサー, ビークルの捜索能力の定式化について*, **研究季報**, 通巻 86 号 (1983. 10), p. 37-62.
(8). 飯田耕司, *目標存在分布推定の確率論*, **研究季報**, 通巻 88 号 (1984. 4), p. 13-44.
(9). 飯田耕司, *静止目標に対する捜索オペレーションの評価モデル*, **研究季報**, 通巻 89 号 (1984. 7), p. 83-113.
(10). 飯田耕司, *移動目標に対する捜索オペレーションの評価モデル*,
そのⅠ:基本捜索オペレーションのモデル, **研究季報**, 通巻 91 号 (1985. 1), p. 79-111.
そのⅡ:最適捜索努力配分とその近似解, **研究季報**, 通巻 92 号 (1985. 4), p. 143-174.
(11). 飯田耕司, *虚探知のある捜索オペレーションの評価モデル*,
そのⅠ:基本捜索オペレーションのモデル, **研究季報**, 通巻 97 号 (1986. 7), p. 96-122.
そのⅡ:広域捜索段階の最適捜索努力配分, **研究季報**, 通巻 98 号 (1986. 10), p. 110-129.
そのⅢ:目標識別段階の最適化モデル, **研究季報**, 通巻 99 号 (1987. 1), p. 69-87.
(12). 飯田耕司, *最適捜索計画の理論モデル*, **研究季報**, 通巻 115 号 (1991. 1), p. 45-73.
(13). 飯田耕司, *オペレーションズ・リサーチ概論*,
そのⅠ:ORの定義と研究の枠組み, **研究季報,** 通巻 116 号 (1991. 4), p. 61-76.
そのⅡ:OR活動の誕生の歴史, **研究季報,** 通巻 117 号 (1991. 7), p. 85-11.
そのⅢ:ORの一般的手順と防衛庁のOR組織, **研究季報,** 通巻 118 号 (1991. 10), p. 79-102.
(14). 飯田耕司, *階層化意思決定法*, **研究季報**, 通巻 121 号 (1992. 10), p. 75-95.
(15). 飯田耕司, *捜索の最適停止に関するOR理論*, **研究季報**, 通巻 129 号(1997. 8), p. 23-49.

(16). 飯田耕司, *システム工学とOR*, **研究季報**, 通巻 130 号 (1998. 2), p. 54-71.

(17). 飯田耕司, *システムの要因構造の解析モデル*, **研究季報**, 通巻 132 号 (1999. 2), p. 27-41.

(18). 飯田耕司, *多目的計画法と階層分析法*, **研究季報**, 通巻 133 号 (1999. 9), p. 81-104.

(19). 飯田耕司, *軍事ORの彰往考来*,
前編, **波涛**, 通巻 160 号 (2002. 5), p. 88-105.
後編, **波涛**, 通巻 161 号 (2002. 7), p. 71-91.

(20). 飯田耕司, *軍事ORの温故知新*, **防衛大学校** (飯田教授 防衛大学校退官記念講演配布資料), (2003. 3), p. 1-39.

(21). 飯田耕司, *戦闘を科学的に分析する　軍事ORの理論「OR大研究」*, **エコノミスト増刊号**, **毎日新聞社**, (2010. 3), p. 80-85.

(22). 飯田耕司, *私の「あの八月十五日」-終戦と台湾からの帰国*, **日本**, 第 60 巻 第 9 号 (2010. 9), p. 33-37.

(23). 飯田耕司, *海上自衛隊のOR&SA活動の概要*, **月刊ロジスティック・ビジネス** (2015. 6), 国際ロジスティクス学会 [SOLE] 日本支部, p. 98-101.

(24). 飯田耕司, *海上航空部隊の部隊OR活動について*, **海上自衛隊『苦心の足跡』**, 第 7 巻 (2017. 3), 公益財団法人 水交会, p. 566-571.

(25). 飯田耕司, *半世紀遅れの「海幹候 15 期生会・新入り」の履歴書*, **海上自衛隊　幹部候補生 15 期　同期生　会誌 24 号**(2018. 7), p. 79-86.

(26). 飯田耕司, *令和の御代替はりにみる戦後体制の諸問題*, **日本**, 第 70 巻, 第 6 号 (2020. 6).

Ⅲ. 著書等

Ⅲ - A. 著書

(1). 飯田耕司, *『捜索理論：海上捜索オペレーションの評価モデル』*, **海上幕僚監部**, (1976. 2), 202 pp. (B5 版).

(1a). 飯田耕司, 『*捜索理論：捜索オペレーションの数理*』, **MORS会**, (1998.12), 431 pp. (B5版).
(1b). 飯田耕司, 宝崎隆祐, 『*改訂 捜索理論：捜索オペレーションの数理*』, **三恵社,** (2003.1), 450 pp. (B5版).
(1c). 飯田耕司, 宝崎隆祐, 『*三訂 捜索理論*』, **三恵社**, (2007.10), 472 pp.
(2). 飯田耕司, 福楽勲, 『*戦術オペレーションズ・リサーチ事例集 第1集*』, **海上自衛隊 航空集団司令部**, (1977.11), 272 pp.
(3). 飯田耕司, 『*捜索計画の最適化理論*』, **梅上幕僚監部**, (1983.3), 162 pp.
(4). A.R. Washburn著, 飯田耕司 訳, 『*捜索と探知の理論*』, **海上自衛隊 第1術科学校研究部**, (1992.10), 106 pp.
原書：『*Search and Detection*』, **Military Applications Section of Operations Research Society of America**, (1981).
(5). Koji Iida, 『*Studies on the Optimal Search Plan*』, **Springer-Verlag**, NY, Lecture Notes Series in Statistics, Vol.70, (1992), 130 pp. (1988年, 大阪大学博士論文).
(6). 飯田耕司,『*戦闘の数理*』, **防衛大学校**,(1995.3),232 pp.
(6a). 飯田耕司,『*改訂 戦闘の数理*』, **海上幕僚監部 防衛課分析室**, (2000.3), 293 pp.
(6b). 飯田耕司,『*三改訂 戦闘の数理*』, **統合幕僚監部 第5室分析室**, (2003.3), 284 pp. (CD‐ROM版).
(7). 飯田耕司,『*オペレーションズ・リサーチ概論*』, **海上幕僚監部 防衛課分析室**, (1995.8), 350 pp.
(7a). 飯田耕司, 宝崎隆祐, 『*改訂オペレーションズ・リサーチ概論*』, **MORS会**, (1998.1), 388 pp.
(7b). 飯田耕司, 宝崎隆祐, 小宮享, 『*オペレーションズ・リサーチ概論*（３改訂）』, **黎明社**, (2002.10), 345 pp.
(8). 飯田耕司, 『*意思決定の科学*』, **MORS会**, (1997.12), 211 pp.
(9). 飯田耕司,『*防衛応用のオペレーションズ・リサーチ理論：捜索理論, 射撃理論, 交戦理論*』,**三恵社**,(2002.2),278 pp.
(10). 飯田耕司,『*軍事ＯＲ入門*』, **三恵社**,(2004.10),190 pp.

(10a).飯田耕司,『*改訂　軍事ＯＲ入門*』,**三恵社,** (2008.9),235 pp.
(10b).飯田耕司,『*増補　軍事ＯＲ入門*』,**三恵社,** (2017.12),371 pp.
(11).　飯田耕司,『*戦闘の科学・軍事ＯＲの理論*』, **三恵社**, (2005.6), 435 pp.
(11a).　飯田耕司,『*改訂　軍事ＯＲの理論*』, **三恵社**, (2010.6), 514 pp.
(12).飯田耕司,『*意思決定分析の理論*』, **三恵社**, (2005.9), 461 pp.
(13).　飯田耕司,『*捜索の情報蓄積の理論*』, **三恵社**, (2007.11), 338 pp.
(14).　飯田耕司,『*国防の危機管理と軍事ＯＲ*』, **三恵社**, (2011.11), 342 pp.
(15).　飯田耕司,『*国家安全保障の基本問題*　』, **三恵社**, (2013.10), 360 pp.
(16).　飯田耕司,『*国家安全保障の諸問題－飯田耕司・国防論集*』, **三恵社**, (2017.7), 284 pp.
(17).　宝崎隆祐, 飯田耕司,『*捜索理論における確率モデル*』,**コロナ社**,シリーズ 情報科学における確率モデル 3,(2019.3),283 pp.
(18).　飯田耕司,『*平成の皇室行事と天皇陛下の「おことば」*』, **三恵社**,(2022.7),437 pp.

Ⅲ－Ｂ．ハンドブック

(1).　ＯＲ事典日本編集委員会（ＯＲ学会),『*ＯＲ事典*』, **日科技連出版**, (1975.8), 569 pp, (探索理論の項を担当).
(2).　森村英典, 刀根薫, 伊理正夫　監訳,『*経営科学ＯＲ用語大事典*』, **朝倉書店**, (1999.1), 726 pp. (探索理論の項を担当).
原書：Edited by S. I. Gases & C.M. Harris,『*Encyclopedia of Operations Research and Management Science*』, **Kluwer-Academic Publishers**, (1996).
(3).　日本ＯＲ学会,『*ＯＲ用語辞典*』, **日科技連出版**, (2000.4), 258 pp. (探索理論の項を担当).
(3a).『*ＯＲ事典2000*』, (CD-ROM版), **日本ＯＲ学会**, (2000.5), (基礎編及び用語編の探索理論の項を担当).

(4). 情報システムと情報技術事典編集委員会, 『*情報システムのための情報技術事典*』, **培風館**, (2006. 7). (探索理論の項を担当).

Ⅳ. 日本ＯＲ学会, 情報処理学会等での口頭発表

発表会報告予稿集等　46 件 (省略)

著者紹介

飯田　耕司 (いいだ　こうじ)

大阪府立大学 工学部 船舶工学科 卒 (1961 年)
防衛大学校 理工学研究科ＯＲ専門 修了 (1969 年)
工学博士 (大阪大学)
元 防衛大学校 情報工学科 教授
元 海上自衛官 (一等海佐)

著書

『*Studies on the Optimal Search Plan*』, Springer-Verlag, NY, 1992.
『捜索理論』, ＭＯＲＳ会 (防衛庁限定), 1998.
(改訂版：飯田･宝崎 共著, 三恵社, 2003. 三訂版：同, 2007.)
『軍事ＯＲ入門』, 三恵社, 2004. (改訂版：2008. 増補版：2017.)
『軍事ＯＲの理論』, 三恵社, 2005. (改訂版：2010.)
『意思決定分析の理論』, 三恵社, 2005.
『捜索の情報蓄積の理論』, 三恵社, 2007.
『国防の危機管理と軍事ＯＲ』, 三恵社, 2011.
『国家安全保障の基本問題』, 三恵社, 2013.
『国家安全保障の諸問題 - 飯田耕司･国防論集』, 三恵社, 2017.
『捜索理論における確率モデル』 宝崎･飯田 共著, コロナ社,
情報科学における確率モデル・シリーズ ３, 2019.
『平成の皇室行事と天皇陛下の「おことば」』, 三恵社, 2022.

平成の皇室行事と天皇陛下の「おことば」

2022年 7月31日　初版発行

著　者　飯田　耕司

定価(本体価格3,000円+税)

発行所　株式会社　三恵社
〒462-0056 愛知県名古屋市北区中丸町2-24-1
TEL 052 (915) 5211
FAX 052 (915) 5019
URL http://www.sankeisha.com

乱丁・落丁の場合はお取替えいたします。

ISBN978-4-86693-234-7 C3031 ¥3000E